es 1681
edition suhrkamp
Neue Folge Band 681

Die Literaturtheorie, die der in Belgien geborene Paul de Man in den siebziger Jahren unter dem Namen Dekonstruktivismus entwickelte, steht bei vielen in dem Ruf, eine eher unverständliche, esoterische Art der Literaturbetrachtung zu sein. Ein Grund für diese Fehleinschätzung dürfte darin bestehen, daß Paul de Man seine Vorgehensweise nie abstrakt entfaltet und begründet hat, sondern sie in zahlreichen Essays jeweils an konkreten Texten exemplifizierte. Die von Karl Heinz Bohrer versammelten Essays wenden die von Paul de Man vorgetragene Lektürenstrategie – wie ist die Rhetorik eines Textes beschaffen, was ist der Text als Rhetorik, und in welchem Zusammenhang stehen Rhetorik und Ästhetik? – auf seine eigenen Texte an. Dadurch wird zum einen dem Leser die Dekonstruktion Paul de Mans in ihren einzelnen Schritten nachvollziehbar, und zugleich ist es ihm möglich, Reichweite und Angemessenheit von dessen Analysen zu beurteilen.

Ästhetik und Rhetorik
Lektüren zu Paul de Man

*Herausgegeben
von Karl Heinz Bohrer*

Suhrkamp

Aesthetica
Herausgegeben von Karl Heinz Bohrer

edition suhrkamp 1681
Neue Folge Band 681
Erste Auflage 1993
© Suhrkamp Verlag Frankfurt am Main 1993
Erstausgabe
Alle Rechte vorbehalten, insbesondere das der Übersetzung,
des öffentlichen Vortrags
sowie der Übertragung durch Rundfunk und Fernsehen,
auch einzelner Teile.
Satz: Hümmer, Waldbüttelbrunn
Druck: Nomos Verlagsgesellschaft, Baden-Baden
Umschlagentwurf: Willy Fleckhaus
Printed in Germany
1 2 3 4 5 6 – 98 97 96 95 94 93

Inhalt

Vorwort

Paul de Mans Urteil, die literarische Kunstwerke erklärende und auslegende Hermeneutik sei bis zur Gegenwart eigentlich nicht über eine Paraphrasierung von deren Inhalten hinausgelangt, ist die kaum widerlegbare Rahmenbestimmung seiner Literaturtheorie. Sie impliziert als weitere Erkenntnis, daß die traditionelle Philologie und Geschichte der neueren Literatur ihr Auslegedilemma durch Identifizieren geistesgeschichtlicher, historischer und autobiographischer Motive zu verdecken versucht, wodurch aber das eigentlich ästhetische Ereignis im Text verstellt wird. Wenn irgend etwas einen bewegen kann, sich der Mühe zu unterziehen, in de Mans komplizierte Theoreme einzudringen und sie zu diskutieren, dann ist es diese zentrale Leistung, mit der er weit über das hinausgelangt ist, was schon der »New Criticism« wußte. Von diesem unterscheidet ihn eine strikter analytische, antiintuitive Terminologie, die allerdings am Ende auch das ästhetische Konstrukt als »Kunstwerk« in Frage stellt. Erkannt zu haben, wie durch das Identifizieren mit vorab hoch aufgeladenen ideellen Referenzen der Philologe zu jenen falschen, eine bestimmte kulturelle Norm affirmierenden Sinnkonstruktionen kommt, und dieses Vorgehen methodisch widerlegt zu haben, das ist das bleibende Ergebnis von Paul de Mans Analyse literarischer Texte.

Das Ressentiment, auf das sein Werk hierzulande stieß, ist bei der festverankerten, an philosophischen Vorgaben orientierten, geistesgeschichtlichen, hermeneutischen oder sozialwissenschaftlichen Methodentradition nicht verwunderlich. Die Abwiegelung der Provokation seiner Theorie dadurch, daß man sagt, es handele sich um eine saisonhaft sich einstellende wissenschaftliche Mode, die bald schon von einer anderen konfrontiert würde, wirkt nicht nur wie das Pfeifen im Dunkeln, sondern ist eine absehbar methodentheoretisch naive Feststellung: Jede moderne wissenschaftliche Theorie hat es an sich, eine Gegenfraktion sofort zur Widerlegung und Überbietung anzureizen. Nur theoretisch harmlose oder vorwissenschaftliche Rede bleibt über lange Zeiträume relativ ungeschoren, eine Art gewohnheitsrechtlicher Besitz ihrer Autoren. Zum Beispiel die ideengeschichtliche Paraphrasierung, der de Mans Theorie widerspricht. Wissenschaftliche Theorien stellen heuristische Wegweisung im Dialog der Fragenden dar und haben nichts mit ewig währenden Wahrheiten zu tun, was ihren Wert nicht im geringsten mindert.

Nun ist de Mans Werk im Unterschied zum New Criticism und auch zur avanciertesten westdeutschen Literaturtheorie, der des späten Adorno, keine Ästhetik, sondern Rhetorik. Sie würde nicht von einem »ästhetischen Ereignis« sprechen. Ihre Originalität und ihre Einseitigkeit bestehen vielmehr in der Methode, die textuellen Bezüge auf tropische Formen zu reduzieren – ohne metaphysischen Rest, ohne Subjekt-Begriff. Das Verschwinden des letzteren hat vor allem die traditionelle Hermeneutik in Front gegen die Dekonstruktion gebracht. Nun ist die Subjekt-Abstinenz keine Erfindung Paul de Mans. Man entzieht sich seiner Fragestellung, wenn man über diese strittige Problematik glaubt, leichtes Spiel mit de Mans System zu haben. Der zentrale Punkt seiner Dekonstruktion ist vielmehr, ob es ihr gelingt, glaubhaft zu machen, inwiefern im Kunstwerk, sei es ein Gedicht Baudelaires oder Rilkes, sei es eine Prosapassage von Proust, durch eine rhetorisch genau zu bestimmende Weise (Metaphern-Verschiebung) die ideologische Synthese eines diskursiv erfaßten Sinnangebots verhindert wird, d. h., eine hochzurechnende Referenzbeziehung nicht eintritt. Das geringste, das man von der Dekonstruktion im Systemvergleich sagen darf, ist, daß sie niemals in die Falle läuft, in die Adorno lief, als er den *Versuch das Endspiel zu verstehen* unternahm und dabei die von ihm festgestellte Sinn-Subversion Becketts nur in einer inhaltlichen Umkehrung festmachen konnte. Adornos theoretisches Scheitern besteht darin, daß er keine entsprechende Konsequenz aus der Einsicht zog, die er mit de Man teilte: daß Kunstwerke nicht auf Sinnkonformität hinauslaufen. Diese Konsequenz hätte geheißen, daß er Becketts *Endspiel* auf seine semantischen Prozeduren befragt hätte, ohne dabei unbedingt die rhetorischen Elemente freilegen zu müssen. Statt dessen blieb er bei der Behauptung einer metaphysischen Aussage, da er bloß deren Negativität einführte.

Die hier versammelten Einlassungen zu de Mans Werk gehen alle von der noch immer unausweichbaren Problemstellung aus, die dieses Werk hinterlassen hat, ohne daß es sich einfach um Exegesen einer nicht anzweifelbaren Vorlage handelt. Vertiefung und Weiterdenken de Manscher Kategorien (z. B. Kanon) und Hinterfragung und Kritik von Konsequenzen (z. B. Metaphysik und

Subjektabsage) halten sich die Waage. Dabei wurde bewußt auf eine politisch-ideologische Diskussion seiner Theorie verzichtet. Das ist nicht als eine ästhetisierende Fortsetzung seiner Theorie mißzuverstehen. Eine solche politische Fragestellung wäre nur sinnvoll gewesen, wenn de Mans Theorie der sechziger und siebziger Jahre wirklich als die notwendige Fortsetzung der Publizistik der frühen vierziger Jahre begreifbar wäre, wie das behauptet worden ist. Dieser Versuch kann als widerlegt gelten[1], wie kritisch man auch die Jugendperiode de Mans als Literaturkritiker einschätzen mag.[2] Die Fragen, die an de Mans Werk zu stellen waren, sind subtilerer Natur als solche ideologiekritischer Verdächtigung. Die nachfolgenden Beiträge, die größtenteils aus Diskussionen meines Bielefelder Colloquiums zu Problemen moderner Ästhetik entstanden oder dort erstmalig vorgetragen wurden, sind in zwei Gruppen unterteilt: Die erste enthält solche Analysen, die unmittelbar an de Manschen rhetorischen Kategorien bzw. der Logik seiner Methodologie orientiert sind. Die zweite stellt ästhetikgeschichtliche Problemhorizonte her.

Für das Zustandekommen nicht nur dieser Arbeit an de Mans Werk, sondern der Buchreihe »Aesthetica« habe ich neben denjenigen, die mich in Bielefeld über die Jahre anregten, vor allem Rembert Hüser zu danken, dessen in Amerika neu motivierter theoretischer Enthusiasmus mir vor allem geholfen hat, die Reihe »Aesthetica« zu konzipieren.

Karl Heinz Bohrer

Anmerkungen

1 Vgl. Christoph Menke im Nachwort des Bandes Paul de Man, *Die Ideologie des Ästhetischen*, Frankfurt/Main 1993.

2 Hierzu John Brenkman, *Fascists Commitments*, in: Werner Hamacher, Neil Hertz, Thomas Keenan (Hg.), *Responses on Paul de Man's Wartime Journalism*, Lincoln und London 1989, S. 21–35. Dagegen Raimund Fellinger, *De Manologie*, In: *Rowohlts Literaturmagazin 26*, Reinbek 1990, S. 168–190.

I

David Martyn
Die Autorität des Unlesbaren.
Zum Stellenwert des Kanons in der
Philologie Paul de Mans

Am Anfang von *Allegories of Reading* kündigt Paul de Man an, daß die darin entwickelte »Rhetorik des Lesens« in Zukunft vom literarischen Kanon werde Abschied nehmen können. Sie führe »über die kanonischen Prinzipien der Literaturgeschichte hinaus, die in diesem Buch immer noch als der Ausgangspunkt ihrer eigenen Verlagerung dienen«.[1] Damit scheint sich Paul de Man einer Kritik am Kanon anzuschließen, die in der bundesdeutschen wie auch der nordamerikanischen Literaturwissenschaft der 80er Jahre zunehmend Anklang findet. Diese Kritik zeichnet sich vor allem dadurch aus, daß sie sich im Gegensatz zu früheren Infragestellungen kanonischer Autorität weniger gegen bestimmte, als repressiv empfundene Kanons richtet als gegen den Begriff des Kanons selbst. Anstatt wie früher den alten Kanon neu lesen zu wollen[2] oder die alten Wertordnungen umzudrehen, stellt man in der neueren Diskussion die Grundlagen jeder Bewertung der Literatur, und damit auch jeder Kanonbestimmung, prinzipiell in Frage. So distanziert sich Jochen Schulte-Sasse heute von seiner Anfang der 70er Jahre ausgearbeiteten Theorie literarischer Wertung: Sie habe lediglich einen vermeintlich ideologischen durch einen sozialgeschichtlich fundierten Modus der ästhetischen Wertung zu ersetzen versucht und habe verkannt, daß der Wertungsbegriff überhaupt historisch überholt sei.[3] Dort, wo man sich erneut für den Prozeß der literarischen Wertung interessiert, zeigt man deren Kontingenz auf und entwickelt eine »*nicht* kanonische Theorie des Wertes und der Wertung«.[4] Kritische Überlegungen wie diese haben dazu geführt, daß die traditionellen Vorstellungen des Gegenstands literaturwissenschaftlicher Forschung auf radikale Weise aufgebrochen werden: Man beschäftigt sich nicht nur mit bisher als nicht kanonisch eingestuften Autoren, sondern mit Strukturen und Ereignissen, die nicht literarischer Natur zu sein scheinen. Autoren, die institutionell als Literaturwissenschaftler ausgewiesen sind, schreiben beispielsweise über Medienereignisse oder Aufschreibtechniken, über den Absturz eines Flugzeugs oder über eine Theorie des Mülls.[5] So scheint de Mans in Aussicht gestellter Abschied von der kanonischen Grundlage des Fachs durchaus mit derjenigen Kritik des Kanons in Einklang zu stehen, die sich institutionell zunehmend durchsetzen konnte: In ihrer Funktion als Präsidentin der Modern Language Association of America sprach jüngst Barbara Herrnstein Smith von der Eindeutigkeit, mit der »Inhalte, Strukturen und orthodoxe Rechtfertigungen des traditionellen literarischen Kanons [...] erschüttert« worden sind.[6]

Nun fällt aber auf, daß nicht allein de Mans *Allegories of Reading*, sondern auch alle seine späteren Arbeiten, einschließlich der angekündigten, durch seinen Tod abgebrochenen Projekte, ausnahmslos kanonischen Autoren ersten Ranges gewidmet sind. Nach *Allegories of Reading* schreibt de Man nach wie vor über die großen Dichter der Romantik und der Moderne (Kleist, Baudelaire) und die großen Denker des deutschen Idealismus (Kant, Schiller, Hegel); der am wenigsten kanonisierte Autor, über den er in dieser Zeit arbeitet, ist Walter Benjamin. Auch plant er noch, über Marx und Kierkegaard zu schreiben. Es ist offensichtlich, daß sich seine Philologie ausschließlich innerhalb der Grenzen des abendländischen Kanons bewegt. Darüber hinaus scheint sie dem kanonischen Text sogar eine Autorität einzuräumen, wie dies im juristischen oder theologisch exegetischen, kaum aber im literaturwissenschaftlichen Diskurs üblich ist. De Man tendiert dazu, wie er selbst sagt, »Texten eine eigene Autorität zu gewähren«, und er geht zunächst immer davon aus, daß »der Text ein absolutes Wissen davon hat, was er tut«.[7] Der literarische Text, diesen Eindruck gewinnt man häufig bei der Lektüre von de Mans Analysen, wird so gelesen, als sage er immer die Wahrheit.[8] Warum also gesteht de Man, der mehrfach und an strategisch hervorgehobenen Stellen für die Untergrabung kanonischer Autorität zu plädieren scheint[9], in seinen philologischen Arbeiten sowohl der Auswahl des Kanons wie auch dem Wahrheitsgehalt des kanonischen Textes eine so uneingeschränkte Geltung zu? De Mans Haltung gegenüber der Autorität des Kanons scheint sowohl unbegründet als auch widersprüchlich zu sein.[10]

In *Allegories of Reading* geht es bis auf den aus dem Vorwort zitierten Satz an keiner anderen Stelle explizit um Fragen des Kanons. Aus den theoretischen Ergebnissen des Buchs scheinen jedoch eindeutige Implikationen für Fragen der Kanonbildung hervorzugehen. Die entdeckte Struktur einer sich selbst »dekonstruierenden« Sprache sei, so de Man, nicht eine Eigenschaft von besonderen, »literarischen« Texten, sondern von Texten überhaupt: »Das Paradigma aller Texte besteht in einer Figur (oder einem System von Figuren) und ihrer Dekonstruktion« (AR 205). Während de Man in seiner ersten Aufsatzsammlung *Blindness and Insight* an zahlreichen Stellen noch der Meinung zu sein scheint, die Besonderheit literarischer Texte bestehe in einer sie selbst unterminierenden Selbstbezüglichkeit, etwa in einer von ihnen selbst vollzogenen Dekonstruktion, dehnt er hier diese These so weit aus, daß die dekonstruktive Struktur bereits auf alle Texte zutrifft. Jeder Text dekonstruiert sich. Damit scheint die Möglichkeit einer Unterscheidung zwischen Texten herausragender Komplexität und anderen, sich nicht dekonstruierenden Texten nicht mehr gegeben zu sein. Alle Texte sind berechtigt, in den Kanon aufgenommen zu werden, und folglich müßte de Man jede kanonische Textauswahl als grundlos verwerfen.

Es ist jedoch zu fragen, wie die Philologie als Dekonstruktion, wie de Man sie konzipiert hat[11], die Konsequenzen einer solchen Kritik am Kanon tragen könnte. Verfolgt man die Argumentation in *Allegories of Reading*, bekommt man zunehmend den Eindruck, ein Ausweg aus dem Kanon sei für die Dekonstruktion, so lautstark sie die Berechtigung kanonischer Hierarchien in Frage stellen mag, praktisch nicht gehbar. Jeder Schritt, der die Grundlage kanonischer Autorität unterminieren soll, scheint auch gleichzeitig jede mögliche Opposition zum Kanon zu erschweren. Dieser paradoxe Vorgang wird in de Mans Lektüre von Rousseaus *Julie, ou La nouvelle Héloïse* (Kapitel 9) auf paradigmatische Weise deutlich.

An zentraler Stelle in diesem Kapitel steht die These der Unlesbarkeit. Dieser von de Man geprägte Begriff wird gewöhnlich so verstanden, als läge die Unlesbarkeit eines Texts in der Figürlichkeit seiner Sprache; dabei zielt sein Argument in die umgekehrte Richtung. De Man zufolge bereitet dem Leser eine Figur, wie etwa eine Metapher, wenn sie einmal als figürlich identifiziert wird, keine besondere Schwierigkeit, hat er doch bloß ihre eigentliche Bedeutung wiederherzustellen. Die Metapher setzt einen Prozeß der Dekodierung in Gang, der figürliche von buchstäblicher Bedeutung trennt, wodurch die Metapher eine durchaus »lesbare«

Eindeutigkeit gewinnt. Die Arbeit der Deutung verleiht dann dem gefundenen Sinn eine semantische Fülle, welche die »nicht-figürliche« Bezeichnung an Bedeutung sogar übertrifft. »Die Metapher«, hatte de Man schon in einem vorhergehenden Kapitel festgestellt, »setzt eine Welt voraus, in welcher inner- und außertextuelle Ereignisse, buchstäbliche und figürliche Formen der Sprache voneinander unterschieden werden können und das Buchstäbliche und das Figürliche gesonderte Eigenschaften sind [...].« »Die Figur ent-figuriert« (AR 151 f.). Die Metapher ist strukturiert wie das Lesen, das ja nur durch das Auseinanderhalten von figürlichem und buchstäblichem Sinn ermöglicht wird. Weit davon entfernt, unlesbar zu sein, ist die Metapher für de Man das Paradigma für den Prozeß des Lesens schlechthin. Unlesbar wird der Text erst dann, so de Man, wenn es nicht mehr auszumachen ist, *ob* er »figürlich« oder »buchstäblich« verstanden werden soll. Der Leser kann *La nouvelle Héloïse* als figürliche Fiktion von Rousseau *oder* aber als dokumentarischen Wiederabdruck wirklicher Liebesbriefe lesen; ob figürlich oder buchstäblich, der Text bereitet ihm kein unüberwindbares Problem. Ohne aber die Entscheidung für das eine oder andere zu treffen, kann er gar nicht lesen: »Was er nicht aushielte [...], ist die Unmöglichkeit, zwischen beiden Alternativen zu unterscheiden« (AR 202).

Gerade von dieser Unmöglichkeit zeugt nun laut de Mans Lektüre das zweite Vorwort zum Roman, ein – vermutlich fiktives – Gespräch zwischen einem ersten Leser »N« und dem Autor »R«. »N«, der aufgrund seiner Lektüre des Briefromans nicht eindeutig ausmachen kann, ob die Briefe »echt« oder nur »figürlich« sind, drängt »R« zu einer Aussage über den Ursprung des Textes. »R«, der als Autor ja wissen muß, ob er das Buch selbst geschrieben oder bloß herausgegeben hat, soll die Frage nach dessen Figürlichkeit beantworten und damit einen Kontext liefern, der die Lesbarkeit des Textes garantiert. Die Aussage des »Autors« aber, so de Man, wäre auch ein Text, dessen Status als Figur oder Buchstabe wiederum nur durch das Heranziehen eines anderen, verifizierenden Kontextes geklärt werden könnte. So verweist der Text auf eine unabschließbare Kette von Kontexten, deren Lesbarkeit nie a priori vorausgesetzt werden kann. Die Differenzierung zwischen Figur und Buchstabe, ohne die das Lesen nicht auskommt, bleibt letztendlich unbegründet: »Jede Konnotation erhebt Anspruch auf referentielle Autorität, hat aber keine Satzung, auf die sie ihren Anspruch stützen kann« (AR 208). Folglich liest de Man die Weigerung von »R«, eine eindeutige Aussage über den fiktiven oder dokumentarischen Status des eigenen Buches abzugeben, nicht bloß als ein rhetorisches Ausweichmanöver vor einer für ihn sehr leicht zu beantwortenden Frage, sondern als Einsicht in die Irrigkeit jedweden Lesens: Das Lesen überbrückt den Abgrund der nicht abschließbaren Kontexte immer nur unberechtigterweise. Die Unlesbarkeit von Texten heißt nicht, daß sie nicht gelesen werden, sondern daß »alles Lesen im Irrtum« ist (AR 202).

Ist das Lesen des unlesbaren Texts »im Irrtum«, dann ist es auch – wiewohl dieser von de Man erst später aufgearbeitete Begriff hier noch nicht verwendet wird – ideologisch. Denn spätestens am Ende der Analyse des Vorworts zu *Julie* wird deutlich, wie der »Irrtum« des Lesens Machtstrukturen aufrechterhalten kann:

Die unzähligen Schriften, die unser Leben beherrschen, werden durch eine vorbestimmte Vereinbarung über ihre referentielle Autorität verständlich gemacht; diese Vereinbarung aber ist bloß vertraglich, nie konstitutiv. (AR 204)[12]

Das faktische Lesen basiert nicht auf dem Text, sondern auf einem sozialen Vertrag: Da der Text unlesbar ist, spricht man sich darüber ab, wie er doch zu lesen sei. Auf diese Weise kann man eine Verständigung erzielen, aber nur wenn man die Unlesbarkeit des Textes verschleiert. Der Anschein der Verständlichkeit, der einem Text anhaftet, ist ideologischen Ursprungs: Er entsteht aus einer sozialen Vereinbarung, die die Unlesbarkeit des Textes leugnet und ihm einen ideologisch verfügbaren Sinn zuweist. So werden unlesbare Texte zu einer Anzahl machtvoller »Schriften, die unser Leben beherrschen«, zu einem Schriftkorpus, der sich Autorität verschafft. Indem die Philologie als Dekonstruktion die Unlesbarkeit ideologisch gelesener Texte zur Geltung bringt, unterminiert sie diese Autorität; sie will ideologiekritisch verfahren. So mündet die These der Unlesbarkeit implizit in eine Theorie der Ideologie: Texte sind unlesbar, und alles Lesen ist ideologisch.[13]

Diese Theorie des Lesens und der Unlesbarkeit impliziert einerseits, daß de Mans Philologie als Dekonstruktion den Kanon nur als den Gegenstand ihrer Kritik behandeln darf. Jede Bestimmung eines Kanons beruft sich auf die durch das Lesen wahrgenommenen Qualitäten des ausgewählten Textes. Ist aber der Text unlesbar, sind die wahrgenommenen Qualitäten nicht textkonstitutiv. Was Texte in den Rang eines Kanons erhebt, so könnte de Mans Schlußfolgerung lauten, sind nicht ihre inhärenten Eigenschaften, sondern unbegründete Lesarten, die durch ideologische »Vereinbarungen« dem unlesbaren Text kanonischen Wert zusprechen.

Andererseits aber geschieht das dekonstruktive Aufdecken der Unlesbarkeit von Texten nur durch ein Lesen, das wie jedes Lesen die Unlesbarkeit des Textes unberechtigterweise aufheben muß. Die Unlesbarkeit des Rousseauschen Textes ist das Ergebnis der de Manschen Lesart, und seine ideologie- und kanonkritische Theorie ergibt sich aus dem Lesen eines »unlesbaren« Romans. In de Mans Analyse wird die Unlesbarkeit zum ideologiekritischen Gehalt des interpretierten Textes, zur durchaus lesbaren »Bedeutung«, die dem unlesbaren Text zugeschrieben wird. Auch das dekonstruktive Lesen macht den Text lesbar, ist wie alles Lesen »im Irrtum«. Daß die These der Unlesbarkeit auch das eigene Verfahren diskreditiert, weiß de Man selbst. Er behauptet nicht, dem »irrtümlichen« Lesen, das die Unlesbarkeit ideologisch verdrängt, ein weniger irrtümliches Lesen entgegenzustellen. Vielmehr sei ein Verstehen, das den Text auf einen Referenten hin deutet, trotz seiner Unberechtigtheit auch im eigenen Verfahren unvermeidbar: Denn »die Dekonstruktion stellt die Falschheit der Referentialität in einem notwendigerweise referentiellen Modus fest« (AR 125).

Kann nun de Mans Theorie der Unlesbarkeit am Ende das Lesen nicht umgehen, so kann sie die Ideologie des Kanons auch nicht endgültig durchbrechen. Der kanonische Rousseau wird zwar durch das Aufdecken seiner Unlesbarkeit dekonstruiert, aber die ideologiekritische Wirksamkeit dieses durch die neue Lesart gefundenen Sinns etabliert den Wert des »unlesbaren« Rousseau und festigt seinen kanonischen Rang. Auch die Unterminierung des Kanons, so scheint es, ist selbst wieder kanonbildend.[14] Wenn also de Mans eigener Theorie zufolge auch das dekonstruktive Lesen nicht umhinkann, den Prozeß der Kanonisierung zu fördern, wie müßte dann seine »Rhetorik des Lesens« beschaffen sein, um »über die kanonischen Prinzipien der Literaturgeschichte« hinausgehen zu können?

Der Widerspruch einer sich vom Kanon lossagenden, jedoch stets am Kanon orientierten Arbeitsweise scheint in *Allegories of Reading* nicht aufgelöst, sondern eher verschärft zu werden. Die Diskreditierung kanonischer Autorität durch de Mans Rhetorik des Lesens läßt die faktische Kontinuität des Kanons in seiner eigenen Arbeit unerklärt. Rousseau bleibt für de Man ein besonderer Autor, und in dieser Besonderheit könnte man gerade jenes spezifisch Literarische wiederzuerkennen glauben, das durch die These der Unlesbarkeit ausgeschlossen zu werden scheint. Die Frage nach der Spezifität der Literatur, die in einer Diskussion des Kanons notwendigerweise gestellt werden muß, ist bis auf wenige Stellen kein explizites Thema in *Allegories of Reading*. Thematisiert wird sie aber in de Mans früherer Aufsatzsammlung, *Blindness and Insight*. Insbesondere im vorletzten Aufsatz, *Literary History and Literary Modernity*, wird wiederholt nach dem »eigentümlichen Charakter« des Literarischen gefragt.[15]

Es scheint nun ganz in der Logik des in *Allegories of Reading* in Aussicht gestellten Abschieds vom Kanon, daß de Man am Ende von *Literary History and Literary Modernity* den Begriff des spezifisch Literarischen eindeutig ablehnt. So spricht er von der notwendigen Unzulänglichkeit literaturwissenschaftlicher Ansätze, »die von der Spezifität der Literatur ausgehen, d. h. von dem, was die französischen Strukturalisten, im Anschluß an die russischen Formalisten, die Literarizität [littérarité] der Literatur nennen« (BI 164). Die Ablehnung des Begriffs der »Literarizität« bleibt auch in neueren literaturtheoretischen Diskussionen ein wichtiger Bestandteil der Kritik am Kanon, und man könnte de Mans Polemik in diesem Aufsatz aus dem Jahre 1969 beispielsweise mit einer aktuellen Feststellung von Barbara Herrnstein Smith vergleichen: »Obwohl es offensichtlich ist, daß der *Terminus* ›Literatur‹ in vielen Kontexten eine idiomatische Lebensfähigkeit behält, wird es auch offensichtlich, daß diese Kontexte unerschöpflich verschieden sind; daß es kein wesentliches Merkmal, keine Qualität gibt – formal oder funktional –, die die ›Literarizität‹ eines Textes zu kennzeichnen vermag; daß es daher keine offensichtliche, besondere Menge von Texten gibt, die jetzt oder je unter diese Rubrik gesammelt werden könnten.«[16]

In seinem Aufsatz findet de Man die Begründung für seine Ablehnung der »Literarizität« charakteristischerweise nicht in einer theoretischen Überlegung, sondern in der Literatur selbst, die er interpretiert. In einer Lektüre der zweiten ›Unzeitgemäßen Betrachtung‹ Nietzsches verfolgt de Man, wie Nietzsches Kritik des Geschichtsbewußtseins zugunsten einer dynamischen Konzeption des »Lebens« auch das für die Literatur konstitutive Prinzip der »Modernität« beschreibt: Wie das, was Nietzsche mit »Leben« bezeichnet, kehrt sich die Literatur immer schon von den Konventionen ihrer eigenen Geschichte ab. In ihrer Neugier nach dem Modernen, nach der Aktualität und Unmittelbarkeit des Gegenwärtigen, rebelliert die Literatur gegen die eigene, als einengende Last empfundene Tradition. Die Literatur will weg von dem, was als »spezifisch« literarisch immer schon galt. »Ein wichtiger und spezifischer Grundzug des literarischen Bewußtseins, sein Verlangen nach Modernität«, stellt de Man am Ende seiner Besprechung des Nietzsche-Textes fest, »scheint außerhalb der Literatur zu führen, in etwas, was nicht mehr an dieser Spezifität teilhat« (BI 153). Von der Besonderheit der Literatur auszugehen wird dem literarischen Gegenstand deshalb nicht gerecht, weil die Literatur selbst, so de Man, von dieser Besonderheit immer schon Abschied nehmen will.

Wenn aber die Literatur beständig die Besonderheit des Literarischen flieht, dann wird dieses Fliehen selbst, so de Man weiter, im nachhinein zu einem besonderen Merkmal der Literatur. Je radikaler sich Schriftsteller gegen die Spezifität der Literatur wenden, desto spezifisch literarischer verfahren sie, und ihr Bestreben, sich von der Tradition ihres Metiers loszusagen, um an die Aktualität einer nicht literarischen Gegenwart heranzukommen, ist stets zum Scheitern verurteilt. »Wenn sie ihre eigene Modernität behaupten«, schreibt de Man, »sind sie zu der Entdeckung ihrer Abhängigkeit von ähnlichen Behauptungen ihrer literarischen Vorgänger verurteilt: Ihr Anspruch auf einen eigenen, neuen Anfang erweist sich als die Wiederholung eines Anspruchs, der immer schon erhoben worden ist« (BI 161). Die Lage des Schriftstellers zeichne sich so durch ihre Unmöglichkeit aus: Weder darf er, durch seine Emphase für die eigene Modernität geblendet, den traditionellen Charakter seiner Rebellion gegen die Tradition verkennen, noch darf er, durch die Unmöglichkeit seiner Aufgabe eingeschüchtert, seinen Kampf gegen die Tradition aufgeben; sobald er sich mit der einen oder anderen Alternative abgibt und »sich mit dieser Situation versöhnen kann, dann hört er auf, Schriftsteller zu sein«. »Der eigentümliche Charakter der Literatur zeigt sich so als eine Unfähigkeit, einer Kondition zu entkommen, die als unaushaltbar empfunden wird« (BI 162).

Die Bezeichnung der Literatur als eine Flucht vor der eigenen Besonderheit bedeutet, daß man die Literatur nicht als einen statischen Gegenstand, sondern nur als eine *Bewegung* beschreiben kann. Das Ziel von *Literary History and Literary Modernity* liegt aber weniger in dieser aporetischen Beschreibung selbst als in der Aufdeckung der Figürlichkeit dieser wie auch jeder Definition der Literatur. Man kann die Literatur nur als eine Bewegung darstellen, aber das Wort »Bewegung«, betont de Man, bleibt in diesem Zusammenhang eine Metapher:

»Es wird [...] deutlich, daß die Literatur nicht als ein einziger Augenblick der Selbstnegierung existiert, sondern als eine Vielzahl von Augenblicken, die man – aber nur in einer bloßen Darstellung – als eine Folge von Augenblicken oder als eine Dauer darstellen kann. Die Literatur läßt sich, mit anderen Worten, als eine Bewegung darstellen, und sie ist, im Grunde genommen, die fiktive Erzählung dieser Bewegung. Nach dem ersten Augenblick einer Flucht vor der eigenen Spezifität folgt ein Moment der Wiederkehr, der die Literatur zu dem zurückführt, was sie ist – aber wir dürfen hier nicht vergessen, daß die Worte ›folgt‹ und ›nach‹ in dieser Beschreibung keine eigentlichen Momente einer Diachronie bezeichnen, sondern bloß als *Metaphern* der Dauer gebraucht werden.« (BI 159)

Das Wort »Bewegung«, das die Literatur bezeichnen soll, wird nur im übertragenen Sinne gebraucht, da der bezeichnete Gegenstand nicht in der Diachronie einer Bewegung existiert. Nun ist diese Metapher aber keine Figur, die, als Figur erkannt, in ihre buchstäbliche Bedeutung zurückübersetzt werden könnte. Will de Man die figürliche, diachronische Darstellungsweise vermeiden, um die Besonderheit der Literatur strenger zu benennen, verfällt er in widersprüchliche Formulierungen, wie etwa: »Die Spezifität« der Literatur »wird als die Unfähigkeit definiert, der eigenen Spezifität treu zu bleiben« (BI 159). Die figürliche Darstellung der Literatur als Bewegung ist nicht gewählt, sondern der Widersprüchlichkeit ihres Gegenstandes wegen notwendig. Es gibt keine mögliche »buchstäbliche« Bezeichnung für die Spezifität des Literarischen. Im zitierten Passus formuliert de Man eine Definition der Literatur, disqualifiziert sie aber im gleichen Augenblick, da sie erzählerisch nacheinander das beschreibt, was kein Nacheinander ist. Man erkennt in dieser Diskrepanz zwischen Darstellung und Gegenstand das, was de Man später als *Allegorie* bezeichnen wird. Die Beschreibung der Literatur als Bewegung ist »allegorisch«, weil sie einen nicht sequentiellen Gegenstand nicht anders als sequentiell darstellen kann.[17]

Der Passus geht aber über die rein negative Einsicht in die Unmöglichkeit einer strengen Bezeichnung der Literatur noch einen Schritt hinaus. Als de Man feststellt, die Literatur lasse sich figürlich als Bewegung darstellen, fügt er sogleich hinzu: »und sie ist, im Grunde genommen, die fiktive Erzählung dieser Bewegung«. Die Literatur ist strenggenommen keine Bewegung, wohl aber stellt sie sich »fiktiv« als eine solche dar; sie ist die Allegorie, die sequentielle Erzählung des augenblicklichen Widerspruchs ihrer eigenen Spezifität. Diese Spezifität ist nichts Zeitliches, aber die Allegorie von ihr ist wie alle Narration sequentiell und dauerhaft. Der gescheiterte Versuch der Literatur, sich von der eigenen Besonderheit abzukehren, erzeugt die allegorische Narration dieses Scheiterns, deren stetige Wiederholung den Fortbestand der Literatur zur Folge hat. So heißt es einige Seiten weiter unten: »Die stetige Anziehungskraft der Modernität, das Verlangen, aus der Literatur auszubrechen und zur Wirklichkeit des Augenblicks vorzudringen, obsiegt und, auf sich selbst zurückfallend, erzeugt wiederum die Wiederholung und die Fortsetzung der Literatur« (BI 162). Unfähig, in ihrer ewigen Flucht vor der eigenen Spezifität diese Spezifität auch nur angemessen bezeichnen zu können, erzählt die Literatur vergebens, aber beständig von sich selbst und sichert so die Kontinuität ihres eigenen, widersprüchlichen Daseins.

Mit der Entdeckung einer Struktur, die »die Wiederholung und die Fortsetzung der Literatur« erzeugt, ist das Verhältnis zwischen Literatur und Kanon bestimmt. Einerseits widersetzt sich die Literatur in ihrer Flucht vor ihrer Besonderheit dem Kanon der Texte, die als spezifisch literarisch ausgewiesen werden. Andererseits aber scheitert diese Flucht, und die Erzählung dieses Scheiterns ist wiederum Literatur. Die Opposition zum Kanon fällt unvermeidlich in ihr Gegenteil zurück und sichert so die Kontinuität des literarischen Kanons. Während die These der Unlesbarkeit in de Mans Rousseau-Lektüre zu dem Schluß gelangen ließ, daß auch die Untergrabung des Kanons letztendlich kanonbildend ist, gelangt man durch seine Analyse der »Literarizität« zu der Feststellung, daß *ausschließlich* die Texte, die aus dem besonderen Status der kanonischen Literatur auszubrechen versuchen, den

Kanon konstituieren. Diese widersprüchliche »Besonderheit« der Literatur fungiert dann als kanonisches Auswahlkriterium. Wenn, wie de Man argumentiert, nur derjenige ein Schriftsteller ist, der für die Fortsetzung der Literatur durch seinen Kampf gegen sie sorgt, bedeutet dies für den Kanon, daß nur das zu ihm gehört, was sich ihm widersetzt. Es folgt, daß der Kanon dort am stärksten ist, wo ihm am radikalsten widerstanden wird, und umgekehrt auch: daß er da am schwächsten ist, wo er angenommen, akzeptiert und verteidigt wird. Was Nietzsche in einem in de Mans Aufsatz zitierten Passus über das »Dasein« sagt, könnte de Man über den Kanon gesagt haben: »Das Dasein ist [...] ein Ding, das davon lebt, sich selbst zu verneinen und zu verzehren, sich selbst zu widersprechen.« De Man übersetzt »zu verzehren« durch »*destruction*« (»existence [...] lives from its own denial and destruction [...]«) (BI 148). Kanon ist die Destruktion des Kanons, er konstruiert sich durch die eigene Destruktion.

So läßt sich verstehen, warum de Man am Ende des Aufsatzes den Begriff der Literarizität ablehnt: Die Literatur ist kein Gegenstand, den man an seinen besonderen Eigenschaften erkennen könnte. Sie ist vielmehr ein *Produkt* des Kanons. Der Kanon ist kein Museum einer schon vor oder außer ihm existierenden Literatur, denn die Literatur »existiert« nur als das Scheitern eines Kampfes gegen ihre Kanonisierung. Nur in Beziehung zu einem Kanon, dem sich die Literatur *vergeblich* zu widersetzen versucht, läßt sich die »Literatur« überhaupt denken.[18]

Eine solche Bestimmung des Kanons versetzt die Philologie als Dekonstruktion in eine schwierige Lage. Ihre Einsicht in die widersprüchliche Spezifität der Literatur gibt ihr scheinbar ein Kriterium an die Hand, womit sie Texte in kanonische und nichtkanonische einteilen und somit ihren Gegenstandsbereich eingrenzen könnte. Sobald sie aber einen Text als kanonisch ausweist, verrät sie den durch ihn gegen den Kanon geleisteten Widerstand und vernichtet seine Besonderheit als Literatur. Wenn sie, mit anderen Worten, den Kanon anerkennt, schwächt sie ihn und damit ihre eigene Basis. Bezieht sie aber die Gegenposition, indem sie die Autorität des Kanons zu unterminieren versucht, dann schlägt sie sich auf die Seite der sich dem Kanon widersetzenden Literatur, wodurch sie letztendlich die Festigung des Kanons bewirkt. So stärkt sie den Gegenstand ihrer Kritik. Wie bei de Mans Rousseau-Lektüre drängt sich auch bei seinem früheren Aufsatz die Frage auf: Kann die de Mansche Philologie überhaupt eine Haltung gegenüber dem Kanon einnehmen, die nicht widersprüchlich ist?

Angesichts der Eindeutigkeit, mit der de Mans Analysen die Überwindung des Kanons für unmöglich erklären, sollte man sich vielleicht den Anfangspassus von *Allegories of Reading*, in dem de Man einen noch bevorstehenden Abschied vom Kanon ankündigt, noch einmal genauer anschauen. Der Passus scheint die paradoxe Struktur des Kanons nicht zu berücksichtigen. Er wird aber in ein anderes Licht gerückt, wenn man, durch de Mans Analyse der aporetischen Besonderheit der Literarizität sensibilisiert, auf die besonders betonte Zeitlichkeit der Ankündigung aufmerksam wird. Der ganze Passus spricht von Anfang bis Ende die verzeitlichende Sprache des Anfangens und des Aufhörens, des Vorbereitens und des Voranschreitens; er situiert das Buch als Produkt einer historisch bestimmten Generation und prophezeit die Veränderung der Zukunft:

> *Allegories of Reading* begann als eine historische Studie und endete als eine Theorie des Lesens. Ich fing an, ernsthaft Rousseau zu lesen, um mich auf eine geschichtliche Reflexion über Romantik vorzubereiten, und konnte über spezifische Schwierigkeiten der Interpretation hinaus nicht weiter voranschreiten. Im Versuch, mit diesem Stocken fertig zu werden, mußte ich mich von historischer Bestimmung ab- und der Problematik des Lesens zuwenden. Dieser Wandel, der für meine Generation typisch ist, interessiert eher durch seine Folgen als durch seine Ursachen. Er könnte, im Prinzip, zu einer Rhetorik des Lesens führen, die über die kanonischen Prinzipien der Literaturgeschichte hinausgeht, die in diesem Buch immer noch als der Ausgangspunkt ihrer eigenen Verlagerung dienen. Die Prinzipien, die der thematischen Vielfalt Rousseaus zugrunde liegen, die Chronologie Rilkes und Nietzsches, die Rhetorik Prousts bestehen nicht unversehrt die Lektüre, aber dieses kritische Ergebnis bleibt von den Ausgangspositionen gerade dieser Prinzipien stets abhängig. Ob ein weiterreichender Schritt, der dieses hermeneutische Modell hinter sich läßt, gemacht werden kann, sollte nicht a priori vorausgesetzt werden.« (AR ix)

Die in unserem Zusammenhang zentrale Aussage über »die kanonischen Prinzipien der Literaturgeschichte« scheint die am Kanon orientierte Arbeit bereits der Vergangenheit zuzurechnen und die Überwindung des Kanons für die nahe Zukunft in Aussicht zu stellen. Spätestens am Ende des Absatzes aber wird diese Voraussage eingeschränkt; der letzte Satz vermutet, daß der »weiterreichende Schritt« vielleicht gar nicht machbar sei. De Man hat, wie man gesehen hat, allen Grund zu diesem Zweifel, da seinen eigenen Analysen zufolge die stets unabdingbare Transzendierung des Kanons selbst immer Kanon heißt. Wenn die Destruktion des Kanons selbst der Kanon ist, kann für de Man die Überwindung des Kanons nicht nur nicht jetzt, sondern in gar keiner Zeit stattfinden. Der Passus beschreibt die Abkehr vom Kanon als eine Bewegung (»... zu einer Rhetorik des Lesens *führen*...«, »... der Ausgangspunkt ihrer eigenen *Verlagerung*...«), aber in Wirklichkeit bezeichnet diese Bewegung keine zeitliche Folge, sondern den synchronen Widerspruch einer Philologie, für die jeder Schritt aus ihrer am Kanon haftenden Geschichte zugleich einen Schritt zurück zu ihrer kanonischen Grundlage bedeutet. Der Passus ist, um mit de Man zu sprechen, allegorisch: Das »vorher« und »nachher« gehört lediglich zu der rhetorischen Form der Darstellung. Die Philologie de Mans kennt kein »vorher« und kein »nachher«, denn auch wenn sie sich nur als eine zeitliche Abfolge darstellen läßt, findet in ihr keine Abfolge statt. Die Philologie, dies besagt der Passus, beginnt immer als »historische Studie« und endet immer als Theorie des Lesens; sie bereitet sich immer auf »geschichtliche Reflexion« vor und bleibt immer diesseits der »spezifischen Schwierigkeiten der Interpretation« stehen; sie führt immer über »kanonische Prinzipien« hinaus, die aber auch immer als der »Ausgangspunkt ihrer eigenen Verlagerung« dienen, und dies alles in ein und demselben Augenblick.

Wie der »moderne« Schriftsteller, dessen Bestreben, sich von der Spezifität der Literatur loszusagen, gerade die Literarizität seiner Arbeit zur Folge hat, sieht sich der Philologe de Man in seiner Haltung gegenüber dem Kanon in eine vergleichbar aporetische Lage versetzt. Einerseits postuliert er mit der These der Unlesbarkeit von Texten den ideologischen Status des Kanons und strebt dessen Unterminierung an. Die feierliche Affirmation jener krönenden Werke des abendländischen Kanons, jenes Ovid oder Homer – Namen, mit deren schlichter Erwähnung manche jede Infragestellung kanonischer Auswahlkriterien zurückweisen zu können glauben[19] –, bleibt für eine Philologie, deren Arbeit in der Aufdeckung der Unlesbarkeit gerade dieser Werke besteht, der ideologische Gegenstand ihrer Kritik. Andererseits aber darf diese Philologie die kanonbildende Wirkung ihrer Destruktion des Kanons nicht verkennen. Sie hat den Abschied vom Kanon stets zum Ziel, und sie muß ihn ankündigen, wenn auch diese Ankündigung immer »allegorisch« ausfallen wird. De Mans Ankündigung der

Überwindung des Kanons ist »rhetorisch«, aber diese Rhetorik ist notwendig. Das stete Verlangen nach einer zukünftigen Befreiung von der kanonischen Grundlage der Philologie obsiegt und erzeugt, auf sich selbst zurückfallend, wiederum die Wiederholung und die Fortsetzung der Philologie als Dekonstruktion des Kanons. Unfähig, diese Aporie zu lösen, kommt der Philologe nie über sie hinaus. Die Unmöglichkeit seiner Lage wird so zu der charakteristischen Eigenschaft seiner Arbeit. »Sobald er sich mit dieser Situation versöhnen kann«, schreibt de Man vom »modernen« Schriftsteller, »hört er auf, Schriftsteller zu sein.« Dies gilt auch für den Philologen. Die Aporie des Kanons bleibt unvermeidlich, und in dieser Unvermeidlichkeit, zu diesem Schluß führen de Mans Analysen der Unlesbarkeit und der Literarizität, liegt die Besonderheit der Philologie.

Inwiefern die aktuelle Kritik kanonischer Autorität, wie sie sich vielerorts bemerkbar macht, mit der de Manschen Haltung gegenüber dem Kanon übereinstimmt, ist nicht sofort erkennbar. Einerseits scheint die Überschreitung der traditionellen Grenzen des literaturwissenschaftlichen Gegenstandbereichs, die einer Vielzahl gängiger literaturtheoretischer Ansätze gemein ist, völlig der Position einer Philologie als Dekonstruktion, wie sie hier umrissen wird, entgegengesetzt zu sein. Während de Mans Angriff auf kanonische Autorität gerade die Unvermeidbarkeit von Kanon und damit auch die Kontinuität der Philologie letztendlich anerkennt, fordert Barbara Herrnstein Smith eine radikale Neubildung des Fachs: Die von ihr vorgeschlagene »nicht-kanonische Wert- und Bewertungstheorie« sei nicht »innerhalb der Schranken der Literaturwissenschaft oder -theorie, wie sie gegenwärtig gedacht und gesetzt werden, machbar«.[20] Die Zuversicht, mit der sie die Überwindung der kanonischen Grundlage des Fachs anzuvisieren scheint, ist der auf Aporien beharrenden Haltung de Mans fremd.

Andererseits aber ist die rhetorische Struktur solcher Rufe nach Erneuerung durch de Mans Analyse literarischer Modernität durchsichtiger geworden, und sie kann auch anders verstanden werden. Herrnstein Smiths Infragestellung der kanonischen Grundlage des Fachs könnte man wie de Mans angekündigten Abschied vom Kanon *rhetorisch* lesen: als eine Allegorie, die dem Kanon Fortbestand gewährt, indem sie sein Ende heraufbeschwört. Wie man in de Mans Ablehnung des Begriffs der Literarizität zugleich das Prinzip erkennen kann, welches die Literarizität selbst erzeugt, könnte man vielleicht genausogut in Herrnstein Smiths Feststellung, es gebe »kein wesentliches Merkmal, keine Qualität [. . .], die die ›Literarizität‹ eines Textes zu kennzeichnen vermag«, den spezifisch literarischen Charakter ihrer Position sehen. So gesehen wäre die gegenwärtige Revolte gegen den Kanon in Wahrheit dessen Siegeszug.

Allein es bleibt ein Unterschied zwischen der Dekonstruktion als Philologie und einer nichtkanonischen Literaturwissenschaft, wie sie Herrnstein Smith vorschlägt. Er betrifft das Verhältnis zum Kanon als *Autorität*. »Autorität« bezeichnet eine Geltungsgröße, die sich nicht, wie etwa die Logik, durch eine immer neu überprüfbare, weil in der Natur des Menschen veranlagte Vernunft selbst legitimieren kann, sondern von einer übernommenen, nie als Ganzheit präsenten Tradition abhängt; sie setzt so etwas wie Kanon voraus. Ihr Modus ist nicht das Argument, sondern das Zitat, und ihre Macht hängt nicht von der Folgerichtigkeit des Vernunftschlusses, sondern vom Renommee der zitierten Quelle ab. In ihren paradigmatischen Kontexten, dem juristischen und dem theologischen Diskurs, beruft man sich auf einen als konstitutiv geltenden Textkorpus, der, obwohl man ihn vielleicht am liebsten menschlicher oder göttlicher Natur zuschreiben möchte, immer etwas Gesetztes, kulturell Bedingtes und daher organisch nicht Wiederherstellbares bleibt. Mag das heilige Wort von Gott stammen, die materielle Vernichtung des biblischen Kanons in Schrift und Gedächtnis wäre nichtsdestoweniger das Ende aller theologischen Autorität.[21] Jede Autorität konstituiert sich per se als kanonische Quelle; deshalb kann es keine nichtkanonische Autorität geben. Die Autorität ist immer schon die des Kanons.

Es mag daher sehr einsichtig erscheinen, daß sich viele nichtkanonische Ansätze bewußt von jeder Autorität absetzen. So gilt als Grundregel für den von Richard Klein und William B. Warner geübten »nuclear criticism« eine »leichtsinnige Unbefugtheit« (»giddy incompetence«).[22] Die von ihnen vorgelegte Analyse des Abschusses des Korean Airline Flugs 007 im Jahre 1983 durch sowjetische Abwehrkräfte ist in jeder Hinsicht ein rigoroses Beispiel der Dekonstruktion und scheint daher die Möglichkeit einer Dekonstruktion, die außerkanonisch verfährt, zu belegen. Sie zeigt, daß die Unterscheidung zwischen »Absicht« und »Zufall« in der Interpretation des Geschehens unmöglich gewesen ist, obwohl beide Seiten sich gegenseitig zu solchen Unterscheidungen zwangen. Die militärischen und politischen Führer sahen sich demnach genötigt, Daten zu lesen, die wegen der Unentscheidbarkeit der Differenz Absicht/Zufall unlesbar waren. Ferner belegen die Autoren, wie auch journalistische Analysen des Geschehens auf symptomatische Weise die gleiche Verdrängung der Unentscheidbarkeit wiederholen. Klein und Warner verdeutlichen exemplarisch, wie Strukturen der Unlesbarkeit und des Lesens – auch wenn sie sie nicht in de Manschen, sondern in psychoanalytischen Termini analysieren – politische Entscheidungen größten Ausmaßes bestimmen.

Nun aber zeugt ihr Text, trotz der von ihnen angestrebten »Unbefugtheit«, von großer Kompetenz im Diskurs der Psychoanalyse, welcher ihm schließlich spürbar Autorität verleiht. Die Autoren arbeiten mit einem Kanon, der Freud, Jung, Lacan und Derrida mit einschließt, und obwohl sie diese Namen nicht explizit als Autoritäten anführen, hängt ihre Argumentation doch von dem kanonischen Status dieser Bezugstexte ab. Denn wer mit diesem Kanon nicht vertraut ist, wird die Analyse entweder unschlüssig oder unverständlich finden, weil er weder den Wert der Fragestellung noch den der Ergebnisse erkennen kann. Dem im psychoanalytischen Diskurs Versierten leuchten dagegen die Argumente sofort ein, sie sind verständlich. Klein und Warner dekonstruieren die politischen und militärischen Erklärungsmuster, und nicht – wie dies in anderen Arbeiten Richard Kleins der Fall ist – die psychoanalytischen, mit denen sie selbst arbeiten. Der »Kanon« der Psychoanalyse, dessen Unlesbarkeit die Autoren nicht mehr wahrnehmen, wird implizit zu einer methodologischen Regel, die man an einem der eigenen Disziplin »externen« Diskurs »anwenden« kann. So verkommt dieser Kanon, so gut die Autoren ihn in der Vergangenheit gelesen haben mögen, zu einer greifbaren Einheit: Er wird nicht gelesen, sondern gebraucht. Die Sätze, die sich im Kontext einer früheren dekonstruktiven Lektüre aus einer Konfrontation mit der Unlesbarkeit eines kanonischen Textes ergaben, werden hier zu Ergebnissen, zur Wahrheit. Jeder »außerkanonische« Ansatz wirkt auf diese Weise. Die Suche nach einem »Anderen« des Kanons macht den Kanon zu einem »Eigenen«, zur Ideologie.

Verglichen mit einem solchen Versuch, sich von kanonischer

Autorität loszusagen, befindet sich Paul de Mans Philologie als Dekonstruktion in einer anderen Lage. Zwar sieht auch sie im Kanon eine lediglich ideologisch begründete Auswahl von Texten, die sie zu destruieren versucht. Aber für sie ist die Destruktion von Kanon nur möglich, indem sie selbst die zum Kanon gehörigen Texte liest. Da ihrer Analyse zufolge das Lesen immer kanonische Autorität schafft, bleibt die Arbeit an nichtkanonischen Texten immer ein Schritt in die falsche Richtung: Zeigt sie die Unlesbarkeit von ungelesenen Texten auf, zerstört sie keinen Kanon, sondern sie schreibt ihnen nur zum ersten Mal eine kanonische Lesart zu. Um die Autorität der »unzähligen Texte, die unser Leben beherrschen«, aufzuzeigen, führt die Philologie als Dekonstruktion *deren* Unlesbarkeit vor – wohl wissend, daß sie deren kanonischen Rang dadurch letztendlich nur festigt. So schenkt sie dem Kanon als Ort der Unlesbarkeit unendliche Autorität. Gegen den Kanon richtet sie nur den Kanon, und die Autorität, die sie untergräbt, ist ihre eigene. Für sie gilt der Satz: Nichts kann die Autorität des Kanons untergraben, denn die Autorität des Kanons ist selbst diese Untergrabung.

Anmerkungen

1 Paul de Man, *Allegories of Reading. Figural Language in Rousseau, Nietzsche, Rilke, and Proust*, New Haven und London 1979, S. ix; im folgenden zitiert (in Klammern im Text) als AR. Die deutsche Teilübersetzung dieses Werkes (Paul de Man, *Allegorien des Lesens*, Frankfurt a. M. 1988) enthält keinen der im folgenden angeführten Texte. Aus diesem Grunde habe ich – wie bei allen anderen englischsprachigen Bezugstexten – auch hier die Übertragung ins Deutsche besorgt.

2 Siehe die Beiträge in Walter Raitz/Erhard Schütz (Hg.), *Der alte Kanon neu. Zur Revision des literarischen Kanons in Wissenschaft und Unterricht*, Opladen 1976.

3 Jochen Schulte-Sasse, *Literarische Wertung: Zum unausweichlichen historischen Verfall einer literaturkritischen Praxis*, in: *LiLi (Zeitschrift für Literaturwissenschaft und Linguistik)* 18 (1988), H. 71, S. 13-47, hier S. 19-20.

4 Barbara Herrnstein Smith, *Contingencies of Value*, in: *Critical Inquiry* 10 (September 1983), S. 1-35, hier S. 7 (Hervorhebung von mir).

5 Hinsichtlich der beiden letztgenannten Themen s. Richard Klein/William B. Warner, *Nuclear Coincidence and the Korean Airline Disaster*, in: *Diacritics* 16 (1986), H. 1, S. 2-21; und Jonathan Culler, *Rubbish Theory*, in: ders., *Framing the Sign. Criticism and Its Institutions*, Norman, Oklahoma, und London 1988, S. 168-182. Auf die Arbeit von Klein und Warner wird unten eingegangen.

6 Barbara Herrnstein Smith, *Introduction, Presidential Forum: Breaking up/out/down – The Boundaries of Literary Study*, in: *Profession* 89 (1989), [New York:] The Modern Language Association of America, S. 2-3, hier S. 2.

7 »I assume, as a working hypothesis (as a working hypothesis, because I know better than that), that the text *knows* in an absolute way what it's doing.« Stefano Rosso, *An Interview with Paul de Man*, in: Paul de Man, *The Resistance to Theory*, Minneapolis 1986, S. 115-121, hier S. 118.

8 Vgl., um ein Beispiel unter vielen zu nennen, den Schluß seiner Analyse von Shelleys »The Triumph of Life«, wo die Interpretation des Gedichts zu einer Aussage großer Allgemeingültigkeit führt: »*The Triumph of Life* warnt uns, daß nichts, was sich ereignet, weder eine Tat noch ein Wort, weder ein Gedanke noch ein Text, jemals in Relation, sei sie positiv oder negativ, zu etwas anderem sich ereignet, das vor ihm oder nach ihm geschieht oder irgendwo existiert, sondern stets nur ein zufälliges Ereignis ist, dessen Macht sich genau wie die Macht des Todes der Zufälligkeit seines Auftretens verdankt.« (Paul de Man, *Shelleys Entstellung*, in: ders., *Die Ideologie des Ästhetischen*, Frankfurt a. M. 1993, S. 178 f.)

9 In seiner Einleitung zu einer Sammlung von Beiträgen seiner Schüler hält de Man es für erforderlich, eine Erklärung für die sehr am Kanon orientierte Textauswahl der Autoren zu geben: »Unter allen Zwängen, die dem Doktoranden auferlegt werden, ist keiner tyrannischer als die Vorbestimmung des textuellen Kanons« (*Introduction*, in: *Studies in Romanticism* 18 [1979], S. 495-499, hier S. 495). Differenzierter ist die Äußerung zum Kanon in einem anderen Zusammenhang, wo er zwischen einem bloß aus zerstörerischer Absicht unternommenen ›Herumbasteln‹ am Kanon und einer wirklich notwendigen Revision unterscheidet: »Die Notwendigkeit, den Kanon zu revidieren, entsteht aus den im Text selbst (im weiten Sinne) angetroffenen Widerständen, und nicht aus Voraussetzungen, die anderswoher herangetragen werden« (*Reply to Raymond Geuss*, in: *Critical Inquiry* 10 [1983/84], S. 383-390, hier S. 384). Das Wort »Kanon« fällt bei de Man m. W. am häufigsten in seiner Benjamin-Vorlesung. Hier will de Man zeigen, wie die Übersetzung eines kanonisierten Textes die Tatsache sichtbar werden läßt, »daß das Original nicht kanonisch ist« (*Conclusions: Walter Benjamin's »The Task of the Translator«*, in ders., *The Resistance to*

Theory, a. a. O., S. 73-105, hier S. 98; s. auch S. 84, 92). Aber auch hier wird der Kanon eher erwähnt als zusammenhängend diskutiert; eingehend und explizit um Fragen des Kanons geht es nirgends in den Veröffentlichungen de Mans.

10 Die Ausgangsfragestellung dieses Aufsatzes verdanke ich Georg Stanitzek.

11 Für de Mans Konzeption der Philologie als Dekonstruktion s. vor allem seine Replik auf Walter Jackson Bates Polemik gegen den Einfluß Jacques Derridas auf die Literaturwissenschaft (*The Return to Philology*, in: Paul de Man, *The Resistance to Theory*, a. a. O., S. 21-26); das von Stefano Rosso geführte Interview mit de Man (a. a. O.); und Lutz Ellrich/Nikolaus Wegmann, *Theorie als Verteidigung der Literatur? Eine Fallgeschichte: Paul de Man*, in: *DVjs* 64 (1990), H. 3, S. 467-513.

12 Auf die Wichtigkeit dieser Textstelle machte mich, bei einer 1985 gemeinsam unternommenen, nie vollendeten Arbeit zu Paul de Man, Klaus Wegmann aufmerksam.

13 Dieses ideologiekritische Moment unterscheidet m. E. die hier ausgearbeitete Position von den in vielen Punkten zu sehr ähnlichen Ergebnissen kommenden Überlegungen Georg Stanitzeks (»0/1«, »einmal/zweimal« – der Kanon in der Kommunikation, in: Bernhard Dotzler (Hg.), *Technopathologien*, München 1992, S. 111-134). In Anlehnung an Niklas Luhmanns Systemtheorie versucht Stanitzek, den Kanon im Apparat der für die Literatur »konstitutiven Kommunikationstechniken« zu situieren. Da für Luhmann gilt, daß die Kommunikation unwahrscheinlich ist, wird sie, wie mir scheint, als ein Sachverhalt betrachtet, dessen Zustandekommen es zu erklären gilt. Von der de Manschen Perspektive her müßte man hingegen sagen, daß die Kommunikation – das Lesen, das verstehen zu können meint – immer *wahrscheinlich* ist: nämlich als die ideologische Aneignung des Textes. Bestünde die Literatur als soziales System aus Kommunikationen, wie Stanitzek annimmt, dann hätte sie laut de Mans Theorie kein nicht ideologisches Moment. Nicht die Kommunikation, sondern gerade der Widerstand zur vertraglichen, eben nicht konstitutiven Verständlichkeit, der im Unlesbaren enthalten ist, wird von der Dekonstruktion als Leistung betrachtet.

14 Dieser Problematik ist sich beispielsweise die Dekonstrukteurin Barbara Johnson bewußt, wenn sie für ihre Arbeit über bis jetzt unbeachtete schwarze Autorinnen den Anspruch auf nicht kanonische Lektüre mit der Bemerkung aufgibt, die Autorinnen würden, »eben während ich dies schreibe, schnellstens kanonisiert« (Barbara Johnson, *A World of Difference*, Baltimore und London 1987, S. 4).

15 *Literary History and Literary Modernity*, in: Paul de Man, *Blindness and Insight. Essays in the Rhetoric of Contemporary Criticism*, Minneapolis [2]1983, S. 142-165; im folgenden zitiert als BI.

31

16 *Introduction, Presidential Forum*, a. a. O., S. 2.

17 »The (ironic) pseudo-knowledge of this impossibility, which pretends to order sequentially, in a narrative, what is actually the destruction of all sequence, is what we call allegory.« Paul de Man, *Pascal's Allegory of Persuasion*, in: Stephen J. Greenblatt (Hg.), *Allegory and Representation*, Baltimore und London 1981 (=*Selected Papers from the English Institute, New Series*, no. 5), S. 1-25, hier S. 23.

18 Die Kategorie der Literarizität bei de Man wird, wie mir scheint, häufig falsch verstanden, wenn sie nicht in Relation zum Kanon gesetzt wird. Ein wichtiges Zitat in Ellrichs und Wegmanns Aufsatz über de Mans besondere Konzeption der Philologie, in einem Unterkapitel zum Begriff der Literarizität, ist dieser Satz aus de Mans eingehendster Diskussion der Spezifität der Literatur: »The specificity of literary language resides in the possibility of misreading and misinterpretation.« Die beiden Autoren kommentieren: »Die Natur der literarischen Sprache ist demnach von genau der Art, daß sie immer schon die Möglichkeit einer falschen Lektüre impliziert.« Dies sei ein »essentielles Moment des Literarischen« für de Man (Lutz Ellrich/Nikolaus Wegmann, a. a. O., S. 480). Diese Bestimmung der »Natur« literarischer Sprache erlaubt es den Autoren, im folgenden von der »Literatur ›an sich‹« (S. 481) und von der »Existenz der ›Literatur‹« (S. 484) zu sprechen. Die Literatur wäre demnach ein Gegenstand, den man durch seine spezifischen Eigenschaften von anderen unterscheiden könnte.

Diese Lektüre würde dem widersprechen, was aus de Mans *Julie*-Lektüre hervorging: daß, da das Lesen *immer* im Irrtum ist, die Möglichkeit der falschen Lektüre nicht nur bei einer besonderen Art der Sprache, sondern bei jedem Sprachgebrauch gegeben ist. Der Zusammenhang, aus dem der von Ellrich und Wegmann zitierte Satz stammt, zwingt jedoch zu einem anderen Verständnis. De Man nimmt hier einen vorhergehenden Satz wieder auf, in dem es heißt: »[…] die Literatur […] ist immer – systematisch – eine von anderen durchgeführte falsche Lektüre« (»... literature ... is always, systematically, a misreading performed by others«. Paul de Man, *Literature and Language: A Commentary*, in: ders., *Blindness and Insight*, a. a. O., S. 277-289, hier S. 280). Demnach wird die Möglichkeit der falschen Lektüre, die laut de Man die Spezifität literarischer Sprache kennzeichnet, nicht von der Sprache »impliziert«, wie Ellrich und Wegmann es verstanden haben wollen, sondern sie ist durch die Rezeptionsgeschichte des Textes – durch die Geschichte des Textes als zum Kanon gehörig – gegeben. Wenn »die Literatur […] eine von anderen durchgeführte falsche Lektüre« ist, dann ist sie kein spezifischer Gegenstand, ja sie ist überhaupt kein Gegenstand, sondern sie bezeichnet stets die vorhergehende Stufe in der Entwicklung einer sich ewig dekonstruierenden kanonischen Lesart. Demnach besteht der Kanon nicht aus den »an sich« spezifisch literarischen Texten, sondern umgekehrt: Die Literatur ist eine Funktion des Prozesses »Kanon«.

19 Vgl. Gert Mattenklott, *Kanon und Neugier*, in: *Kursbuch* 91 (März 1988), S. 99-107.

20 *Contingencies of Value*, a. a. O., S. 7, 10.

21 Derridas Überlegungen zur Zerstörbarkeit des literarischen Archivs müßten zu einer Theorie des Kanons in Beziehung gesetzt werden. Im Gegensatz zu einem auf einen realen, ihm selbst äußerlichen Referenten verweisenden Diskurs, der aufgrund dieses Referenten nach seiner Zerstörung theoretisch wiederherstellbar wäre, könne die Literatur, die keinen ihr äußerlichen Referenten besitze, die materielle Vernichtung ihres Archivs nicht überleben. Aus dieser Überlegung heraus formuliert Derrida hypothetisch eine Definition des Literarischen als das, was durch die Möglichkeit einer restlosen Zerstörung des Archivs (Atomkatastrophe) am radikalsten bedroht ist: Mehr als ›andere‹ Diskurse (deren Existenz Derrida gleichwohl in Frage stellt) produziere die Literatur »ihren Referenten als fiktiven oder fabulösen Referenten [...], der an sich selbst von der Möglichkeit der Archivierung abhängt, der an sich selbst durch den Akt der Archivierung geschaffen wird« (Jacques Derrida, *No Apocalypse, not now (full speed ahead, seven missiles, seven missives)*, in: ders., *Apokalypse*, hg. v. Peter Engelmann, Graz und Wien 1985, S. 91-132, hier S. 116).
Um sich die Implikationen dieser Überlegung für Fragen des Kanons klarzumachen, müßte man die Relation zwischen Archiv und Kanon näher erörtern. Beide Termini bezeichnen jedenfalls einen Mechanismus sowohl des Bewahrens wie auch des Aussonderns: Müll archiviert man nicht (oder? Vgl. Jonathan Culler: *Rubbish Theory*, a. a. O., eine im übrigen auch für Fragen der Kanonbildung sehr aufschlußreiche Arbeit). Interessant ist es, daß sich das Archiv laut Derrida nicht nach der Spezifität des Literarischen richtet – das Archiv ist keine Sammlung einer bereits vorhandenen Literatur –, sondern umgekehrt: Literatur bezeichnet den Akt einer gewissen Form der Archivierung. Diese Umkehrung entspricht der oben angedeuteten Umbestimmung des Verhältnisses zwischen Kanon und Literatur (vgl. Anm. 18).

22 *Nuclear Coincidence and the Korean Airline Disaster*, a. a. O., S. 2.

Bettine Menke
De Mans ›Prosopopöie‹ der Lektüre.
Die Entleerung des Monuments

> »Hier enthüllt sich [...] der Sinn des Monuments [...]
> denn das Monument erhält geradezu im Leben und gibt
> Leben dem, dem es gesetzt ist. Wen wir für unsterblich
> erklären, wird unsterblich; sich unsterblich gemacht zu
> haben, ist das Höchste, was man für sich haben kann.
> Sich Namen gemacht zu haben, heißt, sich Dasein gesi-
> chert zu haben. Man sieht hier das Leben, wie Shake-
> speare und die Alten den Geist. [...] Die Lebenden geben
> den Toten die Unsterblichkeit.«

> (J. W. Ritter, *Fragmente*, 208/209)[1]

> »So löst ein jeder Ruhm Versprochenes ein, und kein
> Orakel gleicht ihm an Verschlagenheit. Denn der Un-
> sterbliche steht da wie ein Obelisk; er regelt einen geisti-
> gen Verkehr, der ihn umtost, und keinem ist die Inschrift,
> die darin gegraben ist, von Nutzen.«

> (W. Benjamin, IV, 112)[2]

Die Bedeutung der Prosopopöie für den theoretischen Ansatz
Paul de Mans ist in einigen amerikanischen Lektüren de Mans
schon gesehen[3], in der verspäteten und partialen deutschen Diskussion aber fast vollständig ignoriert worden.[4] In der Konzeption der rhetorischen Figur *Prosopopöie* und ihrer Lektüre sowie
der Konzeption der Lektüre als Prosopopöie ist nicht nur die referentielle Funktion von Sprache als eine Figur, und zwar als eine
zugleich defigurierende Figur, zu bestimmen, sondern anderseits – über die strukturalistischen Ansätze hinaus – auch zu
verdeutlichen, daß Sprache ein komplizierteres Verhältnis zur Referenz hat, als es die referentielle Funktion sein kann: »Sprache
beinhaltet ein anderes, komplexeres Fortwirken der Referenz-
funktion«, wie Cynthia Chase formuliert hat.[5] Darum ist die
Prosopopöie entscheidend für jene von de Man benannte »Geste«
der Dekonstruktion, »die Epistemologie mit Rhetorik, [...] nicht

nur mit den mimetischen Tropen der Repräsentation verknüpft«.[6] Wenn die Prosopopöie in den Texten de Mans als *die* Figur des Lesers und des Lesens[7] auftritt, dann kann deren Darstellung einerseits skizzieren, welcher Art das Unternehmen dekonstruktiven Lesens ist, und anderseits Konsequenzen für die Ausprägung eines Konzepts der Lektüre überhaupt haben. Die Frage, inwiefern mit der *Prosopopöie* eine »referentielle Irreduzibilität« der Sprache markiert ist, verbindet sie mit dem und trennt sie vom Namen. Dieser nämlich, der Eigenname »ganz allein«, artikuliert, einem Diktum Derridas zufolge, auch den Tod, »das einzigartige Verschwinden des Einzigartigen«, und ist insofern Markierung einer verbleibenden »Frage nach dem Referenten«, die Derrida bei Barthes und Benjamin hat lesen können.[8] Die Prosopopöie ist die Figur der Markierung solcher Irreduzibilität.[9]

Zunächst wird die Prosopopöie als der Terminus de Mans, der den der ›Autobiographie‹ ablöst, als Figur der Doppelung an der Illusion (mit) referentieller Produktivität, damit als Figur für die Spannung von Setzung und jeder inhaltlichen Bestimmung, von Meinen und Sagen in der deiktischen Funktion der Sprache zu bestimmen sein. Die Prosopopöie ist als Figur für die Spannung oder Aporie der Signifikation schließlich neu als die Spannung von Name und Figur auszuprägen, um in dieser den Namen so im Verhältnis zur Prosopopöie zu plazieren, daß in ihm ein Leer-Ausgehen der Prosopopöie gedacht werden kann. Damit soll das Monument, die Setzung des Epitaphs anders, nämlich nicht (nur) als prosopopöische Monumentalisierung ›als etwas‹ in der Lektüre gedacht werden können, sondern als ein Monument des Gedächtnisses ohne Implikation illusionärer Belebung im Lesen (mit der der so Lesende sich selbst ermächtigt). Der Name ist entleertes Monument des Namens, das markierende Epitaph für die Entleerung. Die Funktion des Namens wird zum Schluß mit dem Auftritt des ›Namens der Sängerin‹ in Kafkas *Josefine die Sängerin oder das Volk der Mäuse* vorgeführt und in diesem eine andere Art von Spannung einer Gleichzeitigkeit von Monument-Setzung, Gedächtnis-Stiftung im Namen und von defigurativem metonymischem Vergessen.

In der Prosopopöie erkannte de Man die für die Autobiographie und die Lyrik konstitutive Rhetorik, die sprachliche Figur, die dem Leblosen ein ›Gesicht‹ verleiht. Sie tritt in den Texten de Mans auch immer auf als eine Figur und als der Name für eine illusionäre Konstruktion, die ihre eigene Konstitution vergißt, die an ihre figurative Verfaßtheit und damit an ihr ›metonymisches‹ Funktionieren zurückverwiesen werden muß. Den vermuteten Zusammenhang einer Markierung »referentieller Irreduzibilität« mit der Figur der *Prosopopöie* legt vor allem de Mans »Autobiography as De-Facement« nahe.[10] ›Autobiographie‹ bezeichnet, wie de Man zu zeigen versucht, nicht (mehr) ein Genre, sondern eine Figur, eine Dimension der Lektüre aller Texte, die sich indessen selbst dementiert. Die Autobiographie wird als die Figur bestimmt, die die Illusion der Referenz *erzeugt*; ihr korreliert nicht ein Referent, sondern eine Fiktion, die ihrerseits eine ›referentielle Produktivität‹ entwickelt:

»Ergibt sich die Illusion der Referenz nicht als Korrelation der Struktur der Figur, so daß das ›Referenzobjekt‹ überhaupt kein klares und einfaches Bezugsobjekt mehr ist, sondern in die Nähe einer Fiktion rückt, die damit ihrerseits ein gewisses Maß an referentieller Produktivität erlangt?« (AM 135)

Die Autobiographie ist eine Figur, die eine Fiktion der Referenz, einen Effekt der Referentialität erzeugt und eben damit einen Zug des Textes benennt, mit dem dieser das semiotische System, aber auch die Geschlossenheit eines Zusammenhangs der Tropen, der diesen Effekt hervorbringt, sprengt. Die Illusion, die geweckt wird, ist insofern nicht ›nur‹ Illusion von, sondern Illusion *mit* referentieller Produktivität: des Entkommens aus jenem System der Tropen, das diese Illusion allererst erzeugt.

»Denn je mehr die Autobiographien durch ihr thematisches Insistieren auf dem Subjekt, dem Eigennamen, der Erinnerung, der Geburt, der Liebe, dem Tod und der Wechselseitigkeit der Spiegelung ihre kognitive und tropologische Konstitution offenlegen, desto mehr sind sie auch darauf aus, den Beschränkungen des Systems zu entkommen.« (AM 137)

Diese Doppelung ist es, die de Man ›Autobiographie‹ nennt und die genauer den ›autobiographischen‹ Zug aller Texte ausmacht. Die Figur, die die Illusion der Referentialität erzeugt und als solche die Figur der referentiellen Funktion der Sprache ist, heißt in *Autobiography as De-Facement* ›Autobiographie‹, bevor sie dann als *Prosopopöie* bestimmt wird, als rhetorische Figur, mit der den Texten eine Stimme oder ein Gesicht verliehen wird – an Totes oder Abwesendes. Als *prosopon-poiein*, so die Etymologie von *Prosopopöie*, meint sie »eine Maske oder ein Gesicht (*prosopon*) geben«

(AM 142).[11] Insofern die Prosopopöie konkrete Dinge oder abstrakte Begriffe als redende Personen auftreten läßt, indem sie ihnen eine Stimme verleiht, realisiert sie, was die *Apostrophe*, die Adressierung des Toten und Abwesenden, impliziert, sie instituiert dieses nämlich als Instanz der Rede (mit Mund und Gesicht) und impliziert umgekehrt die Apostrophierung dessen, was sie als Sprechendes inszeniert; sie ist die *Trope* der Adressierung (HI 45).

>Es ist die Figur der Prosopopöie, die Fiktion der Apostrophierung einer abwesenden, verstorbenen oder stimmlosen Entität, wodurch die Möglichkeit einer Antwort gesetzt und der Entität die Macht der Rede zugesprochen wird.« (AM 142)

Als *Apostrophe* realisiert sich die referentielle Funktion der Sprache. Die >Apostrophe< aber, die etymologisch eine Abwendung, Degression und Abweichung von der direkten Rede bezeichnet, prägt die Struktur der direkten AnRede auf eine indirekte Weise, nämlich fiktionalisierend aus, wenn das in der Sprache immer Abwesende oder Tote in der Adressierung als gegenwärtig, belebt und anthropomorph (voraus)gesetzt wird.[12] In der Apostrophe >gibt< der Sprecher, das Ich des Textes dem Angesprochenen Stimme, Leben und menschliche Gestalt – und setzt, das ist die symmetrische Implikation der Apostrophe, in dieser Geste zugleich sich selbst, das heißt konstituiert und dramatisiert *sich* als poetische Stimme.[13] In jeder (anscheinend direkten) referentiellen Rede gibt es schon eine *Apostrophe* zu lesen, »eine Geste der Adressierung, die sich abwenden muß, um jemand anderen zu adressieren«, eine Adressierung, die einen (anderen) Adressaten impliziert und die insofern immer schon auch eine Abwendung ist, Abwendung von den Zuhörern und Zuwendung zu abwesenden Personen oder Sachen, die adressiert werden. Insofern kann sie zugleich als eine *Parekbasis* – die abschweifende Wendung ans Publikum – gelesen werden, nämlich als Abwendung von der primären Szene der referentiellen Rede und eine andere Art von Sprechakt – metatextueller Art. Die >direkte< referentielle Rede ist insofern ein Gestus, der sich, wenn auf etwas, auf sich und die Frage der Bedeutungsbildung selbst richtet. Die Referenz der Sprache, das Zeigen >von etwas< ist schließlich selbst nichts anderes als eine *Prosopopöie*[14], weil das Verleihen einer >Stimme< und eines Gesichts, >face<, das Setzen von einer Figur, von Bedeutung.[15]

Die *Prosopopöie* als Figur der referentiellen Funktion der Sprache zu lesen heißt zugleich auf deren katachretischen Effekt hinweisen; denn die Adressierung impliziert den Tod und die Abwesenheit des Adressierten, wie die Prosopopöie »die Fiktion der Stimme-von-jenseits-des-Grabes« (AM 143).

»*prosopon-poiein*‹ means to ›give‹ a face and therefore implies that the original face can be missing or non existing. The trope which coins a name for a still unnamed entity, which gives face to the faceless is, of course, a catachresis.« (HI 44)

Denn Katachrese heißt die Figur für das nicht Benannte, wofür es kein Wort in literaler Verwendung gibt. In der Prosopopöie *ist* das Adressierte nichts anderes als Katachrese. – Und Katachrese ist, so die rhetorische Tradition, *abusio*; sie markiert die Arbitrarität von Bedeutungsbildung, und allein deren sie exponierende und verdeckende Figur vermag die Prosopopöie zu sein. Das heißt, daß sie als »giving a face« zugleich *defacement* ist und eine Doppelstruktur von Figur und Defiguration impliziert, die als solche eine referentielle Produktivität hat. Wenn die Apostrophierung des Toten und Abwesenden diesem eine Stimme gibt und es als Redeinstanz einsetzt und dabei zugleich, in einer symmetrischen Wendung der Adressierung, das ›Ich‹ des Textes (des lyrischen wie der Autobiographie) setzt, kommt es, da dieses zugleich ihr Gegenstand ist, für die Autobiographie, deren Figur die Prosopopöie ebendarum ist, zu einer aporetischen Doppelung und Spaltung des Ich, von Ich *im* Text und Ich *des* Textes (oder ›vor‹ dem Text, auf dem Titelblatt). Diese entspricht der Doppelung und Spannung von kognitiver und performativer Dimension der Sprache[16], die ebenso aufeinander angewiesen sind, wie sie einander im katachretischen Effekt der Geste der Prosopopöie dementieren. – Mit dieser Spannung, die de Man an anderer Stelle, in der Lektüre der Hegelschen Konzeption der Deixis, sprachtheoretisch fundiert und als Unentscheidbarkeit von Zeichen und Symbol ausgeprägt hat[17], weist die ›Autobiographie‹ oder der ›autobiographische‹ Zug aller Texte, die aporetische Bedingung ihrer Möglichkeit, die Unmöglichkeit der Schließung des Systems auf, die alle Systeme tropologischer Substitutionen, alle Texte betrifft (AM 136f.). Oder aber: ›Autobiographie‹ oder *Prosopopöie* benennt ebendiese Unabschließbarkeit. Der Effekt der Referentialität oder genauer gerade die *figurative* Verfaßtheit der referentiellen Produktivität verhindert die semiotische Abgeschlossenheit als Code. Referentialität kann nicht (nur) gemäß der strukturalistischen Konzeption als Teil des semiotischen Systems, nämlich als Selbstreferentialität erläutert werden, sondern Referenz ist selbst in einer bestimmbaren Weise rhetorisch organisiert, und diese figurative Organisiertheit impliziert eine Irritation semiotischer Geschlossenheit (des Codes): Die Figur bedarf der Setzung. Die referentielle Funktion impliziert in ihren Figuren Apostrophe, Parekbasis und Prosopopöie ein Ereignis, einen anderen Akt oder Gestus, der nicht ins System kognitiver Rhetorik eingeschlossen werden kann.[18]

»Die Prosopopöie ist die Trope der Autobiographie, durch die jemandes Name ... so verstehbar und erinnerbar wird wie ein Gesicht. Bei unserem Thema, der Autobiographie, geht es um das Geben und Nehmen von Gesichtern, um Maskierung und Demaskierung, Figur, Figuration und Defiguration.« (AM 142)

Wenn aber der Name so ›memorabel‹ erst werden soll »wie ein Gesicht«, so ist – nicht zu vergessen – dieses, das hier zum Inbegriff für Memorierbarkeit wird, nichts anderes als selbst Figur, nämlich Prosopopöie. Da die Autobiographie nach der Trope der Prosopopöie funktioniert, ist sie ebenso ein Nehmen, ein Rückzug oder Verwischen des Gesichts, wie dessen Verleihen: Eben mit demselben Gestus, mit dem das Ich (des Textes) sich ›setzt‹ und sich (im Text) ein ›Gesicht‹ gibt, entzieht es sich, tötet es sich, unterstellt es den eigenen Tod. Der autobiographische Diskurs ist ein Diskurs der Selbstrestaurierung, »restoration in the face of death« und insofern *Prosopopöie*, die Figur des Sprechens von jenseits des Grabes, die produziert, was sie verhindern oder zumindest verschleiern will, den Tod als Stummheit. Mit dem auf den Grabstein geschriebenen Namen erhält der ›gefühllose Stein‹ eine ›Stimme‹, »eine Stimme-von-jenseits-des-Grabes«; diese ist aber ›nur‹ Figur, *Prosopopöie*. Die Autobiographie *ist* Epitaph und ist nur als Grabinschrift möglich, als Inschrift, die einen tödlichen Abschluß impliziert, in dem allein das Subjekt, als Gegenstand des Textes, ›gegeben‹ ist – und (sich selbst) entrückt, abwesend und tot ist. In der Autobiographie und dem Text als ›Autobiographie‹ instituiert sich der Dichter selbst, indem er sich selbst ein Epitaph setzt, lesend/schreibend den Text und sich als ›Stimme‹ des Textes im Text monumentalisiert, der ihm als *Prosopopöie* Figur oder Gesicht verleiht und es (eben damit) verwischt oder entzieht. Denn ebenso wie diese nur die des Toten sein kann, so wäre der Argumentation de Mans vorzugreifen, ist der (stumme) Name auf dem Grabstein die einzige ›Stimme‹ des Autors. Insofern wäre die Prosopopöie selbst nichts als der ›Name‹ als Inschrift. Wenn de Man den *Tod* in Wordsworth' *Essays upon Epitaphs* als Kategorie der Sprache bestimmt, und zwar als die in der Sprache sich ereignende Deprivation von ›Gestalt‹, der Figur des Bedeutens und des Zu-Verstehenden (AM 147), dann entspricht dieser der Eigen-Name und dessen disruptiver Effekt, die Disjunktion von Benennen und Bedeuten. Der Name ist eine Figur (Metapher), die sich immer schon als Katachrese erwiesen haben wird – er ist memorabel statt intelligibel.

Umgekehrt ist demnach jeder Text selbst Monument oder Epitaph – oder muß doch als solches gelesen werden: »des Autors eigene Grabinschrift oder Autobiographie« (AM 138). Die *Prosopopöie* ist auch schon als ›Autobiographie‹, also im doppelnden und spaltenden Verhältnis des Ich (des Textes) zu ›sich selbst‹, dem allein ›nachträglich‹ als *Prosopopöie* gegebenen Ich, eine Lektüre-Praxis, die das Ich im Text als toten ›Vorgänger‹ ausbildet. Umgekehrt konstituiert die Lektüre *als* Prosopopöie nachträglich die Texte als Epitaphe ihrer Autoren.[19] Die prosopopöische Organisation der Lektüre, damit aber auch deren Implikation der Defiguration, liest de Man in *Shelley Disfigured* als Thema von Shelleys *Triumph of Life*, der, von der Prosopopöie strukturiert, ein Triumph des Todes ist. Und: In seiner Lektüre von Wordsworth' *Essays upon Epitaphs* verdeutlicht de Man an der Wiederholung von zitierend schreibenden Lektüren (Wordsworth liest Milton, Milton liest Shakespeare) die Bedrohung durch die erst in der rhetorischen Figur *Prosopopöie* mit stummer, nämlich figurativer Stimme Begabten (Vorgänger). Diese lassen mit ebenjener mächtigen und tonlosen Stimme erstarren, »*make us marble*« (siehe AM 144), die ihnen figurativ doch erst verliehen wurde und ihnen erst als Figur, nachträglich eignet. Die Bedrohung durch die Stimme der Toten, *Prosopopöie*, besteht in einer ›sinistren Reziprozität‹ ihres Effekts[20]: Ebenjenen katachretischen Effekt der Geste, mit der die im Verleihen der Stimme zugleich sich setzende Stimme des Textes in diesem Akt dasjenige, dem Stimme oder Gesicht verliehen wird, zum Toten und nicht Sprachmächtigen erklärt, hat diese in ihrer symmetrischen Wendung auch für den Adressierenden selbst. Als Prosopopöie des Gelesenen (des Autors) und als selbst zitierend, monumentalisierend lesender wird der Text zum simultanen Raum der Stimme des apostrophierend Lesenden und des Toten und Abwesenden; die Prosopopöie ist tatsächlich unser Eintritt »in die gefrorene Welt der Toten« (AM 144). Die apostrophierende Zitierung in der Lektüre, die das Tote und Abwesende beleben wollte, zieht den zitierend Lesenden selbst in dessen Welt, die Welt der »stimmlosen Tropen« ein (AM 147). *Statuen*, erstarrt, gefroren, errichtet, oder wie immer man die »besondere Starrheit und Festigkeit von Statuen« (SE 150) bezeichnen will, markieren den Raum der stummen Texte, sind die Allegorien des Textes oder seiner Lektüren. In de Mans *Shelleys Entstellung*[21] bezeichnet aber der Begriff der ›Monumentalisierung‹ eine Monumentalisierung ›als etwas‹ und insofern den Modus der traditionellen Romantik-Lektüre, die den toten Shelley und die anderen toten Leiber der Dichter in den romantischen Texten begrabe, »in ihren eigenen Texten, aus denen wir Grabinschriften und monumentale Grabstätten gemacht haben« (SE 177), weil diese gerade als solche, *als* Statuen und Grabmale, anderseits scheinbar immer auch ihre Stimme ›von-jenseits-des-Grabes‹ ertönen lassen können und den so Lesenden seinerseits als adressierende Stimme ermächtigen. Die Lektüren, die de Man hier liest (Shelley liest und monumentalisiert Rousseau als seinen Vorgänger, der seinerseits mit Vorgängern zu tun hat), vollziehen aber als Prosopopöie eine Bewegung gleichzeitiger Figuration und Defiguration, die den Text als Epitaph auch zum Metatext der Lektüre werden läßt. Der Text ist als Lektüre strukturiert von ›punktierenden‹ Fragen, die das Gelesene figurieren, die aber nicht einem hermeneutischen Frage-Antwort-Muster zu unterstellen sind, sondern »deren Bedeutung als Frage in dem Augenblick getilgt ist, wo sie gestellt wird« (SE 154). Das fragende ›giving a face‹ oder Figuration (der Signifikation) erwartet keine Antwort, sondern (diese als) performatives Vergessen, Löschen, Verwischen von *face* und Figur (siehe SE 156). Monumentalisierung ist – so de Man – ein Fehlgehen *und* unvermeidbarer Modus der Lektüre; als Name oder »face«, Figur oder Emblem für den double-bind von Figuration und Defiguration wird *Prosopopöie* in den späten Essays de Mans zu *der* Figur von Verstehen und Lesen überhaupt.

Tritt die *Prosopopöie* einerseits auf als die Figur der fiktionalisierenden metaphorischen Konstruktion der Bedeutung und der metaphorischen Totalisierung, die ihre eigene figurative Konstitution, also ihr metonymisches Funktionieren vergißt, so kann de Man anderseits verdeutlichen, daß die Prosopopöie, Stimme der Toten, das Lebende selbst erstarren lasse, daß sie als Fiktion der Stimme, *als* Figur selbst stimmlos, stumm sei. Die Frage »How does the giving of a face [...] become a disfiguration or ›defacement‹?« (Chase, *Giving a Face*, a. a. O., 87) ist, das verdeutlicht insbesondere de Mans zweistufige Argumentation in *Shelleys Entstellung*, nicht allein zu beantworten mit dem Hinweis (der Metapher als Figur der Bedeutungsbildung) auf das metonymische Auslöschen, Verwischen oder Austrampeln dessen, was in der metonymischen Verkettung sich allererst zu konstituieren vermöchte: der Bedeutung. De Mans Shelley-Lektüre weist am Bild der Sonne als Auge und des sich (metonymisch) brechenden und derart sich erst figurierenden Sonnenstrahls, am Bild des Regenbogens für die totalisierende Wahrnehmung der phänomenalen Welt, die Asymmetrie von Figuration und Disfiguration auf; denn was im Zusammenhang von Licht und Wasser als spekulärer Prozeß der Figuration und der Erkenntnis zu beschreiben und als Brechung des Lichts an der Oberfläche des Wassers als Metapher für die totalisierende Macht der Metapher zu lesen ist[22], ist darum zugleich schon Disfiguration. Das weiße Licht, leere Setzung der Sonne, bedarf, um ein Bild zu geben und einen Inhalt zu haben, einer metonymischen Entwicklung, die zugleich deren figurale Brechung (Reflexion und Spiegelung) ist. Das in der Spannung von metaphorischer Behauptung und deren metonymischem, disjunktivem, weil arbiträrem Funktionieren entwickelte Aufspalten der »Eigenschaften der Sprache in semantische Eigenschaften einerseits und nichtbezeichnende, materiale Eigenschaften andererseits« (SE 169), deren Vollzug die dekonstruktive Bewegung des Textes zunächst exponiert, ist noch ›nicht die ganze Geschichte‹[23], oder sie bedarf einer zweiten Lektüre und Formulierung: »Die Macht, die ihren Worten Kraft verleiht, läßt sie auch die Herrschaft über ihre Worte einbüßen. Rousseau gewinnt Gestalt, Gesicht oder Figur, um sie in dem gleichen Moment, in dem er sie erlangt, wieder zu verlieren« – wie de Man (SE 159) formuliert. Dies ist die für die und als Prosopopöie zu erläuternde Asymmetrie von Figuration und Defiguration.

»This figure [Prosopopöie] – the condition of the possibility of speech, [...] – has now to be understood as also the condition of its impossibility. Figure as such [...] is silent.« (Chase, *Giving a Face*, a. a. O., 87) Allegorie dieser Bewegung ist der Grabstein des Taubstummen in de Mans *Autobiographie als Maskenspiel*. Sie ist als Allegorie des ›stumme Tropen‹ produzierenden ›Aufschubs‹ der antwortenden Stimme (in der Autobiographie und in der Lektüre) *Allegorie* der leeren Allegorie. Denn Allegorie heißt mit de Man »the rhetorical process by which the literary text moves from a phenomenal, world-oriented to a grammatical, language-oriented direction«[24], weil nach Benjamin jene Bewegung des Masken-Verleihens, der ›maskenhaften Neubelebung‹ als Figur mit der Bedeutung den Tod gibt – und ständig erneut gibt. Die Stummheit der Figur scheint in einer ersten, zu präzisierenden Fassung darin begründet, daß »[i]n dem Maße, in dem die Sprache eine Figur (oder Metapher oder Prosopopöie) darstellt, ... sie in der Tat nicht der Gegenstand selbst, sondern seine Repräsentation [ist], das Bild des Dinges, und als solche ist sie still und stumm, so stumm, wie Bilder eben sind« (AM 147).[25] Diese erste Version einer Antwort auf die Frage »how does the giving of a face to a name – the achievement of an autobiography or an epitaph – become a disfiguration or ›de-facement‹?« reformuliert Chase wie folgt: »Prosopopeia, or the giving of Face, is *de*-facement, then, insofar as if face is given by an act of language, it is ›only‹ a figure.« Benannt ist damit zunächst die katachretische Implikation der Prosopopöie – »that face is a figure; that voice is a fiction, arising from the figure of face« (*Giving a Face*, a. a. O., 85 u. 88). Aber, wie de Man präzisiert hat, nicht ›die Welt‹ geht verloren, sondern Sinn und Gestalt (d. i. *face*) als die Figur des Verstehens, der Signifikation, sobald die rhetorische Funktion der Prosopopöie als Setzung von Stimme oder Gesicht in (und mittels) der Sprache aufgefaßt wird. Der Bezug auf die ›Welt‹, Referentialität, impliziert *als* Repräsentation einen arbiträren (und insofern nicht kognitiv, metaphorisch oder figurativ zu (er)füllenden), einen leeren Akt der Setzung.

»Sobald wir die rhetorische Funktion der Prosopopöie als eine setzende begreifen, die mittels der Sprache Stimme oder Gesicht verleiht, begreifen wir auch, daß wir nicht des Lebens beraubt sind, sondern der Gestalt und der Empfindung einer Welt, die nur in der privativen Weise des Verstehens zugänglich ist. Tod ist ein verdrängter Name für ein sprachliches Dilemma, und die Wiederherstellung der Sterblichkeit durch die Autobiographie (die Prosopopöie der Stimme und des Namens) beraubt und entstellt genau in dem Maße, wie sie wiederherstellt. Die Autobiographie verschleiert und

maskiert eine Entstellung des Geistes, die sie selbst verursacht.«
(AM 147)

Insofern hat die ›Autobiographie‹ oder Prosopopöie an der rhetorischen Temporalität der Allegorie teil. Während die Prosopopöie als phantasmagorische Stimme – an der Stelle der von der Allegorie wiederholend markierten Kluft von Ding und Bedeutung – der figurierte Versuch ist, zu ›verschleiern‹, was sie selbst erzeugt, ein Versuch, der sich selbst dementiert[26], kennzeichnet das ›Aushalten‹ jener Tötung oder Defiguration in der Allegorie, deren Ursache sie selbst ist, die Melancholie[27], die sich in der Wiederholung der Allegorie und deren stets erneuter Disjunktion vertieft. So ist in Benjamins *Ursprung des deutschen Trauerspiels* nachzulesen. Defiguration (oder *defacement*) kann nur zunächst oder vorübergehend dadurch bestimmt werden, »that language fails because it is not the thing itself« (Chase, *Giving a Face*, a. a. O., 88). Denn umgekehrt ist Referenz eine Funktion der Sprache nicht (bloß) gemäß der strukturalistischen Version der Deixis als Selbstreferentialität der Sprache, sondern die referentielle Funktion der Sprache realisiert sich selbstwidersprüchlich und aporetisch, insofern sie (als Apostrophe und Prosopopöie), wie de Mans Hegel-Lektüre zeigt, rhetorisch ist im doppelten Sinn von *figure* und *act*. Demnach ist die Prosopopöie *als* resultierende Figur ›nicht das Ding selbst, sondern dessen Repräsentation‹, diese aber verwiesen auf ein anderes, Repräsentation ausschließendes Moment, das der Setzung. Dann aber ist die Figur stumm nicht (oder nur vorläufig), weil »›only‹ a figure« (Chase), nämlich nicht gemessen an der Welt, sondern gemessen an der ihr *als* Figur eigenen Illusion der Möglichkeit von Repräsentation, metaphorischer Totalisierung und durch deren Verwiesenheit an einen arbiträren Akt der Setzung.

»Once the representational function is seen to take place by means of figure – by the assumed and imposed resemblances, the ›aberrant totalizations of metaphor‹ – language has to be conceived not only as representation, cognition, or constation, but also *as act*. Predication entails not simply knowing, *erkennen*, but positing, *setzen*.« (Chase, *Giving a Face*, 89)
»[D]ie Figur [ist] nicht von Natur aus gegeben oder hergestellt worden..., sondern [wird] durch einen willkürlichen Akt der Sprache gesetzt.« (SE 172)

De Man erläutert den ›Konflikt‹ oder double-bind der Signifikation vor allem in *Zeichen und Symbol in Hegels »Ästhetik«* für die deiktische Funktion der Sprache als den von Setzung und jeder inhaltlichen Bestimmung, von Meinen und Sagen, von performativem Akt der Setzung und Figuration, also der gesetzten Figur in repräsentierender Funktion, die sich gegenseitig ausschließen und sich gegenseitig vergessen müssen. Die Analyse der Bedingung der Möglichkeit, ›etwas zu sagen‹, trifft, wie de Man im Bezug auf Hegels Bestimmung der deiktischen Funktion verdeutlicht[28], insofern auf das, was sich als Bedingung seiner Unmöglichkeit erweist. Die leere Setzung ist die uneinholbare *eine* Seite jeden Sprechens: die von ihrer anderen Seite, der Bedeutungsbildung innerhalb eines Systems der tropologischen Ersetzungen, immer schon dementierte, wie diese dementierende eine Seite. Setzung von etwas *als* Bedeutendes und insofern *face* und Figur impliziert die eines Ich dieser Setzung, das eben in dieser sich auslöschen muß als eine bestimmte, inhaltlich bestimmbare Figur (*face*). Die gegenseitige Dementierung dessen, was sich zugleich impliziert: von Sagen und Meinen, von Setzen und Figur, vollzieht eine Auslöschung jeder möglichen Beziehung zwischen dem leeren Ich der Aussage und dem (allem), was es über sich aussagen könnte.[29] Die Gleichursprünglichkeit des Sich-gegenseitig-Ausschließenden und -Löschenden, der Setzung und des ›Etwas-Sagens‹, ist die inhärente Aporie, die das Sprechen ›von etwas‹ ebenso verunmöglicht, wie sie doch allererst dessen Funktionieren ist. Beide Seiten widersprechen gegenseitig ihrer jeweiligen Bedingung der Möglichkeit, *und* beide ›gibt es‹ nur gleichzeitig.

Damit etwas bedeutet, muß nicht nur der Modus des Bedeutens entschieden werden, sondern *daß* dieses etwas bedeutet; diese nicht mehr anders zu begründende Setzung ist Prosopopöie, ›giving a face or a figure‹. Insofern bedarf jede Bedeutungsbildung und jede Lektüre einer doppelten Operation, muß neben der metaphorischen und analogischen ›Identifizierung‹, nach deren spekulärem Modell Repräsentation funktioniert und Kognition gesichert wird, eine andere Art, arbiträrer, unmotivierter ›Identifizierung‹ gedacht werden; diese, deren Möglichkeit als Bedingung der Möglichkeit von Bedeutungsbildung unterstellt werden muß, ist als Setzung einer Figur Prosopopöie – »eine mißbräuchliche Identifikation, eine Figur oder eine Katachrese eröffnet die Möglichkeit von Sprache«.[30] Bei dieser Unterscheidung zweier Modi der Identifizierung als (Ein)Setzung der Bedingung der Möglichkeit von Lesbarkeit geht es gerade um deren unhintergehbare Gleichzeitigkeit; denn die eine Identifizierung ist auch immer die andere. Die doppelte Ausprägung der Identifizierung bezeichnet ja genauer zwei Seiten ein und desselben Vorgangs der Einsetzung der Sprache; dieser erst heißt Prosopopöie. ›Giving a face‹, das Verleihen einer Stimme, *setzt* eine Struktur der Signifikation *und liest* zugleich das Zeichen der Markierung als ein bedeutungsvolles Muster.[31] Dies aber ist ein selbstwidersprüchlicher Vorgang und die Prosopopöie dessen exponierende Figur. De Man zeigt zugleich die Notwendigkeit des »giving a figure« auf, wie dessen radikale Unmöglichkeit, den der deiktischen Funktion inhärenten Konflikt zwischen ihrer performativen Dimension als Akt und ihrer figurativen Funktion als Repräsentation, dessen Figur die *Prosopopöie* ist.[32] An der Produktion von Bedeutung ist beteiligt, was sich in die sprachliche Verkettung nicht einschreiben kann und ebendies (in der Bildung von Bedeutung) tut – vergeblich und daher stets erneut.

Shelleys *The Triumph of Life* exponiert als »visuelles Geschehen zwischen Licht und Wasser« die spekuläre Struktur, Interaktion, Spiegelung und Brechung von Licht und Wasser, die die »Gestalt« (shape) konstituiert, die ihrerseits als »Illustration (*Hypotyposis*)«, als »Figur der Figuralität aller Bedeutung«, alles Bedeutens lesbar wird. Die Sonne *setzt* die Formen; und das Erscheinen (und Vergehen) des Lichtes ist ein singulärer und als solcher unterbrechender, gewaltsamer Akt der Macht (act of power), der der setzenden Macht (power) der Sprache selbst entstammt (siehe SE 172).

»Die setzende Macht der Sprache ist zugleich völlig willkürlich, insofern sie eine Stärke besitzt, die nicht auf Notwendigkeit zurückgeführt werden kann, und sie ist völlig unerbittlich, insofern es keine Alternative zu ihr gibt. Sie steht jenseits des Gegensatzes von Zufall und Determination und kann daher nicht Teil einer zeitlichen Abfolge von Ereignissen sein. Eine solche Abfolge muß durch Handlungen *punktiert sein, die nicht in sie integriert werden können.* [...] Nur in der *Retrospektive* kann man in einem solchen Ereignis eine Substitution und einen Anfang sehen und es als dialektische Beziehung zwischen Tag und Nacht oder zwischen zwei transzendentalen Seinsordnungen *mißverstehen.* Die Sonne erscheint nicht in Verbindung mit der Nacht und den Sternen oder als Reaktion auf sie, sondern aufgrund ihrer eigenen, durch nichts vermittelten und mit nichts in Beziehung stehenden Macht.« (SE 172f., Hervorheb. von mir.)

Die leere Setzung, das weiße Licht, bedarf des ›Gesichtes‹, der Figuration, die ihr verliehen wird und in der sie vergessen ist, damit sie überhaupt gegeben, sichtbar ist. Der setzende Akt muß sich einschreiben in das System der Tropen, das ihn dementiert und als solchen, als arbiträren Akt, ›vergißt‹. »In performativer Hinsicht vollzieht die Figuration (als Frage) die Auslöschung der setzenden Macht der Sprache. In *The Triumph of Life* geschieht dies, wenn ein setzender Sprechakt als das dargestellt wird, dem er am wenigsten gleicht, nämlich als Sonnenaufgang« (SE 174).

»Figuration is in conflict with the very condition of existence of language or the linguistic sign. [...] the capacity for language to posit [...] – the performative power which, also, is implied in the status of language as ›figure‹ or rhetoric – this disfigures, too, language as cognitive structure, as meaningful pattern, as face.« (Chase, *Giving a Face*, 100)
»For the sign to operate as a symbol, in signifying, is for the functioning of language as signification to cancel what allowed it to come into being in the first place, the arbitrary power of position of the sign. This is the predicament named in the statement that voice is figure. To say what it means, the sign must take on a face, must present a figure, but in being a face, it loses the power to mean, to speak. Language functions as the representation of meaning only in blotting out the positing power, that enables it to act as language. [...] What has occured is the erasure of the positing power of language by the position, the positioning of (a) figure«, »the ascribing a figure« oder Prosopopoiia. (Ebd., 94/95)

Die Prosopopöie ist die Figur der Verleihung der Gestalt, des *face*, der Figur der Signifikation; sie ist *Figur der Figur* (HI 48) und als solche Figur der (Aporie der) Signifikation, ›etwas zu sagen‹. Denn die Figuration, die eine Illusion der Bedeutung erzeugt (SE 170), muß die setzende Macht der Sprache vergessen, die sie doch allererst ermöglicht. Insofern *ist* Figuration (als solche) auch immer schon Defiguration und dies »the peculiar asymmetry of the term disfiguration« (Chase, ebd., 100): ›Giving a Face‹ ist *als* sprachliche Setzung, die zur Figur wird, stumm, tödlich; denn die Figur für eine Setzung (das ist deren Moment der *imposition*) muß ebenso die Bedingung ihrer Möglichkeit, die arbiträre Setzung vergessen, wie sie dadurch selbst immer auch schon Auslöschung des Gesichts, ein »defacement« ist.[33]

Die Notwendigkeit der Setzung und Löschung der »setzenden Geste« (SE 173), insofern der Defiguration, die Moment der Figuration selbst ist und sich in seinem Moment der *imposition* einer Figur (und damit Bedeutung) selbst vergißt, führt in beständige Wiederholungen dieser Setzungen und Löschungen: »die notwendige Wiederkehr der ursprünglichen Gewalt« (SE 175). »Die sich wiederholenden Tilgungen, durch die die Sprache die Aufhebung ihrer eigenen Setzungen vollzieht, kann man Defiguration, Entstellung nennen« (SE 175). Diese unvermeidliche Wiederholung der Bewegung (deren Unvermeidlichkeit nämlich) markiert, was nicht als ›es selbst‹ existiert. Die Setzung selbst *ist* nicht ein absoluter Beginn; diese, die setzende Kraft der Sprache »an sich und für sich allein betrachtet«, ›gibt‹ es nicht (SE 172), sondern sie bedurfte immer schon und immer erneut des *face* oder der Gestalt, der Figur auch für diese Setzung, und ist, insofern sie existiert, *wiederholt* (vgl. SE 173). Die Prosopopöie, fehlgehende Figur der immer schon fehlgehenden und halluzinatorischen Figuration, nimmt zugleich wiederum notwendig, aber fehlgehend Figur (*face*) an: das Licht der Sonne als die Prosopopöie der Prosopopöie.[34] »Figuration turns hallucinatory in an attempt to render intelligible what, according to de Man, cannot be rendered intelligible, the ›radical estrangement between the meaning and the performance of any text‹.«[35] Der Prozeß von Setzung und Repräsentation ist endlos, weil das ›Wissen‹ von der diesem Prozeß zugrundeliegenden setzenden Kraft der Sprache (*language's performative power*) selbst wiederum Figur ist (und sein muß)[36] und als Repräsentation nur wiederholende Miß-Repräsentation sein kann, die sie als Defiguration der Figur, der Metapher, wiederholend exponieren muß, stets erneut – fehlgehend und darum gewaltsam. »Jede der Episoden vergißt, was durch ein voraufgegangenes Vergessen an Erkenntnis gewonnen wurde« (SE 175). Jede Setzung muß Gesicht, Figur, Bedeutung annehmen, sich in jenes tropologische System einschreiben, dem und dessen Möglichkeit sie *als* arbiträrer Akt widerspricht; sie manifestiert sich in diesem wiederholend als Disruption und Gewalt des Zufalls, die jede Figuration als arbiträre Setzung *und* deren Verschleierung, darum als gewaltsam und tödlich exponiert.

»Wie kann ein Akt des Setzens, der mit nichts vor oder nach ihm in Beziehung steht, in eine narrative Sequenz eingeschrieben werden? Wie wird ein Sprechakt zu einer Trope, einer Katachrese, die dann ihrerseits die narrative Sequenz einer Allegorie hervorbringt? Dies kann nur der Fall sein, weil wir unsererseits der sinnlosen Macht der setzenden Sprache die Autorität von Sinn und Bedeutung beilegen. Aber das ist grundlegend inkonsistent: Sprache setzt und Sprache bedeutet (...), aber Sprache kann nicht Bedeutung setzen; sie kann Bedeutung nur in ihrer bekräftigten Falschheit wiederholen (oder reflektieren). Und das Wissen um diese Unmöglichkeit macht die Sache nicht weniger unmöglich.« (SE 173 f.)

Die Annahme eines Gesichts für den arbiträren und leeren Akt der Setzung, in der dieser, der die Sprache instituiert und Bedeuten erst ermöglicht, ausgelöscht oder vergessen ist, scheint ebenso unvermeidlich wie ›bloß‹ fiktiv zu sein. Die arbiträre Beziehung zwischen Bedeutung und dem materialen Bestandteil des Zeichens und insofern die Fiktionalität der Figur, für die Prosopopöie der Name ist, stellt ihre signifikativen Besetzungen frei. De Man bestimmt aber anderseits die Unabhängigkeit des Zeichens von seiner Signifikation selbst als eine ›Fiktion‹ (Chase, *Giving a Face*, 96/7), und Fiktion hat, wie de Man auch sagt, mit Darstellung ›von etwas‹, mit Re-Präsentation nichts zu tun, sondern manifestiert selbst nichts anderes als »the absence of any link between utterance and a referent [...] causal, encoded, or governed by any other conceivable relationship« (*Allegories of Reading*, 292). Die Fiktion eines Nicht-Repräsentierenden, einer der Signifikation vorausliegenden Zeichenmaterialität ist zwar ›bloß‹ fiktiv, weil es dieses Moment nicht ›als solches‹ gibt und das Zeichen nur existiert, insofern es bedeutet, also insofern es in bestimmbare Beziehungen und ein System solcher Beziehungen eintritt. Sie kann aber anderseits als solche, als Fiktion, nicht aufgegeben werden. Denn, so akzentuiert Chase, die Möglichkeit einer beliebigen, arbiträren und unmotivierten Hervorbringung von Zeichen im Sinne der Markierung und insofern die Unterstellung einer Materialität der Zeichen, ›bevor‹ sie in einem Akt des Lesens Form und Bedeutung wird, also die Fiktion ›leer‹ bleibender Fiktion ist Bedingung der Möglichkeit der Existenz des Textes: »*without this moment* [in which the fiction stands free of any signification], *never allowed to exist as such no such as a text is conceivable*« (ebd., 293).[37] Die Bestimmung des leeren Aktes der Setzung, der in der Sprache, wo er ›zu lesen‹ ist, immer schon gelöscht und vergessen ist (und nie zu löschen ist), als Fiktion dementiert nicht allein das Modell der Sprache als Repräsentation, sondern ebenso »the conception of language as possessing the absolute power position«. Denn ebenso wie kein ›Sagen von etwas‹ sich von der Fiktion eines ›bevor‹ und der mit dieser implizierten Arbitrarität der Setzung der Figur, dem »positional act« dispensieren kann, wird dieser sich als setzender Akt ›von etwas‹ stets selbst auslöschen und in der ebenso unvermeidbar wie unmöglich bleibenden »imposition of meaning that suceeds and conceals it« vergessen sein.[38] Die unmögliche Setzung oder genauer die Unmöglichkeit und das Fehlgehen des Setzens ist selbst genau schon die Figur, Trope, Metapher als verletzende und tödliche ›Figuration‹ und Bedeutungsbildung; sie figuriert in der immer schon fehlgehenden verfehlten Figuration als Metapher als die gewaltsame, die ›tödliche‹ Gestalt, »ein tödlicher Apollon«, wie dann die Figur der totalisierenden Metapher heißt (SE 174). ›Prosopopöie‹ ist der Name für die aporetische Gleichzeitigkeit von Setzung und Figur; sie bezeichnet die ›radikale Inkonsistenz‹ (die de Man formulierte: »Sprache setzt und Sprache bedeutet . . ., aber Sprache kann nicht Bedeutung setzen«), indem sie diese vollzieht und exponiert. Denn Prosopopöie ist nicht allein die Figur, die die (fiktiv bleibende) Setzung (ver)deckt, sondern sie ›benennt‹ als *Figur* der ›Imposition‹, als Figur der Figur – in ihrem Fehlgehen – zugleich, was sie als ›face‹ verdeckt, die Arbitrarität der Setzung (der *Prosopöie*), die den Kontext in dem Moment bricht, in dem sie sich in diesen eingeschrieben haben wird.

»It is impossible to isolate a moment in which the ›position‹ of the sign occurs independently of the position of other signs. The text's materiality – what is prior to the figuration that gives the text its phenomenal status – cannot be isolated ›as such‹, as a ›moment‹, as an origin. The absolute power of position of sign does not exist. What does exist is quotation or inscription. [. . .] To read spaced out letters as a name is to give them a shape, a face. What proved to be impossible – but necessary – was to give a face to a name.« (Chase, *Giving a Face*, 102)

Die Fiktionalität der arbiträren Setzung, dessen, was es *considered by and in itself* ›nicht gibt‹, impliziert die Möglichkeit und Notwendigkeit von Modi seines textuellen Auftritts oder seiner Zitierung als *inscription*. Die Spannung innerhalb der Prosopopöie, die ausgetragene Aporie von *figure* und *act*, bedarf deshalb einer nochmals anderen – de Mans Konzeption umakzentuierenden – Formulierung, die an der Prosopopöie auseinanderhalten wird, was in dieser gerade gleichzeitig ist, und als ein wiederum disruptives Verhältnis von *Figur* und *Name* exponiert. Eine solche Reformulierung wird den Schwindel der Gleichzeitigkeit und Unentscheidbarkeit der sich ausschließenden, der einander dementierenden und löschenden und füreinander konstitutiven Momente nicht stillstellen, dem double-bind nicht entkommen, sondern diesen mit einer temporalisierenden[39] Differenzierung am Begriff der Figur präzisieren. Mit dieser Situierung des Namens innerhalb der Aporie, deren Figur die Prosopopöie ist, wird das Modell einer leeren Resultathaftigkeit gewonnen, eine notwendige Präzisierung für de Mans Terminus *Prosopopöie*.

De Man hatte die Prosopopöie als Katachrese bestimmt, insofern sie, indem sie ein Gesicht verleiht, unterstellen muß, daß das Beliehene tot, abwesend, ohne Gesicht war, und zugleich vermutet, daß weder die Prosopopöie eine Spezies der Katachrese noch umgekehrt die Katachrese eine solche der Prosopopöie, sondern das Verhältnis beider disruptiver Art sei (HI 44). Die Prosopopöie ist ja gerade jene Figur, die ihr katachretisches Moment arbiträrer, nicht motivierter Setzung verstellt: als ›Gesicht‹, Gestalt oder Figur der Signifikation. Mit dem Terminus *Katachrese* kann der double-bind der Setzung der Figur und damit deren Aporie als Spannung von Name und Figur neu ausgeprägt werden: »Naming takes place by the production of figures, whose figurative status is simultaneously effaced. *Catachresis* thus describes a dependency and conflict between *name* and *figure* that is present in the concept von ›giving a face‹.« (Chase, *Giving a Face*, 88) Der *Name* oder »the word, *as name – like a proper name*, describing nothing, without signified, pointing to a referent identifiable in no other terms – detached from meaning and from sense«, so de Man in *Hypogram and Inscription* (103) anläßlich Saussures und seiner Nachfolger Konzept des Anagramms, kann als eine katachretische Markierung und Inschrift gekennzeichnet werden. Eigennamen (»sei es der Eigenname des Autors oder eines Ortes«) sind Punktierungen, *Disruptionen des sich schließenden Systems*, weil solche seines konstitutiven Prinzips der Produktion als – nachträgliche – Fixierungen. Aber, wenn auch die literale Bedeutung der toten Figur (Katachrese) der Name sein mag, ›*an image gathered from a map*‹, so erhält sich doch die Spannung, die mit der ›Katachrese‹ benannt ist: »Die Entgegensetzung von wörtlichem und figuralem Sinn funktioniert hier mittels einer Analogisierung mit dem Gegensatz zwischen dem Namen und dem Namenlosen, obwohl das ganze Argument gerade diesen Gegensatz überwinden soll.« (AM 143)[40] Die Annahme einer Katachrese, die immer schon katachretisch *ist*, ist aporetisch; denn es ›gibt‹ sie nur in bezug auf vorangehende Zeichen, nämlich die Figur, deren Bedingung der Möglichkeit sie doch erst ist und die als solche schon immer ›tot‹

ist. Als »production of figures, whose figurative status is simultaneously effaced« bezeichnet die ›Katachrese‹ ›immer schon‹ die rhetorische Temporalität der katachretischen Literalität. Daß die Disruption, das disruptive, punktierende Moment, sich immer schon eingeschrieben haben muß, formuliert das Problem des Namens, seiner Unmöglichkeit. Derrida hat darauf hingewiesen: Denn der Eigenname unterstelle, insofern er der eine, unveränderliche zu sein vorgebe, »the possibility of some absolute properness«.

»However, if an idiom effect or an effect of absolute properness can arise only within a system of relations and differences with something else that is either near or far, then the secret proper name is right away inscribed – structurally and a priori – in a network where it is contaminated by common nones. Thus even this secret proper name would be impossible, at least in a pure state. There may be effects of a secret proper name, but they could not possibly occur in a pure state because of the differential structure of any mark. This secret mark could be what it is only in relation of differentiation and thus also contamination in a network or common system. [...] If the most secret proper name has its effect of a proper name only by risking contamination and detour within a system of relations, then it follows that pure address is impossible.«[41]

Damit ist die Notwendigkeit angezeigt, den Namen weder als bloßes ›indice‹ noch, wie Roland Barthes dagegenhält, durch eine neokratylische Motiviertheit[42] zu bestimmen. Als Katachrese, also durch seine nachträgliche Literalität, als ›zitierter‹, seiner ›zweiten Seinsweise‹ (des Eingeschriebenseins ins tropologische System) schon immer nachträglicher Name hat dieser für das System der Tropen und die Prosopopöie einen disruptiven Effekt: Der Name markiert ein unvermeidliches (katachretisches) Offenhalten der desintegrierenden Spannung von Nennen und Bedeuten (vgl. Chase, a. a. O., 103) und ist als dieser nachträgliche Effekt Inschrift (*inscription*). In seiner aporetischen Bezogenheit auf die Figur ist der Name Modus der Wiederholung jener »*absolute power of position of sign*«, das nicht existiert, das es nie ›als solches‹ ›gibt‹, genauer aber Wiederholung der mit dieser implizierten ›*radikalen Inkonsistenz*‹ des ›etwas‹ sagen. Wiederholung heißt nicht Repräsentation, sondern Re-inszenierung – Zitierung und Inschrift.

Wenn der *Name* so, als *inscription* und damit als disruptive Re-inszenierung der ›radikalen Inkonsistenz‹, ›etwas zu sagen‹ oder zu lesen, bestimmt werden kann, dann läßt sich dessen Eintrag in de Mans Schluß von *Shelleys Entstellung* und dieser damit noch anders lesen, in de Mans Text nämlich die Notwendigkeit von der prosopopöischen Monumentalisierung ›als etwas‹ die Funktion des Namens als (leeres) Monument der Defiguration zu unter-scheiden. Das Ende von *Shelleys Entstellung* exponiert eine apore-tische Spannung der Lektüre einerseits als Monumentalisierung (der Texte) ›als etwas‹, indem sie als Epitaphe der toten Dichter gelesen werden und diese zu Stimmen der Texte machen, und an-derseits als Defiguration. Beide Modi sind solche einer Lektüre des Todes oder auch des Eintritts des Todes in die Lektüre; der Tod stellt die Aufgabe des Lesens. Der ›wirkliche Tod‹ Shelleys macht den von de Man gelesenen letzten Text Shelleys zu einem fragmen-tarischen, macht ihn zu einem »Vollzug der Defiguration [perfor-mance of disfiguration]« (SE 176), was nicht *sein* zu können Gegenstand seines metatextuellen (negativen) Wissens ist, was er in und als Prosopopöie immer auch zu sein vermied – was er aber nun nachträglich geworden ist, ›entschieden‹ und ›endgültig‹.

»Dieser entstellte Körper ist mit der letzten Manuskriptseite präsent und zu einem Bestandteil des Gedichts geworden. An diesem Punkt erfahren Figuration und Erkenntnis eine Unterbrechung durch ein Ereignis, das den Text zwar gestaltet, in ihm jedoch weder auf der Ebene der Darstellung noch der Äußerung auftritt. [...] doch die Lektüre von *The Triumph of Life* hat bestätigt, daß dieser verstümmelte Text eine Verletzung aufweist, eine Verletzung durch einen Bruch, die in allen Texten verborgen ist« (SE 176 f.).

Der Text ist reduziert auf den Status eines Fragments, »und zwar infolge des plötzlichen Todes seines Autors, der bei einem Schiff-bruch ertrank und dessen Körper anschließend entstellt wurde« (SE 176), der diesem ein Moment einschreibt, das nicht als signifi-katives in ihm zu lesen ist, sondern ihn gerade darum als sein ihn fragmentarisierender Abbruch markiert. Insofern tritt der ›reale‹, nicht-symbolische Tod auf als die ›Wunde‹ aller Texte – ihrer Un/Möglichkeit, ihrer Inkonsistenz. Er tritt auf als Aufgabe oder Her-ausforderung der Lektüre. Es ist die Frage, wie gelesen werden kann, was (als Abbruch) gerade nicht gelesen werden kann, son-dern die Inkonsistenz, lesen zu wollen, markiert.[43]

»In Abwesenheit von Shelley fällt die Aufgabe, die Defiguration in den Text wieder einzuschreiben, allein dem Leser zu. Der entscheidende Prüfstein einer Lektüre von *The Triumph of Life* ist die Frage, wie man die Textualität des entstellenden Ereignisses liest, wie man über Shelleys Körper verfügt« (SE 177). Eine traditionelle Lektüre der Texte der Romantik habe die toten Körper der Dichter in ihren Texten beerdigt und diese damit zu Statuen gemacht, »zum Nutzen zukünftiger Archäologen, welche ›den Boden ausheben‹, um neue Fundamente für ihre eigenen Gedenkstätten zu errichten« (SE 177).

»Eine Monumentalisierung ist nicht unbedingt eine naive oder ausweichende Geste, und es ist sicher auch keine Geste, die man überhaupt vermeiden könnte. [...] Wie *The Triumph of Life*, so kann auch sie die volle Macht dieser Bedrohung in all ihrer Negativität darlegen; das Gedicht zeigt, daß dies trotz aller Strenge Shelley nicht daran hindert, seine eigene negative Zuversicht zu allegorisieren und somit den Verdacht zu erwecken, daß die Negation eine ›*Verneinung*‹ ist, ein bewußter Exorzismus. Und man kann diese Geste nicht vermeiden, da das Mißlingen des Versuchs, die Bedrohung zu exorzieren, selbst angesichts einer so radikalen Blockierung, wie sie dem Gedicht widerfährt, zu ebender Herausforderung an das Verstehen wird, die immer wieder eine erneute Lektüre verlangt.« (SE 177f.)

Insofern wird hier *Prosopopöie* zu *der* Figur von Lesen, als die Lektüre weder das Verstehen noch die Frage und das Wissen, also die Figuration, das Verleihen von Gesicht oder Figur ausschließen kann, als solches aber zugleich Vergessen, Auslöschen und Defacement und Wiederholung ist, »mit anderen Worten, Lesen ist die endlose Prosopopöie, durch die den Toten Gesicht und Stimme verliehen wird, mit der sie die Allegorie ihres Hinscheidens erzählen und wodurch wir die Möglichkeit haben, sie unsererseits anzusprechen. Keine Erkenntnis kann jemals diese Verrücktheit unterbinden, denn es ist die Verrücktheit der Wörter« (SE 178). Die Unvermeidbarkeit von Strategien der Monumentalisierung (»die nicht *unsere* Strategie als Subjekte darstellt, da wir eher ihr Produkt als ihre Urheber sind« – SE 178) einzusehen entzieht diesen Strategien, etwa der Historisierung und Ästhetisierung der Texte, ihre Dignität als ›Quelle‹ der Wertschätzung; sie sind ›bloß‹ sich selbst verstellende Bedingung der Möglichkeit ihrer Lektüren, nämlich die Konstitution des Textes als ›ästhetischer Gegenstand‹ oder ›historischer Gegenstand‹. Was sich ereignet, widerspricht aber als (zufälliges, unmotiviertes) ›Ereignis‹ der

Relationalität des ästhetischen oder historistischen Diskurses (ebd.) – und erzeugt nichts als den Zwang, weiter zu lesen. Lesen ist ›etwas‹ lesen; dieses kann aber nur im (arbiträren) Akt der Setzung konstituiert werden, Möglichkeit und Unmöglichkeit zu lesen zugleich: Darum bringt Lesen stets erneut Allegorien hervor, und seien es die seiner selbst, und darum kann die Herausforderung der ›Inkonsistenz‹, ›etwas‹ sagen und lesen zu wollen, nur stets erneut wieder gelesen werden. Allegorien sind aber nicht Wiederherstellungen an der Stelle dieser Inkonsistenz, sondern Allegorien des Ver- und Abscheidens als dessen, des Ab-Scheidens oder der Disjunktion, Vollzug oder Aufführung (*enactment*). ›*Allegorie*‹ bezeichnet eine ›leere‹ Resultathaftigkeit jener unvermeidlichen Prozesse der Wiederholung, die mit der *Prosopopöie* ebenso verdeckt wie exponiert werden, eine andere, nicht-ironische Wiederholung und Zitierbarkeit, die auch de Mans Lektüre selbst in Anspruch nehmen muß. Denn ›Shelley‹ wird zum Titel, zur Inschrift des Textes, den de Man liest, und dieser damit Epitaph (nun) für die Disfiguration des in ihm allerdings erneut begrabenen und monumentalisierten Körpers. Neil Hertz hat an de Mans literaler Analogisierung des außertextuellen Ereignisses des Ertrinkens mit dem Verschwinden der Gestalt im Text den Effekt unterstrichen, »of *repositioning* Shelley's body at the point in the poem where the shape ›goes under‹, where meaning yields to ›sheer‹ performance, at the site of ›the wound of a fracture that lies hidden in all texts‹. Shelley's death thus can serve as a means of ›expositing‹ a death that has been there all along.« De Man schreibe, insofern er das Versinken des Körpers als Figur der Auslöschung der Gestalt und damit der Signifikation lese, also als eine »*allegorische Geste*« lese, den ertrunkenen Shelley und die versunkene Gestalt in die spekuläre Struktur (der Erkenntnis) wieder ein.[44] Die Funktion des Namens ›Shelley‹ für de Mans Text ist als dessen Epitaph-Setzung gerade nicht erneute Belebung[45] und insofern nicht Anthropomorphisierung, sondern Grabmalserrichtung für den defigurierten Körper, der nicht (mehr) Gestalt und nicht (mehr und nie) Trope der Bedeutung ist – wie der Name Konstellation aus Lettern, *inscription* und nicht (mehr) Figur. Im Namen ist mit seinem ebenso vor- wie nachträglichen ›disruptiven Effekt‹ einer verweigerten Lesbarkeit von ›etwas‹ die Desintegration von Name und Figur (naming and meaning) wiederholt oder (re-)markiert, die die Katachrese oder abusio als einzig mögliche/

unmögliche Bedeutungssetzung erweist. Er ist die verbleibende Markierung, wo vom Anthropomorphismus, dem als eine »parallele Bewegung« des Lesens die Verinnerlichung »der Bedeutung durch sein Verstehen« vermittels der »Metapher des Selbst als Selbstbewußtsein« entspricht[46], nichts als *leere* Allegorie verbleibt.

›Nachträglich‹ ist der Name oder das *als* Name Auftretende oder Inszenierte, Zitierte Disruption: »a word, *as name* – like a proper name, describing nothing, without signified, pointing to a referent identifiable in no other terms – detached from meaning and from sense«. Das ›pointing to‹ im Namen impliziert die Apostrophe und damit die Prosopopöie; da aber die Prosopopöie, jene Geste, mit der dem Namen, den buchstabierten Lettern ein Gesicht, Figur und Bedeutung ›verliehen‹ werden soll, die intendierte Belebung (immer schon) verfehlt, bleibt umgekehrt von der Prosopopöie ›nichts‹ als der ›nackte‹ Name, die erstarrte, tote, stumme Stimme als reine Einschreibung. Jene Züge, »that give a face to name«, versuchen aus der Einschreibung eine Beschreibung zu machen[47], »yet the figure they confer is a *dis*figuration«, nämlich der *Name* – ohne Bedeutung.[48] Im Umschlag von Name und Figur in- und auseinander wird das Modell der Figur selbst umgeschrieben; »the image of the figure as a container [...] is replaced by the instance of a figure that is not a container, but an *inscription*: the disfiguration, by reinscription, of a name« (Chase, *Giving a Face*, 108). Die Figur wäre als Monument nicht mehr Gestalt und Trope der Stimme (Prosopopöie), sondern – nachträglich – »the sign cut off from its signification« – Inschrift: Name, stumme Trope. ›Monument‹ bezeichnete dann den – momentan – resultathaften Charakter (das Bleiben) jener Spannung von Name und Figur/Defiguration, die Chase Katachrese nannte, im Namen oder Wort ›als Name‹, im Effekt des Eigennamens. Der memorable Name, das ist schließlich nicht der mit einer Figur oder einer Bedeutung versehene Name, sondern der inszenierte oder zitierte Name: die stumme Inschrift als die (einzig mögliche) Prosopopöie des Benannten.

Namen sind als Punktierungen, *describing nothing*, Artikulationen der ›Frage nach dem Referenten‹, weil nach der Möglichkeit des Ereignisses und des Einzigartigen. Für ebendiese Frage ist von Barthes in seinem (aus Anlaß des Todes seiner Mutter geschriebenen) Buch über die Fotografie *Die helle Kammer* der Begriff des *punctum* geprägt worden und von Derrida in seiner Lektüre von Barthes' Buch aus Anlaß von dessen Tod aufgegriffen und präzisiert worden, es sei dieses die »sichtbar gemachte Unabgeschlossenheit«, die »punktierte, aber offene Unterbrechung« (*Die Tode von Roland Barthes*, 7/8). Die von de Man wie von Barthes artikulierte Frage nach der Artikulation der Singularität präzisiert sich mit Derrida, der damit Benjamin näher als Barthes steht, als die nach dem »einzigartigen Tod, dem Tod des Einzigartigen« und dessen Artikulation im Namen. Die punktierende Markierung bindet den Text an die Manifestationen seines Randes, des Ereignisses, das ihn ermöglicht, in ihm sich aber nicht niederschreiben kann, nicht einfügen kann – und ebendies muß. Als vielfältige Markierung des Randes, als sich ausbreitende Manifestation dessen, was das System der Tropen bricht (und nicht brechen kann), gibt es, das Ereignis ›im‹ Text, als dessen nachträgliche Referenz, ein »Haften des Referenten« (Barthes), in dem sich das Gewesensein als Abwesenheit und Tod des Singulären eingeschrieben hat.[49] Derrida hat in seiner Lektüre von Barthes' Buch, was dieser als Zusammenspiel von »studium« und »punctum« formulierte, systematisiert in der Charakterisierung der wiederholten, der sich – immer schon – metonymisch ausbreitenden Zäsur[50]:

»Als Ort der unersetzlichen Singularität und des einzigartigen Referentiellen, strahlt das *punctum* aus und – das ist das Überraschendste – fügt sich in die Metonymie ein. [...] Dieser Singular, der niemals *in* einem Bereich ist, mobilisiert alles und überall, er macht sich zum Plural. [...] So skandalös die Metonymie des *punctum* auch sein mag, sie macht es möglich, daß man sprechen kann, vom Einzigartigen sprechen, von ihm und zu ihm.« (Ebd., 40/41)

»Buchstäblich gibt es [dann aber] vielleicht gar kein *punctum*« (ebd., 49/50), denn »die metonymische Kraft spaltet den referentiellen Strang auf, sie suspendiert den Referenten und bewirkt, daß er begehrt wird, aber er behält doch die Referenz bei« (ebd., 46). Das sprachliche Ereignis ist Zu-Fall, Bruch des tropologischen Systems und Auftritt seines Randes: gewaltsam wie der Tod: »ein zufälliges Ereignis ..., dessen Macht sich genau wie die Macht des Todes der Zufälligkeit seines Auftretens verdankt« (SE 179). Die mit »the absolute randomness of language, prior to any figuration or meaning« (*Allegories of Reading*) fiktionalisierend unterstellte Materialität der Sprache[51] manifestiert und repräsentiert sich –

fehlgehend – in der Arbitrarität, dem Zu-Fall textueller Ereignisse, der diese mit der Gewalt des Todes ausstattet. Als dem Text sich einschreibender, sich wiederholender und aufspaltender ›Tod‹ ist ›Referenz‹ beibehalten. Die Disruption remarkiert die jeder Figur inhärente Gewaltsamkeit, die von ihr notwendig verstellte Arbitrarität ihrer Setzung, in der sich die Diskontinuität zu einer allein zu fingierenden ›Materialität‹ der Zeichen, ›bevor‹ sie signifikant wird, manifestiert. Wenn es das Ereignis »buchstäblich« vielleicht gar nicht als textuelles Ereignis ›gibt‹, oder eben ›nur‹ *als textuelles*, also ›immer schon‹ metonymisch verloren[52], dann gibt es aber (und bedarf es vielleicht) dessen Wiederholung als die inszenierte Wiederholung der Disruption als nicht mitgeschriebenes und nicht zu schreibendes Ereignis – und mit dieser die (Notwendigkeit der) Re-Inszenierung der von und in der Sprache ›beibehaltenen‹ Referenz.

Es bedarf der *figurativen* Wiederholung des nicht motivierten Ereignisses als Ex-Position der Bedingung der Möglichkeit der Produktion von Bedeutung, weil die literale Referenz auf diese, wie Chase verdeutlicht hat, nur als eine wiederholte, sich wiederholende Verwechslung funktionieren könnte: Die Verwechslung zwischen der Materialität der Signifikanten, jener Materialität, die ›kein Gesicht‹ trägt, mit der Materialität des Signifikats, einem diesem unterstellten Referenten, vom Schreiben (hier und jetzt, »auf dieses Stück Papier«) und dem gewissen Referenten wird zur Grundlage aller Akte der Referenz. Das ›Hier‹ und ›Jetzt‹ (der Deixis) fungiert allein darum als Illusion der Referenz, weil es vom Hier und Jetzt des Schreibens seine Deckung bezieht. »The possibility of that confusion [...] cannot be distinguished definitively from the possibility of *positing* the significative status of the mere material of signification, indeterminably significative gestures or marks.«[53] »The breaking down of the phenomenality of language into the materiality of inscription and the figurality of figure« hat zur Konsequenz, daß das Modell der Erfahrung ›als solches‹ verfällt (Chase, *Giving a Face*, 106) und auch für die der ›materiality of inscription‹ und deren Ereignis selbst nicht in Anschlag gebracht werden kann: Diese ist selbst Entzug ihrer Erfahrung.

Die als geleerte Allegorie nachträglich sich verdichtende, monumentalisierend errichtete Disruption des Namens ist Remarkierung, ›Grabstein‹ auf dem sich entziehenden Ereignis, Entzug dessen, was zu verstehen und zu erfahren ist. Der Effekt des Eigennamens ›ganz allein‹, so formulierte Derrida, sagt, »weil das einzigartige Verschwinden des Einzigartigen«, den Tod und artikuliert die ›referentielle Irreduzibilität‹ (der Sprache); der ›wirkliche Tod‹ »schreibt sich sogar in den Namen ein, aber nur, *um* sich sofort in ihm aufzulösen. Um ihn in eine fremde Syntax einzuführen.« Er »wiederholt sich [...] sogleich als solcher, er ist anderswo er selbst« (Derrida, *Die Tode von Roland Barthes*, 7 u. 40). Das nachträgliche Vorgreifen des (besiegelnden) Namens hat, wie Derrida formulierte, eine »a priori folgende Mordwirkung«[54]; es ist die der Lesbarkeit, die im Namen als Monumentalisierung markiert ist. Der zitierte oder inszenierte Name als »Denkmal des Nicht-mehr-Seins« (Benjamin)[55] ist die Prosopopöie des Toten, das heißt aber genauer: sie ist tote und als solche memorable Figur des Abwesenden. Was als ›etwas‹ im Text gegeben ist, ist allein in diesem Sinne (tote) *Prosopopöie*: Epitaph ohne Stimme; erst als ein nachträglich errichtetes Monument tritt das Benannte im Text auf. Darum könnte, mit Derrida, auch formuliert werden, das monumentalisierende ›Wiederholen‹ oder Zitieren »gibt das DING von der KRYPTA her, die SACHE als *Effekt* der Krypta zu denken« (FORS, 8).[56] »›Ein Denkmal, markiert das einverleibte Objekt den Ort, das Datum, die Umstände, unter denen ein gewisses Begehren aus dem Prozeß der Introjektion verbannt worden ist: eben so viele Grabmäler im Leben des ICH.‹« Was das »Denkmal oder ›Grabmal‹ des einverleibten Objekts ins Gedächtnis ruft, ist nicht dies Objekt selbst, es ist sein Ausschluß« (ebd., 14) – oder sein Vergessen-Werden. Der Name als *Prosopopöie* bestimmt das Benannte als die nachträgliche oder (immer schon) posthume Personifikation seiner selbst im Namen[57], im posthumen ›Denkmal‹ seiner selbst, als »Denkmal seines Nicht-mehr-Seins« oder Grabmal. – Insofern stellt der Name als Zitierung und *inscription* eine gewisse Umkehrung der Argumentation de Mans und eine Spezifizierung für die Figur der *Prosopopöie* und der in ihr geleisteten Wiederholung der zugrundeliegenden Struktur von Setzung und Auslöschung dar. Statt ›Giving a Face to Name‹, wie der Titel lautet, unter dem Chase die Relevanz dieser Figur für de Man klärt, kommt es mit dem Namen, einem wiederholenden und inszenierten ›Giving a Name‹, vielleicht vorrangig auf den Effekt an, daß der Name leer ist, keine Rückerstattung und keine Verschleierung, wie de Man formuliert (vgl. AM 147), daß der Name Monument ist als (wiederholende und wiederholte) Setzung, gerade insofern diese nicht Bedeutung (*face* und Fiktion der leeren Setzung) annimmt und *description* wird, sondern Akt, Performance, Errichtung oder Setzung bleibt oder besser: *wird*, nämlich eine nachträglich leere *Festschreibung*[58], die nichts weiter besagt – als sich selbst, ein Monument des Nicht-mehr-Seienden: Ein Gewesen-Sein ist als »Starrheit« gestiftet, die im Namenscharakter des Wortes ›gegeben‹ ist.

Dieser Akt entkommt gleichwohl nicht den Systemen, den Ketten tropologischer Transformationen. Den Versuch Lejeunes, die Identität der Autobiographie nicht (nur) repräsentational und kognitiv, sondern kontraktual, nicht in Tropen, sondern in einem Sprechakt der Signatur zu begründen, hat de Man kritisiert und modifiziert. Es gelinge nicht, den signierenden Namen (auf dem Titelblatt der Autobiographie) letztlich der kognitiven Rhetorik zu entziehen; er ist nicht allein eine Signatur, die einen Kontrakt autorisiert. Diese Lektüre setzte nämlich die Möglichkeit voraus, zwischen dem Autor des Textes und dem Autor im Text eine vollständige Trennung nicht nur, sondern eine Entscheidung herbeizuführen, hier: für den performativ sich beglaubigenden Autor des Textes. Durch die Implikation des Lesers als Vertragspartner aber komme die spekuläre Struktur der Erkenntnis erneut ins Spiel (dieser will und muß das Ich des Signators als ›etwas‹ Bestimmtes lesen) und wiederhole sich erneut die Spannung von kognitiver und performativer Dimension.[59]

Der Übergang, ein Kippunkt ist nicht zu lokalisieren, an dem die leere Setzung immer schon auch Setzung ›von etwas‹ ist und sich in ein System einschreibt, das sie dementiert oder vergißt; sie ist aber in der Fiktion der Setzung ebenso ›wiederholt‹, also exponiert (wie verdeckt) – auch wenn diese *als* Fiktion nicht leer bleiben kann. Dieser unmögliche Umschlagpunkt, auf und an dem es keinen Halt gibt, ist aber im inszenierten Namen, im nachträglichen, nachgetragenen Effekt des Namens markiert, *bleibt* oder bekommt einen Eintrag: *inscription* – eine *nachträgliche* leere ›tote‹, stumme Markierung oder Festschreibung. Diese ist eine markierende Arretierung oder Punktierung mit dem Namen, die als solche nichts weiter besagt als ebendieses ›Ereignis‹ der Disruption, die nicht gelesen werden kann. In diesem Eintrag des Namens bleibt der immer schon entzogene Punkt des Umschlags bezeichnet, eine nicht einzunehmende Stelle, deren namentliche Einnahme ebenso fiktiv wie vielleicht notwendig ist. Der Ort aber, der namentlich markiert ist, ist nicht die unmögliche, ausgeschlossene (und fiktive) Leere, der Nullpunkt der »blankness of sheer ›position‹ as the condition of the existence of language or a text« (Chase, *Giving a Face*, 104), sondern ein entzogenes Zwischen ohne Gegenwart zwischen dieser und der unvermeidlichen und ungültigen »imposition of meaning«. Denn im Epitaph, das aus dem ›nackten Namen‹ besteht und keine geisterhafte Stimme von jenseits des Grabes hören läßt, ›Denkmal eines Nicht-mehr-Seins‹ des Benannten, manifestiert sich der Name als einzig mögliche, nämlich – nachträglich – ›immer schon‹ stumme und geschriebene Prosopopöie, die das Gesicht (*face*) verweigert – *oder* aber/*und* zugleich an den Text, die metonymische Anordnung als das einzige mögliche Gesicht, das es zugleich dementiert, die einzige ›Lesbarkeit‹ (und Unlesbarkeit) verwiesen ist. Wenn Monumentalisierung Lesbarkeit ist, so ist das Monument ›Verdichtung‹, eine ›gebündelte Vielheit‹ oder ›Konzentration‹, die als solche »Grabstein über dem Ereignis, das es bezeichnet«, versiegelnd und abschließend die Lesbarkeit verweigert[60], für die sie steht, die sich jedoch allein in ihrer metonymischen (Auf-)Lösung realisiert.[61] *Inscription*, die Materialität der *inscription*, ist, wie de Mans Nachlesen in Baudelaires *Spleen II* (in *Reading and History*) zeigt, ein Kippen des Bildes »of the mind as a hollow container, box or grave and the transformation of this container, or of the corpse contained in it into a voice« (69). Der Name ist nicht »Bild der Selbstgegenwärtigkeit des Subjekts als eine räumliche Umschließung, als Raum, Grab oder Krypta, in der die Stimme wie in einer Höhle widerhallt« (ATL 196), denn er oder das Wort *als Name* bleibt nicht eine metaphorische totalisierende Verdichtung von Innen und Außen, sondern der mit dem Schein der Verlebendigung versehende Widerhall (der Stimme) ist die nie zu vermeidende, aber im Namen nicht realisierte und in ihm *als Name* ›ausgeschlossene‹ Seite des *Namens* als Markierung und Inschrift. Ein textueller Auftritt des Namens in einem Text Kafkas wird diese ausgeschlossene, allein metonymisch, auslöschend und als Vergessen sich realisierende Seite und ihre (aporetische) Interaktion mit dem Monument im Namen belegen können. Das Monument ist als *inscription* nichts als nachträglicher Effekt, ›katachretische‹ Spannung und Disjunktion *zu* und *in* der Figur, die Disfiguration durch die Wiedereinschrift des Namens, das Blecken der toten Lettern durch die prosopopöische ›Gestalt‹, das ›Gesicht‹ der Bedeutung. *In-*

scription ist ›Instanz‹ der Figur, einer anderen ›ägyptischen‹ Statue, der Sphinx, die nicht singen und nichts sagen wird. Oder aber: Was die Sphinx *als Monument* ›sagt‹, »is not the sublimation but the *forgetting*, by inscription, of terror, the dismemberment of the aesthetic whole into the unpredictable play of the literary letter« (*Reading and History*, 70).[62] Insofern bezeichnet der Name *als* Grabmal eine (unmögliche) Umschlagstelle ›zwischen‹ Mal und Krypta – oder vielleicht auch, mit einer anderen (ebenso metaphorischen) Formulierung von Derrida, die »Pyramide«, die von ihrem Gegenmodell, dem »Schacht« der Er-Innerung, nicht eingeholt würde[63], keine Stimme bekäme.

Die »sogenannte Frage nach dem Referenten« stellt und beantwortet sich (Derrida zufolge in den Texten von Barthes und Benjamin) mit der leeren Markierung oder Punktierung einer Referenz ohne Referenten. Was Benjamin »dialektisches Bild« nennt, ist eine nachträgliche, wiederholende Inszenierung dessen, was Barthes als »punctum« schon gegeben zu sein schien; es ›gibt‹ das »Haften des Referenten« als ein nachträgliches, als seine Komplizenschaft mit dem Tod, mit der ein Modus seiner allein nachträglichen Gegebenheit benannt ist, und entwickelt, also liest, diese metonymisch. – »Daß es das punctum buchstäblich vielleicht gar nicht gibt«, kann auch heißen, daß es dies allein nachträglich ›gibt‹, in einer nachträglichen WiederHolung oder als ›Gabe‹ des Textes. Als eine solche ist es leere Markierung der Stelle, anstelle des abwesenden Referenten, dessen nachträgliches Denkmal. Mit Benjamin und Derrida kann der Name als eine (leere) Stelle punktueller, punktuierender Markierung »referentieller Irreduzibilität« (Derrida) in den Texten gedacht werden, ohne diese erneut zu hypostasieren. Denn buchstäblich ›gibt es‹ vielleicht gar keine punktuelle Markierung, weil sie sich schon immer aufgespalten und an die metonymische Bewegung des Textes verloren hat – und in ihr wieder aufzutreten vermag als Effekt des Eigennamens, im Name-Charakter (des Wortes), in dem, mit der Formulierung Benjamins, *Denkmale eines Nicht-mehr-Seins* errichtet sind; es sind Grabmale.

Ein Name und sein Auftritt: Kafkas *Josefine die Sängerin oder das Volk der Mäuse* beginnt »Unsere Sängerin heißt Josefine«, also als ein Akt der Namensgebung, der den Namen zugleich mit einer Funktion verbindet, ihn an eine funktionale Stelle in einer metonymischen Kette einschreibt; sie ist »unsere Sängerin«, und: »Wer sie nicht gehört hat, kennt nicht die Macht des Gesangs.«[64] Daran lassen sich Fragen anschließen, die über den ganzen Text epandieren. Denn wer hört sie überhaupt? Was ist da eigentlich zu hören? Ist es die Macht des *Gesangs*, die sich manifestiert? Oder, weil da nichts zu hören ist, gar nicht diese? Hört man denn ihren (Josefines) Gesang? Oder ist Macht des Gesanges etwas ganz anderes, als von ihr, Josefine, zu hören ist? Das Ende des Textes wird in seiner Aporie die Koppelung von Name und Bedeutung (›*Josefine*‹, *unsere Sängerin*) irritiert haben. Denn anders als die der Anfang weiß: »Nur Josefine macht eine Ausnahme; sie liebt die Musik und weiß sie auch zu vermitteln; sie ist die einzige; mit ihrem *Hingang* wird die Musik – wer weiß wie lange – aus unserem Leben verschwinden« (200/201), wird diese nicht verschwinden, sondern gerade deshalb, weil sie vielleicht nie Gesang war und Josefine nie dessen Sängerin (und nicht deren Subjekt) war, unverlierbar sein. »Wie es sich mit dieser Musik eigentlich verhält« (201), das allerdings hat bis zu diesem Ende der Text so zu klären unternommen, daß sie sich als Musik entzogen hat und gerade dadurch allein im Text inszeniert worden ist, in Dementierungen und Schwankungen, die die Musik dem zahllosen Volk der Mäuse als Gabe an sich selbst eher zugehörig sein lassen, als sie an Josefine als deren Mund und Quelle zu verweisen. – Und anderseits bedurfte und bedarf es dieser ›Sängerin‹ gerade darum auch immer, der Stelle nämlich, die mit einem Namen versehen werden kann, damit es die Musik – als Gabe des namen- und zahllosen Volkes an sich selbst – geben kann. Für *Josefine die Sängerin* ist der Kippunkt der des im Titel angegebenen »*oder*« zwischen dem Gesang, der ein textuell inszeniertes ›Fröhlich-sich-Verlieren‹ zu sein vermag, und (oder genauer: oder) dem Namen *Josefine*; die Alternative und Aporie ist damit die eines festgeschriebenen Namens einerseits und einer Defiguration anderseits, also zweier anderer Wiederholungen. Diese durch das »*oder*« markierte Stelle, der Umschlagpunkt, verschiebt sich im Verlauf des Textes. Denn das Ende von Kafkas *Josefine die Sängerin oder das Volk der Mäuse* exponiert schließlich eine Aporie, die mit dem Namen und der Monumentalisierung (auch des Gesangs) im Text zu tun hat. Der letzte Satz dort heißt: »Josefine aber, erlöst von der irdischen Plage, die aber ihrer Meinung nach Auserwählten bereitet ist, wird fröhlich sich verlieren in der zahllosen Menge der Helden unseres Volkes und bald, da wir keine

Geschichte treiben, in gesteigerter Erlösung vergessen sein wie alle ihre Brüder.« (216) Entweder aber verliert sich Josefine im Volk der namenlosen Helden, damit wäre der Text (des Erzählers), der den Namen »*Josefine*« nicht zuletzt mit seinem Titel tradiert, selbst dementiert; da alles in der differenzlosen Menge namenloser Wesen sich verliert und verlieren muß, wird sich auch der Text verlieren (müssen). Dieser Verlust hieße – auch für den Text – »*fröhlich sich verlieren* in der zahllosen Menge der Helden unseres Volkes« und »bald, da wir keine Geschichte treiben, in *gesteigerter Erlösung vergessen* sein«, wie Josefine, »wie alle ihre Brüder«; der Text müßte sich selbst auflösen, auslöschen. Der Text aber widersetzt sich und widerspricht seinem Schlußsatz anderseits, insofern er selbst als traditionsbildender Anteil an der Tradition des Namens hat. Im pragmatischen Paradox des Endes ist die Alternative ebenso auseinandergetrieben wie als nicht entscheidbare zusammengehalten, so daß unentscheidbar bleiben muß, *ob* überhaupt entschieden werden muß oder kann. Diese Unentscheidbarkeit funktioniert auf dem Hintergrund jener voranstehenden Textstelle, die Gegenwärtigkeit und Verlorensein, Erinnern und Vergessen ineinander (ver)schiebt: Denn *weil* der Gesang Josefines »ein Nichts« war, die Ermöglichung des Schweigens, die Gabe des Volkes der Mäuse an sich selbst, ist er gerade als abwesender und damit sofort vergessener so gegenwärtig, wie er nur immer hat sein können: »War es [das Pfeifen Josefines] denn noch bei ihren Lebzeiten mehr als eine bloße Erinnerung?« Und umgekehrt hat er, der Gesang, der Pfeifen war (und mehr und weniger als ein solches) und ein Schweigen – ebendarum seine Funktion bekommen können, weil er »in dieser Art unverlierbar« war (215).[65]

So lautet zwar einerseits »die dem Text zugrundeliegende implizite Aussage« »also nicht: Josefine war eine große Sängerin, sondern: Josefine wird eine große Sängerin gewesen sein. Die epische Evidenz des Eingangssatzes – die Macht des Gesanges – betrifft denn auch nicht eine im voraus gesicherte reale Wirklichkeit. Sie wird erst aus der vom Erzähler geleisteten Erzählarbeit gewonnen. Diese stellt sich aber als Arbeit der Negation heraus, denn der Gesang wird in seiner Mächtigkeit erst endgültig bejaht sein, nachdem er verschwunden und in der Erinnerung des Volkes beigesetzt worden ist.«[66]

Im gewissen Sinne ist dann aber am Ende anderseits Josefine gar nicht mehr ›die Sängerin des Gesanges‹ – und ist es notwendig doch: Die Musik wird nicht vollständig an die Unverlierbarkeit des ›Fröhlich-sich-Verlieren‹ verwiesen sein können, weil sie notwendig auch Werk und Artikulation ist – wie der Text. Kafka formuliert eine Alternative, die nicht mehr entschieden werden kann, zwischen dem Gesang, der sich immer schon verloren hat und dessen Sich-Verlieren der Text vollzieht, und dem Namen, der Monumentalisierung im Namen ›Josefine‹, in dem der Gesang ›beigesetzt‹ wäre und derart tradierbar (auch für den Text). Von einer »Gesangsüberlieferung« wußte Kafkas Text am Anfang zu sagen:

»Ist es denn überhaupt Gesang? Trotz unserer Unmusikalität haben wir Gesangsüberlieferungen; in den alten Zeiten unseres Volkes gab es Gesang; Sagen erzählen davon, und sogar Lieder sind erhalten, die freilich niemand mehr singen kann. [...] Ist es nicht vielleicht doch nur ein Pfeifen? [...] Es ist aber eben doch nicht nur Pfeifen, was sie produziert. [...] Aber steht man vor ihr, ist es doch nicht nur ein Pfeifen; es ist zum Verständnis ihrer Kunst notwendig, sie nicht nur zu hören, sondern auch zu sehn. Selbst wenn es nur unser tagtägliches Pfeifen wäre, [...]« (201/202)

Welcher Art ist eine Tradierung des Gesanges, von Liedern, die niemand singen kann? ›Sagen‹ können nur ihre Titel nennen und die Namen ihrer Sänger, also das *daß* des Gewesenseins dieser Lieder. Dem Charakter dieses Pfeifens nachzugehen implizierte für den Text Kafkas von Beginn an die Frage, inwiefern es die Stimme eines Autors ist, eines Ursprungs, der einen Namen trägt, oder aber der zahllosen Menge der namenlosen Helden, einer Auflösung zugehört, die keine Stimme hat und jede (identifizierbare) ›Stimme‹ löscht. Der Gesang hat dementsprechend zwei einander widersprechende, einander ausschließende Modi seiner Nicht-/Gegenwart: die Unverlierbarkeit eines Fröhlich-sich-Verlierens (einerseits) und Tradierung, Monumentalisierung im Namen – wo die Musik nicht ist – und dessen Überlieferung im Text des Chronisten (anderseits). Beide haben metatextuelle Implikationen, denn das Fröhlich-sich-Verlieren bezöge auch die Stimme des anonymen Erzählers ein und markierte eine Stelle, an der der Text selbst sich verlöre, die Grenze des Textes, der sowohl das Volk der Mäuse wie auch Josefine und die Erzählerstimme entstammen und der sie verfallen.[67] Allein an dieser Grenze des Textes sind sie (immer schon) »*unverlierbar*« gewesen, zugleich aber auch ›nichts‹ mehr: namenlos, nicht mehr erinnerbar oder tradierbar – nicht mehr Text. Entweder behauptet sich also der Text monumentalisierend im Namen ›Josefine‹ als Monument des Gesanges und damit sich selbst, gegen das Vergessen und widerspricht damit seinem Versprechen eines *fröhlichen Sich-Verlierens* (Josefines und damit des Gesanges und des Textes als Werk) in der Menge anonymer Helden, oder aber er verliert sich selbst dort, wo der ›Gesang‹ als Pfeifen oder Schweigen zugleich vergessen *und* erinnert ist, ohne daß dies dasselbe geworden wäre. So inszeniert Kafkas Text jene aporetische Gleichzeitigkeit (dessen, was einander ausschließt) einer Monument- oder Epitaph-Setzung im Namen, seine nachträgliche Konstitution und eines defigurativen ›fröhlichen‹ Vergessens als Modus der Unverlierbarkeit.

Anmerkungen

1 *Fragmente aus dem Nachlaß eines jungen Physikers. Ein Taschenbuch für Freunde der Natur,* Leipzig u. Weimar 1984.
2 *Gesammelte Schriften* IV (hg. v. T. Rexroth), Frankfurt a. M. 1972.
3 Wichtig ist insbesondere die Darstellung von C. Chase, *Giving a Face to a Name*; in: *Decomposing Figures. Rhetorical Readings in the Romantic Tradition,* The Johns Hopkins Univ. Press, Baltimore 1986; sowie N. Hertz, *Lurid Figures*; in: *Reading de Man Reading* (hg. v. L. Waters, W. Godzich), Univ. of Minnesota Press 1989, 82-104. Zur Vorgeschichte J. Culler, *Apostrophe*; in: *The Pursuit of Signs*, London 1981, 135-154.
4 Vgl. aber A. Haverkamp, *FEST/SCHRIFT. Festschreibung unbeschreiblicher Feste*; in: *Poetik und Hermeneutik* 14, München 1989, 276-298, und C. Menke, ›*Unglückliches Bewußtsein‹: Literatur und Kritik bei Paul de Man*, Nachwort zu Paul de Man, *Die Ideologie des Ästhetischen*, Frankfurt a. M. 1993.
5 C. Chase, *Die witzige Metzgersfrau: Freud, Lacan und die Verwandlung von Widerstand in Theorie*, in: B. Vinken (Hg.), *Dekonstruktiver Feminismus. Kritik der Literaturwissenschaft in Amerika*, Frankfurt a. M. 1992, 97-129, hier: 123.
6 *Anthropomorphismus und Trope in der Lyrik*, in: *Allegorien des Lesens*, Frankfurt a. M. 1988, 179-204, hier: 179; und grundsätzlich auch: *Epistemologie der Metapher*, in: Haverkamp (Hg.), *Theorie der Metapher*, Darmstadt 1983, 414-437.
7 *Hypogram and Inscription* (1981); in: *Resistance to Theory*, Univers. of Minnesota Press, Minneapolis 1986, 27-53; hier: 45.
8 *Die Tode von Roland Barthes*, Berlin 1987, 7.

9 Darum werden zu Recht Fragen nach dem Zusammenhang von Ethik und Rhetorik (der Rhetorizität der Sprache) an die Figur der Prosopopöie gebunden. »Kann der Wesensgehalt eines politischen Streites – eines Streites, sagen wir, wie der um die Abtreibung – abhängig sein von der Struktur einer Figur? Gibt es irgendeine *inhärente* Verbindung zwischen figurativer Sprache und Fragen von Leben und Tod, Fragen danach, wer in einer gegebenen menschlichen Gesellschaft Gewalt ausüben und wer deren Opfer sein wird?« – So die Frage Barbara Johnsons, für deren Beantwortung die Apostrophe eine Rolle spielt. (B. Johnson, *Lyrische Anrede, Belebung, Abtreibung*, in: B. Vinken [Hg.], *Dekonstruktiver Feminismus*, a. a. O., 147-182, hier: 147.) Die rhetorischen Strategien der von ihr diskutierten Texte schreiben die männliche lyrische Tradition um, indem sie deren Rhetorik der Apostrophe oder Prosopopöie, das Programm der Belebung (des Toten) durch das Geben des Todes literalisieren. Die Frage ist, inwiefern das ›lyrische Ich‹, das sich apostrophierend erst konstituiert, ›Verantwortung‹ übernehmen kann für die ›literale‹ Reproduktion des Todes jener Belebtheit, die dem Getöteten einmal zukam; exponiert wird mit der unerfüllbaren Aufgabe einer Reziprozität der Belebung, die den Tod gibt, die der literalen Lösung des ethischen Dilemmas.

10 Siehe Paul de Man, *Autobiographie als Maskenspiel, Shelleys Entstellung* (in: ders., *Die Ideologie des Ästhetischen*, a. a. O.), *Hypogram and Inscription* (a. a. O.) und *Anthropomorphismus und Trope in der Lyrik* (a. a. O.). Im folgenden als AM, SE, HI und ATL zitiert.

11 Vgl. HI 44 und zur Unterscheidung von Personifikation und Prosopopöie HI 47 und Chase, *Giving a Face*, 83. Gewöhnlich wird Prosopopöie mit Personifizierung übersetzt und insofern als eine Realisierungs-Variante der Allegorie bestimmt (vgl. etwa: Lausberg, *Elemente der Literarischen Rhetorik*, München 1963, § 425, 140). »Bei der Subsumtion der sogenannten Personifikation unter die Prosopopoiia [handelte es sich] um eine späte Maßnahme aufgeklärter Rhetorik, mit einem mythischen Phänomen zurechtzukommen. [...] Die Personifikation, die besser ›Deifikation‹ geheißen hätte, impliziert den Verlust der Götter, die sie darstellen soll: ›Man sah in den Göttern des Theaters statt der Götter nur noch deren Masken, prosopa, ›Personen‹.‹« (Haverkamp, a. a. O., 287, mit Zitat von K. Reinhardt, *Personifikation und Allegorie*, in: *Vermächtnis der Antike*, Göttingen 1960.)

12 Für die Annäherung der Apostrophe, »the direct address of an absent, dead, or inanimate being by a first-person speaker«, an die Prosopopöie vgl. Johnson, a. a. O., S. 148.

13 Vgl. Culler, *Apostrophe*, a. a. O.: »the vocative of apostrophe is a device which the poetic voice uses to establish with an object a relationship which helps to constitute him. The object is treated as a subject, an *I* which implies a certain type of *you* in its turn. One who successfully

invokes nature is one to whom nature might, in its turn, speak. He makes himself poet, visionary.« (142) Da die Trope, die dies, mit dem apostrophierten ›Du‹ das ›Ich‹ des poetischen Aktes der Apostrophe, produziert, ihren artifiziellen Charakter zu offensichtlich exponiert, wird die Wahrnehmung der Apostrophe und ihres Funktionierens verdrängt (152).

14 Für diesen Argumentationsgang vgl. insgesamt Chase, *Die witzige Metzgersfrau*, a. a. O., 122 f.

15 ›*Face*‹ wird für de Mans Texte zum Terminus, der seiner internen Bedeutungsverschiebung wegen z. T. unübersetzt wird stehen bleiben müssen. Das *shifting* dieses Begriffs hat Hertz zwischen »its ordinary meaning and a idiosyncratic, nonphenomenal sense« situiert, dem zufolge er »not just ›the locus of speech, the necessary mediation or the existence of articulated language‹« (mit Zitat aus *Rhetoric of Romanticism*, New York 1984, 89), sondern »also the product of language, ineluctably figurative« bezeichnet. »Man can address and face other men, within life or beyond the grave, because he has a face, but he has a face only because he partakes of a mode of discourse that is neither entirely natural nor entirely human« (*Lurid Figures*, 95), »the encounter is with a speaking face that is not, however, that of another human: it is with a face that figures ›language‹.« (Ebd., 96) (Dies betrifft entsprechend den Begriff des ›defacement‹, vgl. ebd., 83 u. 92 ff.)

16 Zur Ver-Wendung des sprechakttheoretischen Begriffs ›performative‹ von de Man vgl. in *Allegories of Reading*, New Haven & London, Yale Univ. Press 1979, 203-207 und 269-270 (nach der englischen Originalausgabe wird der nicht ins Deutsche übersetzte zweite Teil ›Rousseau‹ (135-301) zitiert) und W. Ray, *Literary Meaning. From Phenomenology to Deconstruction*, Blackwell, Oxford 1984, insb. 200-202.

17 *Zeichen und Symbol in Hegels »Ästhetik«*, in: *Die Ideologie des Ästhetischen*, a. a. O.

18 »Apostrophe is not the representation of an event; if it works, it produces a fictive, discursive event.« »›Poetry makes nothing happen,‹ says Auden [...], but Auden admits, ›it survives, / A way of happening, a mouth.‹ Apostrophe reflects this conjunction of mouth and happening.« (Culler, *Apostrophe* 152 f. und 140 f.) Die Schlußbemerkungen de Mans zu *Allegories of Reading* situieren die Parekbasis an der Stelle der »intersection of the two systems« von performativer und kognitiver Rhetorik, die nicht konvergieren; sie ist »located in a text as the disruption of the figural chain, which [...] one could also call [...] parabasis, a sudden revelation of the discontinuity between two rhetorical codes. This isolated textual event is disseminated throughout the entire text [...].« (A. a. O., 300 f.) Mit diesen Figuren geht es wie mit der Prosopopöie auch um die Irritation der reinen Scheidung zwischen »reference and signification on which all semiotic systems [...] depend« (HI 49).

19 Vgl. auch SE 150 f. Vgl. die etwas andere Akzentuierung der Spannung des Ichs ›vor‹ dem Text und des Ichs ›nach‹ dem Text von C. Menke in seinem Nachwort.

20 Für die sinistre Konnotation, die die Fiktion der Adressierung gewinnt, vgl. Culler, a. a. O., 153. Culler bezieht diese aus der spezifischen Zeitlichkeit des (deiktischen) ›jetzt‹ der Apostrophe, eine Mystifikation, die die Apostrophe ebenso als konventionell vorführt wie als unwiderstehlich erweist (154).

21 Zur Bedeutung von de Mans *Shelleys Entstellung* vgl. auch: D. Esch, *A Defence of Rhetoric/The Triumph of Reading*, in: *Reading de Man Reading*, a. a. O., 66-81.

22 Vgl. auch »*Lesen (Proust)*«; in: *Allegorien des Lesens*, a. a. O., 91-117.

23 Über den Zusammenhang jener dekonstruktiven Bewegung von Metapher und Metonymie, die vor allem im Anschluß an de Mans *Allegorien des Lesens* als *die* Bewegung der Dekonstruktion und Fassung der gegenseitigen Implikation und des gegenseitigen Ausschlusses von ›Semiologie und Rhetorik‹ gelten konnte, (einerseits) mit jener zweiten Fassung, um die es im folgenden vornehmlich gehen wird, die mit der *Prosopopöie* benannte ›Asymmetrie von Figuration und Defiguration‹ andererseits, vgl. C. Menkes Nachwort, Abschnitt III ›Lesarten‹.

24 *Reading and History*, in: *Resistance to Theory*, a. a. O., 54-72; hier: 68 und *Allegorien des Lesens*, a. a. O., 105-110.

25 Dies bringt eine Korrektur an Chases Formulierung insofern an, als, so de Man, »wir beim Schreiben auf diese Sprache angewiesen sind« und insofern »stumm und taub – nicht schweigend« (AM 147).

26 Insofern bezeichnet, nach einem Vorschlag von A. Haverkamp, die Prosopopöie das »Nachfolgeproblem von Benjamins entleerter Allegorie« (vgl. die Einleitung »Worte, wie Blumen« zu Haverkamp, *Laub voll Trauer. Hölderlins späte Allegorie*, München 1991).

27 Die Melancholie artikuliert »nicht so sehr, ›that understanding is an illusion‹, wie Cynthia Chase richtigstellt, sondern ›the predicament inherent in the fact that understanding takes place figuratively‹ (Chase, *Giving a Face*, 89). Also nicht die vordergründige Einsicht, die man der Dekonstruktion gerne unterstellt, ›if face is given by an act of language (prosopoeia) it is ›only‹ a figure‹ (ebd., 85).« (Haverkamp, *FEST/SCHRIFT*, a. a. O., 289)

Vgl. auch: »The other, that's no longer inventable. ›What do you mean by that? That the other will have been only an invention, the invention of the other?‹ ›No, that the other is what is never inventable and will never have wanted for your invention. The call of the other is a call to come, and that happens only in multiple voices.‹« (Derrida, *Psyche: Inventions of the Other*, in: *Reading de Man Reading*, a. a. O., 25-65; hier: 62)

28 Die Funktion der Setzung von Bedeutung erläutert Chase (*Giving a Face*) mit de Man im Bezug auf Hegels Erörterung der Un-/Möglichkeit der Deixis (in der Phänomenologie) (ebenso *Die witzige Metzgersfrau*). Vgl. C. Menke, Nachwort, II.

29 »What is erased is the possibility of relating subject and predicate.« (Chase, *Giving a Face*, 92)

30 Chase, *Die witzige Metzgersfrau*, a. a. O., 115. Chase zeigt im Zuge ihrer Lektüre Lacans und Kristevas die Notwendigkeit einer doppelten Ausprägung der ›Identifizierung mit dem Phallus‹ als Markierung der Kluft, die die Zeichenrelation öffnet und hält. »Nichts anderes als das Auftauchen einer derartigen Prosopopöie dürfte *Sprache* möglich machen: ein System der Hervorbringung von Sinneffekten, das sich nicht auf einen Code reduzieren läßt. Die Institutionalisierung des Zeichensystems durch *Verleihung* eines Gesichtes oder einer Figur macht es gerade aus, daß dem sprachlichen Zeichen die Beschaffenheit nicht nur eines Elementes in einem Code zukommt, sondern die einer Trope oder einer Figur. Sie schließt die Wirkung ein, die es hat, wenn man einer möglicherweise nicht-sinnvollen, rein bedürfnis-erfüllenden Funktion eine Figur – nämlich die der Differenz zwischen einem Signifikanten und einem Signifikat: das Gesicht des Zeichens – auferlegt. Indem man die Prosopopöie, die ansonsten sinnlosen Markierungen Sinn verleiht, in dieser Weise beschreibt, beschreibt man Sprache als etwas anderes als die durch die bestimmte Negation von Referenz erlangte Bedeutung« – (ebd., 122). Für die implizierte Kritik am Strukturalismus vgl. de Man, *Semiologie und Rhetorik*; in: *Allegorien des Lesens*, a. a. O., 31-51 und *HI* 45, 48-50.

31 Vgl. Chase, *Die witzige Metzgersfrau*, a. a. O., 122 ff.

32 Vgl. Chase, *Giving a Face*, 89; *Hypogram and Inscription*, 49/50.

33 »Die Rousseau-Episode beschreibt das Entstehen einer gegliederten Sprache der Erkenntnis durch die Löschung, das Vergessen der Ereignisse, welche diese Sprache vollzog. Sie kulminiert in der Erscheinung der Gestalt, die sowohl eine Figur des Denkens als der sich in Spiegelungen vollziehenden Selbsterkenntnis ist als auch eine Figur [...] jenes Bestandteils im Denken, das bei dem Versuch, seine Doppelstruktur zu vergessen, das Denken zerstört. Denn die ursprüngliche Gewalt der Setzung kann nur halbwegs aufgehoben werden, da die Aufhebung durch eine Eigenschaft der Sprache vollzogen wird, die stets noch an der Gewalt partizipiert, gegen die sie gerichtet ist. Dies scheint die momenthafte Plötzlichkeit des setzenden Aktes auf eine Reihe von Transformationen auszudehnen, doch ist dieser Anschein von Dauer ein fiktiver Zustand, [...] Luzifer oder die Metapher, der Lichtbringer, der das Licht der Sinne und der Erkenntnis von Ereignissen und Entitäten auf ihre Bedeutung überträgt, verliert unwiderruflich die Konturen seines eigenen Gesichts oder seiner Gestalt.« (SE 174 f.)

34 In der deutschen Romantik wird der Sonnenaufgang im Bild der tönen-
den Memnonssäule zum Emblem des poetischen Textes. Dies wäre mit
der Konstellation von Sonne, Name, Stimme und Figur in Wordsworth' *Essays upon Epitaphs* zusammenzusehen. Das Bild der Memnonssäule wurde vom alexandrinischen Mythos ausgeprägt durch den
Zusammenschluß des homerischen Berichts mit der Kolossalstatue des
Amenophion von Medinet Habu bei Theben, die nach der Zertrümmerung durch ein Erdbeben unter dem Anhauch der Frührotstrahlen
getönt haben soll.

35 Hertz, *Lurid Figures*, a. a. O., 99; mit Zitat von *Allegories of Reading*,
a. a. O., 298.

36 »Bei seinem Auftreten und bei seinem Abgang vergißt das Denken
(d. h. die Figuration), was es denkt, und es kann dies nicht vermeiden,
wenn es sich behaupten will.« (SE 175) Am Ende von *Allegories of
Reading* hat de Man dies als Problem der Möglichkeit einer Allegorie
des Lesens formuliert: »the deconstruction of tropological patterns of
substitution (binary and ternary) can be included within discourses that
leave the assumption of intelligibility not only unquestioned but that
reinforce this assumption by making the mastering of the tropological
displacement the very burden of understanding. This project engenders
its own narrative which can be called an allegory of figure. This narrative begins to vacillate only when it appears that these (negative)
cognitions fail to make the performative function of the discourse pre-
dictable and that, consequently, the linguistic model cannot be reduced
to a mere systeme of tropes. Performative rhetoric and cognitive rhetoric, the rhetoric of tropes, fail to converge.« An der Stelle der verfehlten
Konvergenz der Dimensionen ist die Parekbasis oder Parabasis lokalisiert, die als »sudden revelation of the discontinuity between two
rhetorical codes« expandiert (*Allegories of Reading*, 300 f.).

37 »What is this moment whose half-life is zero, and which never exists ›as
such‹ but only as necessarily misinterpreted in (more or less) lurid
figuration? It is not, as some of de Man's critic's have imaged, a mysti-
fied conjuring up of a moment of ›pure language‹«, sondern (wie diese
von de Man bestimmt wurde) »›a permanent disjunction which inhabits
all language as such‹ [. . .] neither a moment nor a region but a construction of the theorist's, arrived at in the process of coming to terms with
the ›radical estrangement between the meaning and the performance of
any text‹, and imagined variously as a ›dismembrance‹ or as a ›hidden
break‹ [. . .]. This means not just that the ›radical estrangement‹ that is
the object of the theorist's attention can only be addressed in further
figures, but also that it can only be experienced by the theorist as an
›estrangement between subject and utterance‹ (*Allegories of Reading*,
289) – that is, as a sense of uncertain agency. But we have seen that the
elective embodiment of the pathos of uncertain agency is the specular

structure, one that locates the subject in a vacillating relation to the flawed or dismembered or disfigured [...] object of his attention.« (Hertz, *Lurid Figures*, 102) Vgl. zu den metatextuellen Figuren de Mans ebd., 99f.

38 Chase, *Giving a Face*, 95 und 97.

39 Im Sinne von de Mans *Rhetorik der Zeitlichkeit* der Allegorie, in: ders., *Die Ideologie des Ästhetischen*, a. a. O., S. 104.

40 Vgl. auch ATL 181.

41 Derrida, *Roundtable on Translation*, in: *The Ear of the Other. Texts and Discussion with Jacques Derrida* (hg. v. C. V. McDonald), New York 1985, 106.

42 R. Barthes, *Proust et les noms*, in: *To Honour Roman Jakobson*, Vol. I, The Hague/Paris 1967, 150-159.

43 Dies wirft die Frage auf nach dem Verhältnis dessen, was de Man als textuelles *Ereignis* kennzeichnet (»Die rhythmischen Unterbrechungen, welche die einzelnen Episoden der Erzählung gegeneinander abgrenzen, bedeuten keine neuen Erkenntnismomente, sondern sprachliche Ereignisse, die dem Text durch eine trügerische Figuration oder einen täuschenden Akt des Vergessens wiederholt einbeschrieben werden«), einerseits und jenem *Ereignis* des Todes, das vielleicht das einzige ist, andererseits: die »Abfolge von symbolischen Unterbrechungen... wird ihrerseits durch ein Ereignis unterbrochen, das nicht mehr bloß imaginär oder symbolisch ist« (SE 177).

44 »The disfigured Shelleyan corpus is *exemplary* in its resistance to such recuperative monumentalizations, unavoidable as the ultimately prove to be.« (Esch, *The triumph of Reading*, 72; Hervorhebung von mir. B. M.) Hertz hat präzisiert, inwiefern »the language with which de Man works Shelley's ›actual death‹ into his reading is instructive«: »How has de Man, as reader, performed ›the task of [...] reinscribing the disfiguration‹; that is, what has he done with Shelley's body? He has indeed, as he says all readers are bound to do, ›monumentalized‹ it by burying it in its own text, but with a difference: His discussion of the performative power of language has allowed him to name as ›events‹ interruptions within the poem as well as the ›actual‹ event that interrupted the writing of the poem. He can then not merely analogize these events in general, but insists on the particular analogy of the extratextual drowning with another interruption, the disappearance of the shape, by delusively figuring the latter as a drowning. This act has the effect of repositioning Shelley's body at the point in the poem where the shape ›goes under‹.« (Hertz, *Lurid Figures*, 94f.) Dies allein erlaube de Man das Verschwinden der Gestalt als eine ›allegorische Geste‹ zu lesen, die die ›Figuralität aller Signifikation‹ aufdecke (vgl. ebd., 95).

45 Zu dieser Argumentation vgl. die Unterscheidung von Personifikation und Prosopopöie von Haverkamp: Die »Personifikation [verhält] sich

zur Prosopopoiia [...] wie die Katachrese zur Metapher«; daraus aber »erhellt sich« »nicht nur das neuere Vorurteil gegen Personifikationen als leere Abstraktionen, sondern es stellt sich als spezifisch romantisches heraus. Denn das ist der Kern dessen, was de Man als Rhetoric of Romanticism beschreibt, daß Lyrik, als ›the instance of represented voice‹, die rhetorische Prosopopoiia verkörpert, indem sie sie, ›in the etymology of the trope's name, prosopon poiein, to confer a mask or a face (prospon)‹, literaliter manifestiert. Was indessen den ›Anthropomorphismus‹, zu dem die romantische Prosopopoiia tendiert, von der Personifikation unterscheidet, ist der gegenteilige Effekt [...]. In Termini der metapherntheoretischen Analogie dieses Sachverhalts handelt es sich bei der Prosopopoiia des romantischen Gedichts um die illusorische Wiederbelebung einer Metapher, bei der Personifikation aber um das Gegenteil, die offenkundig tote Metapher« (Katachrese). Eine andere Art von Wiederholung und Zitiertheit (der Katachrese) ist damit anvisiert. »Die performative Intention der Apostrophe [...] folgt in beiden Fällen [...] einer unterschiedlichen ›Rhetoric of Temporality‹: in der Personifikation einer allegorisch vollendeten, zitierbaren Intention, in der Prosopopoiia einer ironisch unvollendeten, unendlich aufgeschobenen Intention.« (Haverkamp, *FEST/SCHRIFT*, a. a. O., 288)

46 De Man impliziert eine Annäherung von Monumentalisierung (als etwas) und dem Anthropomorphismus (vgl. ATL 196).

47 Zum gegenseitigen Ausschluß des Eigennamens und der Kette von Propositionen, von Apostrophe und Deskription und zur fehlgehenden Übersetzung von Apostrophe in Signifikation vgl. Culler, *Apostrophe*, a. a. O.

48 »The attempt to unfreeze natural voice freezes figuration into sheer inscription [...] a strategy that freezes or disfigures speech. Prosopopeia must bei conceived [...] as an effort to undo the spell, to give a face to the name, which fails in the attempt.« (Chase, *Giving a Face*, 107) Umgekehrt scheint de Man den Eigennamen in *Anthropomorphismus und Trope in der Lyrik* immer schon als Prosopopöie und damit als Anthropomorphismus zu bestimmen. Anthropomorphismen sind Stabilisierungen von Figuren wie der Metapher oder der Prosopopöie zur »presentation of the naturalness of the human«. »Die Möglichkeit einer anthropomorphen (Fehl-)Lektüre ist Teil des Textes und Teil dessen, worum es in ihm geht. Anthropomorphismus scheint die illusorische Wiederbelebung des natürlichen Atems der Sprache zu sein, der bloß durch die semantische Kraft der Trope versteinert war. Er ist eine figurative Behauptung, die den Anspruch erhebt, die tödliche negative Kraft, mit der die Figur ausgestattet ist, zu überwinden.« (ATL 186f.) *Als* Eigenname jedoch ist er erneut Einfrieren der Ketten der tropologischen Transformationen. »Anthropomorphismen frieren die unendliche Kette tropologischer Transformationen und Propositionen auf

eine einzige wesentliche Behauptung ein, die als solche alle anderen ausschließt. Ein Anthropomorphismus ist keine Proposition mehr, sondern ein Eigenname.« (ATL 181)

49 »*Punctum*« bezeichnet eine punktierende oder zustoßende Markierung im (fotografischen) Bild, »jenes Zufällige an ihm, das mich besticht, mich aber auch verwundet, trifft«. Es »durchbricht (oder skandiert) das *studium*« (Barthes, *Die helle Kammer*, Frankfurt a. M. 1985, 35/36; vgl. Derrida, *Die Tode von Roland Barthes*, a. a. O., 19). Das *punctum* fixiert nicht eine Bedeutung, sondern bindet das (fotografische) Bild an einen einzigartigen Augenblick (der Entstehung, einer Einschrift des Lichts). Als Manifestation seines Randes (der Bedingung seiner Möglichkeit) schreibt es dem Bild dessen nachträgliche Referentialität ein, mit Barthes das »Haften des Referenten«. Die Bindung des (fotografischen) Bildes an den Augenblick, dessen Gegebenheit oder Gegenwärtigkeit im Bild immer entzogen bleibt, läßt es an diesem ›haften‹ und macht das »Haften des Referenten« zur Einschrift des Todes, des Immer-schon-entzogen-Seins, des Gewesenseins, das keine andere Gegenwart als die nachträgliche des punctum hat. Vgl. ergänzend zu meiner Lektüre, die vereinfachend Barthes' Konzeption mit Derridas Text liest, die Barthes' Ansatz kontextualisierend problematisierende von A. Haverkamp, *Lichtbild. Das Bildgedächtnis der Photographie: Roland Barthes und Augustinus*, in: *Memoria. Vergessen und Erinnerung. Poetik und Hermeneutik XV*, München 1993, 47-66.

50 Vgl. Barthes, a. a. O., 55.

51 Vgl. Chase, *Giving a Face*, 105; *Hypogram and Inscription*, 51 und die Argumentation von Hertz (Anm. 37).

52 Die Prosopopöie ist, insofern sie das, was eine Relation von Signifikant und Signifikat, von Form und Bedeutung zu sein schien, als Aporie entwickelt (und verstellt), Ereignis. Am Ende von *Allegories of Reading* hat de Man eine vergleichbare Ausbreitung des textuellen Ereignisses der aporetischen Intersektion zur einander verfehlenden Dimensionen der Sprache, der Parekbasis angegeben: »This isolated textual event is disseminated throughout the entire text [. . .], it becomes the permanent parabasis of an allegory (for figure), [. . .].« (A. a. O., 300 f.)

53 Chase, *Giving a Face*, 103 ff. »The materiality (as distinct from the phenomenality) [. . .] which can become a *here* and a *now* in the reading ›now‹ taking place, is not the materiality of the mind [. . .], none of which exist, except in the figure of prosopopeia – but the materiality of an inscription.« (HI 51) Vgl. de Man, *Der Widerstand gegen die Theorie*, in: V. Bohn (Hg.), *Romantik. Literatur und Philosophie*, Frankfurt a. M. 1987, 80-106; hier: 92 f. »Die Sprachfunktion der Referenz, die mit der Prosopopöie auftaucht, liefert die Grundlage für die Anschauung der Referenz, für die Illusion, daß Referenz wie eine Anschauung auftritt.« (Chase, *Die witzige Metzgersfrau*, a. a. O., 123.)

Die Grundlage der prosopopoischen ›Verwechslung‹ des unlesbaren Schreibens mit der Verweigerung, der Verdrängung des Lesens bildet ein doppeltes Auftreten des Nicht-Lesens: einerseits jenes, das als Widerstand gegen die Lektüre im Sinne des Ausschlusses der figurativen Konstitution aller Bedeutung und der damit dieser implantierten Unentscheidbarkeit der Bedeutungsprozesse gekennzeichnet werden kann, und jene Nicht-Lesbarkeit eines immer ›fiktiven‹, fiktionalen ›bevor‹ aller Bedeutungsbildung, die absolute Zufälligkeit, aus der Bedeutungsbildung nicht motiviert, sondern ›nur‹ als Prosopopöie, als katachretische Setzung angenommen werden kann – oder, wie Chase formuliert, von ›unsayable‹ und ›undeniable but blank‹ (*Giving a Face*, 104).

54 Derrida, *Nietzsches Otobiographie oder Politik des Eigennamens*; in: *Fugen 1*, Olten und Freiburg i. Br. 1980, 64 f., hier: 55. »Das ›ich-lebe‹ in der Gegenwart – es ist ein Vorurteil. Ein Urteil, ein vorweggenommener Richterspruch, eine gewagte Vorwegnahme; verifiziert werden wird sie nur können, im Augenblick, wo der Namensträger, derjenige, den das Vorurteil einen Lebendigen nennt, tot sein wird.« (ebd., 74 u. 66 f.; vgl. ders., *Die Tode von Roland Barthes*, a. a. O., 7 f.) »Die Starrheit des Designats, des Namens wirft als Schatten die Starrheit des Benannten.« (Lyotard, *Der Widerstreit*, München 1987, 88)

55 *Gesammelte Schriften* V (hg. von R. Tiedemann), Frankfurt a. M. 1982, 1000 f.

56 *Einleitung* zu: N. Abraham, M. Torok, *Kryptonymie. Das Verbarium des Wolfsmannes*, Frankfurt/Berlin/Wien 1976, 5-58 (vgl. ders., *Die Tode des Roland Barthes*, 32, u. ders., *Memoires for Paul de Man*, New York, Columbia Univ. Press 1986). Zur »Aufrichtung des Objekts im Ich wie bei der Melancholie« vgl. Freud, *Ich und Es*, Studienausgabe Bd. 3, Frankfurt a. M. 1975, 297.

57 Was der Name oder Titel eines Buches ›sagt‹ »oder in seiner Prosopopöie sagen« läßt, dazu vgl. Derrida, *Titel (noch zu bestimmen)*; in: F. Kittler (Hg.), *Austreibung des Geistes aus den Geisteswissenschaften*, Paderborn/München/Wien/Zürich 1980, 15-47; hier: 21. Bei Derrida ist zur Signatur als Performativ nachzulesen: Mit ihr bringt sich der Unterzeichner unterzeichnend »als möglicher Unterzeichner selbst zur Welt«, »unterzeichnend autorisiert er sich zu unterzeichnen«. »Von Rechts wegen gab es keinen Unterzeichner vor dem Text der Erklärung, die also selbst Produzent und Garant ihrer eigenen Unterzeichnung ist. Das ist etwas ganz und gar Unerhörtes – eine Unternehmung, die sich einen Namen gibt. Sie macht einen Kredit auf, einen eigenen Kredit, von ihr selber zu ihr selber. Sie verschafft sich Kredit und zwar mit einem einzigen Gewaltstreich. Der Gewaltstreich macht und gründet Recht, er bringt das Recht zur Welt.« (*Nietzsches Otobiographie*, a. a. O., 66 f.)

58 Vgl. Haverkamps *FEST/SCHRIFT. Festschreibung unbeschreiblicher Feste* (insb. II Personifikation, 281 ff.). Bei dieser Festschreibung ist also an eine andere Stabilisierung zu denken als die des Anthropomorphismus, »ein Eigenname, wie er immer dort auftaucht, wo die Metamorphose in Ovids Erzählungen kulminiert und in der Einzigkeit eines Eigennamens, Narziß, Daphne oder einem anderen innehält«. »›Ich werde/doch mit dem besseren Teil meines Selbst mich über die Sterne heben auf ewig und unzerstörbar wird bleiben mein Name‹«. (Ovid, *Metamorphosen* 15, 875-876) (ATL 181)

59 De Man verdeutlicht damit, daß Lektüre und Theorie der Autobiographie beständig in einer doppelten Bewegung befangen bleiben: »Einerseits besteht die Notwendigkeit, der Tropologie des Subjekts zu entgehen, andererseits ist diese Notwendigkeit unausweichlich selbst wieder einem Spiegelmodell der Erkenntnis einbeschrieben.« (AM 138) Vgl. auch die Kritik an dem Versuch, die Rhetorik von ihrem »epistemological impact« zu leeren, indem ihr tropologisches, figuratives Funktionieren übersprungen werde, in *Resistance to Theory*, 18 f. u. 51. Über die aufrechterhaltene Spannung von Dionysischem und Apollinischem vgl. Derrida, *Kraft und Bedeutung*, in: ders., *Die Schrift und die Differenz*, Frankfurt a. M. 1976; und über die Signatur und die auszuhaltende Spannung von Ereignis und Kontext vgl. Derrida, *Signatur, Ereignis, Kontext*, in: ders., *Randgänge der Philosophie*, Frankfurt/Berlin/Wien 1976, 124-155.

60 Vgl. Derrida über Celans »*Datum*«, in dem »mehrere einzelne Ereignisse [...] sich verbinden, sich verbünden, sich [...] konzentrieren« können. – »Das folglich dasselbe bleibt und ein anderes wird, ein ganz anderes wie dasselbe wird und die Fähigkeit erlangt, zu Anderen von dem Anderen zu sprechen, zum Anderen, der solch absolut verschlossenes Datum nicht zu entziffern vermag, diesen *Grabstein* über dem Ereignis, das es bezeichnet. Diese gebündelte Vielheit benennt Celan mit einem starken und dichten Wort, er nennt sie die *Konzentration*.« (*Schibboleth. Für Paul Celan*, Wien 1986, 26) Benjamin könnte diese den *Namen* nennen. Vgl. über Datum und Name Derrida, *Titel (noch zu bestimmen)*, a. a. O., 37.

61 Der Name kann sich nicht wirklich *innerhalb* des semiotischen Systems situieren, außer indem er sich übersetzen, das heißt in seinem semantischen Äquivalent interpretieren läßt und insofern nicht mehr Eigenname ist. So wird »Babel« übersetzt als »Konfusion«, und insofern ist es zwei Wörter, oder Name und Wort, das übersetzt werden kann und bedeutet. »And the proper name of God [...] is divided enough in the tongue, already to signify also confused by ›confusion‹.« (Derrida, *Des tours de Babel*, [engl.] in: J. F. Graham [Hg.], *Difference in Translation*, Ithaca 1985, 172 u. 170) »The division of the proper name« bezeichnet diesen als Kippfigur zu dem (Figur), was ihn demen-

tiert; dies verdeutlicht auch de Mans Argumentation zu Jauss' Lektüre von Baudelaires *Spleen II*, die die doppelte (sich gegenseitig ausschließende) Lesbarkeit als »proper name« und »common name«: Boucher/boucher, übersetzbar als »butcher« anführt, die über die Paronomasie »débouché« ins Spiel gebracht wird, und keinen semantischen Zusammenhang, sondern eine letterale, dissonante Konnotation, die ›Ambivalenz einer Äußerung‹, die Unentscheidbarkeit nämlich »whether a statement in a text is to be taken as a figure or *à la lettre*«, ob als Metapher oder als Katachrese zu lesen ist, unhintergehbar macht. (Vgl. *Reading and History*, a. a. O., 66 f. und über eine parallele Gleichzeitigkeit der einander ausschließenden Lektüren als Metapher und Katachrese, die über ein doppelt metonymisches Funktionieren der Metapher verklammert sind, in ›Lesen (Proust)‹, in: *Allegorien des Lesens*, a. a. O., 105; dagegen die andere Akzentuierung bei Chase, a. a. O. 108 u. 111 f.)

62 Im Anschluß an Jauss' Lektüre von Baudelaires *Spleen II*, die dessen Bewegung nachzeichnet: »an inner state of mind (spleen) is first compared to an outside object, then asserted to *be* such an object, then becomes the voice of a speaking subject, that declares itself to be an object, and finally culminates in the dialogical relationship of an apostrophe by this subject to a material object that has itself acquired consciousness« (68 f.) erläutert de Man in *Reading and History* diese Transformation von ›mind‹, (Selbst)Bewußtsein, »as a hollow container, box or grave«, der dessen, des Innen, widerhallendes Stimmewerden impliziert, in Pyramide oder Sphinx, in die monumentale Kunst Ägyptens. Für den Zusammenhang von ›Schacht‹, Erinnerung und Stimme einerseits und Pyramide, Zeichen anderseits rekurriert de Man auf Hegels Konzept der Erinnerung, dessen Emblem der ›Schacht‹ ist (vgl. die folgende Anm. 63), und konfrontiert diesem Baudelaires Emblem der ›Pyramide‹, »which connotes, of course, Egypt, monument and crypt, but which also connotes, to a reader of Hegel, the emblem of the sign as opposed to the symbol [...]. Baudelaire [...] happens to hit on the same emblematic secquence to say something very similar. The decapitated painter lies, as a corpse, in the crypt of recollection and is replaced by the sphinx, who since he has head and a face, can be apostrophized in the poetic speech of rhetorical figuration. But the sphinx is not an emblem of recollection but, like Hegel's sign, an emblem of forgetting. In Baudelaire's poem he is not just ›oublié‹ but ›oublié sur la carte‹, inaccessible to memory because he is imprinted on paper, because he is himself the inscription of a sign.« (69)

63 Derridas gleichnamiger Text (in *Randgänge*, Wien 1988) hat wie de Mans *Zeichen und Symbol in Hegels »Ästhetik«* die Hegelsche Semiologie zum Gegenstand. »Schacht« gibt für Hegel das metaphorische Modell des Er-Innerns ab: »Das Bild, das auf diese Weise erinnert wird,

ist nicht mehr *da*, nicht mehr existierend und vorhanden, sondern verwahrt an einem unbewußten Ort, bewußtlos aufbewahrt«, »gehortet« »in der Tiefe eines dunklen Schlupfwinkels als Vorrat wie das Wasser in einem nächtlichen oder bewußtlosen *Schacht* [...] Von diesem nächtlichen *Schacht*, dessen Todesstille von der verhaltenen Kraft all der Stimmen erfüllt ist, die er in sich hortet, führt ein Weg, den wir nachgehen werden, zu jener aus der ägyptischen Wüste mitgebrachten *Pyramide*, die sich bald über dem nüchternen und abstrakten Gewebe des Hegelschen Textes erheben und für die Statur und das Statut des Zeichens stehen wird. [...] Daß dieser Weg [...] wieder zirkulär verläuft und die *Pyramide* neuerlich zum *Schacht* wird, der sie wohl immer gewesen ist – dieses Rätsel stellt sich.« (91) Auch die *Pyramide*, »dieser dem Signifikanten eigene, belebte Körper«, ist »ein *Grab*«. »Das Grab ist das Leben des Körpers als Zeichen des Todes, der Körper als das Andere der Seele, der belebten Psyche, des lebendigen Atems. Aber das Grab schützt, bewahrt, thesauriert auch das Leben, indem es anzeigt, daß dieses anderswo weitergeht.« (96) »Der Zeichenkörper wird so zum Monument, in dem die Seele eingeschlossen, behütet, bewahrt, in ihrem Zustand erhalten, präsent, bezeichnet wäre. [...] Es war durchaus notwendig, daß zuerst der Tod sein Werk verrichtete [...], damit ein Monument das Leben der Seele festhalten und schützen konnte, indem es dieses Leben be-deutet. Das Zeichen – Monument-des-Lebens-im-Tod, Monument-des-Todes-im-Leben, die Grabstätte eines lebendigen Atems oder der einbalsamierte Leib, das hoch Aufstrebende, das in seiner Tiefe die Hegemonie der Seele aufrechterhält, der harte Text mit Inschriften bedeckter Steine – ist die *Pyramide*.« (97) »Die Aktivität, die darin besteht, den anschaulichen [...] Inhalt zu beleben, ihm eine ›Seele‹, eine ›Bedeutung‹ einzuhauchen, bringt das Zeichen durch *Erinnerung*, Gedächtnis und Verinnerlichung hervor.« (100) Und insofern ist der »Prozeß des Zeichens« »eine *Aufhebung*« seiner selbst (102), nämlich eine Rückkehr des *Schachts* in der *Pyramide*.

64 In: Kafka, *Gesammelte Werke* (hg. v. M. Brod), Frankfurt a. M. 1976, Bd. 4, *Erzählungen*, 200-216; im folgenden zitiert unter Angabe der Seitenzahl.

65 W. Kittler, *Der Turmbau zu Babel und das Schweigen der Sirenen. Über das Reden, das Schweigen, die Stimme und die Schrift*, Erlangen 1985, 273.

66 L. Verbeek, *Der verhinderte Text. Strukturen der Unabschließbarkeit im Werk Kafkas*, in: J. Söring (Hg.): *Die Kunst zu enden*, Frankfurt/Bern/New York/Paris 1990, 145-162; hier: 158.

67 Zur Akzentuierung der Schlußaporie vgl. B. Menke, *Aufgegebene Lektüre. Kafkas »Der Bau«*, in: *Die Aufgabe des Lesers. On the Ethics of Reading*, hg. v. L. Verbeek und B. Philipson, Leuven 1992, 147-175.

Jürgen Fohrmann
Misreadings revisited.
Eine Kritik des Konzepts von Paul de Man

> Aber es kommt nicht darauf an, im Vergleich mit anderen
> Lektüren recht zu behalten, das ist völlig uninteressant.
>
> *Gilles Deleuze*

Kaum ein anderes literaturwissenschaftliches Konzept hat so entschieden in Lager unterteilt wie jenes Verfahren, das Paul de Man
in einer Reihe von Büchern als dekonstruktive Lektüre vorgeschlagen hat. Daß dabei nicht immer eine genaue Kenntnis seiner
Schriften zugrunde lag, wurde aus vielen ablehnenden Stimmen
schnell ersichtlich und spätestens zu dem Zeitpunkt überdeut-
lich, an dem man glaubte, gleichsam herkunftsgeschichtlich, vom
jungen Kollaborateur de Man aus, das spätere Werk gleich miterle-
digen zu können.[1] In solchen Kontexten werden genetische Argumente dann ohne weiteres Besinnen als Geltungsannahmen plausi-
bilisiert, und der Anfang ist immer zugleich auch das bittere Ende.
Dies alles soll hier nicht weiter interessieren.

Die Hauptkritik, die sich in der letzten Zeit gerade in den Vereinigten Staaten gegen Paul de Man formiert, erscheint nicht mehr
so sehr als eine allgemeine »resistance to theory«, sondern eher als
eine Widerständigkeit gegenüber bestimmten Annahmen, die mit
der von de Man eingeforderten »Rückkehr zur Sprache« verbunden waren.[2] Hier nämlich findet sich der Vorwurf, de Man voll-
ziehe eine Austreibung der Geschichte aus der Literatur und was
bleibe, sei in der Regel eine Reformulierung des »literary criticism« der vorangegangenen Dekaden. Und gegen diese Annihilie-
rung der Historie tritt nun ein neues Konzept mit großer Verve an,
das sich – etwas mißverständlich – »new historicism« nennt und in
Stephen Greenblatt seinen zur Zeit prominentesten Sprecher
hat.[3]

Auch wenn diese Dichotomisierung zwischen Einschreibung in
und Austreibung der Geschichte aus der Literaturwissenschaft natürlich zu sehr vereinseitigt und auch wenn sich »deconstruction«
nun wirklich nicht auf den alten »literary criticism« rückführen
läßt, werde ich meine Lektüre Paul de Mans zunächst an dieser

Differenz orientieren: Wird Geschichte ein- oder ausgeschlossen, und, wenn letzteres der Fall sein sollte, was ersetzt dann den Ort der Geschichte bei Paul de Man? Woraufhin also liest de Mans Verfahren der rhetorischen Analyse die literarischen Texte? Was, wenn nicht die Konstruktion von Geschichte, leitet sein Interesse?

Bei solcher Perspektivierung der Fragestellung fällt als erstes eine Unterscheidung auf, die bei de Man fast allgegenwärtig geworden ist. Getrennt wird nämlich zwischen einer referentiellen und einer nicht-referentiellen Verwendung von Sprache, und in dieser Differenz ist bereits der Umgang mit »Geschichte« beherrschendes Thema.

Herkömmliche Literaturwissenschaft, so legt de Man nahe, ist ganz geprägt von dem Versuch, literarische Werke auf andere Ebenen zu beziehen, also »Fragen literarischen Bedeutens mit den Modellen nichtsprachlicher Referenz anzugehen. [...] In den Literaturwissenschaften werden Bedeutungsstrukturen häufiger in historischen als in semiologischen oder rhetorischen Begriffen beschrieben. Das ist an und für sich etwas überraschend, da die historische Beschaffenheit eines literarischen Diskurses keineswegs eine *a priori* gegebene Tatsache ist, hingegen jede Literatur zwangsläufig aus sprachlichen und semantischen Elementen besteht.«[4] Literarische Texte im überkommenen Sinne zu interpretieren meint für de Man, zugleich auf Bedeutung (»meaning«) hin zu lesen, Texten im Vorgang des Lesens Bedeutung zuzuweisen, man könnte auch sagen: Texte in eine Bedeutungstotalität einzuschreiben. Diese Art der Lektüre nämlich versuche sich immer an der Herstellung eines Ganzen, für das es verschiedene Namen geben kann: die *eine* Intentionalität, der *eine* Autor, das *eine* genetische Schema, also die *eine* Geschichte, *die* Modernität usw. Die poststrukturalistischen Voraussetzungen dieser Kritik liegen auf der Hand und brauchen an dieser Stelle nicht rekapituliert zu werden.[5] De Man wendet sich gegen jene Totalisierungsverfahren, die er mit den hermeneutischen Zugriffen in der Literaturwissenschaft zu identifizieren versucht und die trotz ihres Anspruchs auf Homogenität und momentane Ausschließlichkeit der Ergebnisse für ihn im »Tanz der Kommentatoren« »nur ein Schauspiel des Chaos«[6] zu bieten wissen.

Die Absetzungsbewegung, die de Man dann vollzieht, versteht sich ganz als Geste der Aufhebung des scheinbar Selbstverständlichen: »Es ist daher nicht *a priori* ausgemacht, daß Literatur eine glaubwürdige Informationsquelle über irgend etwas ist, außer über ihre eigene Sprache.«[7] Damit ist der Blickpunkt von der hermeneutischen Referentialisierung auf »die Sprache der Literatur« verschoben und mit ihr auf das Problem der Sprache selbst. Wenn eine zentrische Metapher bei einem sich so gegen Zentren verwahrenden Autor erlaubt ist, so erscheint de Mans Konzeption von »language« als das ›Kernstück‹ seiner literaturwissenschaftlichen Umorientierung. Alle Spuren gehen von dieser Sprachkonzeption aus.

Die Tradition des Triviums, seine Aufteilung in Grammatik, Logik und Rhetorik, inspiriert de Man am Anfang seiner *Allegorien des Lesens* zu grundsätzlichen Unterscheidungen. In einem allgemeinen Sinne könne man sagen, so stellt er fest, daß Grammatik und Logik auf Wahrheit und damit auf universelle Geltung und Wiederholbarkeit angelegt sind: »Auf einer ganz naiven Ebene sind wir geneigt, grammatische Systeme als solche aufzufassen, die zu Universalien tendieren und schlicht generativ wirken, das heißt fähig sind, von einem einzigen Modell aus (das sowohl Transformationen als auch Abweichungen beherrscht) eine Unendlichkeit von Versionen abzuleiten, ohne daß ein anderes Modell intervenieren und sie außer Kraft setzen würde. Deshalb halten wir die Beziehung zwischen Grammatik und Logik und den Übergang von Grammatik zu Aussagen für relativ unproblematisch: wahre Aussagen sind undenkbar ohne grammatische Konsistenz oder ohne kontrollierte Abweichung von einem System grammatischer Verträglichkeit, wie komplex es auch sein mag. Grammatik und Logik bieten einander in ihrer dyadischen Beziehung eine unerschütterliche Stütze.«[8] Ginge es also nur um Grammatik und Logik, so wäre Sprache vollkommen durchsichtig zu handhaben und mit ihr Welt ganz unzweideutig zu repräsentieren. Was solche Transparenz verdunkle, seien die Effekte der Rhetorik.

Die Rhetorik nämlich, oder besser: die rhetorische Dimension der Sprache, wird als eine Art Subversor solch grammatikalischer und logischer Wahrheitsordnung begriffen. Sie erzeuge die Möglichkeit zu mehrfacher, ja sich widersprechender Referentialisierung, bei der für keine der Optionen mit letzten Gründen votiert werden könne. Die rhetorische Dimension der Sprache bringe also Unentscheidbarkeiten hervor, die prinzipiell nicht auflösbar erscheinen. Zwei Lesarten, eine literale und eine figurale, ständen im grammatischen und im logischen Sinne gleichberechtigt nebeneinander, auch wenn ihre jeweils zugeordneten Bedeutungen vollständig kontrovers sein mögen. In diesem Sinne resümiert de Man: »Ein vollkommen klares syntaktisches Paradigma (die Frage) erzeugt einen Satz, der mindestens zwei Bedeutungen hat, von denen die eine ihren illokutiven Modus bejaht und die andere ihn verneint«[9], und folgert dann weiter: »Rhetorik ist die radikale Suspendierung von Logik und eröffnet schwindelerregende Möglichkeiten referentieller Verirrung.«[10] Akzeptiert man dies, so ergeben sich eine ganze Reihe von Konsequenzen.

Als erstes wird die in hermeneutischen Theorien zwar immer futurisch aufgeschobene, grundsätzlich aber vorausgesetzte Annäherung von Signifikanten ans Signifikat, die Vereindeutigung des Textes, problematisch. Wenn in der »Art des Meinens«, wie de Man in seiner Benjamin-Exegese zu zeigen versucht[11], immer mehrere, sich wechselseitig durchaus auch aufhebende Bezüge des »Gemeinten« enthalten sind, bleibt es unklar, welche Referentialisierung eigentlich zu wählen, welcher Sinn damit also zu konstituieren ist. Um ein energetisches Bild zu benutzen: zwischen Signifikant und Signifikat tritt eine fortwährende, nicht suspendierbare Unruhe, die aus zwei jeweils gegenläufigen Tendenzen resultiert. Die erste Tendenz – auch dies ein Element der Rhetorik – ziele auf Persuasion, behaupte also eine sichere Bedeutung und versuche sie in performativen Akten zu plausibilisieren. Die zweite Tendenz aber hebe diese Homogenisierung wieder auf, weil sie als figurative Praxis jene Unentscheidbarkeiten schaffe, die mit der Sprache als einer Kette von Tropen verbunden seien.[12] Entscheidend sei nun, daß beide Tendenzen dabei auf der Ebene der Tropen selbst erzeugt würden: Die Metapher etwa denke eine Klarheit von Welt, eine Ordnung, die auf Notwendigkeit gegründet sei und an der sie – durch Analogie, also pars pro toto – partizipiere, die Metonymie hingegen ersetze diese Notwendigkeit durch Zufall und verschiebe gleichsam im Akt der Bildgebung die Bedeutung von der gedachten Analogie zur jetzt fremd erscheinenden Kontiguität. »Der Schluß auf Identität und Totalität, der konstitutiv für die Metapher ist, fehlt in der bloß relationalen metonymischen Berührung.«[13] Und Ähnliches gelte auch für das Verhältnis von Symbol und Allegorie oder für rhetorische Vereindeutigungen, die dann durch ironischen Sprachgebrauch wieder aufgehoben würden. Damit ergebe sich das Nebeneinander von identitätsgenerierenden und identitätssuspendierenden Verfahren, in deren figurativer Verflechtung sich ein Text erst konstituiere. »Rhetorik ist darin ein *Text*, daß sie zwei miteinander unverträgliche, sich wechselseitig zerstörende Blickpunkte ermöglicht und deshalb jedem Lesen oder Verstehen ein unüberwindliches Hindernis in den Weg legt. Die Aporie zwischen performativer und konstativer Sprache ist bloß eine Version der Aporie zwischen Trope und Persuasion, die die Rhetorik sowohl hervorbringt wie auch paralysiert und ihr so den Anschein einer Geschichte verleiht.«[14] »Die volle Komplexität dieser Dichtung«, so Paul de Man über Rilke, »kann [daher] nur im Nebeneinander zweier Lektüren zum Vorschein kommen, in dem die erste die Sprachstruktur, die sie entstehen läßt, vergißt und die zweite sie anerkennt.«[15]

Dabei verschöben sich bedeutungsgenerierende und bedeutungssuspendierende Sprache so gegeneinander, daß nach und nach, etwa im Falle Nietzsches, »eine genetische Erzählung ein Schritt wird, der zu Einsichten führt, welche die Ansprüche zerstören, auf denen die genetische Kontinuität begründet war«[16], oder aber metafigurative Theorie und figurativen Gebrauch in Konflikt geraten[17] ließen. Diese Verschiebung, bei der die Unbeherrschbarkeit der Tropen den Sieg über die Ordnungspräsuppositionen davontrage, zeige ein einziges »dismemberment of the aesthetic whole into the unpredictable play of the literary letter«[18] und mache jene Kritik des »historischen Modells« dann möglich.

Grundlegende These de Mans ist nun, daß diese rhetorische Dimension der Sprache nicht aussetzbar ist und daß ihre damit universelle Geltung eine Reihe von »Abweichungen« hervorruft, die dazu führten, daß »die Diskrepanz zwischen Bedeutung und behauptender Aussage ein konstitutiver Bestandteil ihrer Logik« werde.[19] Damit rücke Bedeutung stets von dem ab, was »ideally intended« war[20], und zwar in mehrfacher Weise: »Wir können sogar [...] feststellen, daß die Kritik nicht nur etwas sagt, was das untersuchte Werk nicht sagt, sondern auch etwas sagt, was der Kritiker gar nicht zu sagen meint.«[21] Würden auf diese Weise Abweichungen produziert und könne man nicht sicher sein, welche Konjektur die »eigentlich« richtige darstelle, so würden – auch auf dieser Ebene – notwendigerweise »misreadings« geschaffen, die alle gleich nah und alle gleich fern zu einem gedachten idealen Sinn des Textes stünden. Damit aber werde Lesen »einem Gefecht vergleichbar, dessen Kämpfer über die Realität oder Fiktion ihrer Äußerungen streiten, über die Fähigkeit zu entscheiden, ob der Text eine Fiktion oder eine (Auto-)Biographie, eine Erzählung oder historisch, spielerisch oder ernsthaft sei«.[22]

Auf deutlichste Weise zeigt sich dies für Paul de Man bei der Übersetzung, ja man könnte sagen, daß die Übersetzung geradezu eine Allegorie dieser »misreadings« darstellt. Weil nämlich – und de Mans Untersuchung schreibt sich hier in die Friedrich Schlegelsche *Über die Unverständlichkeit* und in die Walter Benjaminsche *Aufgabe des Übersetzers* ein – »translation [...] a relation from language to language, not a relation to an extralinguistic meaning«[23] sei, werde nur eine Figuration in die andere Figuration übertragen, würden also zwangsläufig »Abweichungen« produziert, die eine Übersetzung nicht auf eine ganz fiktiv bleibende ideale Bedeutung beziehbar machten. Um eine solche ideale Bedeutung zu erhalten, die dann ihrerseits übersetzbar wäre, müßte nach de Man eine »reine Sprache« (Benjamin) vorausgesetzt werden, und erst in dieser reinen Sprache wäre die Annahme eines »Originals« möglich. Übersetzung aber enthülle genau die Abwesenheit dieses Originals: »They kill the original, by discovering that the original was already dead. They read the original from a perspective of a pure language (reine Sprache), a language which would be entirely freed of the illusion of meaning – pure form if you want; and in doing so they bring to light a dismembrance, a de-canonization which was already there in the original from the beginning. [...] What the translation reveals is that this alienation is at its strongest in our relation to our own original language, that the original language within which we are engaged is disarticulated in a way which imposes upon us a particular alienation, a particular suffering.«[24]

Diese »misreadings«, also die Produktion von Bedeutungen, die sich alle als mehr oder weniger haltlos erwiesen und deren Konkurrenz dennoch das Bild gegenwärtiger Literaturwissenschaft bestimme, finden aber bei de Man ihre Begründung in einer sie zusammenfassenden Voraussetzung, die – wenn man so will – sich als das »eigentliche« Falschlesen herausstellt. Sie alle nämlich läsen Texte nicht auf ihre sprachliche Verfaßtheit hin, betrachteten Texte damit nicht als Abfolgen von Zeichen, sondern versuchten immer etwas hinter oder etwas vor ihnen Liegendes zu entdecken. Was aber nun anstehe, sei, Sprache als letztlich nichtreferentielles Verweissystem zu begreifen. Und eben weil diese Sprache nicht in ihrer selbstreferentiellen Qualität in den Blick gerate, handle es sich bei bedeutungszuweisenden Interpretationen um ein ubiquitäres »misreading«. Hätten nämlich Texte als *Sprache* Berücksichtigung gefunden, dann hätten gerade die rhetorischen Figurationen und damit die Nicht-Lesbarkeit von »language« zur leitenden Perspektive avancieren müssen. »Misreading« heiße daher in erster Linie das *Übersehen* jenes Falschlesens, das der rhetorische Aspekt der Sprache immer und notwendigerweise mit sich bringe. Oder in anderen Worten: »Misreading« meine, die Existenzbedingung von Sprache *als* Sprache auszublenden.

Daß *diese* falsche Lektüre, die alle anderen falschen Lektüren erst ermögliche, mit dem Akt der Referentialisierung genuin zusammenhängt, erscheint de Man evident; und um dieser »kontextuellen Falle« zu entgehen, lehnt er es ab, hermeneutische und sprachanalysierende Verfahren (»poetics«) miteinander zu verbinden. Zwischen beiden bleibe eine unüberwindbare Kluft: »When you do hermeneutics, you are concerned with the meaning of the work; when you do poetics, you are concerned with the stylistics or with the description of the way in which a work means. The question is whether these two are complementary, [...]. When one tries to achieve this complementarity, the poetics always drops out, and what one always does is hermeneutics. [...] The two are not complementary, the two may be mutually exclusive in a way [...].«[25]

De Mans Argumentation nimmt dann eine überraschende, szientifische Wende. In dem Maße nämlich, in dem das Spiel hermeneutischer Auslegungen, der Zuweisungen von Bedeutung, ein Bild bunter Beliebigkeit ergebe, in dem Maße sei die »stilistische« Analyse, der *Aufweis* der Figuration, einer Unzweideutigkeit verpflichtet, die zwar die rhetorische Ebene der Sprache als Anlaß unendlicher »Abweichungen« oder »errances« verstehe, selbst aber in einem ganz exakten Sinn das Terrain der Tropen zu kartographieren vermöge. Ja, den Figuren wird eine Klarheit zugeschrieben, die sie als Figuren gerade definiert, Wiederholbarkeiten sichert und voraussagbare Textstrukturen ermöglicht. »Tropen«, heißt es etwa bei de Man, »sind quantifizierte Bewegungssysteme.«[26] Die sprachliche Analyse der Texte selbst – trotz ihrer sich ausschließenden Bilder, allgegenwärtigen Unentscheidbarkeiten und »misreadings« ermöglichenden Bewegungen – bleibe vollständig transparent, wenn man nur, wie de Man gern kokett insinuiert, »richtig zu lesen versteht«. Diese Ebene der Sprache sei daher vollkommen unabhängig zu sehen von allen möglichen sie erst generierenden Faktoren, und was sich »Geschichte« nenne, sei eigentlich nur der Effekt ihrer gegenläufigen Spiele. In diesem Sinne sei dann Geschichte, verstanden als das Resultat von Sprache und ihren »errances«, nichts mehr, bei dem menschliche Konstituierungsleistungen in Rechnung zu stellen wären; Geschichte sei, um das bekannte Diktum aufzugreifen, »inhuman«: »Now it is this motion, this errancy of language which never reaches the mark, which is always displaced in relation to what it meant to reach, it is this errancy of language, this illusion of a life that is only an afterlife, that Benjamin calls history. As such, history is not human, because it pertains strictly to the order of language; it is not natural, for the same reason [...].«[27] Und in der nachfolgenden Diskussion präzisiert de Man noch einmal, was dieses »Inhumane« ausmachen soll: »The inhuman is: linguistic structures, the play of linguistic tensions, linguistic events that occur, possibilities which are inherent in language – independently of any intent or any drive or any whish or any desire we might have.«[28]

In den Auseinandersetzungen ebenjener Diskussion wird de Man gerade zu diesem Aspekt seines Ansatzes befragt und mit konkurrierenden, manchmal alteuropäischen anthropologischen Modellen konfrontiert. Anläßlich einer Bemerkung Abrams, »[that] meanings are not something we can oppose to language, but are something that language, when used by people, means«[29], entwickelt de Man ein eigentümliches »Begehren«, das seinen Umgang mit Sprache bestimmt: »The suggestion is not that language doesn't mean; the suggestion is that there is a question about the semantic value of language. Desirable as it is, and indispensable as it is, of course – go back to Eisenhower and religion: ›We must have language!‹ No, that is somewhere else ... They asked Eisenhower what to do about religion, and he said: ›We must have it!‹ The same is true about language as meaning: we must have it. Imagine that we didn't! Nobody is suggesting that we should do away with it. But there *is* a question, a question of language.«[30] Es ist ein »Begehren«, das es sich zum Ziel setzt, die Ebene der Bedeutung aus der Sprache ganz auszuschließen, ganz zu einer neuen Eindeutigkeit vorzudringen, die jenes spezifische »Leiden«, von dem oben die Rede war, jene stete Abweichung, die Sprache außer

Kontrolle geraten läßt, aussetzt. Dieses »Begehren« läßt sich, so lese ich de Man, in der »stilistischen« Analyse der Texte verwirklichen, im reinen Aufweis ihrer Figuration, der Fügung ihrer Zeichen. Und was es bedingt, ist eine hermeneutische Enthaltsamkeit striktester Art. Daß dies nicht immer möglich ist, begründet in gleicher Weise »Trauer« und Konzentration. In solchem Sinne versteht de Man seine Arbeit dann als Rückkehr zur Sprache und mit ihr als »return to philology«.[31]

So entsteht ein konzeptioneller Widerspruch: Sprache ist für de Man als reine Sprache, als pures Spiel der Signifikanten, als Ausschluß der Signifikation, nicht möglich; die Analyse aber, die sich als Aufweis der rhetorisch-figuralen Ebene der Sprache versteht, bilde gleichsam dieses Spiel noch einmal ab, indem sie eine Autonomisierung aufzufinden wisse, die sich der definiten Zuordnung von Bedeutung entzieht. Das, was die Bedeutung erst ermöglichen kann, liegt dabei selbst *vor* jeder Bedeutung schon fest. Das ist es, was ich unter Szientifik verstehen möchte. Es ist die Annahme der Möglichkeit einer *reinen* Analyse von Figuration. Die »Trauerarbeit« um den Verlust jener »Präsenz« (Derrida), die gewünscht und nicht gewünscht zugleich erscheint, führt dann einmal zur Wiederherstellung des »Bei-sich-Seins« von Sprache im nicht hintergehbaren Aufweis der rhetorischen Beschaffenheit der Texte. Und sie weist zum anderen »Geschichte« als einen Effekt ebendieser Texte aus, in deren Dispersionen sich eine Bewegung anzudeuten scheint, die eine Abfolge von Bedeutungen suggeriert, obwohl es sich nur um die Ausfaltung der Möglichkeiten handelt, die der Sprache inhärent sind. Um auf die oben gestellte Frage zurückzukommen: De Man treibt die Geschichte nicht vollständig aus den »Geisteswissenschaften« aus, er macht sie aber zu einem Sekundärphänomen sprachlicher Figuren. Die Sprache und nicht die Geschichte ist der Souverän, dem konstituierende Kraft zugesprochen wird. Das, was sich Bedeutung und durch sie »Geschichte« nennt, gilt nur als der Effekt einer rhetorischen Logik.

Das »Genre«, das von der rhetorischen Funktion der Sprache am meisten bestimmt wird, ist für Paul de Man die Literatur, handle es sich doch bei ihr um die »am ausdrücklichsten in Rhetorik gegründete Sprache«[32], ja, er würde sich nicht scheuen, heißt es vorher, diese »rhetorische, figurative Macht der Sprache mit der Literatur selber gleichzusetzen«.[33] Dabei ist aber deutlich, daß diese Ebene der Sprache nicht auf Literatur beschränkt und damit gleichsam wieder entschärft wird, sondern daß es sich um eine »Literarizität« handelt, die jedem Text zu eigen ist, auch wenn sie in dem, was sich als literarisches System auszudifferenzieren wußte, in besonderer Weise zur Geltung kommt: »Wann immer dieses autonome Potential der Sprache durch die Analyse aufgewiesen werden kann, haben wir es mit Literarizität zu tun und also mit Literatur, als dem Ort, an dem dieses negative Wissen von der Verläßlichkeit sprachlicher Äußerungen erwiesen werden kann.«[34] Genau diese »besondere Weise« soll im folgenden näher betrachtet werden.

Die »rhetorische, figurative Macht der Sprache« nämlich könne sich selbst *wissen*«, und gerade dieses Wissen sei es, das in der Literatur aufgehoben ist: »Ein literarischer Text behauptet und verneint zugleich die Autorität seiner eigenen rhetorischen Form, und indem wir den Text so lesen, wie wir es getan haben, versuchten wir nur, fast ebenso strenge Leser zu sein, wie der Autor es sein mußte, um überhaupt einen Satz schreiben zu können. Dichtung ist die avancierteste und verfeinertste Form der Dekonstruktion; sie mag sich von kritischen oder diskursiven Texten nach der Ökonomie ihrer Artikulation unterscheiden, aber nicht ihrer Art nach.«[35]

Solche »Verfeinerung« könne es mit sich bringen, daß ein literarischer Text nicht nur das Gegeneinander von Geltung und Verneinung seiner Form gleichsam blind zur Erscheinung bringe, sondern daß er das Spiel von Bedeutung und »errances« und damit seine eigene Unlesbarkeit selbstreflexiv inszeniere. »Was auf dem Spiel steht«, meint Paul de Man, »ist die Möglichkeit, die Widersprüche der Lektüre in eine Erzählung einzuschließen, die fähig wäre, sie zu ertragen. Solch eine Erzählung hätte die universelle Bedeutung einer Allegorie des Lesens. Als der Bericht von dem widersprüchlichen Aufeinandertreffen von Wahrheit und Irrtum in dem Prozeß des Verstehens wäre die Allegorie selber nicht länger der destruktiven Macht dieser Komplikation ausgeliefert. Insofern sie nicht selbst nachweisbar falsch ist, würde die Allegorie des Spiels von Wahr und Falsch die Stabilität des Textes begründen.«[36] Diese Inszenierung in der Literatur aufzufinden, gerade darauf wird sich das Bemühen Paul de Mans in erster Linie ausrichten.

Ein wichtiges Beispiel sind ihm dabei die Schriften Jean-Jacques Rousseaus. Ohne hier die de Mansche Entfaltung des Rousseauschen Schreibens zwischen dem *Zweiten Discours* und den *Confessions* im Detail nachzuzeichnen und zu diskutieren, sei nur auf den ihn besonders interessierenden Punkt verwiesen: auf das Lesen oder besser auf die Allegorie des Lesens, wie sie im Mittelteil der Argumentation, vornehmlich im Kapitel über *Julie*, entwickelt wird.

Im »Second préface« der *Nouvelle Héloise* findet de Man zunächst die Unterscheidungen in »literal« und »figural«, Referenz und Nicht-Referenz, wieder. In einem zweiten Schritt stößt er in der *Julie* auf ein Liebeskonzept, das als eine »Figur« erscheint, »that disfigures, a metaphor that confers the illusion of proper meaning to a suspended, open semantic structure«[37]; dieses Liebeskonzept wird dann in einem dritten Schritt zugleich als Sprachkonzept interpretiert. So heißt es bei Rousseau: »Love is a mere illusion: it fashions, so to speak, another universe for itself; it surrounds itself with objects that do not exist or that have received their being from love alone; and since it states all its feelings by means of images, its language is always figural.«[38] Die Liebe erhalte auf diese Weise eine Art »rhetorischer Dimension«, die schnell als die rhetorische Dimension der Sprache identifiziert wird. Das Spiel zwischen Referenz und Nicht-Referenz werde von Rousseau so in der *Julie* als nicht entscheidbar ausgewiesen. Worum es in dem Text damit gehe, sei die Unmöglichkeit eindeutiger Signifikation, die Unmöglichkeit zu lesen: »In the text of the Second Preface, the point at which the allegorical mode asserts itself is precisely when *R.* admits the impossibility of reading his own text and thus relinquishes his power over it.«[39] Und dieses Ergebnis wird dann, nach genauen Ausführungen, erneut in der Figur Julies verdichtet: »If it is so, then it can be said that Julie is unable to ›read‹ her own text, unable to recognize how its rhetorical mode relates to its meaning.«[40] Alles dies hat de Man noch einmal in der Auseinandersetzung mit Jacques Derridas Rousseau-Lektüre auf den Begriff zu bringen versucht. In der *Rhetorik der Blindheit*[41] operiert de Man in drei Schritten: Erstens distanziert er jene herkömmlichen Rousseau-Interpretationen, die für ihn ein erschreckendes Maß an »misreading« offenbaren; zweitens rekonstruiert er die Derridasche Rousseau-Aneignung; und drittens präzisiert er in der Kritik an Derrida sein eigenes Verfahren. Nur um diesen dritten Schritt und auch hier nur um ein Segment soll es im folgenden gehen.

Nun nämlich wird die Vorstellung vom Wissen der Texte um ihren eigenen rhetorischen Status genauer entwickelt und werden die sich daraus ergebenden Konsequenzen diskutiert: »Der Text [*Essai sur l'origine des langues*] geht jedoch darüber noch hinaus, denn indem er seiner eigenen Schreibweise Rechnung trägt, stellt er gleichzeitig die Notwendigkeit fest, diese Aussage selbst wieder auf eine indirekte, figurative Weise zu machen, die darum weiß, daß sie falsch verstanden wird, indem sie wörtlich verstanden wird. Indem der Text für seinen eigenen notwendig ›rhetorischen‹ Charakter einsteht, postuliert er auch die Notwendigkeit, mißverstanden zu werden. Der Text weiß, daß er mißverstanden werden wird, und sagt es auch. Er erzählt die Geschichte, die Allegorie seiner Fehlinterpretation [...].«[42] Weil dies so sei – und gerade diesem Umstand trage Derrida nicht Rechnung, weil er es versäume, Rousseau als »Literatur« zu lesen –, habe Rousseaus Text »keine blinden Flecken: Er trägt zu jeder Zeit seinem eigenen rhetorischen Modus Rechnung«.[43] Daher ergäbe sich auch keine Notwendigkeit, den *Essai* etwa dekonstruktiv zu zergliedern, handle es sich doch um einen Text, der um seinen eigenen figuralen Status, um seine eigene Unlesbarkeit, genauestens Bescheid wisse. Dekonstruktion sei nur erforderlich, wo gerade diese Unlesbarkeit sich dem Wissen des Textes entziehe, wo gerade – um einmal den Titel des ganzen Buches herbeizuzitieren – *diese* »Blindheit« einer »Einsicht« bedürfe. »Blindheit« ist also, dies sollten die knappen Impressionen der de Manschen Rousseau-Lektüre zeigen, das Nicht-Erkennen der eigenen »Unlesbarkeit«.

Damit führt de Man eine Zweiteilung in die Welt der Texte ein. Erstens finden sich literarische Werke, die sich ihres eigenen rhetorischen Status bewußt sind, und zum anderen solche, die dem Traum eindeutiger Signifikation immer noch illusionistisch folgen. Und damit ergibt sich auch für das Verfahren der Dekonstruktion eine doppelte Vorgehensweise. Einmal nämlich soll sie an den literarischen Werken selbst, dann jedoch an ihren Kommentatoren ansetzen: »Wenn der literarische Text selbst Bereiche hat, wo er mit Blindheit geschlagen ist, dann kann das System binär sein, da in diesem Falle der Leser wie der Kritiker unterschiedslos versuchen, das vom Text Ungesehene sichtbar zu machen. [...] Bei dem komplizierteren Fall des nicht mit Blindheit geschlagenen Autors – wie wir es für Rousseau behauptet haben – muß das System triadisch sein: Die Blindheit wird übertragen vom Autor auf die ersten Leser, die ›traditionellen‹ Schüler oder Kommentatoren. Diese blinden ersten Leser [...] bedürfen dann ihrerseits eines kritischen Lesers, der die Tradition umstößt und uns für einen Augenblick der ursprünglichen Einsicht näherbringt.«[44] Daß diese Zweiteilung Folgen für die Bildung eines literarischen Kanons hat, soll an dieser Stelle nur angedeutet werden. Sie könnte plausibel machen, warum de Man in erster Linie ästhetisch »komplexe« Texte einer Analyse unterzieht.

Mit solcher »stilistischen« Untersuchung, die die Konstitutionsbedingungen der Texte in die Form der Texte selbst zurückverlegt, ist sicherlich – jenseits des manchmal ganz unnötig Bedeutsamkeit suggerierenden Pathos von der »größeren Nähe zum Text« – ein erheblicher reflexiver Zugewinn verbunden. Harro Müller hat dies im einzelnen vorzuführen versucht.[45]

Gleichwohl habe ich Vorbehalte auf mehreren Ebenen. Die ersten beiden sind interner, der dritte externer Natur. Der erste Vorbehalt setzt noch einmal bei der Diagnose des »Szientifischen« an. Kann man sich eine rhetorische Analyse der Texte vorstellen, die nicht ihrerseits zuordnende und damit »misreadings« produzierende Interpretamente voraussetzt? In Paul de Mans Vorschlag steckt m. E. mehr als nur *ein* performativer Akt. Lesen wir ihn selbst: »Any reading always involves a choice between signification and symbolization, and this choice can be made only if one postulates the possibility of distinguishing the literal from the figural. This decision is not arbitrary, since it is based on a variety of textual and contextual factors (grammar, lexicology, tradition, usage, tone, declarative statement, diacritical marks, etc.).«[46] Diese »variety of textual and contextual factors« ist nichts anderes, um es einmal polemisch zu pointieren, als das Verfahren, mit dem literaturwissenschaftliche Argumente – wenn auch auf einer anderen Ebene – stets ihre Geltung *plausibilisieren* wollen, um dann hierin doch nicht ganz zu reüssieren. Gerade dieses Nicht-Reüssieren macht ja die Bewegung des Wissenschaftssystems aus. Erhöht aber, so ist zu fragen, der pure Wechsel der Untersuchungsebene (»stylistics« anstatt »hermeneutics«) die Validität der vorgetragenen, sich kumulativ stützenden Belege? Auch wenn man das zugrundeliegende Konzept von »language« einmal ganz beiseite läßt, kann es dann eine rhetorische Analyse geben, die sich gleichsam als automatische Wiedererkennung emergenter Figurenverläufe vollzieht? Und selbst wenn man Paul de Man auch ohne diese Fragezeichen liest, so hätte er doch für eine solche Grammatik rhetorischer Notwendigkeiten höchstens die berühmten Bruchstücke einer großen Konfession vorgelegt. Zu schematisch bleiben etwa die Unterscheidungen zwischen Metapher und Metonymie, Symbol und Allegorie, deren Verhältnis immer nur die Zweiwertigkeit von »offen« und »geschlossen« reproduziert usw. Oder sollte es zwar um neue Funktionen, aber gar nicht um eine neue Theorie von Figuration gehen, sondern eher um die Fortschreibung dessen, was seit der Antike »Rhetorik« heißt (und übrigens auch, wie de Man selbst diskutiert, eine je unterschiedliche figurale Diagnostik – z. B. beim Allegorie-Begriff – betrieben hat)? Müßte man also Paul de Mans Konzept des »misreading« nicht gegen diese offenbare Szientifik selbst wenden?

Nun ist schnell ersichtlich, daß Paul de Man gerade diese »szientifische« Festschreibung benötigt. Seine polarisierende Unterscheidung zwischen Richtiglesen und »misreading«, des Sehens oder des Nicht-Sehens von »unreadability«, der Differenz zwischen dekonstruktiv und nicht-dekonstruktiv zu behandelnden Texten, setzt ihrerseits definitive Entscheidungen über das Spiel mit literalen und figuralen Ebenen voraus. Aber muß man, so wäre auch hier zu fragen, eine dekonstruktive Lektüre auf die *eine* Relation zwischen »blindness« und »insight« beschränken? Dies führt zum zweiten Vorbehalt.

Paul de Mans Verfahren, so meine These, neigt zunehmend dazu, sich selbst zu tautologisieren. Trotz aller interessanten Einzelergebnisse geht es doch letztlich immer nur um eine binäre Opposition, nach der die Texte gelesen und klassifiziert werden: wissen sie ihre »unreadability«, oder wissen sie sie nicht? Dies führt, man verzeihe es mir, zu jener Überraschungsfreiheit, die mit dem puren Verfahren der Wiedererkennung eigentlich immer verbunden ist. Nur von einer szientifischen Basis aus kann de Man daher die Behauptung aufstellen: »Technisch korrekte rhetorische Realisierungen des Lesens mögen langweilig, monoton, vorhersagbar und unangenehm sein, doch sie sind nicht zu widerlegen.«[47] Führt man solche technisch korrekten »readings« durch, erhält man eine tendenziell finite Anzahl von Tropenbewegungen und mit ihr eine finite Anzahl von Lektüren, in deren Matrix sich dann die literarischen Texte eintragen lassen. Nicht nur daß diese Vorstellung von Literaturwissenschaft sich eminent schwer damit tut, eine Forschergemeinschaft zu differenzieren – sie kommt auch schnell an ein Ende. Sie geht eben nur von Wahrheit aus und amüsiert sich über das bunte Gewimmel falsch lesender, referentiell verirrter Kommentatoren. Wenn auch »Geschichte« nichts als eine Funktion der Sprache sein mag – jedenfalls in dem Sinne, daß Geschichte nur als »Text« überliefert ist –, so wäre aber doch die These, daß ebendiese Geschichte nur den Bewegungseffekt transhistorischer figuraler Ordnung darstellt, dann zu komplizieren, wenn diese figurale Ordnung selbst nur interpretatorisch gewonnen wird. Es handelte sich nun um eine Ordnung des Bedeutens, die selbst Bedeutung auf einer anderen Ebene (»stylistics«) und damit eine andere Form von »Unlesbarkeit« voraussetzte. Die figurale Diagnostik selbst ist dann bereits der Effekt *zuordnender* Verfahren, also im genauen Sinne das Ergebnis einer hermeneutischen Aktivität, die ähnliche Formen von »misreadings« zu offenbaren vermag wie die kontextualisierende Interpretation. Es bestünde damit aber keine qualitative Trennung zwischen »poetics« und »interpretation« mehr, sondern nur die Entscheidung für *eine* von vielen Untersuchungsperspektiven. Damit entfiele die strikte Differenz zwischen Hermeneutik und »sprachlicher Analyse«, und es würde ein Modell vorstellbar, das auf »Bedeutung« in anderer Weise zu reflektieren versucht, als es bei Paul de Man der Fall ist. Dann wäre auch – dies ist der dritte, nun externe Einwand – die Unterscheidung zwischen Referenz und Nicht-Referenz, die Frage nach der Geschichte, noch einmal zu überdenken.

Natürlich – und dies betont de Man ja auch immer wieder – ist ein strikter Verzicht auf Referenz gar nicht zu realisieren. Auch de Man referentialisiert, wenn er etwa auf poetologische Traditionen zurückgreift oder sein Verfahren auf die Geschichte der Philologie bezieht. Ja, man könnte sagen, er referentialisiert immer, bildet er doch Literatur *als Sprache* stets *in etwas*, etwa in rhetorischen Kategorien, ab. Sein ganzes Bedauern über die Unvermeidbarkeit der Signifikation gilt nun auch nicht *dieser* Form von Referentialisierung, sondern dem Bezug von Literatur auf Kontexte, die eben Literatur nicht als Zeichenfolge thematisieren, sie als Sprache nicht einmal wahrnehmen. Auch wenn dieser Einwand berechtigt wäre (das hier zugrundegelegte hermeneutische Modell erscheint allerdings eher als Karikatur), so leuchtet doch die Folgerung, »poetics« und »hermeneutics« ganz zu trennen, noch nicht ein. Ist nicht eine Textanalyse denkbar, eine Untersuchung figuraler Muster, die nicht nur die allgegenwärtige Unlesbarkeit attestiert, sondern dann – auf der Basis formreflexiver Überlegungen – einen Kontext offeriert, also den Text auch auf andere Referenzebenen bezieht? An dieser Stelle hätte dann eine genauere Auseinandersetzung mit hermeneutischen Konzepten (was auch immer das im einzelnen meint) zu erfolgen. Diesen Ansätzen ging es ja stets darum, aus der formalen Analyse der Texte (d. i. »stylistics«) zu einer fortschreitenden *Sinneinschränkung* zu gelangen, die sich schließlich zu einer *Sinnzuweisung* verdichten lassen sollte. Natürlich blieb ein Sprung zwischen der rhetorischen Untersuchung und der danach vorgenommenen Referentialisierung, und natürlich wurde zudem in der Regel ein einheitlicher geschichtlicher Zusammenhang vorausgesetzt, selbst wenn er sich dann im rekonstruktiven Verfahren meist gegen das Wissen der Interpreten in eine Fülle unverbundener Kontexte diversifizierte. Mochte der Anspruch auf Homogenität auch vorhanden sein – einheitlich im Sinne der Zuweisung *eines* Sinnes war das »Geschäft des Auslegers« also nie. Und diese Streuung von Sinn verstärkt sich vermutlich, wenn man alle Prätentionen auf eine geschlossene Interpretation zu verabschieden sucht. Weder gelingt es, den Wissenschaften eine vereindeutigende Rhetorik als »master-voice« zugrunde zu legen und damit eine neue Szientifik der Tropen-Analyse zu initiieren. Noch wird man von der »technischen Untersuchung« aus (dies ist der Terminus der Hermeneutik) zwingend Kontexte offerieren und damit eine bestimmte Referenz abschließend begründen können. Vielmehr eröffnet gerade diese Unmöglichkeit dann die Chance zu selbstreferentieller Steigerung, wenn man den scheinbaren Mangel positiv wendet und Sinnzuweisungen vornimmt, die ihre Vorläufigkeit bedenken, ja mit dieser Vorläufigkeit zu spielen vermögen. Es ginge dann um eine »Vereindeutigung«, die ihre Überholbarkeit zum energetischen Punkt literaturwissenschaftlichen Arbeitens macht. Allen objektivistischen Annahmen zum Trotz würde ein solches Verfahren »misreading« eher als Zwang zum Neulesen denn als Nachteil begreifen. Eine Enttautologisierung der de Manschen Annahmen (Sprache ist immer Sprache und verweist nur auf die »sprachliche Verfaßtheit« von Sprache) jedenfalls scheint nur über das Wechselspiel von Text und Kontext möglich zu sein. Denn nur der Kontext – ich könnte auch sagen: die Umwelt – bietet jene Differenz, die der Kommunikation auf Dauer genügend Innovationsmöglichkeiten bereitzustellen weiß. Und solches Wechselspiel von »System« und »Umwelt« präjudiziert noch kein überkommenes Modell von Geschichte, reinthronisiert weder Mittelpunkt noch Einheit, sondern löst vielmehr die zentrische Funktion der Sprache im Theoriegebäude auf. Es versucht damit jener Langeweile zu entkommen, die mit dem Déjà-vu-Effekt einer sterilen Perspektivierung, der immer wiederkehrenden Bestätigung eines transzendentalen Signifikats, verbunden ist. Als *Archiv* wird »Geschichte« dann geöffnet.

Anmerkungen

1 Vgl. dazu Werner Hamacher/Neil Hertz/Thomas Keenan (Hg.), *Paul de Man, Wartime Journalism, 1939-1943*, Lincoln: University of Nebraska Press 1988; dies. (Hg.), *Responses. On Paul de Man's Wartime Journalism*, Lincoln: University of Nebraska Press 1989. Siehe jetzt auch: David Lehmann, *Sign of the Times: Deconstruction and the Fall of Paul de Man*, New York: Poseidon Press 1991. Für eine kritische Lektüre meines Textes danke ich Klaus L. Berghahn und Martin Rector.

2 Bei de Man findet sich allerdings eine Gleichsetzung dieser beiden Aussagen: der »Widerstand gegen die Theorie« ist ein »Widerstand gegen den Gebrauch von Sprache über Sprache«. Vgl. Paul de Man, *Der Widerstand gegen die Theorie*, in: *Romantik. Literatur und Philosophie*, hg. von Volker Bohn, Frankfurt/Main: Suhrkamp 1987, S. 95.

3 Vgl. dazu Stephen Greenblatt, *Verhandlungen mit Shakespeare. Innenansichten der englischen Renaissance,* Berlin: Wagenbach 1990. Siehe auch H. Aram Veeser (Hg.), *The New Historicism*, New York/London: Routledge 1989. Für die deutsche Literaturgeschichte besonders: Anton Kaes, *New historicism and the study of German literature*, in: *German Quarterly* 62 (1989), S. 210-219.

4 Vgl. Paul de Man, *Allegorien des Lesens*, Frankfurt/Main: Suhrkamp 1988, S. 118. Falls möglich, wird aus dieser deutschen Übersetzung zitiert (Teilversion der amerikanischen Fassung).

5 Vgl. zur Erläuterung Jürgen Fohrmann, *Über Autor, Werk und Leser aus poststrukturalistischer Sicht*, in: *Diskussion Deutsch* 116 (1990), S. 577-588.

6 P. de Man, *Allegorien des Lesens*, a. a. O., S. 213.

7 Paul de Man, *Der Widerstand gegen die Theorie*, a. a. O., S. 92.

8 Paul de Man, *Allegorien des Lesens*, a. a. O., S. 36/37.

9 Ebd., S. 39.

10 Ebd., S. 40.

11 Vgl. Paul de Man, *Conclusions. Walter Benjamin's »The task of the*

translator«, in: ders., *The Resistance to Theory*, Minneapolis: University of Minnesota Press 1989, S. 73-105.

12 Paul de Man rekurriert hier u. a. auf Nietzsches Diktum: »Eigentlich ist alles Figuration, was man gewöhnlich Rede nennt.« Vgl. Friedrich Nietzsche, *Über Wahrheit und Lüge im außermoralischen Sinne*, in: ders., *Werke* in 3 Bdn., hg. von Karl Schlechta, Bd. 3. München 1956, S. 309-322. Bezug de Mans auf diese Textstelle in: *Allegorien des Lesens*, a. a. O., S. 148. Zu de Mans Nietzsche-Lektüre siehe jetzt auch Thomas Böning, *Literaturwissenschaft im Zeitalter des Nihilismus? Paul de Mans Nietzsche-Lektüre*, in: *DVjs* 64 (1990), S. 426-466.

13 Paul de Man, *Allegorien des Lesens*, a. a. O., S. 45. Vgl. dazu auch Harro Müller, *Kleist, Paul de Man und Deconstruction. Argumentative Nach-Stellungen*, in: Jürgen Fohrmann/Harro Müller (Hg.), *Diskurstheorien und Literaturwissenschaft*, Frankfurt/Main: Suhrkamp 1988, S. 81-93.

14 Paul de Man, *Allegorien des Lesens*, a. a. O., S. 176.

15 Ebd., S. 83.

16 Ebd., S. 143.

17 Vgl. etwa ebd., S. 45.

18 Paul de Man, *The Resistance to Theory*, a. a. O., S. 70.

19 Paul de Man, *Die Rhetorik der Blindheit: Jacques Derridas Rousseauinterpretation*, in: ders., *Die Ideologie des Ästhetischen*, Frankfurt/Main: Suhrkamp, 1993, S. 197.

20 Paul de Man, *Conclusions*, a. a. O., S. 91.

21 Paul de Man, *Die Rhetorik der Blindheit*, a. a. O., S. 196.

22 Paul de Man, *Allegorien des Lesens*, a. a. O., S. 224.

23 Paul de Man, *Conclusions*, a. a. O., S. 82.

24 Ebd., S. 84.

25 Ebd., S. 88.

26 Paul de Man, *Allegorien des Lesens*, a. a. O., S. 228.

27 Paul de Man, *Conclusions*, a. a. O., S. 92.

28 Ebd., S. 96.

29 Ebd., S. 99.

30 Ebd., S. 100.

31 Vgl. Paul de Man, *The Return to Philology*, in: ders., *The Resistance to Theory*, a. a. O., S. 21-26. Gerade eine solche Einbettung in die Geschichte der Philologie versucht u. a. auch der Beitrag von Lutz Ellrich/Nikolaus Wegmann, *Theorie als Verteidigung der Literatur? Eine Fallgeschichte: Paul de Man*, in: *DVjs* 64 (1990), S. 467 ff.

32 Paul de Man, *Allegorien des Lesens*, a. a. O., S. 152.

33 Ebd., S. 40.

34 Paul de Man, *Der Widerstand gegen die Theorie*, a. a. O., S. 91.

35 Paul de Man, *Allegorien des Lesens*, a. a. O., S. 48.

36 Ebd., S. 105 f.

37 Paul de Man, *Allegories of Reading. Figural Language in Rousseau, Nietzsche, Rilke, and Proust*, New Haven/London: Yale University Press 1979, S. 198.

38 Zit. nach ebd., S. 198. Originalzitat: Jean-Jacques Rousseau, *Œuvres complètes* (Ed. Pléiade), Bd. 2, S. 46.

39 Ebd., S. 205.

40 Ebd., S. 217.

41 Vgl. Anm. 19.

42 Paul de Man, *Die Rhetorik der Blindheit*, a. a. O., S. 224.

43 Ebd., S. 227.

44 Paul de Man, *Die Rhetorik der Blindheit*, a. a. O., S. 229 f.

45 Vgl. Anm. 13.

46 Paul de Man, *Allegories of Reading*, a. a. O., S. 201.

47 Paul de Man, *Der Widerstand gegen die Theorie*, a. a. O., S. 105.

Harro Müller
Hermeneutik oder Dekonstruktion?
Zum Widerstreit zweier Interpretationsweisen

o. Es geht Dekonstruktion um eine andere Art des Lesens, des Lesens von Texten: il n'y a pas de hors texte, il n'y a pas de hors contexte, heißt eine der Derridaschen Hauptüberlegungen.[1] Wie also lesen, ohne Identität, Homogenität, Präsenz, Kohärenz und Totalität zu prämieren und ohne zu behaupten, dem Text käme Sinn, ein Sinn zu, und der wäre aufzulesen?

Ich mache erstens einige Anmerkungen zur herkömmlichen Hermeneutik, zeige zweitens in einem kurzen Rückgriff auf Kleists Marionettentheatertext, wie Lesarten zu diesem Text konstruiert werden und wie eine Lektüre Paul de Mansscher Provenienz funktioniert, vergleiche drittens kurz die de Mansche Position mit der von Jacques Derrida und markiere viertens einige fragmentarisch bleibende Schlußfolgerungen.

1. Hermeneutik als Theorie und Praxis des Lesens von Texten, als Kunstlehre des Verstehens schriftlich fixierter Lebensäußerungen (Dilthey) läßt sich in kanonischer Reihe von Friedrich Schleiermacher über Wilhelm Dilthey und bis hin zu Hans-Georg Gadamer und letztlich zu Manfred Frank von einem Strukturmodell leiten, das auf Ganzheit, Einheit und durchgängigen Zusammenhang des Textes setzt.[2] Modell für den hermeneutischen Verstehensakt ist nach Gadamer das Gespräch, Interpret und Text befinden sich in einer dialogischen Situation. Im Hin und Her des dialogischen Prozesses findet ein Austausch von Differenzen statt, der freilich auf Kohärenz, Korrespondenz, Identität und sinnvolle Totalität abzielt. Interpretation funktioniert nach dem Frage-Antwort-Modell und verfährt nach den Vorgaben des hermeneutischen Zirkels, in dem stets zwischen Teil und Ganzem so lange hin- und hergekreist wird, bis eine gegliederte Totalität sich hergestellt hat, die zumeist auch noch das Prädikat ›organisch‹ erhält, so z. B. von Hans-Georg Gadamer in *Die Aktualität des Schönen*.[3] Dabei ist es wichtig zu sehen, daß zu Beginn des hermeneutischen Verstehensprozesses weder Teil noch Ganzes feststehen,

sondern im Laufe eines durchaus diskontinuierliche Bewegungen kennenden Erprobungsspiels festgestellt werden müssen. Er hält erst ein, wenn die Einheit des Sinnes eindeutig fixiert ist.[4] Interpretation verfährt – Wahrheit und Methode – divinatorisch und komparativ und oszilliert im Hinblick auf die Wahrheitskriterien, die bei der jeweiligen Interpretation anzulegen sind, zwischen Gegenstandsadäquatheit, die eine strenge Referenzbeziehung voraussetzt, und dem Gehorchen von Plausibilitätskriterien, wobei auf die interne Konsistenz der Argumentation geachtet wird. Interpretation ist Technik und Kunst zugleich. Beschäftigt sie sich als komparativ verfahrende Interpretationskunst mit Kunst, ist es symptomatisch, daß der Terminus ›Kunst‹ sowohl auf der Objekt- als auch auf der Metaebene anzusiedeln ist. Hermeneutik als Verstehenstheorie geht also davon aus, daß Teil-Ganzes-Relationen *in* den Texten zu finden sind, zugleich steuern Teil-Ganzes-Relationen die jeweiligen Deutungshinsichten des Interpreten. Jenseits dieser text- bzw. interpretationstheoretischen Annahmen erhebt Hermeneutik über die einzelnen Textwissenschaften von Theologie über Philologie bis zur Jurisprudenz hinaus einen transwissenschaftlichen universalen Anspruch, sie wird in metahistorischer Anthropologie fundiert und auf diese Weise *ontologisch* abgesichert: Verstehen ist eine, wenn nicht *die* Weise des In-der-Welt-Seins *des* Menschen, der sich selbst als geworfener Entwurf (Heidegger) stets hermeneutische Totalität zuschreiben muß[5] und der jenes kontinuierliche-diskontinuierliche Spiel zwischen Teil und Ganzem bis zum Tode spielen darf, wohl eingedenk jener Einsicht, die Wilhelm Dilthey im *Aufbau der geschichtlichen Welt in den Geisteswissenschaften* formuliert hat:

»Man müßte das Ende des Lebenslaufes abwarten und könnte in der Todesstunde erst das Ganze überschauen, von dem aus die Beziehung seiner Teile feststellbar wäre. Man müßte das Ende der Geschichte erst abwarten, um für die Bestimmung ihrer Bedeutung das vollständige Material zu besitzen.«[6]

Nun gibt es eine ganze Reihe von unterschiedlichen Hermeneutikvarianten, man kann harte und weiche Totalitätsmodelle unterscheiden, man kann unterschiedliche Lösungen im Hinblick auf das Text-Kontext-Problem beobachten, indem man z. B. das Kunstwerk als Kunstwerk emphatisiert und dessen unvergleichbare Einzigartigkeit und Abgeschlossenheit betont, oder man hebt das hervor, was man intertextuelle Dimension nennt, die in reformulierter Form im heutigen Neohistorismus eine entscheidende Rolle spielt, der die Austauschbeziehungen zwischen großen Textmengen forschend zu verstehen sucht.[7] Man kann die Historizitätsmarkierung beim Interpreten und beim Text stark oder schwach zeichnen, man kann akzentuieren, daß man in the long run die Texte immer besser oder immer wieder anders versteht, man kann betonen, daß man sie nie zur Gänze versteht, und doch braucht man für sein jeweiliges Verstehen stets ein wie auch immer angelegtes Totalitätsmodell.

2. Zur weiteren Konturierung der zu diskutierenden Positionen zitiere ich Heinrich von Kleists Text *Über das Marionettentheater* herbei und rekonstruiere mögliche Lesarten dieses äußerst vertrackten Textes, der ja aus zehnjähriger Distanz von jemandem erzählt wird, der selbst Teilnehmer des Gesprächs ist, dessen Verlauf innerhalb des Textes präsentiert wird. Auf eigenartige Weise mischt der Text in seinen Erzählungen Referentialisierbares mit Phantastischem, Grausames mit Idyllischem, und schnell stellen sich viele Fragen ein wie: Handelt es sich um einen theoretischen, um einen essayistischen oder um einen poetischen Text, oder steht der Text quer zu herkömmlichen Gattungssortierungen? Ist er ernsthaft oder ironisch angelegt? Lassen sich die formulierten Paradoxien ›dialektisch‹ auflösen? Wie funktioniert die Rhetorik des Textes?

Man kann allerdings das interpretative Geschäft jenseits dieser Fragen betreiben, indem man als Parasit auf die Aura des Ausgangstextes setzt, ihn paraphrasierend nacherzählt und zum Beleg seines Verfahrens immer wieder längere Textteile abschreibt: Auf diese Weise glaubt man den Gesamtsinn des Textes einfangen zu können.[8] Auch die Vertreter eines vereinnahmenden philosophischen Diskurses haben mit solchen Frageformulierungen kein Problem. Der Tübinger Philosoph Rüdiger Bubner z. B. liest im *Kleist-Jahrbuch* 1980 den Text von vornherein als theoretischen Text, achtet also lediglich auf die epistemologische, auf die kognitive, auf die argumentative Dimension des Textes und erklärt mit beherzt-machtvollem Zugriff folgende Stellen zum zentralen Signifikat, macht sie zum Eckstein seiner Interpretation:

»Doch das Paradies ist verriegelt und der Cherub hinter uns; wir müssen die Reise um die Welt machen, und sehen, ob es vielleicht von hinten irgendwo wieder offen ist. [...] Mithin, sagte ich ein wenig zerstreut, müßten wir wieder von dem Baum der Erkenntnis essen, um in den Stand der Unschuld zurückzufallen? Allerdings, antwortete er; das ist das letzte Kapitel von der Geschichte der Welt.«[9]

Das Verfahren ist ebenfalls einfach und wird auch in der Literaturwissenschaft immer wieder benutzt: Ein Zentralsinn wird fixiert und das übrige Textfeld dementsprechend geordnet. Wenn dieses Verfahren nicht ganz klappt, sucht man häufig Unterstützung bei Motiv-, Problem- oder Bewußtseinsgeschichte, vor allem aber begibt man sich auf die Suche nach Kontextargumenten und wird stets fündig: Der herkömmliche rüstige Dreischritt idealistischer Geschichtsphilosophie ist in diesem Fall ein guter Garant für die reduktiv verfahrende Sinnzuschneidungsstrategie.

Das liest sich bei Bubner so:

»Der Gliedermann und der Gott – beides findet sich im menschlichen Körperbau. Der vom überlegenen Maschinisten gesteuerte Mensch und der durch unendliche Erkenntnis sich zur Göttlichkeit erhebende Mensch sind das A und O eines einheitlichen Geschichtsprozesses. Beginn und Ziel markieren zwei Extreme, die als äußerste Möglichkeiten des Menschseins zu denken sind und die einander nicht ausschließen, sofern man sie geschichtsphilosophisch zueinander in Beziehung setzt.«[10]

Ein anderes Verfahren ist ebenso bewährt wie fragwürdig. Man benutzt die Schrift *Über das Marionettentheater* als Schlüssel zum Sinnverstehen Kleistscher Texte, also als Kontextabschlußargument. Hier bietet sich besonders die triadisch lesbare Schlußpassage an; aber auch die Apologie der unbewußten schönen Grazie, meist herausgefiltert aus dem Marionettenbild, erweist sich als besonders anschlußfähig.

Ich nehme ein Beispiel aus meiner eigenen studentischen Vergangenheit. In dem ersten Kleistseminar, das ich als Student besuchte, wurden Kleists Erzählungen im wesentlichen werkimmanent, leicht angereichert mit Kontextargumentationen, interpretiert – so auch *Die Marquise von O.* Der *zentrale* Satz »Durch diese schöne Anstrengung mit sich selbst bekannt gemacht, hob sie sich plötzlich, wie an ihrer eignen Hand, aus der ganzen Tiefe, in welche das Schicksal sie herabgestürzt hatte, empor«[11] wurde auf folgende Weise zum krönenden interpretativen Abschluß gebracht: »Die schöne Anstrengung« ermöglicht es der Marquise v. O., von nun an – ganz wie die Marionette – nur noch aus ihrem Schwerpunkt zu leben. Übersehen wurde freilich, daß die Marionette weder sich anzustrengen vermag noch als *bewußtlose* Marionette mit sich selbst bekannt gemacht werden kann.

Ich charakterisiere noch einmal das Verfahren: Man schneidet aus einem »benachbarten« Text ein zentrales Signifikat heraus und meint, auf diese Weise den Eck- und Schlußstein seiner Interpretation gefunden zu haben.

Diese Form schlichter thematischer Lektüre, deren harsche Form von Textreduktion leicht erkennbar ist, wird ohne Schwierigkeiten durch komplexere Lesarten übertroffen, die auf die ästhetische Faktur des Textes achten. Der Sinn kann nicht mehr einfach durch Paraphrase bestimmt werden, er findet sich auch nicht mehr in einem thematischen Zentrum, vielmehr benutzt man regelmäßig ein Oberflächen-Tiefen-Modell und kann so zu erheblich genaueren Analysen kommen. Man geht weiterhin davon aus, daß der Text eine sinnhaft entschlüsselbare Botschaft enthalte. Dieser Sinn braucht kein einfacher Sinn zu sein, vielmehr kann man den Sinnbegriff pluralisieren. Der Text birgt also nicht einen Sinn, enthält hingegen mehrere Sinnebenen, ist also polysem, wobei es allerdings wichtig ist zu sehen, daß für das Festhalten von Polysemie Monosemieannahmen immer schon vorausgesetzt werden müssen. Auch läßt die Polysemie-Präsupposition die Konstruktion von Paradoxa zu. So hat z. B. der Bonner Germanist Beda Allemann in einem scharfsinnigen Aufsatz im *Kleist-Jahrbuch* 1981/82 gezeigt, daß sich Kleists Sprachgebrauch nicht in den thematischen Aussagen erschöpft. Die negative These, mit der Beda Allemann startet, lautet so:

»Der Marionettentheater-Diskurs bildet *nicht* den Schlüssel zu Kleists Werk in dem Sinn, daß sich aus ihm ein eindeutiges [...] Denkbild oder gar [...] ein nicht mehr zu hintergehendes Geschichts- und Glaubensschema schlicht ablesen ließe, das man in den Erzählungen und Dramen Kleists ohne weiteres wiedererkennen oder ihrer Deutung zugrunde legen dürfte.«[12]

Vielmehr macht Allemann darauf aufmerksam, daß der Kleistsche Sprachgebrauch metaphorisch über diese thematischen Aussagen hinausgreift und sich paradox zuspitzen läßt: Die Kleistsche Paradoxie sei die zwischen Weg und Ziel. Ästhetische Apologie des schönen Augenblicks, der sich selbst genug ist, und eine triadische Geschichtskonzeption, die alle Augenblicke, Momente in sich vermitteln müßte, stehen in einem nicht aufhebbaren paradoxen Widerspruch. Gerade diese Paradoxie habe die Kleistsche Produktion immer vorangetrieben.[13]

Allerdings müssen für Paradoxieformulierungen die Signifikate streng stillgestellt werden, insofern handelt es sich bei dieser tiefenhermeneutischen Variante der Lesartenproduktion ebenfalls um eine allerdings wesentlich raffinierter verfahrende Form *thematischen* Lesens, mit dessen Hilfe ja gut – wie Paul de Man analysiert hat – »die unbequeme Mischung aus Behauptung und Verneinung, von Anmut und Gewalt, von Mystifikation und Klarheit, von Bauernfängerei und Ernsthaftigkeit«[14] erkannt werden kann, die angeblich die Ästhetik dieses Textes ausmacht.

Thematische und ästhetische Lektüre suchen mit Hilfe unterschiedlich ausgerichteter Verfahren den monosemen bzw. polysemen, gar paradoxen Sinn des Textes zu lesen, es sind unterschiedliche Verfahren einer Sinnsuche, die das Objekt ihres Begehrens anscheinend stets finden, und beide Lesartenproduktionen setzen herkömmliche hermeneutische Totalitätsmodelle voraus. Keines dieser beiden Lesartenverfahren fragt jedoch radikal nach den Konstitutionsbedingungen des – sei es monosemen, sei es polysemen oder paradoxen – Sinns. Auf diese Frage antwortet nicht eine thematische, auch nicht eine ästhetische, sondern eine *rhetorische* Analyse des Textes, die – zumindest in der dekonstruktiven Form, wie sie von Paul de Man und auf andere Weise von Jacques Derrida favorisiert wird – eine, wenn nicht *die* Hauptprämisse herkömmlicher hermeneutischer Auslegungsverfahren nicht mehr teilt. Dekonstruktive rhetorische Textanalyse stellt von Identität auf Differenz um und negiert damit herkömmliche Totalitätsmodelle.[15] Es gibt u. a. im Anschluß an Ferdinand de Saussure, aber auch an Friedrich Nietzsche, Martin Heidegger und Sigmund Freud (besonders in der Variante von Jacques Lacan) keinen positiven Sinnbegriff, den man als Ausgangs- oder Zielbegriff für Interpretationen benutzen könnte. Sinn ist jeweils ein Effekt des *Spiels* der Differenzen, in dem allererst Oppositionen wie z. B. Sinn/Unsinn, Spiel/Ernst, Kunst/Wirklichkeit, wahr/falsch, gut/böse, schön/häßlich, eigentlich/uneigentlich, innen/außen, rechts/links, konservativ/revolutionär durch Kontingenzminimierung hergestellt werden: Kontingenzminimierung heißt in diesem Fall, daß nach dem Feststellen der Signifikantenkette Symmetrisierungs- und Entparadoxierungsbewegungen greifen. Für dieses Spiel der Differenzen benutzt die Sprache relationale Tropen wie Metapher/Metonymie oder Allegorie/Symbol[16], deren *epistemologische* Effekte von der rhetorischen Lesart analysiert werden.[17]

Der differentielle Verweisungscharakter der Sprache ist prinzipiell nicht abschließbar, deshalb gibt es keine streng eindeutigen Referenzen und auch keine streng eindeutigen Definitionen, wobei der Hauptakzent auf dem Wort ›streng‹ liegt. Gegenüber allen Befürchtungen, man begäbe sich – wenn man diesem Argument folgt – in einen Mahlstrom ohne Rettungsmöglichkeit und es bestände noch nicht einmal die Chance, auch nur für einen Augenblick – und sei es im Auge des Taifuns – dieser Gefahr zu entgehen, möchte ich doch auf folgenden Punkt hinweisen: Natürlich gibt es *hergestellte* Eindeutigkeit. Innerhalb einer formalen Logik kann man nach *Fixierung* der Axiome eindeutig zwischen wahr und falsch unterscheiden; der Fahrplan der Bundesbahn oder der Lufthansa ist oder sollte zumindest eindeutig sein. Nehme ich z. B. einen Kredit auf und leiste eine entsprechende Unterschrift, werde ich mich bei Nichtrückzahlung nicht herausreden können, indem ich auf das Klingen der nicht abschließbaren Signifikantenkette verweise. Auch das Herbeizitieren des Heidegger-de Man-Derridaschen Satzverschnittes »Die Sprache verspricht (sich)« wird nicht helfen.[18] Selbst der Verweis darauf, daß bei diesem Satz das Wort *sich* in Klammern zu schreiben sei, wird nichts fruchten.

Läßt man sich also bei der Lektüre des Marionettentheater-Textes von einer epistemologisch interpretierten Theorie der Tropen leiten, dann erkennt man, daß die Metaphorik des Textes eine Lesart stützt, welche den Text teleologisch und triadisch zuschneidet: Andererseits *dementiert* die metonymische Struktur des Textes diese Sinnannahme und produziert *la mise en abyme*.[19] Weil metaphorische und metonymische Lesart nicht synthetisierbar sind, erweist sich Kleists Text als ein *zerstreutes*, disseminales Feld, das nicht von einem geschichtsphilosophisch oder ästhetisch fundierten archimedischen Punkt überschaut werden kann. Vielmehr führt die rhetorikinspirierte Lektüre dieses Textes immer wieder in Löcher, Abgründe, Unentscheidbarkeiten, zeigt, wie unsicher und unzuverlässig Sprache funktioniert, und erweist so, daß in die semantischen Totalisierungsbewegungen des Textes zugleich rhetorische Detotalisierungsbewegungen eingebaut sind:

»Die von Tropen erzeugte Zergliederung ist vor allem eine Zergliederung der Bedeutung; sie greift semantische Einheiten wie Wörter und Sätze an. Wenn es in den abschließenden Zeilen des Kleistschen Textes von K heißt, er sei ›ein wenig zerstreut‹*, dann sind wir im Zuge alles dessen, was vorangeht, gehalten, *zerstreut** nicht bloß als geistesabwesend, sondern auch als auseinandergeworfen, zerteilt und zergliedert zu lesen. Die Ambiguität dieses Wortes zerreißt die flüssige Kontinuität jeder der vorangehenden Erzählungen. Und wenn am Ende der Geschichte das Wort *Fall** so überdeterminiert ist, daß es sich vom Sündenfall über den Fall des toten Pendels der Puppenglieder bis zum Fall der Deklination von Nomen und Pronomen erstreckt, dann hat jedes Kompositum, das *Fall** einschließt – *Beifall**, *Sündenfall**, *Rückfall** oder *Einfall** –, eine disjunktive Vielzahl von Bedeutungen angenommen.«[20]

Insofern dekonstruiert der Text sich selbst, und gerade die konstruktiven und destruktiven, also dekonstruktiven Bewegungen des Textes im In- und vor allem Gegeneinander von thematischen, ästhetischen und rhetorischen Elementen gilt es zu analysieren. Im Gegensatz zur Rezeptionsästhetik Konstanzscher Provenienz, die zwischen Hermeneutik und Poetik ein Kontinuum vorsieht, ist Paul de Man der Auffassung, daß zwischen Hermeneutik und Poetik/Rhetorik ein diskontinuierlicher, nicht versöhnbarer Bruch anzunehmen ist.[21] Es ist also das Plädoyer für eine disjunktive Lektüre, welche die konjunktiven, konnektiven, hermeneutischen Lektüren stark relativiert und vor allem die harmonisierenden Gewaltmechanismen offenlegt, die die Hermeneutik bei ihrer Suche nach dem vorausgesetzten und dann bestätigten Sinn gemeinhin mit großer rhetorischer Geschicklichkeit zu verbergen weiß: Ihre Rhetorik ist zumindest in vielen literaturwissenschaftlichen Arbeiten die der Nicht-Rhetorik, mit deren Hilfe Konsistenz, ›logische‹ Folgerichtigkeit oder Sachangemessenheit suggeriert wird. Allerdings darf man nicht – und diese Gefahr besteht – die rhetorische Textanalyse zum Königsweg erklären und alle hermeneutischen Verfahren zu bloßen Supplementen. Zwar ist die Beziehung *asymmetrisch*, weil es immer wieder gilt, semantisch produzierte, phänomenologische, historische, ästhetische, politische, pädagogische und nicht zuletzt geschichtsphilosophische Evidenzen mit Hilfe rhetorischer Lektüren zu zertrümmern[22], andererseits aber sind die Beziehungen zwischen rhetorischen und hermeneutischen Lektüren *komplementär*, d. h., sie setzen einander wechselseitig voraus, ohne aufeinander zurückgeführt werden zu können. Hermeneutische Lektüren sind nicht aus rhetorischen *ableitbar*; wäre das der Fall, müßte der rhetorische Regelmechanismus den Text streng erklären können, und alles Interpretieren – sei es nun hermeneutischer oder dekonstruktiver Provenienz – hätte ein Ende. Deshalb sind die hermeneutische ›Perspektive‹ und die rhetorische ›Perspektive‹ nicht in einer Zentralperspektive aufzuheben; so muß die rhetorische Lesartenproduktion hermeneutische Verfahren stets voraussetzen, um die Mechanik der Totalisierungsbewegungen (Metapher/Symbol) und der Detotalisierungsbewegungen (Metonymie/Allegorie) analysieren zu können, andererseits müssen hermeneutische Lektüren stets ein zumeist implizit bleibendes rhetorisches Regelwissen voraussetzen, ohne das sie nicht auskommen können. Das kann man sich leicht an einem auch von Paul de Man benutzten klassischen Beispielsatz verdeutlichen.[23] Versteht man den Satz »Achill ist ein Löwe« im Sinne einer strengen Identitätsbeziehung, kann man nur zu dem Schluß kommen, der Satz sei falsch, denn bekanntlich gehört Achill der Gattung ›Mensch‹ und nicht der Gattung ›Tier‹ an. Um den Satz »Achill ist ein Löwe« wieder zu einem wahren Satz zu machen, bedarf es kontextueller Zusatzbedingungen. Gehe ich z. B. mit meinem Sohn Jens im Zoo spazieren und erkläre vor dem Löwen- und Pantherkäfig: »Achill ist ein Löwe, Odysseus ist ein Panther«, dann ist die Satz-Welt wieder in Ordnung. Verstehe ich den Satz »Achill ist ein Löwe« im Sinne von »Achill ist tapfer«, benutze ich offensichtlich die hermeneutische Lesart. Frage ich danach, ob der Satz »Achill ist ein Löwe« metonymisch oder metaphorisch zu verstehen sei, muß ich die rhetorische Lesart verwenden. Um also hermeneutisch lesen zu können, muß ich zumindest implizit schon wissen, daß es sich um eine Metapher handelt. Um wiederum rhetorisch lesen zu können, muß ich nicht nur wissen, wie Metonymien bzw. wie Metaphern funktionieren, sondern auch den Sinn des Satzes schon verstanden haben.

Weder hermeneutische noch rhetorische Lesartenproduktion kann also als *letzte* Metasprache funktionieren; darum gibt es in diesem Spiel keine reine Lösung: Es muß *unrein* und mit Risiko gespielt werden. Insofern ist es offensichtlich unmöglich, ohne ein – vielleicht auch nur minimales – Lesen von Signifikaten auszukommen, gerade dann, wenn das Hauptaugenmerk auf die Analyse des Funktionierens der Signifikantenkette gelegt wird.

Das von mir verschärft herausgestellte *Komplementaritätstheorem* ist vielleicht in seinen Konsequenzen bis jetzt nicht hinreichend bedacht worden. Zunächst zur Außenpolitik. Alle diejenigen, die der Auffassung sind, man könne Dekonstruktion mit dem Formalismusvorwurf erledigen, machen es sich zu leicht: Sie bilden einfach eine schlichte Form/Inhalt-Opposition und verrechnen Dekonstruktion unter der Formkategorie, ohne allerdings zu bedenken, daß das Komplementaritätstheorem mit seinem wechselseitigen Voraussetzungsspiel solch scheinbar saubere, binäre Schematisierungen unmöglich macht. Sodann zur Innenpolitik. Wenn rhetorische und thematische Lektüren einander ausschließen und zugleich aufeinander verweisen, ist daraus für die Lesartenproduktion die Schlußfolgerung zu ziehen, daß es keine eindeutig präferierbare Reihenfolge der Vorgehensweise gibt, etwa gemäß dem häufig formulierten Motto: »Lesen Sie erst thematisch, dann rhetorisch!« Auch ob man zum Abschluß seiner Lesartenproduktion eine rhetorische oder eine thematische Variante wählt, kann nicht von oben herab entschieden werden, obwohl mit der *Asymmetrierelation* eine Vorgabe ins Spiel kommt, die für eine Bevorzugung der rhetorischen Lesart spricht. Darüber hinaus läßt sich eine weitere Konsequenz ziehen. Rhetorische Lektüren sind weder rein formal, noch sind sie *zeitlos*, wie Paul de Man häufig postuliert hat.[24] Rhetorische Lektüre ist vielmehr ein *unreines*, nicht streng formalisierbares Verfahren, weil es ohne thematische Präsuppositionen nicht auskommen kann, die zumindest partiell auch immer *historisch* tingiert sind.

Das postulierte asymmetrische Komplementaritätstheorem läßt sich auch auf die Relation zwischen *Differenz* und *Identität* beziehen. Zwar ist es notwendig, stets mit einem Unterschied zu beginnen – und insofern ist die Differenzkategorie primär und die Identitätskategorie abkünftig –; markiere ich aber die Differenz, ziehe ich die Grenzlinie, werde ich bei der Fixierung dessen, was vor der Grenze, jenseits der Grenze und was die Grenzlinie selbst ist, nicht ohne Identitätsannahmen auskommen.

Nun kann man Texte als ›Gewebe‹ begreifen, die auf bestimmt-unbestimmte Weise vieldimensional und mit offenen Rändern die Differenz zwischen Identität und Differenz durchspielen. Diese texttheoretische Reformulierung der Differenz/Identitäts-Beziehung hat Folgen für die Regeln des Interpretationsspiels. Alle diejenigen, welche Texte, denen Literarizität zugesprochen werden kann, auf schlichten, positiven, eindeutigen Sinn unter großem Machteinsatz herunterbuchstabieren, erhalten ab sofort wegen kognitiven Foulspiels die rote Karte. Aber auch diejenigen, die behaupten, der Sinn von Texten, denen Literarizität zukommt, verflüchtige sich ins Leere, gerate jeweils in einen Abgrund, müssen mit sofortigem Platzverweis rechnen: Der Text hat einen

substantiellen Grund, der Text ist der Abgrund, das sind strukturell identische Aussagen, bei denen lediglich die Perspektive umgestellt worden ist. Insofern ist es auch nicht richtig zu behaupten,
jeder Text sei symbolisch[25], oder auch – was Dekonstruktion be-
vorzugt –, jeder Text sei allegorisch.[26] Denn man muß das asymmetrische Komplementaritätstheorem auch auf die Beziehung
zwischen Allegorie und Symbol, zwischen Metonymie und Metapher anwenden, weil diese Beziehung eine ästhetiktheoretische
bzw. eine rhetoriktheoretische Reformulierung der Differenz/
Identitäts-Komplementarität darstellt. Allegorie (Differenz) und
Symbol (Identität), Metonymie (Differenz) und Metapher (Identität) sind also sich ausschließende und sich zugleich wechselseitig
voraussetzende, asymmetrisch funktionierende *relationale* Be-
griffspaare, mit deren Hilfe das Spiel zwischen Differenz und
Identität bestimmt werden kann, das die Literarizität der Texte
ausmacht. Allerdings ist diesen Bestimmungsversuchen die jewei-
lige *Partialität* deutlich eingeschrieben. Keine noch so angestrengt
und raffiniert verfahrende Lesartenproduktion ist in der Lage,
dem Spiel der nicht abschließbaren Signifikantenkette gerecht zu
werden. Insofern ist es richtig zu behaupten, daß jede Lesart ein
misreading darstellt. Allerdings hat dieses Argument quasi den
Status eines transzendentalen Arguments und verliert viel von seiner oft beschworenen Brisanz, wenn man bedenkt, daß es auf jede
Lesart zutrifft und mit ihm lediglich eine intellektuelle Vorsichts-
maßnahme formuliert wird, welche die Annahme verhindern soll,
man wäre in der Lage, die *adäquate* Lesart zu finden.[27]

3. Diese Form der dekonstruktiven Lektüre, die jegliche Form von
totalisierender Zentralperspektive dementiert und die gerade davon lebt, daß – verkürzt formuliert – das produktive Spiel zwischen
hermeneutischen Totalisierungs- und rhetorischen Detotalisierungsbewegungen möglichst exzessiv und lange gespielt wird, ist
auch für Derridas Vorgehen bezeichnend. Allerdings finden sich
bei Derrida derartige zumindest textontologisch auslegbare Aussagen wie »jeder Text dekonstruiert sich selbst« nicht. Und genau
besehen wird – falls es denn Textontologie ist – hiermit auch unter
der Hand ein korrespondenztheoretisches Kriterium eingeführt.
Korrespondenztheoretische Annahmen werden nun von Derrida
strikt abgelehnt: Interpretationen sind aktive Interventionen ohne
substantiellen Anfangs- und ohne substantiellen Endpunkt.

Deshalb plädiert Derrida für *aktive*, disruptive Interpretationen, die ihren Einsatzort nach der Erledigung der philologischen Hausaufgaben haben und die sich quer zur herkömmlichen »passiven« wiederholenden, hermeneutischen Einsammlung von Sinn stellen.[28] Dekonstruktive disseminale Lektüre ist eine Form der politischen Intervention, weil sie stets zeigen kann, wie positive Botschaften ihre Positivität rhetorisch erzeugen müssen und welche verheerenden Effekte mit binären Schematismen wie normal/anomal, konservativ/revolutionär angerichtet werden können, besonders wenn man sie z. B. im politischen Diskurs fundamentalisiert. Dabei weiß auch Dekonstruktion um die Notwendigkeit von binären Verfahren, macht allerdings die Verlustrechnung auf, zeigt die jeweiligen Ausschlußmechanismen und verweist vor allen Dingen auf die sprachlichen Verfahren, mit deren Hilfe binäre Ordnungsschemata immer erst produziert werden müssen. Texte sind weder streng bestimmt, völlig stabil, noch völlig unbestimmt oder instabil, sondern von unbestimmter Bestimmtheit oder von relativer Stabilität. Dieses Spiel zwischen determinierenden und dedeterminierenden Faktoren versucht Dekonstruktion in ihrem Funktionieren zu zeigen. Dabei wird immer wieder darauf verwiesen, daß kontextuelle Argumente zwar notwendig, aber nicht so unschuldig sind, wie gemeinhin angenommen wird, sie vereindeutigen nicht den Sinn des Textes im strengen Sinne des Wortes.[29] Da Kontextargumente weder intern noch extern abschließbar sind, sind sie folglich ohne eingebauten Stoppschematismus, deshalb enthält jedes Kontextabschlußunternehmen ein nicht reduzierbares performatives Element, das man auch als ein politisches Element bezeichnen könnte: Kontextabschlüsse erfordern ›Takt‹ und Urteilskraft. Das heißt nun aber nicht, daß Interpretation ein auf Dauer gestelltes Freispiel ist gemäß dem Motto: »Same player shoots again (and again)«. Bedenkenswert, wie Umberto Eco im *Streit der Interpretationen* dieses Spiel zwischen Determinierung und Dedeterminierung beschreibt:

»So sind viele moderne Theorien unfähig zu erkennen, daß Symbole zwar paradigmatisch für unendliche Bedeutungen offen sind, syntagmatisch aber, d. h. textuell, nur offen für unbestimmte, auf keinen Fall jedoch – weil durch den Kontext reguliert – offen für unendliche Interpretationen. [...] Vielmehr besteht jeder Akt des Interpretierens aus der Dialektik von Offenheit und Form, die sich aus der Einstellung des Interpreten und den kontextuellen Zwängen ergibt.«[30]

Il n'y a pas de hors texte, il n'y a pas de hors contexte heißt nicht, daß es nur Texte bzw. Kontexte gibt. Die Referenz wird nicht schlicht suspendiert, diese Derridaschen Leitsätze sagen nur, daß man z. B. Geschichte, Welt, Wirklichkeit nie ohne Texte bzw. Kontexte behandeln kann. Texte, Sprache sind ein kontingentes, differentielles, konstruktives Spiel ohne transzendentales Signifikat, obwohl die Sprache immer wieder die Suggestion eines transzendentalen Signifikats erzeugt. Dekonstruktion ist also eine *pratique*, die für ihr Spiel zwischen konstativen und performativen Sätzen keine strenge Regel angeben kann. Deshalb gilt die *pragmatische* Regel: Spiele das Spiel z. B. kurz und überraschend oder aber – was Derrida präferiert – möglichst lange und möglichst raffiniert, und liest man Derridas Texte, sieht man, welch enormer Scharf- und Feinsinn hier tätig ist. Zugleich verweist die Nichtregulierbarkeit dieses Spiels darauf, daß aktive, disjunktive, disseminale Lektüren immer mindestens einen, wenn nicht mehrere blinde Punkte voraussetzen, die notwendig sind, damit Einsichten – wenn diese visuelle, in gewisser Weise auch logozentrische Metapher erlaubt ist – produziert werden können.

4. Faßt man die Ergebnisse in fragmentarischer Form zusammen und bietet einen knappen Ausblick, läßt sich folgendes vermuten:

a) Dekonstruktive Lektüre stellt radikal von Identität auf Differenz als Ausgangsbegriff um und fragt viel entschiedener als vorgängige hermeneutische Positionen nach den Konstitutionsmodalitäten von Sinn und dementiert so herkömmliche Totalitätsannahmen, die ontologische Effekte kaum vermeiden können.

b) Aktive, disjunktive, disseminale Interpretationen sind Eingriffe, die auf Korrespondenzkriterien, Konsistenzkriterien und auf alltagssprachlich orientierte Plausibilität verzichten, insofern fiktionalisierte Texte, die jenseits der binären Sortierung Wirklichkeit/Fiktion anzusiedeln sind.

c) Dekonstruktive, an der rhetorischen Machart der Texte interessierte Lektüren verfahren wesentlich raffinierter als das, was herkömmliche Hermeneutik in der Traditionslinie von Schleiermacher bis Gadamer zu leisten vermag; sie schließen nicht umsonst an Nietzsche, Freud, Lacan, de Saussure und auch an bestimmte Texte Heideggers an.

d) Aus der Sicht von Dekonstruktion spielen herkömmliche Interpretationen stets totalisierende *Machtspiele*, deren Existenz von hermeneutischen Lektüren sorgsam verborgen wird, weil mit der Postulierung des hermeneutischen *Dialogmodells* gut die Suggestion verknüpft werden kann, zwischen Interpret und Interpretandum bestände eine symmetrische Beziehung. Interpretationen sind als Interventionen stets auf Anschlußlektüre angewiesen.

e) Dekonstruktive Lektüre zerbricht immer wieder den hermeneutischen Zirkel[31] und schert aus dem Dialogmodell aus, ist aber bei der disjunktiven Verknüpfung von thematischer, ästhetischer und rhetorischer Lektüre auch auf Verfahren thematischer Textanalyse angewiesen, muß also bei aller Präferenz von Detotalisierungsbewegungen auch immer *unreine* hermeneutische Totalisierungsbewegungen machen.

f) Da – grob formuliert – Semantik nicht auf Rhetorik und Rhetorik nicht auf Semantik abbildbar ist, m. a. W. *komplementäre* Beziehungen zwischen beiden Zugriffen bestehen, die keine Synthesis zulassen, erhalten z. B. auch Oberflächen/Tiefen-Modelle jenseits ontologischer Absicherungsverfahren ihren begrenzten Stellenwert. Allerdings ist zu bedenken, daß es sich bei der Oberfläche/Tiefe-Unterscheidung um eine relationale Metapher handelt, die manche Spielzüge ermöglicht, etliche aber auch verunmöglicht, und deren Funktionieren aus rhetorischer Perspektive beschrieben werden kann. Für die rhetorische Analyse wird man wiederum andere Metaphern benutzen müssen. Alle diejenigen, die gegen die Wut des Verstehens für Klartext, für schlichte Oberflächenanalyse plädieren, haben noch nicht einmal den Vorhof von Dekonstruktion betreten[32], während diejenigen, welche die ergründliche Tiefe prämieren und sich häufig zu Wächtern des nur von ihnen schützbaren Schatzhauses ›Literatur‹ stilisieren, wohl kaum ohne substantielle Metaphysik auskommen können, die sie in die Vormoderne verweist.

g) Insofern ist Dekonstruktion nicht strikt jenseits der Hermeneutik anzusiedeln, vielmehr ist Dekonstruktion u. a. auf hermeneutische Verfahren angewiesen, wie überhaupt Dekonstruktion als massive Form von Metaphysikkritik strukturell von metaphysischen Positionen in der Abkehrbewegung abhängig bleibt.[33]

h) Herkömmliche hermeneutische und dekonstruktive Positionen verknüpfen stets zwei zumindest heuristisch zu plazierende Prämissen: Werke, Texte sind unausschöpfbar, Interpretationen, Lesarten sind nicht endgültig abschließbar.[34] Diese Prämissen halten das Lieblingsspiel der Literaturwissenschaft – Interpretationen von ihrer schlichtesten bis zu ihrer raffiniertesten Form – trefflich am Leben und dienen somit stets auch der Selbsterhaltung der Literaturwissenschaft, sorgen für ihr Funktionieren. Dieser funktionale Effekt von Interpretation wird meist nicht hinreichend bedacht, oft auch schlichtweg verschwiegen. Deshalb täte die Literaturwissenschaft gut daran, die Konstitutionsbedingungen von Interpretationen zu klären und die diskursiven und nicht-diskursiven Praktiken zu analysieren[35], welche Interpretationen als Interventionsspiele allererst ermöglichen. Das wäre auch der Ort, wo diskurstheoretisch orientierte Verfahren mit ihrer Sensibilität für Machtfragen greifen könnten. Daß bei der Beobachtung der die Interpretationen steuernden blinden Punkte wiederum blinde Punkte angenommen werden müssen, sei gern zugestanden. Aus dem Schneider kommt man bei diesem Spiel nicht.

Nachbemerkung

Wilhelm Dilthey wußte, daß Hermeneutik mit ihrem divinatorisch-komparativen Verfahren keine unanfechtbaren Beweise, keine demonstrative Gewißheit erzielen kann; und seine Version der Hermeneutik – »ein Bestimmt-Unbestimmtes, ein Versuchen des Bestimmens, ein Niezuendekommen, ein Wechsel zwischen Teil und Ganzem«[36] – enthält Elemente, die in eine dekonstruktive Position eingebaut werden könnten. Allerdings negiert Dekonstruktion einen weiteren zentralen Leitsatz Diltheys. Er lautet: »Wie die Buchstaben eines Wortes haben Leben und Geschichte einen Sinn.«[37] Die in diesem Satz sich artikulierende Metaphysik unterschreibt eine auf Pluralität und Fiktionalisierung setzende dekonstruktive Position nicht, ebensowenig wie Dekonstruktion Common-sense-Argumenten folgen will. Und daß der hermeneutisch produzierte Common sense nicht so unschuldig ist und nicht einfach fortgeschrieben werden sollte, wie manche annehmen, kann man sich daran klarmachen, daß sich Common sense auch im Anschluß an Oskar Pastior unzutreffend-zutreffend mit »gemeine Sense« übersetzen läßt.

1 Jacques Derrida, *Vers une éthique de la discussion*, in: *Limited Inc*, hg. v. E. Weber, Paris 1990, S. 252. Vgl. generell Jonathan Culler, *Dekonstruktion. Derrida und die poststrukturalistische Literaturtheorie*, Reinbek 1988. Bei dem hier vorgestellten Text handelt es sich um eine Präzisierung, Variation und Verschärfung bereits vorgetragener Argumente. Vgl. Harro Müller, *Kleist, Paul de Man und Deconstruction. Argumentative Nach-Stellungen*, in: *Merkur*, H. 2 (1986), S. 108-118; ders., *Zur Kritik herkömmlicher Hermeneutikkonzeptionen in der Postmoderne*, in: *Diskussion Deutsch*, H. 116 (1990), S. 589-599. Für Anregungen bei der Herstellung des Endfassung des Textes bedanke ich mich bei Hans-Martin Kruckis und Georg Stanitzek. Die Titelformulierung verarbeitet einen Vorschlag von Harro Segeberg. Auch ihm sei herzlich gedankt. Das Manuskript wurde Frühjahr 1991 abgeschlossen.

2 Vgl. zum Stand der derzeitigen Hermeneutikdiskussion *The Hermeneutic Tradition*, hg. v. G. L. Armiston u. A. D. Schrift, New York 1990; *Transforming the Hermeneutic Context*, hg. v. G. L. Armiston u. A. D. Schrift, New York 1990; Jean Grondin, *Einführung in die philosophische Hermeneutik*, Darmstadt 1991. Das informative Buch von Grondin enthält eine 60seitige Bibliographie.

3 Hans-Georg Gadamer, *Die Aktualität des Schönen*, Stuttgart 1977, S. 56f. Vgl. auch Gadamers Versuch, sich mit Dekonstruktion auseinanderzusetzen: Hans-Georg Gadamer, *Destruktion und Dekonstruktion*, in: ders., *Hermeneutik II. Wahrheit und Methode*, Tübingen 1986, S. 361ff. Über den Zusammenhang von Hermeneutik und Dekonstruktion handeln einführend Fernand Hallyn und Franc Schuerewegen, *De l'herméneutique à la déconstruction*, in: *Méthodes du Texte*, hg. v. M. Delcroix u. a., Paris ²1990, S. 314ff.

4 Hans-Georg Gadamer, *Wahrheit und Methode*, Tübingen ⁴1975, S. 370f. Vgl. auch zum folgenden die Rekonstruktion hermeneutischer Verfahren, die Gerhard Pasternack vorgenommen hat; Gerhard Pasternack, *Zum Rationalitätsbegriff der Hermeneutik*, in: *Geschichtlichkeit und Aktualität. Festschrift für H.-J. Mähl*, hg. v. K.-D. Müller u. a., Tübingen 1988, S. 393ff. Nach Verabschiedung von Konsequenz-, Konsistenz- und Transparenzpostulaten kann es Hermeneutik, die nicht strikt zwischen Hintergrundwissen und Daten unterscheiden kann, nur um begründete Behauptbarkeit gehen (S. 394ff.). Diese These müßte weiter diskutiert werden. Das kann man sich an einem Gedankenexperiment klarmachen:

Frage: Warum blitzt es?
Antwort: Der Blitz ist ein Zeichen Gottes. Er ist zornig darüber, daß die Menschen ihr Sein zum Tode als Sein zum Totschlagen mißverstehen.
Frage: Wie funktioniert der Blitz?

Antwort: In großer Wut ballt Gott die Faust und schlägt mit ihr auf eine regenschwere Wolke.

Die Antworten erfolgen korrekt auf eine Warum- und auf eine Wie-Frage und erfüllen so das Kriterium begründeter Behauptbarkeit. Was passiert aber – anything goes hin oder her –, wenn ein Literaturwissenschaftler in einer Interpretation diese Antworten als eigene ernstgemeinte These vertritt? Da wird ihn die scientific community bald exkommunizieren.

5 Vgl. Gianni Vattimo, *Hermeneutik und Nihilismus*, in: ders., *Das Ende der Moderne*, Stuttgart 1990, S. 123.

6 Wilhelm Dilthey, *Der Aufbau der geschichtlichen Welt in den Geisteswissenschaften*, hg. v. M. Riedel, Frankfurt a. M. 1970, S. 288. Diltheys eher melancholisch getönte Einsicht wird von Martin Heidegger aktivistisch gewendet. Vgl. Martin Heidegger, *Sein und Zeit*, Tübingen [16]1986, S. 249 ff.

7 Vgl. den einschlägigen Reader *The New Historicism*, hg. v. H. A. Veeser, New York 1989.

8 Vgl. den Sammelband *Kleists Aufsatz Über das Marionettentheater*, hg. v. H. Sembdner, Berlin 1967.

9 Heinrich v. Kleist, *Werke und Briefe*, hg. v. P. Goldammer, Berlin 1978, Bd. 3, S. 476, 480.

10 Rüdiger Bubner, *Philosophisches über Marionetten*, in: *Kleist-Jahrbuch* 1980, S. 85.

11 Kleist, *Werke und Briefe*, a. a. O., S. 702.

12 Beda Allemann, *Sinn und Unsinn von Kleists Gespräch ›Über das Marionettentheater‹*, in: *Kleist-Jahrbuch* 1981/82, S. 51.

13 Ebd., S. 62, 65.

14 Paul de Man, *Ästhetische Formalisierung: Kleists »Über das Marionettentheater«*, in: ders., *Allegorien des Lesens*, Frankfurt a. M. 1988, S. 214. Vgl. zu Paul de Mans Position den resümierenden Aufsatz von Jonathan Culler, *Paul de Man's Contribution to Literary Criticism and Theory*, in: *The Future of Literary Theory*, hg. v. R. Cohen, New York 1989, S. 268 ff., der zu Recht auf die beachtliche ideologiekritische Potenz von Dekonstruktion hinweist (S. 271). Allerdings müßte genauer diskutiert werden, ob Paul de Man mit seiner Apologie des Poetischen die *hinreichenden* Konsequenzen aus seinen faschistischen Verwicklungen gezogen hat.

15 Vgl. Jürgen Fohrmann/Harro Müller, *Diskurstheorien und Literaturwissenschaft*, in: *Diskurstheorien und Literaturwissenschaft*, hg. v. J. Fohrmann u. H. Müller, Frankfurt a. M. 1988, S. 9 ff.; und Ernst Behler, *Dekonstruktion und Hermeneutik*, in: ders., *Derrida-Nietzsche. Nietzsche-Derrida*, München 1988, S. 147 ff.

16 Vgl. Harro Müller, *Einige Notizen zu Diskurstheorie und Werkbegriff*, in: *Diskurstheorien und Literaturwissenschaft*, a. a. O., S. 240 f.

17 Vgl. Paul de Man, *Allegorien des Lesens*, a. a. O., S. 31 ff. Eine andere Form rhetorischen Lesens, die ebenfalls auf die epistemologischen Effekte achtet, praktiziert Hayden White. Vgl. grundlegend Hayden White, *Metahistory*, Baltimore 1973.

18 Jacques Derrida, *Memoires for Paul de Man*, New York 1986, S. 95 ff.

19 Paul de Man, *Allegorien des Lesens*, a. a. O., S. 209 ff.

20 Ebd., S. 231 f.

21 Paul de Man, *Reading and History*, in: ders., *The Resistance to Theory*, hg. v. W. Godzich, Minneapolis 1986, S. 55.

22 Paul de Man, *Der Widerstand gegen die Theorie*, in Volker Bohn (Hg.), *Romantik. Literatur und Philosophie*, Frankfurt a. M. 1987, S. 91 ff. So ließe sich ohne Schwierigkeit z. B. zeigen, daß der ehemalige amerikanische Präsident Bush für die politische Durchsetzung seiner ›Neuen Weltordnung‹ »die Verführungskraft einer genetischen Erzählung mit der rhetorischen Komplizität einer Predigt« (de Man, *Allegorien des Lesens*, a. a. O., S. 134) verbinden mußte.

23 Paul de Man, *Reading and History*, a. a. O., S. 56.

24 Vgl. z. B. de Man, *Allegorien des Lesens*, a. a. O., S. 19.

25 Vgl. zur Präferenz des Symbolbegriffs in herkömmlicher Hermeneutik Hans-Georg Gadamer, *Die Aktualität des Schönen*, a. a. O., S. 41 ff.

26 Vgl. zur Präferenz des Allegoriebegriffs von Dekonstruktion Paul de Man, *Die Rhetorik der Zeitlichkeit*, in: ders., *Die Ideologie des Ästhetischen*, Frankfurt a. M. 1993, S. 83-132.

27 Vgl. Friedrich Schlegel, *Über die Unverständlichkeit*, in: ders., *Schriften und Literatur*, hg. v. W. Rasch, München 1970, S. 340: »Wahrlich, es würde euch bange werden, wenn die ganze Welt, wie ihr es fordert, einmal im Ernst durchaus verständlich würde. Und ist sie selbst, diese unendliche Welt, nicht durch den Verstand aus der Unverständlichkeit oder dem Chaos gebildet?« Das Schlegelsche Unverständlichkeitstheorem wurde von Friedrich Schleiermacher universalisiert. Vgl. in diesem Zusammenhang Jean Grondin, a. a. O., S. 92 f.

28 Vgl. auch zum folgenden Derrida, *Vers une éthique de la discussion*, a. a. O., S. 201 ff. Zu Derrida vgl. die informative Nummer 286 des *Magazine Littéraire* (März 1991).

29 Vgl. zu Problemen der Verwendungsweise des Kontextbegriffes in der Literaturwissenschaft Lutz Danneberg, *Interpretation: Kontextbildung und Kontextverwendung*, in: *Spiel* 9 (1990), H. 1, S. 89 ff.

30 Umberto Eco, *Streit der Interpretationen*, Konstanz 1987, S. 29.

31 Vgl. zu Problemen, die der hermeneutische Zirkel stellt, Elisabeth Ströker, *Über die mehrfache Bedeutung der Rede von Ganzem und Teilen*, in: *Theorie der Geschichte*, Bd. 6, *Teil und Ganzes*, hg. v. K. Acham u. W. Schulze, München 1990, S. 278 ff.

32 Vgl. Jochen Hörisch, *Die Wut des Verstehens*, Frankfurt a. M. 1988.

33 Jacques Derrida, *Die Struktur, das Zeichen und das Spiel im Diskurs der Wissenschaften*, in: ders., *Die Schrift und die Differenz*, Frankfurt a. M. 1976, S. 425.

34 Siehe Elisabeth Ströker, a. a. O., S. 280.

35 Vgl. Sam Weber, *Institution and Interpretation*, Minneapolis 1987.

36 Wilhelm Dilthey, a. a. O., S. 281.

37 Ebd., S. 364.

Rembert Hüser
Hand und Fuß

: »dann ist es besser, bei der Vermittlung von etwas Schiffbruch zu erleiden, das nicht vermittelt werden sollte, als etwas erfolgreich zu lehren, das nicht wahr ist.« Das ist Beckett. Das nicht. Mit Beckett hat man einen vorgezogenen Schiffbruch, einen Imperativ: nein, das tut man nicht!, die Wahrheit und zwei Karrieren. Beckett ist ein berühmter Schriftsteller, der Sekretär eines noch berühmteren Schriftstellers; 1938 wird er in Paris niedergestochen. Beckett kennt jeder. In den zehn Jahren zwischen 1965 und 1975 beginnen Literaturwissenschaftler (sagen wir: Ein Deutscher, ein Franzose und ein Amerikaner sitzen in unserem Flugzeug), Texte grundsätzlich anders zu lesen, als sie dies im Zeitalter der Ästhetik (sagen wir: von 1800 bis 1969) – im Zeitalter ihres Aufbaus (Wie-Wunders), ihrer Höhe-Punkte – getan hatten. 150 Jahre Kindheit waren reichlich lang. Die Ablösung ist produktiv. Auf das Zeitalter der Ästhetik folgt das Zeitalter der Entdeckungen. Auf die Karten kommen die nicht; die Ästhetik wird noch für die Schule gebraucht. Wird zum Stecken einer alten Pädagogik. Beckett, ein Name von einigen Texten, ist von diesem Wandel natürlich unmittelbar betroffen. Um so mehr, als sich dieser Wandel auch in seinem Namen vollzieht. Machen wir die Hand auf, öffentlich. Rechte kennt Linke nicht. Nehmen wir Namen hinzu: Adorno – Foucault – de Man. Rammen wir sie ein. Drei Pfeiler, Halt für zehn Jahre (»Beckett« ist auf jedem Pfeiler deutlich zu lesen).

Mich interessiert die Schreibweise des Namens. Die seit 1938 anhaltenden Versuche, ihn in den Griff zu bekommen. Dreimal aufgeschrieben, dreimal Beckett – wie weit liegen diese Becketts auseinander, und sagen sie etwas über jene Jahre? »Sprechende« Namen vielleicht? 1991: Adorno, Foucault, de Man sind tot; Beckett verschwindet Mitte 70 aus der Theorie. Schreibt zwar noch. Sagt aber nichts mehr. (Lebt auch nicht mehr.)

Schauen wir uns das alles – die clubs of dead poets, Schlagetots der Theorie – einmal aus den 80er Jahren an. Aus dem 2. Glied:

W. Martin Lüdke, 1981: Beckett ist der »Kronzeuge der (ästhetischen) Theorie Adornos«. Es gibt eine »Kongruenz der Auffassung von Adorno und Beckett«. Aber: »berücksichtigt man den Kunstcharakter von Becketts Werk, das eben nicht ›Theorie‹ ist, so stellen sich auch die Fragen entsprechend anders«.[1]

Uwe Japp, 1988: »am Schluß seiner Beantwortung der Frage, was ein Autor sei, kommt Foucault auf die (von Beckett inspirierte) These vom ›Tod des Autors‹ zurück; allerdings nicht in der Form einer Beschreibung, sondern im Medium einer Utopie, die das Bild einer Kultur ausmalt,« [ich nehme die Übersetzung, ich bin grad nicht flüssig in Französisch, (Foucault): »in die Diskurse verbreitet oder rezipiert würden, ohne daß die Funktion Autor jemals erschiene«] (wieder Japp): »Noch ist also für den Autor nicht alles verloren.«[2]

Christopher Norris, 1988: »De Mans Position kontra-intuitiv zu nennen ist daher eine massive Untertreibung. Nur bei Schriftstellern wie Samuel Beckett und E. M. Cioran finden wir eine in etwa vergleichbare Auffassung eines radikal fremden, heimatlosen Charakters von Sprache, ihres Mangels jeglicher humaner Qualitäten und Attribute«.[3]

Die Logik dieser Aussagen (Schonbezüge) bezieht sich offensichtlich auf den Status der Aussage. Auf das Verhältnis Literatur und Kommentar. Gemeinsam haben diese Positionen zunächst 1: Sie alle haben Beckett gern um sich herum. Auf ihrer Party in der Küche. Beckett? Kenn ich. Interessant wird, wie Vermittlung gedacht wird. Wie die Texte miteinander umspringen, Schule machen. Wie aus L und K LK Deutsch wird. LK Franz. LK Eng. (Adorno und de Man sehen auf den ersten Blick sehr ähnlich aus.) Schneiden wir die Aussagen noch einmal zu. Handbuch Beinbruch. Bei Adorno steht offensichtlich Aussage neben Aussage. Eine philosophische Kongruenz. »Kronzeuge der (ästhetischen) Theorie« findet sich in Lüdkes Text häufig substituiert durch »Kronzeuge der Logik des Zerfalls«. Es ist die Kronzeugenregelung. Beckett denkt, wie Adorno denkt. Wird verschont. Bei Foucault bewegt sich Aussage offensichtlich um Aussage. Aussage für Aussage perforiert die Grenzen eines Raums für andere Aussagen. Lochhefter. Steptanz. Sagt Beckett dies, läßt sich dies noch sagen. Dreht sich ein Schirmchen auf der Hand.[4] Das Verfahren scheint additiv. Bei de Man liegen die Aussagen offensichtlich übereinander. Die Bewegung einer Aussage ist in eine andere Aussage hineingenommen. De Man schreibt sich durch. Das Verfahren scheint lustbetonter. Sprachauffassung zielt auf Schreibverfahren. De Man schreibt wie Beckett. Drei Paar Hände. Hand, Schuh. Hören, sehen, sagen. »Ursprünglich soll es sich um Kundschafter gehandelt haben, die von den Göttern zu den Menschen gesandt wurden, um über ihre Taten Auskunft zu erhalten. Als Abwehrzauber gegen solche Ausspähung« halten die 3 die Hände, wie wir sie von unzähligen Abbildungen her kennen, Salzteigmännchen. Sie haben keine Wahl. Schon gar nicht mit dem »Gleichklang des Wortes ›saru‹ [...], das sowohl ›Affe‹ als auch ›nicht tun‹ bedeutet und die bewußte Abkehr von bösem Tun symbolisieren soll.«[5]

Wir waren am Ende des 18. Jahrhunderts. Die Taubstummen beginnen außerhalb der Familienverbände zu reden. 20 Jahre später: Die romantische Hermeneutik ist auf der Welt. Alle sollen plötzlich wie die Taubstummen reden. Lassen wir die Finger von den Konzepten von Zeichensprache als Universalsprache, gehen wir zurück zu Abbé de l'Epées *Institution des Sourds et Muets, par la voie des signes méthodiques* von 1776. Was machen Taubstumme mit der hermeneutischen Grundoperation? Zerlegen wir Glaubenssatz I: »Die Wörter ›ich glaube‹ werden in de l'Epées Zeichensprache anhand von vier Elementen ausgedrückt, von denen ein jedes durch eine entsprechende Geste repräsentiert wird. Diese Elemente sind: Erstens, ›Ich sage ja mit meinem Verstand‹; zweitens, ›Ich sage ja mit meinem Herzen‹; drittens, ›Ich sage ja mit meinem Mund‹; und schließlich, ›Ich habe mit meinen Augen nicht gesehen und kann es noch nicht‹«.[6]

Gehen wir arbeitsteilig vor. Die Taubstummen haben ein Handikap. Aber wenigstens können sie sehen. Wir können von ihnen lernen. Gucken wir ihnen was ab. Kopieren wir die mobile Schneideeinheit. Augen im Auge, Hand im Kopf. Übersetzen wir drei Theorien in die Taubstummensprache. Aussage ist auf der Hand. Philosophie links, Literatur rechte Hand. Es ergibt sich folgendes Bild: Bei A die Hände rechts + links, an den Augen, bei F Hände hin und her, vor den Augen, bei D Hand auf Hand, auf den Augen. Schön bei B ist, daß »er die Hand nie aufs Herz legt«[7]. Spezifik der Unschärfen. Einmal die Welt im Rahmen (im Griff?), dann die Bewegung vor Augen (tabula rasa im Kopf?), schließlich die verschiedenen Lagen der Hände (oder die gleichen?); die Welt durch die Finger. Sehen, greifen. Modell Scheuklappe, Modell Scheibenwischer, Modell Blendläden. Nichts Unverhofftes, kein Regen,

Wolfram Tichy: *Buster Keaton*. Reinbek: Rowohlt, 1983, S. 52.

keine Sonne. Drei Arten von Konzentration. Wobei jede Ausblendung auf weiße Flecken Texte zieht, die Schatten holt. Abspann Afrika. Rote Flecken hinter Augen. Blind In. Die einfache Beobachterperspektive ist spätestens seit *The Love Nest* komisch.[8]
– Noch und noch Filme. Hand über den Augen. Eine warme Mahlzeit. 1965, im Jahr 1 unseres Untersuchungszeitraums (Leonow ist grad mal 10 Minuten lang im Raum), geht S. Beckett mit B. Keaton 17 Minuten aufs Zimmer, in denen Gott-Vater geviertteilt (und die Welt) und das Archiv abgedeckt und der Schaukelstuhl in Bewegung gesetzt werden.[9] Gott, Welt und Archiv stehen als Blick im Raum. Als Anforderung, Anwahl: O »setzt sich und will die Tasche öffnen, als er von dem ihm gegenüber an die Wand gehefteten Bild mit dem Antlitz Gottvaters gestört wird, dessen Augen ihn streng anstarren. Er stellt die Tasche links neben sich auf den Fußboden, steht auf und betrachtet das Bild. [...] Er reißt das Bild von der Wand, zerreißt es in 4 Stücke, wirft die Stücke auf den

Fußboden und zerstört sie weiter unter den Füßen. [...] [Er] will gerade den Ordner aufschlagen, als er vom Auge des Papageien gestört wird. Er legt den Ordner auf die Tasche, steht auf, zieht den Mantel aus, geht zum Papagei, Großaufnahme des Papageienauges, er verhängt den Käfig mit dem Mantel, geht zurück zum Stuhl, [...] er nimmt den Ordner und will ihn gerade öffnen, als er vom Auge des Fisches gestört wird. Er legt den Ordner auf die Tasche, steht auf, geht zum Fisch, Großaufnahme vom Auge des Fisches, er breitet den Mantel aus, so daß sowohl das Aquarium als auch der Käfig bedeckt wird, geht zum Stuhl zurück« (19). Wo wenig später dann sein Ich-Blick mit dem Er-Blick, der sein Ich (sich) beguckt, die 1. Person vom Start also mit der 3. Perspektive am Ende zusammenfällt, eine Unterscheidung mehr zusammenbricht.

Augen von einem »Papagei in einem Käfig und ein[em] Goldfisch in einem kugelförmigen Aquarium« (17) sind nicht einfach Augen von zwei Tieren. Augen zweier Elemente. Alle Augen fliegen hoch! Alle Augen, alle Würfel! Nein, Fisch meint Mikrokosmos; die Welt + keine Worte. Goldfisch stumme Welt. Kugel Fisch. Goldfisch Faust: »wo ist dein herr, mein goldfisch Faust, Mephisto?«[10] Sagt mir nichts. Wie der – wir haben's gehört –, der nie genug bekam, dessen Kehle am Ende daran glauben mußte. Ausguß, voll flüssigem Gold. Keine Chance, sich vor das Meer zu stellen in dem Zustand und mit der Zunge über die Kiesel gegen die Brandung zu rollen. Rauschen, Demo-Tape. Objekt O, das von sich selbst als erstem Buchstaben (A), Auge, im Raum beobachtet wird, steht vor dem Schauplatz der Verdoppelung. Das Glas + das Auge. Der Goldfisch ist selbst Pupille. Mobi, pupil. Das Auge des Papageien in der Beobachtung ist das Auge des Speichers. Die Drive-Active-Diode. Der Sensorknopf, die Futterklappe. Der Drücker. Im Käfig der Vogelperspektive. In Pavlovs Archiv. »Er hieß Lulu. Sein Körper war grün, die Enden seiner Flügel rosa, seine Stirn blau und seine Kehle golden. [...] Welch absonderlicher Eigensinn war es auch von Lulu, nichts mehr zu sprechen, sobald man ihn ansah. [...] Endlich kam er an – und herrlich, aufrecht auf einem Baumast, der in ein Mahagonigestell eingeschraubt war, einen Fuß in der Luft, den Kopf gedreht und im Schnabel eine Nuß, die der Ausstopfer aus Liebe zum Grandiosen vergoldet hatte.«[11] Halten wir noch die Hand auf die Tasche und den Ordner. (O ist Ordner.) Den Sammler hinter allem. Verteiler.

Ist dies der Schauplatz der Mutter? Der Ursprung des Ganzen? Wie sagt die Anmerkung? »Offensichtlich kann dies nicht O's Zimmer sein. Man mag vermuten, daß es das Zimmer seiner Mutter ist [...]. Dies hat für den Film keine Bedeutung und braucht nicht erläutert zu werden.« Was Bedeutung hat und erläutert werden muß, ist etwas anderes. O ist nicht Objekt, Objektsprache, sondern Z. Zitat. Beckett fällt zum Film ›Buster Keaton‹ ein. Lesen zum Beobachten. Film »Film« ist das Zitat. Film »Film« ist unter anderem auch »Film«/›History‹. Doppelname, Programm. Doppelback. »Als hinter dem Rücken des einsamen Rollo Treadway in *The Navigator* plötzlich 30 halboffene Kabinentüren zuknallen, macht das plötzliche Aufreißen seiner Augen diesen entsetzlichen Krach selbst im Stummfilm hörbar. Ich weiß nicht, ob das Auge lauschen kann, auf jeden Fall aber hört es.«[12] Und noch etwas: »Der Blick Keatons [...] ist die personifizierte Aufnahmetechnik, Gegenstück zu unserer Anwesenheit als Zuschauer, denn es gelingt ihm in einer zweidimensionalen Welt dreidimensional, plastisch zu sein. [...] Vor den Ungewißheiten der instabilen, perversen, unzuverlässigen Welt, der er sich gegenübersieht, verschmilzt er mit den Gegenständen, wird Ballon, Kanu, Fahrrad, Holzindianer, militärisches Ziel oder Postpaket.«[13] Es endet, wie es enden muß: A und O gehen ineinander über.[14] Ganz ohne Anarchie. –

Nehmen wir ab jetzt die Hände hoch. Beidhändig, schlagend. Rechts- und Linksausleger. Rechts Links Upperclass. Gehen wir von den Schülern zu den Lehrern. Versuchen wir, den Versuch das Endspiel zu verstehen zu verstehen. Sehen wir, was der Autor in Was ist der Autor macht. Lesen wir Lesen (Proust). Beckett wird bei de Man ja nirgendwo erwähnt. Viel mehr als die jeweiligen Titel und ein, zwei der einleitenden Sätze, sagen wir: vielleicht auch noch den jeweils letzten Satz, möchte ich mir dabei nicht anschauen. Schließlich ist es Sommer.

1961 schreibt die Theorie Widmungen. Widmungen und schüchterne Titel. »Versuch, das Endspiel zu verstehen«. Widmungen schreibt man, wenn es vorbei ist. »To S. B. in memory of Paris, Fall 1958«[15] Drei Dinge fallen sofort ins Auge: (A) Die Widmung gilt dem Gegenstand (Autor grüßt Autor, widmet sich Widmung). Ich sah dich im Zug, du hattest einen blauen Ledermantel an; (B) Sie macht Intimität stark (die Initialen, der Herbst);[16] und (C) Teddy geht mit ihr in Uncle Sams Sprache. All das korrespondiert unmittelbar mit der Überschrift. Das Englische mit dem deutschen »Versuch, zu verstehen«; der Freund und der Versuch, die Meta- und die Objektsprache. Dabei zieht sich diese letzte Unterscheidung schon durch den Titel selbst. Becketts Titel in Adornos Titel ist nämlich gar nicht schüchtern. Endspiel wird vom Versuch gerade mal umschrieben. Gerahmt. So sieht es Adorno, so kommt es raus: Versuch, das Endspiel zu verstehen. Kratzfuß A. Adorno stellt eine Akzentuierung der Asymmetrie seines Verfahrens an seinen Anfang. Den Verdacht der Unangemessenheit. Endspiel: Rahmen schöpfen. Adornos Schüchternheit ist ungewöhnlich. In den Noten zur Literatur gibt es nur eine vergleichbare Überschrift. Zu Proust. »Kleine Proust-Kommentare«. Widmungen schreibt er allerdings häufiger. »Zu einem Porträt Thomas Manns, Hermann Hesse zum 2. Juli 1962 in herzlicher Verehrung« (335), beispielsweise. Oder mit entschieden mehr Herz: »Titel. Paraphrasen zu Lessing. Für Marie Luise Kaschnitz« (325). Was kaum noch zu steigern ist: Gegenstand – Kanon-Autor – Frau. Zur Sache – vor Ehrfurcht – von Herzen. Case – class – gender. Was fiele Ihnen nicht ein? Titel allein wär ein Titel wie Film. (Und sogar noch einen Deut, eine Spur, besser, weil es dort Film-Name-Film wäre, hier in der Tat Titel Titel, was noch besser kommt als Name Name, weil der Titel sich nicht rühren kann, der Name mitmuß.) So aber schießt Adorno sich selber ab. Verliert (sich) in der Markierung.

Zählen wir Erbsen. (Und vergessen wir die Prinzessin nicht; wer hat schon gerne p im Schuh?) In den zu Lebzeiten Adornos publizierten *Noten zur Literatur* gibt es einen Trend zur Widmung. Während in Band I noch eine Widmung alle Texte abdeckt – die gute Jutta Burger –, sind in Band II die Hälfte, in Band III bereits zwei Drittel der Texte mit Widmungen versehen. Wobei dort von den »Unbedachten« der eine »Über Siegfried Kracauer« etwas sagen will, der andere in einer »Lesung von Hans G. Helms« seinen »Anlaß« hat. Einzig »Engagement« scheint ausreichend zu sein. (Balzac geht an die Ehefrau – »Adieu!«) Die leidigen Bücher. Da steht er nun mit seinen Überschriften + Widmungen. Adorno, der seine Probleme hat, Thomas Mann zu sein. »Dann spielte mir Adorno, während ich zuschauend bei ihm am Flügel stand, die Sonate opus 111 vollständig [...]. Ich war nie aufmerksamer gewesen, stand am nächsten Morgen früh auf [...]. Monate später, [...] gelegentlich eines Zusammenseins bei uns, las ich ihm [...] vor.

[...] Adorno, musikalisch angetan und gerührt überdies durch das kleine Erinnerungsmal an seinen Unterricht, trat zu mir und sagte: ›Die ganze Nacht könnte ich zuhören!‹ Ich hielt ihn nahe neben mir fortan.« Ad infinitum. Ist es schwierig, sich T. W. Adorno in der US-amerikanischen T. S. Eliot and Co. am Schreibtisch vorzustellen? »Die normativen Prinzipien einer solchen literarischen Atmosphäre sind eher kultureller und ideologischer Art als theoretischer, sie sind eher auf die Integrität eines sozialen und historischen Subjekts hin orientiert als auf die unpersönliche Folgerichtigkeit, die die Theorie verlangt.«[17] Der Obertheoretiker untheoretisch? Grandmaster, FLASH? Auf welchem Feld? Was zieht ihn weg? Hat ihn zerstreut? Mit der Überschrift und Widmung haben wir beim Adorno-Beckett-Text den ganzen Text. Wir könnten ihn weglegen. Nun hat laut Lüdke Theodor W. Adorno »mit seinem *Versuch, das Endspiel zu verstehen*, eine Interpretation vorgelegt, die implizit den Anspruch einer erschöpfenden Deutung erhebt und allein von daher schon einige Kritiker mobil gemacht hat« (14). Noch vor zwei Jahren, 1989, »ist« auf dieser Interpretation »*zu bestehen*«: »Adorno hat [...] tragisch gedeutet, heute tritt ein anderes Moment [...] in den Vordergrund, das Komische«.[18] Machen wir eine Klammer mehr. Lesen wir den Text auf ihn selbst zurück. Die Frage ist, wie das Starkmachen der Metasprache schwache Aussagen produziert, und wie Adorno das weiß und sich nicht helfen kann. Auch interessiert mich, wie eine Widmung eine zweite Widmung motiviert.

Die Kernthese des Textes von Adorno ist de Man: »Die Interpretation des Endspiels kann darum nicht der Schimäre nachjagen, seinen Sinn philosophisch vermittelt auszusprechen. Es verstehen kann nichts anderes heißen, als seine Unverständlichkeit verstehen, konkret den Sinnzusammenhang dessen nachkonstruieren, daß es keinen hat« (283). De Man? Nein, kein de Man. In dem Verständnis davon, wie ein Sinnzusammenhang dessen nachzukonstruieren ist, daß der Text keinen hat – genauer noch: »konkret nachzukonstruieren« –, würden sich die beiden Positionen fundamental voneinander unterscheiden. Ziemlich sicher würde de Man auch die Formel »Rekonstruktion eines Sinnzusammenhangs« zur Charakterisierung seines Verfahrens ablehnen, da damit – die negativen Vorzeichen Adornos einmal gesetzt – bereits eine Prämierung der Negativität der Bewegung gegeben wäre. De Man würde, sage ich mal, argumentieren, daß von solchen eindeutigen Optionen (eine Negativität des Sinns) bei einer näheren Analyse der rhetorischen Struktur des Textes nicht ausgegangen werden kann. Die metaphysischen Implikationen eines Setzens auf Negativität als bloßer Vorzeichentausch liegen dabei auf der Hand: »Die Negativität ist stets von der Dialektik – das heißt von der Metaphysik – als *Arbeit* im Dienst der Konstituierung des Sinns bestimmt worden.«[19] De Man – Adorno. Philologie steht hier gegen Philosophie. Becketts Stück, so Adorno, handelt allerdings gerade vom »Elend der Philosophie« (295). Der Gedanke, führt er aus, »verwandelt [...] sich in eine Art Stoff zweiten Grades«. Aber kein Gedanke, daß auch seine eigenen Gedanken dem unterliegen könnten. Stellen sich doch, wie gesagt, in der Theorie die Fragen anders – sagt Lüdke. Kann Adorno eine Frage/die Fragen anders stellen? Oder ist seine Frage auch Stoff 2. Grades? Ein Aufwaschgang? Adornos Rekonstruktion des Sinnzusammenhangs des sinnlosen Texts gruppiert sich um zwei Gedanken, zwei seiner zentralen Gedanken. Problembezogen: die historische Stelle im Kontext pessimistischer Geschichtsphilosophie und der Stand des Materials. Zwei sinnlose Supplemente, möchte man sagen. Wir wollten keinen Stock drauf. Erst mal sehen, wie das Haus steht. Zum ersten: Geschichtsphilosophie ist die permanente Katastrophe (285); die historische Stelle von Becketts Text ist der Spätkapitalismus (Seine Signatur? Beckett, buchstabiere: K-E-Y-N-E-S, der Schlüssel. Analogie, Schluß.): »Daher das Mißliche dessen, womit sich zu beschäftigen Beckett ablehnt, seiner Interpretation. [...] Die Irrationalität der bürgerlichen Gesellschaft in ihrer Spätphase ist widerspenstig dagegen, sich begreifen zu lassen« [284]). Adorno ist Apokalyptiker. Die permanente Katastrophe meint eine ewige Nachgeschichte, die historische Stelle in ihr ein Plätzchen in der Ewigkeit. Ein »nach« am Anfang, und es bleiben nur noch fort-danach-Spiele. Linie 1 ist zeitlos. »Kunst nach Auschwitz« und »Atomzeitalter« tun sich nichts. [Die historische Stelle ohne Geschichtsphilosophie von Adornos Text (1961) – das möchte ich kurz nachtragen – ist der kalte Krieg (»die östlichen Satellitenländer, wo man sich frisch-fröhlich der Spiegelung eines frisch-fröhlichen Zeitalters widmen muß« [290], »die Stoffhuber des Diamat« [292]). Das A + O, SB-Z.]. Linie 2 fährt die Strecke von hinten ab. Spätphase denkt vom Ende her. Heißt letzter Stop. (Bitte aussteigen!) Hier fährt nichts weiter. 1 + 2 ist kein Denken mehr, kein Zweifel, in den alten Gleisen.[20] 1 + 2 sind Oberleitungsbusse. Statt Rebus Obus. Frankfurtivismus? Nein, keine Vismen: Ata Trolleys.

Geschichtsprozeß zum ersten, zum zweiten: »Er vollstreckt eine Tendenz des neueren Romans« (281 f.), »Die Impulse werden auf den Stand der avanciertesten künstlerischen Mittel gebracht, die von Joyce« (281). Der Sekretär auf dem Stand des Diktats. Dazu der Schlußsatz: »Proust [...] soll versucht haben, den eigenen Todeskampf in Notizen zu protokollieren [...]. Das Endspiel führt diese Absicht aus« (321).

Wir hängen in der Luft. Obus, wie gesagt. In Becketts Text. Machen wir die Exkursion. Geben wir der Technik das Wort. Werden wir technisch. Was sind die Vor- und Nachteile eines Oberleitungsomnibusses?[21] Durch den Verbundmotor werden »mehr Dauerfahrstufen geschaffen [...]. Die selbsttätige Fortschaltung nimmt allerdings dem Fahrer das persönliche Gefühl beim Anfahren [...]. Für ein Straßenfahrzeug ist es aber sehr wichtig, daß der Fahrer in jedem Augenblick das unbedingt sichere Gefühl über die von ihm zu wählende Fahrgeschwindigkeit, Beschleunigung usw. besitzt. Es ist daher nicht ganz einfach, eine geeignete selbsttätige Fortschaltung auszubilden, die den Anforderungen des Straßenverkehrs restlos entspricht« (22). »Selbsttätige Fortschaltung« und »in jedem Augenblick das unbedingt sichere Gefühl« vollends in Deckung zu bringen wird 1938 Sache des Konstruktionsbüros. Aufgabe der Zukunft. Das Büro, das eigentlich schon mehr als genug mit der Stromabnahme beschäftigt ist. Und mächtig stolz. Ein Obus steht und fällt, wie wir wissen, mit dem Anpressungsdruck der in der Regel 2 Abnehmerstangen. Über sie bezieht er seine Energie. Sie haben etwas Widmungshaftes. Widmung gibt Saft. Bei der Oberleitung handelt es sich natürlich um eine geerdete negative Oberleitung. »Die Zellen wirken für Ströme von Plus nach Masse sperrend und für solche von Masse nach Minus durchlässig, wodurch die von der positiven Leitung an die Masse gelangenden Kriechströme zur negativen Oberleitung abgeleitet werden« (26). Und obwohl der Obus an der Leine hängt, ist er erstaunlich wendig. Er kriegt seine Beine 45° weit auseinander. Kann 45 Grade übereinanderschlagen. Wie beim Rock: ein Immunitätswinkel. Eine Frage des Benimms. Es ist angebracht, den Obus vom Omnibus abzugrenzen. Ohne Zweifel fährt der Obus glatter, störungsfreier: »Es fällt dem Beobachter immer wieder auf, daß im Omnibus kaum jemand Zeitung oder dergleichen

liest« (57). Es gibt keine Schaltstöße, Motorgeräusche und Er-
schütterungen durch den laufenden Motor, ebenso keine Auspuff-
gase. Besonders in Kur- und Badeorten ist der Obus deshalb
besonders beliebt (67). Wie sieht es aber mit seinen Nachteilen
aus? »In erster Linie ist es der Mangel an Freizügigkeit. Er wird
meist als der Hauptnachteil des Obusses betrachtet. Da jedoch wie
die Straßenbahn, auch der Obus nur bei einem festgelegten Li-
nienverkehr eingesetzt wird, mißt man diesem Nachteil viel zu
große Bedeutung bei. [...] Bei Umzügen, Aufmärschen und Pro-
zessionen in größerem Ausmaße wird auch der Omnibus in nur
wenigen Fällen andere Straßen befahren können, da er bei einem
Zug durch eine Querstraße in den nächsten Parallelstraßen ebenfalls im Weiterfahren behindert wird« (59 f.). Vergessen wir nicht,
daß der Obus die allgemeine Orientierung ungemein erleichtert:
»Die Verkehrslinie ist beim Obus wie bei der Straßenbahn durch
die Oberleitung für jeden, auch den Ortsunkundigen, deutlich
gekennzeichnet. Bei einem Omnibusbetrieb dagegen deuten lediglich die Haltestellenschilder auf das Vorhandensein einer Ver-
kehrsmöglichkeit hin. Der Obus ist also hier im Vorteil« (58).

Kommen wir so voran? Haben wir nicht bereits Probleme mit
unserer Metapher? »[E]s erscheint wie eine enorme Bibliothek, in
der wir uns bewegen, ohne ihre Grenzen wahrzunehmen; wir sind
unterwegs, von Station zu Station, zu Fuß, Schritt für Schritt oder
im Autobus (wir zirkulieren schon mit dem Autobus, den ich
gerade genannt habe, in der Übersetzung [...] bezeichnet doch
metaphorikos im sogenannten modernen Griechisch alles, was die
Transportmittel betrifft). *Metaphora* fährt durch die Stadt [...].
Eigenartige Sprechweise für die Anfahrt – sagen Sie [...], weil es
nicht nur metaphorisch ist, davon zu reden, daß wir die Metapher
bewohnen, daß wir damit wie mit einem selbstbeweglichen Fahrzeug zirkulieren. [...] Diese Figur – weder metaphorisch noch
unmetaphorisch – besteht einzig insofern, als sie die Plätze und
Funktionen vertauscht; sie konstituiert das sogenannte Subjekt
der Aussagen [...] als *Inhalt*, der immer schon ›eingestiegen‹, ›unterwegs‹ im Wagen, an Bord eines Fahrzeugs ist, das ihn um-
schließt, ihn mitnimmt, in dem Augenblick fortträgt, in dem das
besagte Subjekt es [...] zu beherrschen glaubt. [...] Aus diesem
Grund bin ich seit kurzem dabei, mich von einem Abseits (écart)
zum nächsten, von einem Fahrzeug zum anderen voranzubewe-
gen, ohne den Autobus, seine Automatik oder Automobilität

Alfred Schiffer: *Das neuzeitliche elektrische Nahverkehrsmittel, der Oberleitungs-Omnibus*, Krefeld: Röhr, Verl. für Spezielle Verkehrsliteratur,
1982, S. 59.

bremsen oder anhalten zu können. Zumindest kann ich nur dann
bremsen, wenn ich zulasse, daß ich ins Schleudern komme, anders
gesagt, daß mir meine Fahrkontrolle bis zu einem gewissen Punkt
aus der Hand rutscht, anders gesagt, entgleitet.«[22]

   Statt Stützrädern einfach Abnehmerstangen?

   Zwischen headline und text die Abstandhalter, das eigentlich
Wichtige. In memory of »Die Widmung«. Sie verhindern, daß der
Titel mit dem Text verschmilzt und daß der Text laufen geht. Flexi-
ble mastery. Wir behalten das Obus-Profil. In unserer Brieftasche.
Adorno frontal von der Seite. »Philosophie, Geist selber deklariert
sich als Ladenhüter« (283), schreibt der in seinem »Versuch zu
verstehen«. Wie macht man da eine Metasprache stark, die aus
Philosophemen besteht? Adorno macht's mit Paradox + Partytalk: Der Sinnzusammenhang, der keinen hat; die bestimmte Ne-

gation. Bestimmt ist »Auschwitz«. Garant für die Distanz der Metasprache. Damit fängt's Aufhören an. Wo es die bürgerliche Gesellschaft in ihrer Spätphase schon seit einiger Zeit gibt und wo sie ohne viel Prophetie vorerst fortbestehen wird, wo das »Nach« selbst eine Geschichte hat, ist so ein Setzen auf Paradoxie unbequem. Kein Sitzen, kein Gehen, kein Stehen, kein Spaß. Wie soll man da intern differenzieren? Allein bei »Beckett«? Alles Auschwitz? Dann Adorno, »dann ähnelt die Sprache des Endspiels der aus dem abscheulichen Gesellschaftsspiel geläufigen, daß man den Unsinn, der während einer party geredet wird, insgeheim auf Band aufnimmt und dann den Gästen zur Demütigung vorspielt« (306). Adorno hat seinen Text in seinem Band selbst gespeichert. Wir können seinen partytalk jederzeit abrufen. Tun wir es: Man erkennt Adorno sofort am »wie noch gleich«. *Wie* »in Camino Real von Tennessee Williams [...], sicherlich ohne daß eines der Stücke vom anderen abhängig wäre« (311), *wie* bei dem »ursprünglich wohl ebenfalls jüdischen Witz des Zirkus Busch [...], wo der dumme August, der seine Frau mit dem Freund auf dem Sofa ertappt hat, sich nicht entschließen kann« (301), die beiden Alten »weiß wie schon keimende Kartoffeln im Keller« [»Ja! Ich weiß, so sind wir!«– Mary Taylor an Elisabeth Gaskell, 18. Januar 1856, R.H.], rote Köpfe, »als wäre ihre Vitalität eine Hautkrankheit« (beide Zitate 310), *wie* »im Titel des kulturindustriellen Schundbuchs ›Kaputt‹« (285), *wie* diejenigen, »die im zoologischen Garten darauf warten, was nun wohl im nächsten Augenblick das Nilpferd oder der Schimpanse anstellen werden« (308); wie wahr, viva. Rabotti. Was habe ich gelesen, was fällt ihm ein? »Herodes der Metzger« (315), »der letzte Zwieback« (302), »der Kapitän des Gespensterschiffs« (314) – das macht Adorno Spaß. Das ist der Spielraum, den er hat. Und nutzt. (Ein wenig resigniert): »Das deutende Wort bleibt deshalb unvermeidlich hinter Beckett zurück [...]. Fast könnte man es zum Kriterium einer fälligen Philosophie machen, ob sie dem gewachsen sich zeigt« (284). Philologie oder Philosophie? Schade, daß Adorno mit »phonyness« (293) und »Basic English« (309), dem kleinen 1×1, nicht mehr anzufangen weiß. Seine Partys machen einfach keinen Spaß. Jeder Ansatz – »Was aus dem Absurden wird, nachdem die Charaktere des Sinns von Dasein heruntergerissen sind, das ist kein Allgemeines mehr – dadurch würde das Absurde schon wieder Idee – sondern trübselige Einzelheiten, die des Begriffs spotten, eine Schicht aus Utensilien wie in einer Notwohnung, Eisschränken, Lahmheit, Blindheit und unappetitlichen Körperfunktionen. Alles wartet auf den Abtransport« (293) – wird am Ende doch wieder eingesammelt, in die Tüte gesteckt. Präfix »Ab«. Kein Transport. Kein Ab geht die Post. Destination fixe. Ab! und Aus! – Jacke und Hose. Jürgen Habermas – Junker Einohr, um im Bilde zu bleiben – hat schon ganz recht: »Wenn man Adornos *Negative Dialektik* und *Ästhetische Theorie* ernstnimmt und sich auch nur einen Schritt von dieser Beckettschen Szene entfernen will, dann muß man so etwas wie ein Poststrukturalist werden«.[23] Wollen wir So Etwas Wie werden? Ein »Unbär« etwa?

Machen wir, bevor wir uns entscheiden, noch einmal die Taubstummen-Operation. Mit Jean-François Lyotard. »Die Frage, die Auschwitz stellt, ist die nach der Textur des Textes, der ›an‹ Auschwitz ›schließt‹.«[24] »Nach Auschwitz« denkt ein »In Auschwitz« mit. Wieder Satz für Satz. Adorno hat Auschwitz in einen kleinen Satz gefaßt, einen sehr merkwürdigen: »Was die Sadisten im Lager ihren Opfern ansagten: morgen wirst du als Rauch aus diesem Schornstein in den Himmel dich schlängeln [...]«.[25] Ein kleines Schmuckstück. Gesagt werden sollte wohl: Sie sagten ihnen, morgen seid ihr tot. (Und eigentlich nicht »seid ihr tot«, sondern »müßt ihr sterben«.) SS-Hauptsturmführer Karl Fritsch hat es so formuliert: »Ihr seid hier nicht in ein Sanatorium gekommen, sondern in ein deutsches Konzentrationslager, aus dem es keinen anderen Ausweg gibt als durch den Schornstein des Krematoriums. Wenn das jemand nicht gefällt, kann er ab sofort in den Draht gehen. Wenn in einem Transport Juden sind, dann haben sie kein Recht, länger zu leben als zwei Wochen, die Priester einen Monat und die übrigen drei Monate.«[26] In den Draht gehen. Senderechte. Theodor W. Mann hat das Lämpchen an. Er macht mit Schlängeln und Ansagen aus dem Lager den Schatz am Silbersee. Viel Federlesen. (Dichtet Augen ab.) [Vgl. »Im Frühjahr 1942 gingen Hunderte von blühenden Menschen unter den blühenden Obstbäumen des Bauerngehöftes, meist nichtsahnend, in die Gaskammern, in den Tod.«[27]] Fritsch, fromm, fröhlich. Nimmt es wunder, wo »in der Kunst die Ehre noch gerettet erscheint, oder doch nahezu« oder so ähnlich? Lyotard kommt weiter. Er nimmt Auschwitz (in einem ersten Schritt) völlig auseinander. Zerlegt es in mehr als einen Satz. »›Sterbt, ich ordne es an‹ wird als unmittelbarer, vorausgesetzter Satz aufgefaßt. In einer ersten Analyse ist dieser Satz in zwei Sätze aufgelöst worden: Daß sie sterben, ist unser Gesetz und: Sterben wir, es ist ihr Gesetz. Davon ausgehend gibt es keinen direkten Übergang zum ›wir‹, im Gegensatz zu dem, was das subjektive Denken behauptet (die Philosophie der Aussage). [...] Es kommt zu einem ›wir‹, das aber leer oder abstrakt ist, einer Addition von ich + ich« (43). Das Verfahren ist hilfreich.[28] Machen wir aus »Nach Auschwitz« ein, zwei Sätze mehr. Gehen wir mit der de l'Epéeschen Handreichung kurz über zum Unterschied von Modell und Beispiel. Als Modell, das es sein soll, funktioniert »Nach Auschwitz«. Es funktioniert innerhalb der Ästhetik. Dort kann man solch ein Förmchen bauen. Kann sagen: Das ist, glaube ich, die Welt. Kann sagen, kann noch nicht mit Augen sehen. [Kann man, wie gesagt, braucht man nicht.] Die Welt kann man also damit erklären: Hier ist der Rand, hier fällt alles runter. Man kann sogar dogmatisch werden (»Halt den Rand«). Einen Text kann man damit nicht erklären. Die drei, vier Sätze, auf die sich ein Modell herunterbuchstabieren läßt, erklären nicht einen anderen Satz. Betone einen. Betonieren alles.

1969 schreibt die Theorie Widmungen: »Adornos Absicht war, das Buch Samuel Beckett zu widmen«.[29] Kommt Beckett im Text, gehen Texte wie die »Ästhetische Theorie« oder die »Negative Dialektik« auf ihr Ende zu; jene Arbeiten, die neben »einem geplanten moralphilosophischen Buch nach dem Willen Adornos ›das darstellen‹ sollte[n], ›was ich in die Waagschale zu werfen habe‹« (537). Daß jenes dritte ungeschriebene Buch auch Beckett gewidmet worden wäre, entspricht der Logik. (Meine Wette – [mit verbundenen Augen].) Widmung in die Waage. Idealgewicht.

Die Nachlaß-Verwaltung (eine eigene Bürokratie) widmet posthum und second hand. Sie winkt mit einem Willen, einem Nicht-Text. Wille macht's. Der Text der *Ästhetischen Theorie* wird fragmentarisch abgedruckt. Eine Widmung FOR SAM wird man auf den Seiten unter den Fragmenten nicht finden. Sie fehlt da. Deshalb trägt der Editor sie nach. Man kann es aber auch genau andersherum sehen. Der Text ist Fragment/Projekt; das einzige, was steht, ist die Widmung. Widmung als Projekt. Schreibt man, plant man die Widmung; man schreibt sie nicht auf. Sie ist Teil der »Organisation«. »Wenige Tage vor seinem Tod schrieb er«, schreibt Tiedemann, »in einem Brief, daß die endgültige Fassung ›noch einer verzweifelten Anstrengung bedürfen‹ werde: ›aber es ist doch wesentlich jetzt eine der Organisation, kaum mehr der Substanz des Buches‹‹ (537). Der Doppelpunkt als Mandat des Testaments. Davor die Verzweiflung + die Anstrengung, dahinter Organisation + Substanz. Hier bei Adorno steht die Widmung im Dienst von Schuld. Sie korrespondiert mit der Schüchternheit. »Beckett hat auf die Situation des Konzentrationslagers [...] so reagiert, wie es allein ansteht. Was ist, sei wie das Konzentrationslager‹‹.[30] Sei es selbst der Text. Welcher? Der eigene? »Was ist, sei‹ – Adornos »Außen‹-Verhältnis ist eine komplette »Innen‹-Architektur. Die Beziehung Beckett-Auschwitz ist metonymisch: »in memory of B.‹ ist eigentlich »in memory of A.‹ (aber muß man A sagen, wenn man B gesagt hat?).[31] Adorno prämiert die Metapher. Wo »Beckett‹ so hautnah/stone-washed bei »Auschwitz‹ liegt, vermag die daran angelegte Widmung »in memory of‹ Schuld wegzunehmen. Das Schwitzen der Schuld an einem Text.[32] Der Name wird die Spendenquittung. Steuer, Absatz. Die Gedanken sind »Stoff zweiten Grades‹ (283); man schwätzt. Widmungen werden tautologisch.

Kann man einen Text Auschwitz widmen? Hand und Fuß für Auschwitz. Geht das? Feuer und Flamme, Kopf, Kragen? Steht Auschwitz für Gedächtnis oder für Massenmord? Für viele keine Namen? Für die Conditio Archivalis? Zyklon B? Zunächst einmal: Was ist das überhaupt, eine Widmung? Eine Widmung ist etwas Unmögliches. Sie ist ein Paradox. Die Kombination von Name und Datum. Bei Derrida steht dafür die Trope Asche. »Die Asche ist eine Zerstörung des Gedächtnisses, die so weit geht, daß noch das Zeichen der Zerstörung mit fortgerissen wird. Der Name des Opfers wird ausgelöscht. Es geht hier auch um das Paradoxon des Namens, das demjenigen des Datums analog ist. Der Name nennt eine Singularität, jedoch bedeutet er aufgrund der Möglichkeit, diese Benennung zu wiederholen, ebensosehr das Auslöschen jener Singularität. Benennen und den Namen verschwinden machen sind nicht unbedingt widersprüchlich. Daher die extreme Gefahr und die extreme Schwierigkeit, vom Auslöschen der Namen zu sprechen. Es kommt vor, daß das Auslöschen des Namens seine Rettung bedeutet; in anderen Fällen bedeutet es die schlimmste Verfolgung des Opfers. Auf diesen *double bind* werden wir ständig zurückgeworfen, und das macht eine bestimmte, bestimmbare Entscheidung unmöglich, was vorzuziehen ist; denn wie oft bedeutet einen Namen einzuschreiben, den Träger des Namens auszulöschen! Die Meditation der Schrift muß ohne Unterlaß versuchen, die absolute Zerstörung wieder sichtbar werden zu lassen, was nicht notwendigerweise heißt, sie zu retten.«[33] Was eine Widmung so alles vermag, läßt sich anhand von Hölderlin studieren. Der widmet einen Text und verliert am Ende zwei Strophen. Rhein an Sinclair: zwei Strophen raus.[34] Das Beispiel der Lektüre der Rheinhymne durch die frühen Ausgabenmacher ist der kompliziertere Fall der Einarbeitung neuer Texturen durch eine Widmung. (Einarbeitung via Streichung.) Der Normalfall sind Widmungen wie »Dem Andenken meines Vaters Karl Heinz Beckurts, der am 9. Juli 1986 durch einen Terroranschlag ums Leben kam«. Sie steht auf Seite V von *Hölderlins Spinoza-Rezeption und ihre Bedeutung für die Konzeption des »Hyperion«*.[35] Die Widmung ist nicht privat (kann es nicht sein); sie ist eine Anzeige. Eine Anzeige, bei der in diesem Falle ein Relativsatz für die Typographie verantwortlich zeichnet, (Fettdruck.) Vor der Dissertation steht der Mord. Einmal gedruckt, einmal in der Maschine, kann sich ein jeder diese Widmung aneignen; ich tue es gerade. Jeder kann diese Widmung lesen. Die Dissertation wird erst daraufhin gelesen. (In genau dem doppelten Sinne.) Hölderlins Spinoza-Rezeption hat einen Subtext bekommen. Ein Brüderchen. Huckepack ein andrer Text. Einer über Konzeptionen. Wie die RAF unter die Deutschen kam. Was die RAF mit V zu tun hat. Und Siemens mit V. Und Siemens mit RAF mit verschwundenen Amerikanern. Mit der Bundesrepublik. Und da liegen tote Briefkästen.[36]

Wieso sollte man überhaupt Auschwitz einen Text widmen? Es ist nicht Auschwitz, wo an 1. Stelle die Juden ermordet worden sind. (In »Auschwitz selbst«.) Der Name Auschwitz – wir sind wieder bei den Taubstummen (+ denen, die nicht mehr reden, nicht mehr hören können) – zerfällt in mindestens 3 große Namen: Auschwitz (Stammlager I), Birkenau und Monowitz (IG Farben). Alle diese Namen heißen Massenmord. Die Rampe und die Eisenbahnschienen bis vor die Gaskammer aber, das ist Birkenau. Was Adorno mit Auschwitz meint, heißt Birkenau. Adorno kennt den Namen nicht.[37] Mit dem, was er nicht kennt, mit Birkenau, kann man, soviel vorweg, jedenfalls keine »Ach Europa-Spiele« machen. Halte-Rotes-Tuch.[38] Ich weiß nicht, ob Adorno je in Oświęcim gewesen ist. Ob er die Unmöglichkeit des Namens vor Ort studieren konnte. Die polnischen Historiker der Gedenkstätte sagen, sie hätten Probleme, den Besuchern begreiflich zu machen, daß Auschwitz »es« eigentlich gar nicht ist. Daß sie, um einen Eindruck von dem Areal Auschwitz zu bekommen, um einmal keinen Feiertag, sondern Auschwitz zu begehen, nach Birkenau herausfahren oder gehen müßten. Das wären 2 bis 3 Kilometer. Die meisten Besucher tun dies nicht. Sie sind nicht gekommen, um sich hier vorzustellen. Um sich ein Bild von Dimensionen zu machen. Von kilometerweise Mord. Weißen Steinchen in der Erde. (Mit einem Steinchen 100 Namen.) Sie sind da, um einen Namen zu besuchen. Sie wollen »Auschwitz« sehen. Sie wollen den Hungerbunker von »Kolbe« sehen. Sie besuchen die Sistina. Männer mit Goldhelmen. »Birkenau« interessiert sie nicht. Die Historiker der Gedenkstätte müssen daher Birkenau in »Auschwitz« ersetzen. Was sich hier auftut, ist die Differenz zwischen einer Synekdoche (die einen Namen [Auschwitz] hat + braucht) und einem Vernichtungslager (das namenlos bleibt). »Auschwitz« und »Birkenau« stehen in einem metonymischen Verhältnis. Für Adorno ist »Auschwitz« eine »notwendige Figur«. Ist Auschwitz nicht das Selbstverständlichste von der Welt? Die Figur ist aber »kontingent«.

Wie kommen wir eigentlich heutzutage auf Auschwitz zu sprechen? Wann haben wir unser Auschwitz-Bedürfnis? Unter welchem Schirm steht es im Regen? Im November 1990 wollte noch ein Bergsteiger ins KZ. Und keiner wollte ihn dran hindern. Keiner hat zu ihm gesagt: Überleg's dir nochmal, Junge. *André Müller (DIE ZEIT)*: »Gibt es Erfahrungen, die Sie noch machen wollen? *Reinhold Messner*: [...] Ich bin nie in einem KZ gewesen. Das wäre noch eine Wunscherfahrung. Ich möchte wissen, wie lange ich durchhalten und wie selbstsüchtig oder brutal ich mich den Mithäftlingen gegenüber verhalten würde« (DIE ZEIT, Nr. 49, 30. November 1990, S. 66). Ich frage mich, ob wir schon jenseits von Ästhetik über Auschwitz zu sprechen lernen angefangen haben? Ob es auf Deutsch Versuche gibt, die Didaktik der Trope Asche ins Spiel zu bringen? Auschwitz-Birkenau-Monowitz wartet ab. Hat noch nie Zeit gehabt. Deshalb dreht es sich in engstem Kreis, tanzt herum (so unter uns Schulkindern: »How can we know the dancer from the dance?«) und stellt sich zugleich unter. Unter die Schirmherrschaft der Deutschen Schillergesellschaft. Appellplatz + Jahrbuch. Zwei Orte einer Diskussion. »Wissenschaftssprache, Verwissenschaftlichung der Sprache, Sprachkultur« (Jahrbücher 32-34, 1988-90, dann kommt Thema »Pluralismus« – die Diskussion läuft also noch). Wie reden über unser Geschäft? – unsere Tagesordnung. Es geht so zweifellos nicht weiter. Karren Dreck. Politik. Dazu die Presseschau: FAZ-Feuilleton, 13. 3. 91, wo ein »schi« (im Märzen) über Wertanlagen spricht: »Auschwitz als billige Münze – das ist ein Erbe aus dem November 1989.«[39] Wo soll man ansetzen? Wie weiterreden? Metaphorisch, metonymisch? Beobachten läßt sich eine Blockade von Birkenau. Alle Namen sitzen auf den Zufahrtswegen. Lassen wir Schiller heute liegen... »*Söllner*: Im 6. Kapitel, das den Konzentrationsprozeß schildert, schreiben Sie als eine Art Zusammenfassung und Überleitung zum nächsten Kapitel, das den Vernichtungsprozeß beschreibt: ›Für die deutschen Entscheidungsinstanzen ging der Prozeß nicht schnell genug. Sie konnten nicht zwei oder drei Jahrzehnte warten oder die »Lösung der Judenfrage« einer kommenden Generation anvertrauen. Sie mußten »das Problem lösen«, auf diese oder jene Weise, aber hier und jetzt.‹ [...] Ist diese Mimesis an den Gesamtprozeß, wie man es nennen könnte, denn gerechtfertigt, für die Sie doch schwerlich einen Beleg, eine Fußnote angeben könnten? *Hilberg*: Es wäre eine Fußnote mit 500 Angaben, was unsinnig wäre. Nein, man muß solche Sätze riskieren, man kann auf halbem Wege nicht stehenbleiben, oder man muß sie ganz lassen. Das Problem, das Sie monieren, war mir durchaus bewußt. [...] Wenn Sie mich also fragen, wie es mit einer Beschreibung aus jüdischer Perspektive aussieht – das ist sehr schwierig, besonders wenn es um die Totale geht; einmal müßte man mindestens 12 Sprachen sprechen, und man müßte all die Kulturen rekonstruieren, die zu den Sprachen gehören, müßte verstehen, was es hieß, ein Jude in Polen zu sein, in Italien, in Norwegen usw.; dann müßte man mehr zur Verfügung haben als lediglich die Nachkriegserinnerungen [...] *Söllner*: In welche Richtung soll die Holocaust-Forschung denn heute gehen? *Hilberg*: [...] Zunächst muß die Forschung mehr ins Detail gehen, das geschieht schon, wir haben Beschreibungen von Tötungssituationen.«[40] »Wilhelm, der Gymnasiallehrer, zeigte zum ersten Mal, daß man über eine einzige Einsatzgruppe 350 Seiten schreiben kann.«[41] Konzentrationslager scheinen etwas mit maßlosen Montagetexten zu tun zu haben. Keine Raum-, keine Zeitstruktur, soweit die Hilfe der Texttheorie. Wie geht man aber auf Montage? Wie schreibt man, wenn man von einem ungeschriebenen Satz von 500 Fußnoten pro Satz auszugehen hat? Kann man angesichts von Asche schnell etwas in den Sand setzen? »Wie gestaltet der Historiker den eigenen Stil? Aufschreien ist nicht angeraten. Der Leser versteht doch nicht, worum es sich handelt. Wenn man will, daß der Leser beunruhigt wird, muß der Verfasser die Ruhe behalten. Auch Ironie ist nicht erlaubt, obwohl sie manchmal auf versteckten Wegen eingebracht werden kann. Von Poesie über das Thema Auschwitz ist schon überhaupt nicht die Rede. So sind die meisten Holocaust-Darstellungen [...] an die Dokumente nicht nur inhaltlich, sondern auch stilistisch gebunden. [...] Deswegen ist der Forscher [...] vor eine schwere Aufgabe gestellt – und dies um so mehr, wenn er in deutscher Sprache schreibt.«[42] Warum ist Ironie nicht erlaubt?[43] Kann es angesichts dieser großen Sprachenascheneimer ernsthaft nicht erlaubte Sprachen geben? »DER NIL Du Blöde Wolken, das mag ich gar nicht wissen, was ein Fremdwort ist, weil wenn ich das weiß, dann ist es kein Fremdwort mehr. POLIZIST Du verstehst was von der Sach! Uns wollten sie auf der Schul 6 Millionen Fremdwörter lernen. Aber ich kann nur noch 3 oder 4. Windschutzscheibe Handgemenge und Übergewicht. DER NIL Das sind doch keine Fremdwörter! POLIZIST Jetzt nicht mehr, aber wie ich sie gelernt habe, da waren es noch Fremdwörter. Und davon hätten wir 6 Millionen lernen müssen. Da war während der ganzen Schulzeit immer nur von 6 Millionen Fremdwörtern die Rede. DER NIL Das gibt es nicht.«[44]

Die beiden Fragen, die sich beim *Versuch, das Endspiel zu verstehen* anfangs stellten: Warum diese Schüchternheit in einem zentralen Text 1. und 2. warum mehrere Widmungen an dieselbe Person (denselben Text)?, laufen bei Adorno am Ende zusammen. Zugespitzt: An Becketts Text läuft die *Ästhetische Theorie* aus. Adorno kann ab einem gewissen Punkt jedes seiner Bücher Beckett widmen, weiterwidmen. Der Name holt alles ein.[45] (Ich kann nicht weiterwidmen, ich muß weiterwidmen) Reine Beckmesserei.

Gehen wir weiter. Adorno sieht am Text vorbei; Foucault sieht drüber und drunter. Blanchot schreibt 1961 »*Wer nun? Wo nun?*«.[46] Foucault macht daraus (was nun?) *Was ist ein Autor?*. Blanchot hatte das Beckett-Zitat als Überschrift gewählt; sein Text kommentiert den literarischen. »›Wer nun? Wo nun?‹ Wer spricht in den Büchern von Samuel Beckett?« ist der erste Satz. Foucault nimmt ein anderes Zitat und dreht das Verfahren um. Literatur kommentiert bei ihm den Kommentar. »Was ist ein Autor? [...] ›Wen kümmert's, wer spricht‹« Erst die Frage des Kommentars – »Was machen wir eigentlich?«, »Was machen wir hier eigentlich?«–, dann eine erste Reformulierung der Frage mit einer Frage als Zitat. Eine erste Präzisierung, erste Verdoppelung. Die erste Verdoppelung ist aber selbst wiederum eine doppelte Frage: Wen kümmert's? und Wer spricht?, die in sich das Prinzip von Präzisierung und Verdoppelung wiederholt. Beide Fragen gehorchen dem Gesetz der Reihung, wobei nicht eindeutig zu beantworten ist, ob Wen kümmert's? und Wer spricht? womöglich dieselbe Frage bezeichnen sollen. Ein und dasselbe mit anderen Worten? Gibt es das überhaupt? Ganz sicher ist die Frage des Zitats aber auch eine Antwort. Womit eingestanden wäre, daß »Wen kümmert's« gar nicht einmal eine Frage sein muß. Neutral? Wir können das nicht entscheiden. Woher das Zitat kommt, wird – das kommt noch hinzu – gar nicht erst belegt. Es würde uns nur verwirren. Wen kümmert's schon. Foucault stellt ein Zitat in den Raum. Und hat ein Folgeproblem. Offensichtlich findet die Reflexion des Kommentars auch schon im Gegenstand (Text) selbst statt. Foucault verbucht das Beckett-Zitat in seinem ersten Abschnitt ironisch unter »Kritik«. Wirklich ironisch? Und wieso Beckett? Ist ein nicht ausgewiesenes Beckett-Zitat schon ein Beckett-Zitat? Foucaults Position ist jenseits des von de Man konstatierten Bruchs, der »mit der Einführung der linguistischen Terminologie in die Metasprache der Literatur«[47] die Entstehung von Literaturtheorie markiert. Er ist am Ufer; er hat es geschafft. Und Ende der sechziger, Anfang der siebziger Jahre nimmt Foucault für seine Materialstudien die linguistischen Terminologien und Verfahren von Metasprachen als Material. Archäologie des Wissens, Die Ordnung des Diskurses, Was ist ein Autor? Man lasse sich da nicht täuschen. (Nur weil das historische Material fehlt.) Es handelt sich ja auch nicht um eine historische Fragestellung. Aber um eine Textlogik. Weitere Materialstudien. Im Autor-Collège-de-France-Vortrag von 1969 wird mit dem Beckett-Zitat das Hauptargument gemacht. Macht das B die Musik. Es taucht insgesamt dreimal an strategischer Stelle im Text auf: im ersten Satz, im letzten Satz und noch einmal im ersten Teil in einer Wiederaufnahme, erneuten Doppelung der Fragestellung. Mir liegt daran, die charakteristischen Modifikationen dieses Zitats im Verlauf der Argumentation zu skizzieren. Doch erst noch zurück zu Blanchot, von dem Foucault die Frage hat. Die These dort ist, daß sich in den Texten von Beckett eine sprachliche Bewegung vollzieht, die nicht mehr auf die Sicherheit eines Namens hochzurechnen ist. Kronzeuge ist für Blanchot ein Text von 1953: »*Der Namenlose* [...] ist das Hintreiben auf eine neutrale Aussage, die nur sich selber ausspricht, die quer durch den Hörer hindurchgeht, die aus keinem Inneren kommt und die man nicht zum Schweigen bringen kann« (289). Ästhetische Fragestellungen erscheinen diesem Text gegenüber gegenstandslos. »Die ästhetischen Empfindungen sind hier nicht mehr angebracht. Vielleicht haben wir es nicht mehr mit einem Buch zu tun, oder aber wir haben es mit weit mehr zu tun als nur mit einem Buch: nämlich mit der reinen Gewärtigung einer Bewegung, aus der alle Bücher hervorgehen.«[48] Rein, ein, alle. (1/2 Pirandello.) Foucault hat ein ausgesprochenes Interesse an Bewegungen, aus denen Bücher hervorgehen. Mit der Wahl der »Gleichgültigkeit zeitgenössischen Schreibens« als Ausgangspunkt seiner eigenen Bewegung optiert der Autor, der nach dem Autor fragt, für »Wen kümmert's« als Frage. Dabei grenzt er sich von dem gegenstandslosen Projekt der Ästhetik ab und formuliert das eigene: »Wesentlich ist jedoch nicht, einmal mehr sein [des Autors] Verschwinden festzustellen, sondern als – ebenso gleichgültige wie zwingende – Leerstellen die Orte ausfindig zu machen, an denen er seine Funktion ausübt« (7). Das Projekt besteht so definiert aus zwei Komponenten: aus a) »ebenso gleichgültig wie zwingend« und aus b) »die Orte als Leerstellen«. Zwei Paradoxa. a) zieht den Ausgangspunkt des Textes mit herein, beginnt mit der Reformulierung. Mit einer komplementären Ergänzung. Und einem Moment vielleicht von Verantwortung (»ebenso gleichgültig wie zwingend« – ist es nicht schon wieder das »Wen kümmert's, wer spricht?«?). Und b), ja, wie geht b)? Wie beschreibt man einen Ort als Leerstelle? Zunächst durch das Abrücken vom Namen. Ich hol noch der Königin ihr Kind. Verzicht auf Festschreibung, Lexikon. Zugleich durch Anlage eines Koordinatensystems, das der Verschiebung Platz macht, Raum für Bewegungen offenläßt. Die Autorkategorie wäre folglich eine Funktion zwischen zwei feinen Strichen. Daß dies so sei, sieht Foucault nicht bei (bye) Beckett, sondern mit Beckett. Die Ästhetik geht. Der Gewährsmann bleibt. Familienpolitik ist es aber deshalb noch nicht: »Und noch einen anderen Einwand hat man vorgebracht: Sie gründen ungeheuerliche Familien, Sie bringen so offensichtlich gegensätzliche Namen wie Buffon und Linné zusammen, Sie stellen Cuvier neben Darwin [und Foucault neben Beckett, R.H.], und das entgegen aller sichtbaren Familienbande und natürlicher Ähnlichkeiten. [...] ich habe keine Familie gründen wollen, keine heilige und auch keine perverse, sondern ich habe einfach – und viel bescheidener – nach den Funktionsbedingungen bestimmter diskursiver Praktiken gesucht« (9). Der Einwand ist ein Einwand der Vorzeit, der Ästhetik. Mit dem Abrücken vom Namen kommt das Zusammenrücken der Texte. Foucault trägt vor und möchte einen Unterschied machen. Er beginnt mit losen Beobachtungen. Trennt Schrift- von Mundwerk. *Was ist ein Autor?* stellt mit dem ersten Wort die Frage der Überlieferung. Der Vortragstext wird abgedruckt als Tonspule – fort damit! –, als [allerdings sprachlich gereinigtes] Tonbandprotokoll. Das ist das erste Argument. Eine erste (oder zweite) Antwort. Nehmen wir den Faden, das Band auf. Kümmern wir uns darum, wer spricht in *Was ist ein Autor?*. Vor uns liegt eine richtige kleine Pädagogik. Am Anfang der Ort, das Datum. »Französische Gesellschaft für Philosophie. Sitzung vom Samstag, den 22. Februar 1969.« (Was ist eine Widmung?) Der Raum des Diskurses, der Raum der Macht. Der Text fährt fort mit seiner Vorankündigung. »Michel Foucault, Professor am Centre Universitaire Expérimental in Vincennes, möchte vor den Mitgliedern der Französischen Gesellschaft für Philosophie folgende Argumente entwickeln:« Es folgt, Satz 1, Beckett (unmarkiert) »Wen kümmert's, wer spricht?« und eine Art *abstract*. Zuerst spricht immer wer anders. Der erste Satz, der Sitz des Prominenten. Das Ganze ein Handout. Und schwer ironisch. »Michel Foucault möchte Argumente entwickeln« – »Who?«, Hu!, »Wer spricht?«, »Wer ist am Ende der Leitung?« aber auch »Who cares?«, »Wen kümmert's?«. »Vor den Mitgliedern« – wieder »Who cares?« Weiter geht's. Man liest bereits seit einiger Zeit in einem Text, der noch gar nicht angefangen hat. Überfliegen wir die »Topographie des Titels« (Derrida). So sieht's aus. »Sitzungsbericht. Die Sitzung wird um 16.25 Uhr im Collège de France, Saal 6 unter dem Vorsitz von Jean Wahl eröffnet.« Jetzt spricht Jean Wahl: »*Jean Wahl*. – Wir freuen uns, heute Michel Foucault bei uns zu haben.[49] Wir waren etwas ungeduldig, bis er kam, und etwas beunruhigt über seine Verspätung, aber er ist da. Ich stelle ihn Ihnen nicht vor, das ist der ›richtige‹ Michel Foucault, der von *Les*

Mots et les Choses, der mit der Doktorarbeit über den Wahnsinn. Ich erteile ihm sofort das Wort. *Michel Foucault.*« Man sollte die Zeit haben, was einmal in den Mund genommen worden ist, was berühmt geworden ist, kurz noch einmal durchzukauen + Stück für Stück auf der Zunge zergehen zu lassen (da, wo gesprochen wird). Mit aller feinen Ironie. Allen Schokochips. »Beunruhigt über seine Verspätung« – welche Verspätung? Die des Textes? »Aber er ist da« – Wenig später wird es heißen: Er ist weg. Der Autor, »der ›richtige‹ Michel Foucault« – das kommentiere ich erst gar nicht. Der falsche Michel. Hamburg und die Bundesrepublik. Der mit der Mütze. Der mit der Suppenschüssel. Aber nein, »der von *Les Mots et les Choses*, der mit der Doktorarbeit über den Wahnsinn‹. – Wieso einmal der Titel und dann der Titel? Wieviel Texte wären das? Und welche Qualifikation? Wieso die Übersetzung? Und wieso überhaupt der »richtige«, »der« halt? »Ich erteile ihm sofort das Wort« – Sofort doch wohl auch nicht. Gehen wir ein, zwei Seiten weiter. Foucault kommt hier zur Formulierung des Themas. Er selbst formuliert gar nicht. »Die Formulierung des Themas, von dem ich ausgehen möchte, übernehme ich von Beckett: ›Wen kümmert's, wer spricht, hat jemand gesagt, wen kümmert's, wer spricht.‹« (10f.) Kein Fragezeichen, Punkt. Was in Foucaults Text offensichtlich vorliegt, ist ein konstitutives Immer-wieder-neu-Anheben der Fragestellung; eine Struktur, die die Formulierung des Themas per Zitat exakt spiegelt. Ist doch der zitierte Satz – die doppelte Frage – wiederum in sich gedoppelt. (Wir hätten jetzt 4; beim 2. Mal.) Und zwar entlang einer blinden Spiegelachse, die den Satz selbst wieder als Zitat ausweist. Als ein halb Verlorengegangenes (»hat jemand gesagt«). »Wen kümmert's, wer spricht, hat jemand gesagt, wen kümmert's, wer spricht.« Halten wir fest: 1. Das Zitat, das ein anderes Zitat zitiert, wird referentialisiert. Das ist Beckett (der zitiert), sagt Foucault (der zitiert). Wir erinnern uns: Von Beckett war bisher noch nicht die Rede. Und jetzt? Soll ich sagen: Das ist *Texts for nothing III.* Wen soll das wieder interessieren? Texte für nichts; Nr. 3 für die Katz. Aber wäre es das? Wäre das bereits alles? Bleiben wir noch ein wenig beim Thema. Bei der Wiederholung. Wir haben also die Wiederholung eines Zitats, das ausgewiesen wird (Beckett), das aber selbst nicht ausgewiesen zitiert (»hat jemand gesagt«). Dieser blinde Mittelteil, diese Bauchbinde, Zigarre, wir haben sie übergangen, dieses »jemand«, wie kann man das lesen? a) keine Ahnung, b) Foucault. Würde ich sagen. Der Autoraufsatzautor. Denn der hat es ja bereits zu Beginn gesagt. Womit die Wiederholung besonders Gewicht bekäme. Zumal in der Rede. Aber es ist beides drin. 2. Es geht um eine »Formulierung des Themas«. Der literarische Text und der Kommentar kreisen offensichtlich beide um dasselbe Problem. Zugespitzt: Was der Kommentar wissen will, weiß der literarische Text offensichtlich schon lange. Was liegt da näher, als *Was ist ein Autor?* wieder mit seiner eigenen Verdoppelung, mit dem Satz aufhören zu lassen, den Satz wiederaufzugreifen, der ein Zitat eines Zitats/die Formulierung des Themas ist? Und es nur als Geräusch gelten zu lassen. »Und hinter all diesen Fragen würde man kaum mehr als das gleichgültige Geräusch hören: ›Wen kümmert's, wer spricht?‹« (31) – (das damit wieder eine Frage wäre). Wieder ohne Autorname, aber der sitzt ja jetzt im Nacken. Schalke.

»Wen kümmert's, wer spricht?« läßt Zitate kreisen. Die Puppe tanzen, die Falten. Der Morgenstern. Demonstriert wird Zirkulation. Zeitlichkeit. Die Zitierweise ist performativ. Didaktisch. Die Bewegung geht von Zitat I zu Zitat III über Zitat II. I und III sind identisch. Und auf Grund des Textabstandes zwischen ihnen zugleich verschieden. Es ist eine Positionierungsfrage (zwischendurch kam Beckett). Etwas Zeit ist verstrichen. Wobei gar nicht einmal eindeutig zu klären ist, welches Ei zuerst da war. Kann I ohne Wissen um II da stehen? Ist I überhaupt ein Zitat? Dafür sprechen als Indizien die Anführungszeichen und der Autorname (nach der Lektüre von II). Die Anführungszeichen könnten aber auch Zeichen für Mündlichkeit sein. Für einen Einwurf. Für den ganzen Text. Rede Zitat. Wir haben alles Gott sei Dank, wenn auch simuliert, auf Band. Gehen ganz auf Nummer Sicher. Mit II scheint es dagegen vergleichsweise einfach zu sein: Beckett Doppelpunkt. Nur daß mit dem Ausweis alles fraglos geworden zu sein scheint. Die alte Frage auf einmal als Aussage im Raume steht. Etwas, das erst in der abermaligen Kürzung am Ende zurückgenommen wird. Wo dann die Frage wieder das letzte Wort hat. Im Hintergrund vollzieht sich parallel, fast unmerklich der Übergang von der »Gleichgültigkeit« am Anfang zum »gleichgültigem Geräusch« am Ende, das – wen wundert's? – wiederum eine Verdoppelung ist. Ein Geräusch allerdings, das fragen kann. Von der Frageform wird nicht Abstand genommen. Hinter allen Fragen das Geräusch einer Frage. »Ich bedaure sehr, daß ich in die jetzt folgende Debatte keinen positiven Vorschlag habe einbringen können: höchstens Leitlinien für mögliche Arbeiten, Wege für eine Analyse. Aber ich muß Ihnen doch wenigstens zum Schluß noch in einigen Worten sagen, warum ich das doch wichtig finde.« (29) Keinen positiven Vorschlag/aber ich muß doch – damit wäre er bei uns im Team. Wo steht jetzt *die* Aussage des Autoraufsatzes? Im Abstract? Im letzten Abschnitt? Was würden Sie sich rot markieren? Es reicht offensichtlich nicht aus, das Abstract zu lesen.[50]

Wo jetzt diskutiert werden müßte, steht in der deutschen Ausgabe ein kleines Sternchen des deutschen Herausgebers. Ein Sternchenstündchen unfreiwilliger Komik: »Das mehrfach erwähnte Werk von Foucault *Les Mots et les Choses* liegt auf Deutsch unter dem Titel *Die Ordnung der Dinge* vor.«

Freud müßte man lesen. Die Funktion der Wiederholung. Jenen Freud, von dem Steven Marcus schreibt, daß er wie Proust schreibt.[51] Ziehen wir den Namen zu Namen kurz hinzu: »Die reiche Vorstellungsgruppe ›Wilhelm‹ wird geradezu durch den Gegensatz zu Otto belebt und die Elemente in ihr hervorgehoben, welche an die bereits erregten in Otto anklingen. [...] Auch ›Amylen‹ könnte unverwandelt in den Trauminhalt kommen, es unterliegt aber der Einwirkung der Gruppe ›Wilhelm‹ [...]. In der Nähe von Amylen liegt für die Assoziation ›Propylen‹; aus dem Kreise ›Wilhelm‹ kommt ihm München mit den Propyläen entgegen.«[52] Lesen wir jetzt den »Namenlosen«. Fangen wir am Ende, fangen wir mittendrin an: »ich weiß nicht, es sind Worte, nie mehr erwachen, es sind Worte, es gibt nichts anderes, man muß weitermachen, das ist alles, was ich weiß, sie werden aufhören, ich kenne das, ich fühle, daß sie mich loslassen, es wird das Schweigen sein, eine kurze Weile, eine ganze Weile, oder es wird meines sein, das währt, das nicht gewährt hat, das immer noch währt, es wird ich sein, man muß weitermachen, ich kann nicht weitermachen, man muß weitermachen, ich werde also weitermachen, man muß Worte sagen, solange es welche gibt, man muß sie sagen, bis sie mich finden, bis sie mir sagen, seltsame Mühe, seltsame Sünde, man muß weitermachen, es ist vielleicht schon geschehen, sie haben es mir vielleicht schon gesagt, sie haben mich vielleicht bis an die Schwelle meiner Geschichte getragen, vor die Tür, die sich zu meiner Geschichte öffnet, es würde mich wundern, wenn sie sich öffnete, es wird ich sein, es wird das Schweigen sein, da wo ich bin, ich weiß nicht, ich werde es nie wissen, im Schweigen weiß man nicht, man muß weitermachen, ich werde weitermachen …«[53] Eindeutig de Man.[54] Wenn es mal nicht Foucault ist. »…man muß weiterreden, man muß Wörter sagen, solange es welche gibt; man muß sie sagen, bis sie mich finden, bis sie mich sagen… *Michel Foucault*« – das Motto vom »ersten Gedichtband in der Bundesrepublik« eines »1956 in die DDR Hineingeborene[n]«. Titel: (guter Titel) *Privateigentum*.[55] Das erste Bändchen. Aus dem Buch. Lesezeichen. Vergaß: »kann nicht«. Nichts dafür. Einmal Leipzig einfach. Einmal Heldenstadt. Foucault wie de Man. Freud wie Proust, de Man wie Beckett – ist das nicht a) völliger Quatsch (wie »wie« bei Adorno) und b) völlig richtig? Geht es nicht mit de Man in einem fort nicht mehr weiter stets aufs neue los? Ist es seine Schuld? Kommen wir mit de Man ein Stückchen weiter?

Hat er nicht mal gesagt: »Technisch korrekte rhetorische Realisierungen des Lesens mögen langweilig, monoton, vorhersagbar und unangenehm sein, doch sie sind nicht zu widerlegen.«[56] Hat er es nicht gleich noch mal bestätigt: »die Hoffnung, man könne technisch originell und gleichzeitig in seiner Darstellung gewandt sein, wird von der Geschichte der Literaturwissenschaft nicht bestätigt«?[57]

Erinnern wir uns an Adorno. Sechziger Jahre. Die Integrität eines sozialen und historischen Subjekts. Adornos letztes Wort im Endspieltext gilt dem Letzten Willen. Der Treue zu Proust. (Bei Beckett.) »Zu Proust« hat er selbst geschrieben. Ich trage vier Sätze nach: »Vorausschicken möchte ich, daß ich von dem Buch, das ich anzeige, nicht als Kritiker reden kann. Proust ist seit dreißig Jahren viel zu sehr ein Element meiner eigenen geistigen Existenz, als daß ich Distanz dazu hätte, und die Qualität des Werkes scheint mir von der Art, daß der Anspruch kritischer Überlegenheit auf Unverschämtheit hinausliefe. Wenn ich dem ersten Band der neuen deutschen Ausgabe auf einem Frankfurter Verlegerabend gewissermaßen das Geleit geben durfte, so drückt sich darin die einzige Haltung aus, die ich dem säkularen Dichter gegenüber einzunehmen vermag […]. Walter Benjamin sagte mir einmal, er wolle nicht ein Wort mehr von Proust lesen, als er jeweils zu übersetzen habe, weil er sonst in eine süchtige Abhängigkeit gerate, die ihn an der eigenen Produktion, die gewiß originell genug war, hindere« (670). Zwischen 1945 und 1950, schreibt der Beckett-Kommentar-1980, dreht sich die Prosa um Proust.[58] Adorno hat der Tod einen Strich durch die Prosa gemacht. »Hinzu kommen sollten zwei weitere Arbeiten«, schreibt sein Nachlaßverwalter, der treue Tiedemann, in der »Editorischen Nachbemerkung« der *Noten zur Literatur*, »die eine über Becketts ›L'innomable‹ [...]. Zur Niederschrift ist er nicht gekommen« (700). Festgehalten ist wieder der Wille. In Klammern: (ich bin tot → Kommissar Lohmann will ins Theater). Und: Ich will noch mal; ich bin nicht fertig. Es heißt auch: Ich habe an alles gedacht. Man hat mich nicht ausreden lassen. »Ich« sagt er, der Nachlaßmann. Adornos Mund an seinem Ohr. Das Ohr als Mann im Ohr. Amboß, Posthorn.[59] Megaphon. (Zwei weitere Arbeiten) »sollten« heißt »weiß ich, sag ich euch«; »nicht zur Niederschrift gekommen« heißt »Adorno hatte alles schon im Kopf«. Eine angekündigte Rede eines Toten strukturiert einen Machtraum (– 1 und 2, Freddy kommt vorbei –) + ein Arbeitsfeld, und zwar gemäß dem letzten Satz des noch realisierten Texts: »Proust, über den Beckett in seiner Jugend einen Essay schrieb, soll versucht haben, den eigenen Todeskampf in Notizen zu protokollieren, die der Beschreibung von Bergottes Tod hätten eingefügt werden sollen. Das Endspiel führt diese Absicht aus wie das Mandat aus einem Testament« (321). Who's who. Das Arbeitsfeld ist Adornos Biographie. Stellen wir uns nicht an! Seien wir nicht zimperlich. Nehmen wir den roten Faden auf. Laufen wir auf den Stier zu. Was hätte denn der Verstorbene mit dem Namenlosen gemacht? Das A-Privatim mit Ohne-das? Schöner kann man sich Becketts Text kaum nähern. Ein Text, der nicht geschrieben wurde und im Raum steht, und ein Titel, den es so nicht geben kann und dennoch gibt. Eine Ankündigung und ein Titel. Ein schönes Gespann. Natürlich bleiben wir beim Titel. »Samuel Beckett Der Namenlose«. Da wird der Eigenname »Hat keinen Eigennamen« mit einem Eigennamen »Beckett« zusammengebracht. Der soll der Nenner sein. Weil er darüber steht, soll er es sein. Über den Wörtern auf dem Deckel. Deckel sagt, das ist sein Bier. »Da kam unglücklicherweise ein Fuchs des Wegs. Er sah die Krähe und rief ihr zu: – He, – ruft er, – du Krähe! Und die Krähe ruft zurück: – Selber Krähe!«[60] Selber Name!, jaja, und eine Krähe keine Augen. Schaut man genauer hin, sieht man, daß der Name ›Der Namenlose‹, der die Unmöglichkeit, einen Namen sein eigen zu nennen, benennt, zugleich als Negation und als Affirmation funktioniert. Er ist zugleich Name und Nicht-Name. »Die Übersetzung des Titels bereitete einige Schwierigkeiten: ›Der Unnennbare‹ oder gar ›Der Unbenennbare‹

wäre als Wiedergabe von ›L'Innomable‹ durchaus möglich gewesen. Aber damit ginge über dem etymologischen Inhalt die pejorative Hauptbedeutung verloren, die das Wort im heutigen Französisch hat, nämlich ›scheußlich, ekelhaft‹. [...] ›Namenlos‹ – das ist einfach so, da kann niemand was machen, während bei ›unnennbar‹ oder ›unbenennbar‹ im Deutschen immer ein Jemand mit anklingt, der nennt oder benennt. Die Ableitungssilbe ›-able‹ im Französischen oder Englischen ist eben weit weniger personenbezogen als ihre deutsche Entsprechung ›-bar‹«.[61] Folgt man Derridas Bestimmung der Funktion des Titels – »Dafür sind wesentlich: seine Stellung, sein über dem Rand schwebender *topos*, seine Heterogenität in bezug auf einen Diskurs und sein Wert als strukturell unentscheidbarer oder (wenn Sie das vorziehen) immer *noch zu bestimmender* Zug der Einschreibung«[62] –, ebnen die Wörter in Becketts Titel Stellung und Topos des Titels ein. Es kann weder die Rede davon sein, daß der Titel sich als Eigenname des Textes behauptet, daß der Titel sagt: ich bin ich, der Titel (was er sagt, ist: ich bin's, und ich kann's nicht sein) –, noch, daß der Titel Aufschlüsse über den hinter ihm liegenden Text erlaubt, daß er das anzeigt, wofür er steht. Die Verwirrung entsteht, weil der Titel sagt: da ist kein Name, nichts, das bezeichnet würde; dies jedoch nur über einen Namen sagen kann, eben durch die Verwendung sprachlicher Zeichen. Was aber nicht nennbar ist, ist auch nicht lesbar und auch nicht schreibbar: »einen Titel wird es erst im Augenblick geben, wo sich die Möglichkeit einer Lektüre gefestigt [hat] [...]; er könnte das beanspruchen [d.i. ein Titel zu sein, R.H.] erst von dem Augenblick an, wo seine *Lesbarkeit* die Zweideutigkeit vorm Gesetz [...] aufgehoben haben wird« (19).[63] Lektüre, Interpretation, Referenz, Autor, Leser, die ganzen Lieblingsproblemkinder der Literaturwissenschaft wären in Becketts Titel und Text im Garten. Und schössen ins Kraut. Offensichtlich haben die beiden (TNT) auch nichts Besseres zu tun. Entsprechend selbstbewußt fängt der Text auch an: »Wo nun? Wann nun? Wer nun?« (7) Der »immer noch zu bestimmende Zug der Einschreibung« des »Namenlosen« bleibt im Text der immer noch zu bestimmende Zug der Einschreibung.

Anfang der 70er Jahre lernt Beckett – »happy end« – den Spezialisten für die Entstehung der Taubstummensprache im 18. Jahrhundert kennen. Unseren Taubstummengewährsmann. Und befördert ihn zum »Ersten Leser«. Es ist Professor Knowlson, der bis an B's Lebensende Post erhält: »die unveröffentlichten neuesten Arbeiten des Nobelpreisträgers [...], weil der sein Urteil so sehr schätzte« (*Neue Westfälische*, 6. 3. 1990). Knowlhowl. Nach all den Erfahrungen der vorausgehenden Jahre ist Becketts Reaktion so ungewohnt [»weil ja alle Welt wußte, daß dieser seine Arbeiten höchst ungern diskutieren wollte« (ebd.), Beckett hatte es eben dick], daß für die neue Konstellation, den Lesezirkel ein eigenes Label gefunden wird. Knowlson + Beckett, das ist die »Reading Connection« (*Sunday Times*). French/English. Zwei Freunde + das größte Archiv außerhalb von Texas. Das »Mekka der Beckett-Forschung« (dpa). Mekka in Reading. Mekka Beckett. Westlich von London. Und natürlich Texas. Austin und Reading. Sprechakt und Lektüre. Gar nicht so einfach. Aber ein Anfang. Wäre gemacht.

Sagen wir, de Man schreibt wie Beckett, wenn er über Proust schreibt, also: »Man kann zeigen, daß der angemessenste Ausdruck, dieses ›etwas andere‹ zu bezeichnen, LESEN ist. Aber man muß gleichzeitig ›verstehen‹, daß dieses Wort ein für allemal den Zugang zu einer Bedeutung sperrt, die dennoch immer danach verlangt, verstanden zu werden«[64]; oder schreibt: »Literatur und Literaturwissenschaft – die Differenz zwischen ihnen ist Trug – ist verurteilt (oder privilegiert), für immer die strengste und folglich am wenigsten verläßliche Sprache zu sein, in deren Begriffen der Mensch sich selber benennt und verwandelt« (50). Ganz wie auf der anderen Seite (also auf derselben) Beckett: »wie im Fall von Proust zwei Vögel im Busch unendlich viel mehr wert sind als einer in der Hand«.[65] Ohne die Wahl zu haben. Unendlich viel mehr wert ist das, was wir gerade nicht in der Hand haben. Was im Busch sitzt (und pfeift).

Lesen wir *Lesen (Proust)*. Was soll das heißen? Heißt das »Proust lesen«, oder heißt Proust »Lesen«? Lesen ist offensichtlich das wichtigere Wort der beiden; Proust steht schließlich in Klammern. Auf der anderen Seite haben wir ein »and Proust« im Titel des Buchs. Eine Absetzung. *Allegories of Reading. Figural Language in Rousseau, Nietzsche, Rilke, and Proust.* Wieso so herum? Von hinten nach vorne wären es 6 Kapitel Rousseau, 3 Nietzsche, 1 Proust, 1 Rilke, 1 Verschiedenes. Doch wohl nicht »end Proust«, endgame? Davon sind wir gerade runter. »And Proust« ist schon noch etwas mehr als Proust. Hat Proust bei de Man etwa eine Sonderstellung? Dem Titel nach zu schließen, wäre

Proust also erst einmal das Letzte. Die Frage ist tatsächlich, in welchem Verhältnis »Lesen« zu »Proust« steht. Es ist auch die Frage, die de Man interessiert. Hat man sich Lesen getrennt von Proust vorzustellen? Oder liest sich der literarische Text selbst? Und wer klammert? Innen/außen; Objekt- und Metasprache: Unser Thema! Reading plus Klammer heißt aber auch: Modell, exemplarisch, so gehts. Und hier liegt eine erste Schwierigkeit von de Mans Lektüreverfahren. Es ist nicht der dicke Name. Proust, Beckett. Dicker Brief, dicke Tasche. Mit der häufig angesprochenen Fixierung de Mans auf Kanontexte – wo sich doch prinzipiell alle Texte dekonstruieren lassen sollen – kann ich gut leben. Erst recht, wo das Vorwort in den *Allegorien der Lektüre* das auch noch als »erste strategische Phase« ausweist: »Er [der Blickwechsel] könnte im Prinzip zu einer Rhetorik der Lektüre führen, die über die kanonischen Prinzipien der Literaturgeschichte hinausreicht, die, in diesem Buch, dennoch als Ausgangspunkt ihrer eigenen Aufhebung dient« (2). Ohne sich gleich als Teil eines Kommando-Unternehmens fühlen zu müssen. Problematisch ist eher de Mans kanonische Selbstlektüre. Die Art und Weise, wie er Modellbahnen zieht. Aufbaut. Kann aber etwas, das keine Methode sein will, exemplarisch lesen? Kann es »so etwas wie« eine Dekonstruktion-Parade-Lektüre geben? Ist Proust bei de Man vielleicht ein Parade-Proust? Statt Sinn- die Zinnfigur? De Mans Proust-Lektüre muß an zwei Stellen ihren Kopf herhalten, ihren Punkt machen. Einmal in »Reading«, das unter allen einäugigen Titeln (»Tropes«, »Reading«, »Metaphor«, »Self«, »Allegory«, »Promises«, »Excuses«) König ist, das alle anderen metasprachlich kommentiert, sie gewissermaßen aus ihren Texten holt, und noch mal im einzigen Text, bei dem keine Klammer andeutet, daß etwas konkret gelesen wird, Nr. 1: *Semiology and Rhetoric.* Dort heißt es mit Blick auf Proust: »Ich habe eine entsprechende Analyse in einem etwas weiteren Kontext ausgeführt (vgl. S. 91 ff. unten), an dieser Stelle interessieren uns die Resultate mehr als das Verfahren unserer Lektüre.« (45) Wenig später heißt es: »Der weitere Text des Proustschen Romans zum Beispiel zeigt sich zur weiteren Applikation dieses Musters vorzüglich geeignet« (47). »Applikation dieses Musters« klingt ungut, aber es ist das »zum Beispiel«, das die Musik macht. Des Sommers. Das mir die Passage problematisch macht. De Man fährt fort: »Die gesamte Literatur würde sich in ähnlicher Weise einem solchen Verfahren erschließen, wobei selbstverständlich seine Techniken und Muster von Autor zu Autor beträchtlich variieren müßten. Doch gibt es durchaus keinen Grund, Analysen von der Art, wie sie hier für Proust vorgeschlagen wurden, mit angemessener Modifikation ihrer Technik nicht auch auf Milton oder Dante oder Hölderlin anzuwenden. Das wird in der Tat die Aufgabe der Literaturwissenschaft in den kommenden Jahren sein.« (47) Gegen Resultate wird niemand ernstlich etwas einzuwenden haben; die Frage ist nur, wo man diese Resultate lokalisiert. In der Lektüre oder am Ende der Lektüre? Kann es ein Lese-Abstract geben? Es ist der Akzent dieser Passage, der mich stört. Ich ordne mal die einzelnen Satzbestandteile übersichtlich an. a) Die gesamte Literatur in ähnlicher Weise/Analysen von der Art anzuwenden, wird die Aufgabe der Literaturwissenschaft sein. c) wobei Techniken und Muster von Autor zu Autor beträchtlich variieren. A und C haben sich an einem Tisch zusammenzusetzen. Sie haben über ihren Schatten zu springen. Gute Miene, böses Spiel. Der Schatten im Text ist b), das Bindeglied. Zugleich der Zebrastreifen. b) bei de Man heißt: Selbstverständlich, doch durchaus kein Grund. Gut Deutsch: interessiert mich nicht (sonderlich). Hier geht es um Wissensbreitseiten. Ein so skizziertes Verfahren produziert tendenziell Ideologie. Hilft da de Mans »mit angemessener Modifikation ihrer Technik« aus der Klemme? Was heißt »angemessen«? Anzug? Angepaßt? Heißt es mehr als »wenn's nicht weiter stört«? Die Konzession, um die Konzession zu kriegen? Zwei Wege, geteilte Ansicht. Was sind die Vorgaben einer Lektüre? Was setzt man vorab: beträchtliche Variation oder grundlegende Aporie? Was will man rauskriegen? Was ist interessant? Lesen wir noch einen drauf: »Die Dekonstruktion ist nichts, was wir dem Text hinzugefügt hätten, sondern sie ist es, die den Text allererst konstituiert hat. Ein literarischer Text behauptet und verneint zugleich die Autorität seiner eigenen rhetorischen Form, und indem wir den Text so lesen, wie wir es getan haben, *versuchten wir nur, fast ebenso strenge Leser zu sein, wie der Autor es sein mußte, um überhaupt einen Satz schreiben zu können. Dichtung ist die avancierteste und verfeinertste Form der Dekonstruktion*; sie mag sich von kritischen oder diskursiven Texten nach der Ökonomie ihrer Artikulation unterscheiden, aber nicht ihrer Art nach« (48, meine Hervorhebung). Den Autor beim Schreiben lesen – endlich würden Hölderlin und ich einmal in eine Bank gesetzt. Könnten an unseren Kulis, unseren Schreibern kauen. Höchste Zeit, wo wir schon so lange parallel an derselben Sache arbeiten. Endlich auch einmal eine Forderung, die nach vorne schielt, die (wenigstens) zwei Lektüren + zwei Schreibweisen voraussetzt. Wie liest aber ein Autor? Strenggenommen?[66] »[Ewald:] *Wohin führt eine Arbeit wie die Ihre?* [Derrida:] Ich weiß nicht. Oder eher: Ich glaube, daß man das nicht wissen kann, was nicht heißen soll, daß man nur auf das Wissen verzichten und sich mit der Dunkelheit abfinden müßte. Es geht hier um Verantwortungen, die nicht dem Wissen folgen, nicht wie Konsequenzen oder Wirkungen aus dem Wissen fließen dürfen, wenn sie zu Entscheidungen und Ereignissen führen sollen. Andernfalls würde man ein Programm abspulen und sich bestenfalls wie ein ›intelligentes‹ Geschoß fortbewegen«.[67] Wir wissen, wie ein »intelligentes Geschoß« fliegt. Und worauf. Ein Marschflugkörper. Wir haben das schon hundertmal gesehen. Man hat es uns schon zigmal vorgemacht. Wie er sich zwischen den Häusern hält, an der Kreuzung kurz stoppt, nach rechts und links schaut, ob auch kein Auto kommt, weiterfliegt, abbiegt, nach dem Weg fragt, alles wiedererkennt, einschlägt. Ich befürchte, an diesen Musterstellen ist de Man das »intelligenteste Geschoß«.

Aber muß ich nicht ganz anders fragen? Wenn de Man wie Beckett schreibt, wie schreibt man dann eigentlich über de Man? Kann man »über« de Man schreiben? Wie man früher »über« Beckett schreiben konnte. Kann man eine Position der Überlegenheit beziehen? Wird man nicht dabei zum historischen Überhangphänomen? Läßt sich sagen, daß man »über de Man« schreibt, wenn man »wie Beckett« schreibt? (Wissamschaft?) Die Proust-Lektüre stellt zweifellos einen einzigartigen Glücksfall dar: Nicht nur, daß der Autor sich seine Lektüre noch einmal vornimmt, nein, auch zwei seiner bekanntesten Schüler lesen den Text. Zwar nicht als Handexemplar, aber doch als Fuß-, sprich Sockeltext. Als Klassiker-Klassiker-Interpretation. Werden Lehrer und machen ein Rechenbuch. Mit Lösungsheft. Bevor wir darangehen, unsere Aufgaben zu machen, schlagen wir aber noch einmal einen Bogen zu allen Texten zurück. Offensichtlich hatten alle hier besprochenen Texte eines gemeinsam: Sie gruppieren sich um »Schuld«. Adorno: »Das perennierende Leiden hat soviel Recht auf Ausdruck wie der Gemarterte zu brüllen; darum mag falsch gewesen sein, nach Auschwitz ließe kein Gedicht mehr sich schreiben.

Nicht falsch aber ist die minder kulturelle Frage, ob nach Auschwitz noch sich leben lasse, ob vollends es dürfe, wer zufällig entrann und rechtens hätte umgebracht werden müssen. Sein Weiterleben bedarf schon der Kälte, des Grundprinzips der bürgerlichen Subjektivität, ohne das Auschwitz nicht möglich gewesen wäre: drastische Schuld des Verschonten«[68]; Foucault: »›Wen kümmert's, wer spricht?‹ In dieser Gleichgültigkeit äußert sich das wohl grundlegendste ethische Prinzip zeitgenössischen Schreibens« (7); Beckett: »man muß weitermachen, ich kann nicht weitermachen, man muß weitermachen, ich werde also weitermachen, man muß Worte sagen, solange es welche gibt, man muß sie sagen, bis sie mich finden, bis sie mir sagen, seltsame Mühe, seltsame Sünde, man muß weitermachen« (176). Wo plötzlich im Text mit »Mühe« die »Sünde« auftaucht. Worte sind es, die die Sünde begehen, die sich die Mühe machen, weitermachen müssen zu sagen. »Schuld ist stets [in der *recherche*] um Lesen und um Schreiben zentriert«, sagt auch de Man. »Diese Verbindung zwischen Metapher und Schuld ist eines der wiederkehrenden Themen autobiographischer Fiktion« (98).

Wie geht de Man in seinem Text vor? De Man folgt Prousts Marcel in sein kühles Zimmer, wo er liest, und sieht zu, wie er das macht. Die Großmutter ruft: Geh nach draußen! (Offensichtlich ist sie auch drinnen.) Draußen ist das Außerhalb der Sprache, der Referent: die Welt, der Sommer, das KZ. Muß man sich da nicht schlecht vorkommen mit seinen Texten, wenn man nicht auf die Großmutter hört, wenn man denkt, daß draußen nicht wichtiger ist als drinnen, ja mehr noch, daß man das ›draußen‹ auch drinnen hat? Muß man sich da nicht doppelt schlecht vorkommen? Ein schlechter Leser/Literaturwissenschaftler; ein schlechter Mensch? Keine Spur!? Aber ist man damit nicht auch schon bei einer bestimmten Position im Text? Bei Marcel, bei Adorno? Versuchen wir, Paul de Man zu folgen. De Man interessiert sich dafür, wie Sprache gelesen werden kann. Wie kommt er da gerade auf Marcel? Nicht, daß er einen Kollegen gefunden hätte, »denn wir können nicht *a priori* sicher sein, zu dem, was auch immer Proust über das Lesen zu sagen hat, ausgerechnet dadurch Zugang zu erhalten, daß wir eine Szene, die vom Lesen handelt, lesen« (91). Entscheidend scheint, daß er, de Man, im Text eine Struktur ausmacht, in der sich der Text selber liest. Der 1. Schritt de Mans ist, daß er in einem Text eine Behauptung über Sprache identifiziert.

Er identifiziert Metasprache in der Objektsprache. Die These ist nun, daß »eine rhetorische Lektüre der Passage enthüllt, daß seine figurative Praxis und seine metafigurative Theorie nicht konvergieren« (45). Schüler 1, Barbara Johnson, bettet ihre Lektüre der de Manschen Lektüre ein in die Stirnrunzeln des Wals. »So etwas wie« wird das sein. »Wrinkles in a Whale's Brow« in »Rigorous Unreliability«. In dieser Lesart ist de Man sowohl Platoniker wie Westernheld. Und ein erhabener Text. Der Wissenschaft die Stirn des Wals bieten, ein interessanter Versuch. Die Überschrift von Johnson ist ein esoterisches Zitat. Zugleich ein interdisziplinäres Projekt. Ein Beitrag zur Cetologie, Fischforschung. Klinken wir uns ein mitten in die Öffnung des Walkopfes. The opening of a debate.

»Mit einem Wort, die Stellung des Walauges entspricht der des menschlichen Ohres, und man kann sich vorstellen, wie es uns erginge, wenn wir die Dinge seitwärts durch die Ohren betrachten müßten. [...] [D]ie eigentümliche Stellung der Augen beim Wal, die durch den viele Kubikfuß großen Kopf voneinander getrennt sind wie zwei im Tal gelegene Seen, zwischen denen sich ein hohes Gebirge auftürmt, [muß] dahin führen, daß für jedes einzelne Organ ein Eindruck entsteht, der von dem des anderen völlig getrennt und unabhängig ist. So muß der Wal auf der einen Seite ein selbständiges Bild und auf der anderen Seite ein zweites sehen, während für ihn dazwischen Dunkelheit und Leere herrscht. [...] Es erhebt sich hier bezüglich des Sehvorgangs [...] eine sonderbare und schwierige Frage [...]. Wie ist das nun beim Wal? Sicherlich müssen seine beiden Augen gleichzeitig in Tätigkeit sein. Aber ist sein Gehirn in der Lage, so viel mehr aufzufassen und genauer zu verarbeiten als das des Menschen, daß er zur gleichen Zeit zwei verschiedene Bilder scharf zu beobachten vermag, das eine auf der einen und das andere auf der genau entgegengesetzten Seite?«[69] Kann das ein De-Man-Text? Wie muß er geschrieben sein, um *zur gleichen Zeit* zwei unterschiedliche Phänomene im Blick haben zu können? Aufgeschoben ist nicht aufgehoben. Das erste Bild, das Johnson uns vermittelt, ist, wie der Wal zusieht. Daß was passiert. Bild 2 wäre, wie man ihn sehen könnte. Arbeiten wir uns dazu in die Falten vor. Vertiefen wir uns in die Stirn. Vergessen wir nicht, es sind mehrere Fischköpfe, die über der Reling hängen und besprochen werden wollen. »Seht ihr den Ausdruck in den Mienen des Pottwals? Es ist derselbe, mit dem er starb, nur einige der langen

Runzeln auf seiner Stirn scheinen geglättet. Mir scheint sein breites Gesicht erfüllt von einer prärieweiten Ruhe, die in der Gleichgültigkeit des Denkers gegenüber dem Tod ihren Ursprung hat. [...] [D]er Pottwal [war] ein Platoniker [...], der sich in seinen letzten Jahren mit Spinoza befaßt hat« (414).[70] Runzeln auf der Stirn weisen auf Texturen hin. Das Räkeln von Texten. »In gewisser Hinsicht ist der physiognomisch eindrucksvollste Anblick, den wir vom Pottwal gewinnen können, der ganz von vorne. Dieses Bild ist erhaben. [...] Aber beim Pottwal ist diese hohe und mächtige, der Stirn innewohnende gottähnliche Würde so ins Ungeheure gesteigert, daß man, wenn man sie von vorne betrachtet, die Göttlichkeit und die furchtbare Gewalt heftiger empfindet als bei irgendeinem anderen Wesen der lebendigen Natur. Man erkennt keine Einzelheit, kein Gesichtszug läßt sich unterscheiden, keine Nase, Augen, Ohren oder Mund, kein Gesicht. Er besitzt keins, nichts als dieses eine breite Firmament der Stirn, durchfurcht von Rätseln, tief nachsinnend über den Untergang von Booten, Schiffen und Menschen. [...] Ich kann euch diese Stirn nur vor Augen führen. Lest darin, wenn ihr es könnt« (425 ff.). Und was macht so einen Stirnrunzelleser am Ende aus? Was ist ein Faltenlesekönner? Barbara Johnson liefert mit ihrem Zitat gleich die Warnung des Zitats mit. Sie geht an die Adresse der Profizähmer der Literaturwissenschaft, der Lexikonmacher, Begriffstutzer, der Spezialisten in Besitz-Stand-Sicherung, die die Stirn so gern in Spiritus, den Walfisch in unser Betriebsaquarium stecken wollen. Eine Scheibe haben wollen für ihre Welt. Unsere Stadt: Melville: »For unless you own the whale, you are but a provincial and sentimentalist in Truth« (285 f.).[71] Lesen *und* Schreiben-Können, wir haben es noch im Ohr. Wir ziehen uns vorübergehend in die Western zurück. »Die Prärie« hieß das 79. Kapitel über die Stirn. »I think his broad brow to be full of prairie-like placidity« (284). »What makes a man do wander, what makes a man do roam? What makes a man be burden born, and turn his back on home? Ride away, ride away.« (Titelsong zu »The Searchers« von »The Sons of the Pioneers«.)[72] Wie gesagt: Right away.

»Thus, a deconstructor finds new delight in a Shakespearean character named Sir Oliver Martext or in Melville's catalog of whales as books in *Moby Dick*, or makes jokes about the opposition between speech and writing by citing the encounter between Little Red Riding Hood and the phony grammy« (18). Thus is also ein

Dekonstrukteur. Speed, riding. Hallo Handbuch! Wir haben's. Dekonstruktion ist eine Entscheidung für einen bestimmten Stoff. Wer hätte Angst vor ein bißchen Stoff? Stoffel. Aber es muß Spaß machen, über Wale zu schreiben wie Jean Paul; man müßte das mal tun. »Die Gebrüder Schlegel solten wissen, daß ich den Kunstrath in der ›Geschichte meiner Vorrede‹ ungemein lächerlich gemacht und daß er mir deswegen mit Windbüchsen nachgeht. Sie solten es einem so einseitigen einäugigen Schwertfisch gar nicht verstatten, daß er den Walfischen unserer Litteratur ins Fet fährt, einem Leibniz, Jakobi, Lessing, Klopstock; sie solten mir diesen Haifisch, der mich im Bauche hat und verdauen wil, erlegen, damit ich ihn wie jener Matrose seinen, der ihn verschlang und den man erschos, ausstopfte und in meinem *Titan* in Deutschland herumführte.«[73] Im Text präparieren, was einen verschlungen hat. Locker verdauen kann. Geliebte Literaturwissenschaft. Vergessen wir nicht: So ein Wal hat's in sich: »Das Drama – denn dies ist ein Drama – besteht darin, daß es mir, selbst wenn ich es wollte, nicht gelingen würde, unmetaphorisch von der Metapher zu sprechen; sie würde fortfahren, sich meiner zu entledigen, um – wie ein Bauchredner – mich zum Sprechen zu bringen, mich zu metaphorisieren.«[74] Im Fall von Moby D dazu noch Deutschland herumführen.[75] Und Unmengen von Fett sich ständig gegenübersehen. Schön wär's. Nur, warum kneift Johnson, sobald der Wal die Stirn runzelt. Warum bleibt sie nicht in diesen kleinen Falten? Warum geht sie statt dessen eine Etage tiefer, in Fußnote 3, und schreibt »The logic of de Man's reading runs as follows« (214, notes)? Ist es vielleicht wieder die Verbeugung der Stirn vor der fliehenden Wissenschaft? Die den Wal nicht sieht. Hieß whale nicht way out? Ginge das denn? Kann man de Man mit Walfischfalten erklären?

Mir scheint sich an diesen Stellen eine unausgetragene De-Man-/Derrida-Differenz zu überlagern.[76] Ein Nicht-weiter-Wissen im Hinblick auf figurative und deskriptive Strategien. Derrida läßt sich offensichtlich auf die Modellschule nicht ein. Was hat de Man zu Derrida zu sagen? Eigentlich etwas sehr Merkwürdiges. Emotionales. Er sagt in einem Interview, Derrida kommt auch ohne mich klar; ich bin nichts ohne Text. Nirgends bin ich weiter von Derrida entfernt, als wenn ich mit seiner Begrifflichkeit arbeite. Fangen wir mit dem zweiten Punkt an. Offensichtlich kann man mit Derridas »Begriffen« nicht auf eine Art und Weise arbeiten, wie es de Man tut. Arbeiten kann nicht heißen, sie noch mal hinzuschreiben. Und daß de Man die de Manschen Derrida-Passagen eher als unglückliche Passagen auffaßt, deutet das »I don't claim to be on that level«[77] an. Im Gegensatz zu de Man wiederholt Derrida seine »key-terms« eigentlich nicht, sondern tauft sie um und biegt sie ab in andere Richtungen. Die Namenwahl richtet sich dabei nicht mehr nach dem Taufregister, sondern fluktuiert: »biodegradable«, »subjectile«, »postcard«, »pharmakon«... Dagegen hat jeder von de Mans »key-terms« an die 200 Jahre Geistesgeschichte auf dem Buckel, die man mitliest: »Allegorie«, »Ironie«, »Metapher«, »Metonymie«... Und die einen zum Frösteln bringt. »Ich entlehne diese Begriffe (die selber steinalt sind) in pragmatischer Weise«.[78] Was meint de Man nun mit seiner ersten Bemerkung? Wo situiert er die Bewegung von Derridas Schreiben? Auf der einen Seite liest Derrida ganz genau (»he works very close to texts, he *reads* very attentively« [116]), auf der anderen Seite braucht Derrida überhaupt gar keinen Text: »The difference is that Derrida's text is so brilliant, so incisive, so strong that whatever happens in Derrida, it happens between him and his own text. He doesn't need Rousseau, he doesn't need anybody else; I do need them very badly because I never had an idea of my own, it was always through a text, through the critical examination of a text...« (118). Um einen Text schreiben zu können, braucht de Man also schon mal »beide« (them), dringend. Er schreibt ein wenig wie der sitzengelassene Teil einer Beziehung. Lesen bei Derrida findet für de Man höchst genau zwischen ihm und seinem eigenen Text statt. Lesen ist gewissermaßen ein Sich-Lösen beim Schreiben. Ein Lösungsmittel. Ein Anhand-des-Textes-ins-Schwimmen-Geraten. Wo bleibt jetzt »Rousseau«; wo steckt der Hund? Um den Unterschied genauer herauszuarbeiten, macht de Man einen Unterschied zwischen »Arbeitshypothese« und »fehlender Bereitschaft«. Die Arbeitshypothese de Mans ist: jeder Text weiß, was er macht. Was die Literaturwissenschaft auch von ihren (eigenen) Texten denkt. Wobei de Man allerdings weiß, daß das nicht stimmt: »I assume as a working hypothesis (as a working hypothesis, because I know better than that), that the text *knows* in an absolute way what it's doing. I know, this is not the case, but it is a necessary working hypothesis that Rousseau knows at any time what he is doing and as such there is no need to deconstruct Rousseau« (118). Die Autorität des (anderen und damit auch des eigenen?) Textes wird versuchsweise höher veranschlagt, als Derrida einzuräumen bereit ist.[79] Hat man vielleicht mit dieser Vorentscheidung des Einräumens bereits an Schreibraum verloren? Wird man das am Ende wieder los, was doch nur vorübergehend Halt geben sollte? Kann man einen Text gar nicht »brauchen« und doch sehr genau sein? Gar nicht an Autorität denken und doch die Form wahren?

Ich mache hier mal einen Sprung direkt in eine Fußnote der Proust-Lektüre, die einem Mißverständnis vorzubeugen sucht. Sie kommentiert de Mans Lektürepraxis an der alles entscheidenden Stelle. De Man hatte soeben ein »Schema von Ersetzung« herausgearbeitet, »das allen Tropen gemeinsam ist« (95), wobei sich deren Spektrum zwischen zwei Polen, zwei Notwendigkeiten ansiedelt: einer notwendigen Differenz zwischen den jeweils in Beziehung gesetzten Entitäten und einer notwendigen Identität zwischen ihnen. »Es ist das Ergebnis eines Austausches von Eigenschaften, ermöglicht von einer Nähe oder Analogie, die so groß und so vertraut ist, daß sie es erlaubt, eins durchs andere zu substituieren, ohne die notwendige, durch die Substitution eingeführte Differenz zu erkennen zu geben. Das Bindeglied zwischen den beiden, am Austausch beteiligten Entitäten wird daraufhin so stark, daß es notwendig werden kann« (95 f.). Groß werden, notwendig werden kann Identität nur, indem man die Differenz vertuscht. Eine Notwendigkeit von Identität ist rein suggestiv. Beruht auf einer Abkappbewegung. Nimmt man es genau, gibt es ihren Vertreter, die Metapher, überhaupt nicht. Wir wollen uns aber Sicherheit verschaffen. Ziel ist: in Ruhe lesen zu können. Wir alle wollen das. Uns interessieren die »positiven Aspekte einer sitzend verbrachten Einsamkeit« (94). Das ist aber nicht so einfach. Nicht ohne weiteres nach außen hin zu vertreten. Da gibt es schließlich Konzentrationslager. Wir brauchen also starke Annahmen. Mit einer Metapher (auch wenn wir wissen, daß es sie gar nicht gibt) hätte man erst einmal schon eine Menge erreicht. Die Metonymie scheint sich in unserem Fall (der immer auch der Fall der Literaturwissenschaft ist; ich bin mein Schicksal) tatsächlich am wenigsten anzubieten. Wenn ihre Nebeneinanderstellung zweier Ausdrücke tatsächlich auf Kontingenz basiert »(eine Interpretation des Ausdrucks, die nicht unberechtigt ist), dann ist die Metonymie per definitonem unfähig, echte Verbindungsglieder zu erschaffen« (96). Die Metapher holt also schon einmal die Sonne ins Zimmer, bringt Licht ins Dunkle. De Man: »Die Passage spielt jedoch um einen höheren Gewinn« (96). So ein ganzer Sommer draußen ist eben etwas mehr als eine helle Bude. »[W]enn es darum geht, Totalisierung zu erreichen, dann muß die Innerlichkeit des behüteten Lesers auch die Kraft einer konkreten Tätigkeit bekommen. Der gedankliche Prozeß des Lesens dehnt die Funktion des Bewußtseins über die eines bloß passiven Wahrnehmens aus; er muß ein größeres Ausmaß erlangen und zur Tätigkeit werden. Die Lichtmetaphern sind machtlos, dies zu erreichen: es bedarf des Eingreifens einer analogen Bewegung« (96 f.). Lesen, Höchstgewinne – fragen wir, bevor wir uns in Bewegung setzen, lieber einmal zuviel. Worum gehts? Was ist noch höher zu holen? Im wiederholten Kommentar de Mans heißt es: »die Literatur. Es stellt sich also heraus, daß wir mit diesen anscheinend harmlosen didaktischen Übungen um höchste Einsätze spielen« (*Semiologie*, 46). Bevor jetzt die Flasche Sekt an der Bordwand runterläuft und der neue Riesen-Name ins Meer geschickt wird, sei die Passage kurz entpathetisiert. »Literatur« heißt es nur, »wenn man es vorzieht, die Sache bei diesem Namen zu nennen« (46), was ich nicht tue. Ich suche mir meine Gesellschaft bei Bootsausflügen gerne aus. Man könnte es auch »das rhetorische Modell der Trope« (46) nennen. Gewonnen hätte man damit weniger schweißnasse Hände, und man könnte besser umblättern. Weiterlesen. Wo man sich dann auf die didaktischen Übungen konzentrieren könnte. Das Fingerlockern.

Aber fahren wir den Text nun auf den Graben. Vor dem letzten Satz steht Fußnote 9. An diesem Punkt muß de Man sich hüten. »Der Gebrauch des Begriffs ›Tätigkeit‹ (der aus Prousts Text stammt) bedeutet nicht, daß die Metapher hier als eine Sprachhandlung aufgefaßt wird. ›Activité‹ hat hier die Bedeutung des *actus exercitus* in einer klassischen Polarität von innerer Versenkung versus physischem Handeln. Eine Lektüre Prousts in Ausdrücken der Sprechakt-Theorie würde andere Wege gehen müssen« (115). Hat de Man hier Angst vor dem Versprechen der Sprechakt-Ausdrücke? Angst vor Tempo? Sieht es nicht so aus, als ob er den Text mit seinen steinalten Begriffen dagegen stark zu machen sucht? Den Sand festklopft? Wie würde aber jenseits von Sprechakttheorie – denn die kann ja wohl kaum den großen Zauber haben – mit dem Wissen um Performanz gelesen? Klingt hier nicht ein bißchen Derrida durch? Kann man Nr. 9 in diesem Zusammenhang nicht vielleicht auch mit Nr. 8 zusammenlesen? Auf einen Spaziergang schicken? Um den Block? An Stelle 8 war nämlich eine andere Schwierigkeit aufgetaucht: ein festgeklopfter Leser. »Die Synekdoche [...] ist tatsächlich eine Metapher« (96), surprise, surprise, dazu Hoch [hab?] Acht: »Die klassische Rhetorik klassifiziert im allgemeinen die Synekdoche als Metonymie, was zu Schwierigkeiten führt, die für alle Versuche, eine Taxinomie der Tropen aufzustellen, charakteristisch sind; Tropen sind eher Transformationssysteme als Raster. [...] Synekdoche ist eine der Grenzfiguren, die zwischen Metapher und Metonymie eine ambivalente Zone schaffen, und die infolge ihrer räumlichen Natur die Täuschung einer Synthese durch Totalisierung hervorruft.« (114f.) Der Leser, der die Metapher als die Synekdoche identifiziert, die die klassische Rhetorik als Metonymie festlegt, ist eigentlich de Mans steinalter Begriffsleser. Eben nicht der pharmakon-man. Und entsprechend unsensibel für Grenzfiguren und ambivalente Zonen. Tropen ›bewegen‹ sich aber. Sie sind Transformationssysteme. Die Fußnote gibt präzise das Dilemma an, in dem de Man sich befindet. Auf der einen Seite macht er überdeterminierte Begriffe zu Zentralbegriffen, auf der anderen Seite muß er sich, um die Bewegungsverläufe eines Textes beobachten zu können, von deren allzu rigider Fassung gerade freimachen. Sich Bewegungsraum verschaffen. Kann er darum umhinkommen, es selbst auf einmal nicht so eng zu sehen? »Dem, was Tropen sich erlauben können, scheint keine Grenze gesetzt« (95). Ist es aber möglich, einem Text ohne Krücken Beine zu machen? Sich auf des Textes Füße zu stellen? Wäre das vielleicht ein Eingreifen einer analogen Bewegung in größerem Stil? Metonymische Schreibverfahren? Es ist nicht ohne Komik, daß Schüler 2, Jonathan Culler, in seiner Lektüre der De-Man-Lektüre für ein Dekonstruktions-Schulbuch – »on« and »on« ... – die de Mansche Fußnote 8 halbiert als Fußnote Nummer 4 wiederholt. (Wobei die Festlegung dieses Problems auf den Fußnotenständer eigentümlich ist. Culler zählt insgesamt bis 9.) »Man könnte natürlich argumentieren, daß die rhetorische Figur, die zur Metonymie in dieser Passage den Gegensatz bildet, nicht die Metapher ist [...], sondern die Synekdoche [...]. Was verhindert, daß derartige Erwägungen de Mans Argumentation ihren Wert nehmen, ist der Nachdruck, mit dem in der Passage wesentliche Figuren der Substitution kontingenten Figuren der Substitution gegenübergestellt werden, ein Gegensatz, der im allgemeinen, in der *Recherche* wie auch an anderer Stelle, mit dem Gegensatz von Metapher und Metonymie gleichgesetzt wird.«[80] Sollte de Man Schwierigkeiten haben, so zu schreiben, wie er liest? Kann man das überhaupt trennen? Bleiben wir einmal nah an seinem Text.

Ich will die Frage auf wortwörtliche und wirklich naive Weise angehen, indem ich einen Abschnitt lese, der uns de Man beim Lesen seiner Lektüre zeigt. Die Frage ist ja gerade die, ob ein literaturwissenschaftlicher Text *von dem* handelt, was er beschreibt, darstellt oder aussagt. Wenn, selbst bei unendlicher Entfernung vom idealen Lesen, die *gelesene* Bedeutung mit der *ausgesagten* Bedeutung übereinstimmen würde, dann gäbe es in der Tat kein wirkliches Problem. Versuchen wir also, den Passus über wirkliches Lesen zu befragen, und sei's auch nur, um herauszufinden, ob unsere Schwierigkeit für sich exemplarischen Anspruch erhebt oder nicht. Die Ungewißheit, ob sie dies tatsächlich tut, schafft eine Stimmung des Mißtrauens, die einen interpretierenden Diskurs eher auslöst als verhindert. Lesen hat von dieser instabilen Mischung aus Buchstäblichkeit und Mißtrauen auszugehen. Yo.

Wie liest de Man sich selbst? In welchem Ton? Und bei welcher Gelegenheit? Es läßt sich beobachten, daß die Lektüre schon beim Lesen exemplarisch wird. »Man müßte den von Wahrheit und Lüge durchwirkten Komplex in *A la recherche du temps perdu* entwirren [...]. Die Passage übers Lesen gibt einen ersten Hinweis, wie eine solche Analyse zu verfahren hätte. Ihr geht eine Episode voran« (106). So, nicht anders. De Man hätte ja auch schreiben können »Der Passage übers Lesen geht eine Episode voran«. Wie schreibt er selbst? Metaphorisch oder metonymisch? Unangegriffen? Hale in a Row? »In der gleichen Weise garantiert die Metapher die Identität von Kunst als einer ›beständigen Einrichtung‹, die die Eigenheit ihrer besonderen Verkörperungen transzendiert« (106). Identisch aporetisch. Und de Man schreibt Schleifen. Und Wegvorwegnahmen.

Geht das denn? Kann man deskriptiv eine figurative Strategie an Prousts figurative Strategie anbauen? Ginge dann nicht alles vollends durcheinander?[81]

Ich habe hier nichts anzubieten; mich interessiert lediglich de Mans supporter-act. Befinden wir uns da nicht wieder urplötzlich im Parkstadium? (Unsere Dauerkarte.) Ist das, was de Man hervorhebt, nicht genau die Gelenkstelle, die das 18. Jahrhundert und Schalke 1991 zusammenschließt? Die Stelle, an der sich verschiedene Bewegungen abknicken lassen. Wo Bälle unterschiedlich Effet bekommen. Wie gesagt, der Dreh- und Angelpunkt der Recherche: »Der gedankliche Prozeß des Lesens dehnt die Funktion des Bewußtseins über die eines bloß passiven Wahrnehmens aus; er muß ein größeres Ausmaß erlangen und zur Tätigkeit werden [...]: es bedarf des Eingreifens einer analogen Bewegung [...]: ›Die dunkle Kühle meines Zimmers... paßte so gut zu meiner Art von Ruhe, die (dank den in meinen Büchern erzählten, mich im Innern bewegenden Abenteuern) wie die Ruhe einer Hand, die man regungslos ins fließende Wasser hält, den tobenden Anprall eines Stromes von lebhafter Handlung aushielt‹ [...]. Die Überzeugungskraft der Passage rührt von dem Spiel des Verbs ›supporter‹ her, das stark genug sein muß, nicht bloß als ›aushalten‹, sondern als ›stützen‹ gelesen zu werden [...]. Ruhe und Tätigkeit gehen so genau ineinander über wie das ›notwendige Glied‹, das die Säule mit ihrem Fuß verbindet.« (97) Wie schreibt man über Fußball? Stehen wir nicht an zwölfter Stelle im Spielberichtsbogen? 50000 Zeichen. Erster Ersatz? Wie können wir in Ruhe fernsehen?

Ich beginne, ein schlechtes Gewissen zu bekommen. Es ist, als wäre diese Kultur angesetzt und ich auf einer Spur. Ich kann es nicht fassen. Adorno bewegt sich tatsächlich wie Marcel. Marcel, ein klassischer Vor-Theo, wird sein Schuldgefühl dadurch los, daß er sein Lesen, das ihm alles gibt (die Totalität; mehr noch als draußen), auf der Metapher basieren läßt, die Notwendigkeit prämiert. (Und Kontingenz ausschließt.) Es handelt sich um das Problem mit dem Transzendentalsignifikat. Das Transzendentalsignifikat als Wiedergutmachungsphantasie. Die Fliegenfängerei. Das »volle Schauspiel des Sommers« und »Auschwitz«; die »Fliegen« und das »Endspiel«. »Man sollte daraus nicht schließen, daß die subjektiven Schuldgefühle die rhetorischen Strategien etwa so motivieren, wie Ursachen Wirkungen nach sich ziehen. [...] [N]iemand vermag zu entscheiden, ob Proust [Adorno] Metaphern erfand, weil er sich schuldig fühlte, oder ob er sich selbst für schuldig erklären mußte, um eine Verwendung für seine Metaphern zu finden. [...] Das Problem muß in seiner eigenen Unentschiedenheit gehalten werden. Doch durch die naheliegende Vermutung, daß, aus welchem Grund auch immer, der Erzähler am Erfolg seiner Metaphern ein berechtigtes Interesse gehabt haben dürfte, betont man ihre operationale Wirksamkeit und behält eine bestimmte kritische Wachsamkeit gegenüber den Versprechungen, die gemacht werden« (98). Attackiert wird von de Man die Illusion von Versöhnung; »wo lautlos geschrien wird, daß es anders sein soll«.[82] Statt dessen das Auf und Ab. Bewegungen, daß einem abwechselnd heiß und kalt werden kann. Heiß, ganz heiß (als ob es ums Goldene-Topf-Schlagen ginge). Und wieder nichts. Adorno hat die Füße in der Schüssel. Foucault sieht nur den Königskopf. Hat den Salat. Kindsköpfe.

Natürlich wirft das Probleme für die Didaktik auf. Ist Beckett denn Proust? Kann sein. Auf jeden Fall ist die Vermittlung eines Schiffbruchs Beckett, auch wenn es de Man ist. Wie bitte? Moment, »bei der Vermittlung von etwas Schiffbruch zu erleiden« – so was würde Beckett nie schreiben. Stimmt. De Man auch nicht. De Man schreibt: »then it is better to fail in teaching what should not be taught than to succeed in teaching what is not true« (RT, 4). Also doch. Beckett. Blöde Schiffe. Blöde Wolken. Watt-(Meer)-Cover. Und die Didaktik? Wir können gleich beim Zitat stehenbleiben. Pädagogik hat offensichtlich etwas mit dem Aufweis der Unmöglichkeit von Pädagogik zu tun. Und dem Festhalten daran. Es wird keineswegs auf Pädagogik verzichtet. Was viel zu pädagogisch wäre. »I don't think it is possible, in Derrida, to separate the classical didactic pedagogical element, which is undeniably there, from the subversive aspect of his work. To the extent that Derrida has this classical discipline in him, his subversion is particularly effective, much more so, I think, in this case, than in the case of somebody like Foucault, who directly addresses political issues, but without an awareness of the textual complexities that lead up to it« (Rosso, 117).

Interessanterweise findet man die größten Abgrenzungsbedürfnisse von der Didaktik dort, wo der verwendete Texttyp selbst mit dem trivialsten Didaktikkonzept arbeitet. Man könnte einmal spaßeshalber zehn Schlußsätze eines Feuilletonartikels lesen. Die drei Namen, die heute unseren ausmachen, die 3 vom Tank, hatten nie Probleme damit, über Didaktik nachdenken zu müssen. Adorno kommt dabei natürlich mit dem Obus angefahren: Ziel jeder Textarbeit ist, daß der Name nicht wieder sei. »Die Forderung, daß Auschwitz nicht noch einmal sei, ist die allererste an Erziehung. Sie geht so sehr jeglicher anderen voran, daß ich weder glaube, sie begründen zu müssen noch zu sollen. Ich kann nicht verstehen, daß man mit ihr bis heute so wenig sich abgegeben hat. Sie zu begründen hätte etwas Ungeheuerliches angesichts des Ungeheuerlichen, das sich zutrug« (88). (Das Turnzeug), womit A dann auf den Sportplatz geht (und in die Kurve guckt): »Man muß nur bei einem bestimmten Typus von Ungebildeten einmal darauf achten, wie bereits ihre Sprache – vor allem, wenn irgend etwas ausgesetzt oder beanstandet wird – ins Drohende übergeht [. . .]. Der Sport [. . .] kann in manchen seiner Arten und Verfahrungsweisen Aggression, Roheit und Sadismus fördern, vor allem in Personen, die nicht selbst der Anstrengung und Disziplin des Sports sich aussetzen, sondern bloß zusehen; in jenen, die auf dem Sportfeld zu brüllen pflegen« (95). »O la la, wir haben einen Torwart, o la la, Lehmann wunderbar.« Ein bestimmter Typus von Ungebildeten: die auf dem Sportfeld zu brüllen pflegen – »in Auschwitz« jetzt der Satz oder draußen? Sei es, wie es ist... (Namen lassen sich nun einmal wiederholen.) Adorno war in seinem Leben weder in Auschwitz noch auf einem Sportplatz. Kennt die Schrifttype nicht. Kann nicht sehen. Kann nicht lesen. Schmeißt die Runde. »Die Besinnung darauf, wie die Wiederkehr von Auschwitz zu verhindern sei, wird verdüstert davon, daß man dieses Desparaten sich bewußt sein muß, wenn man nicht der idealistischen Phrase verfallen will. Trotzdem ist es zu versuchen« (88) wäre dann zum Glück – reiner Zufall – wieder Paul de Man.

Was manifestiert sich eigentlich in der Ablehnung der Didaktik?

Eigentlich nur die Ablehnung des Materials selbst. Die Ablehnung des Textes. Die Ablehnung hält sich dabei an die Faustregel, die die Philosophie uns als Wissen mit auf den Weg gegeben hat: »From a philosophical perspective, knowledge is mastery – that which masters its own meaning. Unlike Hegelian philosophy, which *believes it knows all that there is to know*; unlike Socratic (or contemporary post-Nietzschean) philosophy, which *believes it knows it does not know* – literature, for its part, *knows it knows but does not know the meaning of its knowledge*, does not know *what it knows* [. . .]: knowledge that is not in mastery of itself.«[83] Es gibt nicht mehr den alten geraden Weg von Unwissenheit zu Wissen. Die Linie nach oben. Der lange Zopf mit der Prinzessin am Ende. Am Horizont die immer größeren Häufchen Bildungs-Elend. Als neue Aufgabe ergibt sich vielmehr die Positionierung von Unwissenheit. Sie ist es, die vor der Tafel stehen muß. »Teaching [...] has to deal not so much with lack of knowledge as with resistances to knowledge. Ignorance, suggests Lacan, [...] is nothing other than a *desire to ignore*: its nature is less cognitive than performative. [...] The truly revolutionary insight – the truly revolutionary pedagogy discovered by Freud – consists in showing the ways in which ignorance itself can teach us something, become itself instructive« (79). Das Augenmerk hat sich bei der Arbeit auf jene Stellen zu richten, wo ein Text genau keinen Sinn macht. Sich gegen die Interpretation sträubt. »Teaching, thus, is not the transmission of ready-made knowledge. It is rather the creation of a new condition of knowledge, the creation of an original learning disposition« (80f.). Ein begriffliches Arbeiten kann das kaum sein. Begriffliches Arbeiten winkt mit dem »Im-Griff-Haben«. Da hat wer was geschnallt. (Seinen Bauchriemen, seat-belt.) »It is, in other words, as of the moment the student recognizes that *learning has no term*, that he can himself become a teacher, assume the position of a teacher. But the position of the teacher is itself the position of the one who learns, of the one who teaches nothing other than the way he learns« (88). Welches Vorverständnis man in bezug auf literarische Texte mitbringt, zeigt sich in der Art und Weise, wie man über literarische Texte schreibt. In der Wahl der Worte. Es ist eine Frage des Stils.[84] Braucht man literarische Texte, um seine Welt zu belegen, sein Zimmer, oder ist man bereit, von ihnen zu lernen? Die Didaktik ist in dieser Perspektive alles andere als etwas, das uns um den Schwierigkeitsgrad betrügt. »Der Verein erstrebt die körperliche, geistige und charakterliche Bildung seiner Mitglieder – vornehmlich der Jugend – durch planmäßige Pflege der Leibesübungen. Er macht sich zur Aufgabe, insbesondere Fußball, aber auch Basketball, Handball, Leichtathletik und Tischtennis unter diesem Gesichtspunkt zu fördern, wobei die Belange des Fußballs grundsätzlich vorrangig sind.«[85] Stil ist nicht so leicht zu haben wie Begrifflichkeiten. Man »hat« ihn auch nie. Damit wäre man aber bereits mitten im Problem von Texten, die zum Probieren zwingen. Der Vorwurf, daß sich Didaktik »für alles andere« interessiert, kann getrost an die Spielzimmer der traditionellen Pädagogik zurückgegeben werden. »Ästhetik«, »Essay«, »Berlin« sind die Tropen, die der kulturellen Arbeit zur Zeit das Leben schwermachen. Sie sind exakt die Gegenbegriffe zu Lesen, Schreiben,

Übersetzen. Ausruhzonen. Abdecker von Text, Kommentar, Geschichte. Problemvereitler. Im Fall des Verhältnisses von Philosophie (Ästhetik) und Literaturwissenschaft bin ich zunächst für eine strikte Bereichstrennung. Lassen wir die Ähs nach Hause gehen. »[M]y starting point, as I think I already told you, is not philosophical but basically philological and for that reason didactical, textoriented.«[86]

Halten wir fest: Bis Mitte der sechziger Jahre gibt es in der Literaturwissenschaft noch eine »Einheit Beckett«.[87] Eine Spezial-Einheit des größten Namens, Trupp allergrößter Name. Und ein Haufen Kummer. Große Sorg-Falte. Traurige Trupps werden Mitte 60 Tropen. Der Kommentar wird Berta, Emil, Claudia, Karl, Emil, Thomas, Thomas. Hat auf einmal alle Hände voll zu tun. Wunde Finger. Heute, 1991, ist Beckett glücklich tot. Wie war noch gleich der Name? Brauchen wir ihn noch? Den Namenstropf? Unsere Namenspatrone? Den letzten Schuß (für die Frau). Nein, B braucht für uns nicht mehr den Briefkopf hinzuhalten. Bloß nicht wieder dieses Name-Ein-Begriff-Geschoß. Verloren wäre damit allerdings auch »das Glück [...], das Namen von Dörfern verheißen wie Otterbach, Watterbach, Reuenthal, Monbrunn«.[88] (An der Aufgabe) Gewachsen ist die Performanz. Blickt man zurück, verdanken wir de Man die Möglichkeiten der kontrollierten Defensive. Ein kontrolliertes Aufziehen des Spiels. Schade nur, daß an manchen Stellen bei ihm eine Didaktik zutage tritt, die seiner eigenen Didaktik zuwiderläuft; Stellen, die eher in die Richtung gehen, das Fußball-Lehrbuch zu schreiben. Dieses »Wir üben Standardsituationen« am Stück. An diesen Stellen muß man schlucken, wie bierernst »de Man« so ist. Wie wenig er uns erlaubt. Hand + Fuß. Haken + Ösen. Metonymische Verfahren. Catenaccio; Mauern; Eisenfuß. Heute lassen sich andere Systeme spielen, kann man locker eins in Angriff nehmen: Präzise zu spielen oder, wie es heißt, »den Moment von Referenz so lang wie möglich aufzuschieben«.[89] Die »vorhersagbare Langeweile« einer präzisen Lektüre ist alles andere als zwingend, läßt sich doch gerade die Dynamik des Textes ausnutzen, mit dem man arbeitet. Den man gerade konstruiert. Wobei die Supplementarität der Sinneffekte gegen die Gefahr des Jargons zu Hilfe kommt. Schießen wir einfach ein paar Bälle in eine Tagung. Und wie spielt man auf Asche? Zu den 3 Affen gehören die freistehenden Tore.

Fosco Maraini: *Nippon. Welten und Menschen in Japan.* Zürich: Atlantis Verlag. 1958, Abb. 99, gegenüber S. 320.

Ein Spiel dauert 90 Minuten. Zeit genug, ein bißchen zu zaubern, Zeit für saubere Anspiele, satte Schüsse, ein paar Tricks, ein paar Minuten Hackerei und noch zwei, drei Buden (eine für dich, eine für Moses + Elias). Schalke halt. Von »bierernst« zu »Bierkampf« ist es nicht weit: »HERBERT Ich bin kein brüllender Affe! Auch in mir steckt ein Mensch! Auch ich könnte eine Ordnung einhalten! Auch ich könnte eine Uniform tragen! Auch ich könnte ein Polizist sein!«[90]

Schönen Dank!

Anmerkungen

1 W. Martin Lüdke, *Anmerkungen zu einer »Logik des Zerfalls«: Adorno–Beckett*, Frankfurt am Main 1981, S. 8 und 108. (Womit man mit 2 Buchstaben bereits mitten in der Fragestellung wäre: Logik des Zufalls/Zerfalls. Was macht die Musik: u oder er?)

2 Uwe Japp, *Der Ort des Autors in der Ordnung des Diskurses*, in: Jürgen Fohrmann und Harro Müller (Hg.), *Diskurstheorien und Literaturwissenschaft*, Frankfurt am Main 1988, S. 230. Michel Foucault, *Was ist ein Autor?*, in: ders.: *Schriften zur Literatur*, München 1974, S. 30.

3 Christopher Norris, *Paul de Man: Deconstruction and the Critique of Aesthetic Ideology*, New York 1988, S. xvii [meine Übersetzung].

4 »[J]enes ungewöhnliche Objekt, das man nicht immer aus reinem Zufall neben einer Nähmaschine auf einem Kastrationstisch findet« (Jacques Derrida, *Sporen. Die Stile Nietzsches*, in: Werner Hamacher [Hg.], *Nietzsche aus Frankreich*, Frankfurt am Main/Berlin 1986, S. 160).

5 Hans Biedermann, *Knaurs Lexikon der Symbole*, München 1989, S. 20.

6 James R. Knowlson, *The Idea of Gesture as a Universal Language in the XVIIth and XVIIIth Centuries*, in: *Journal of the History of Ideas* 26 (1965), S. 504 [meine Übersetzung].

7 Sagt Pinter, dem prompt die Buchstaben umfallen (»A Festschrift«): »*he hasn't got his hand over his heart*«, das über die Schulter schaut ins »*nothing from the bargain basement*«. Cursor heartbeat. Einfallwinks. Schräge Komplimente, Vögel. »A short while ago, a friend of mine showed me a letter I had written to him in 1954. I had forgotten about it. It was about Beckett. Here is a paragraph.« (Harold Pinter, *Beckett*, in: John Calder [Mitarb.]: *Beckett at 60: A Festschrift*, London 1967, S. 86.)

8 »Buster begibt sich aus enttäuschter Liebe auf hohe See und gerät dort in die Gewalt eines Walfängers. Nach einigen Konflikten mit dem rauhen Kapitän rettet er sich schließlich in ein Boot, mit dem er mitten in die Zielübung der Marine hineinsteuert.« März 1923. 22 Minuten. (Wolfram Tichy, *Buster Keaton*, Hamburg 1983, S. 144.)

9 Ich zitiere im folgenden aus der schriftlichen Vorlage: Samuel Beckett, *Film*, Frankfurt am Main 1978. Der Film weicht geringfügig davon ab.

10 Jens Baggesen, *Parthenais oder die Alpenreise. Ein idyllisches Epos in zwölf Gesängen*, Letzte Umarbeitung des Verfassers. Bd. I der *Poetischen Werke*, Leipzig 1836, III. Gesang, S. 265.

11 Gustave Flaubert, *Ein schlichtes Herz*, Frankfurt am Main 1975, S. 45 f. und 51.

12 Robert Benayoun, *Buster Keaton. Der Augen-Blick des Schweigens*, München 1983, S. 17.

13 Ebd., S. 19.

14 Die zulässige Grenze des Grades der Annäherung des Beobachters an seinen Gegenstand, vom Auge ans Objekt, ist im Film mit 45° vorgegeben; »der Immunitätswinkel«, der »auf diese Weise vor dem Wahrgenommenwerden bewahrt« (17). 45° wäre damit die klassische Dunkelziffer von Jargon, Paraphrase und Abschrift.

15 Theodor W. Adorno, *Noten zur Literatur*, Frankfurt am Main 1981, S. 281.

16 Was heißt eigentlich S. B.? Sarah Bernhardt? Sonnenblumen, Selbstbedienung? »Becketts œuvre hat manches mit dem Pariser Existentialismus gemeinsam. Reminiszenzen« (281), steht gleich drunter. Als Instant-Übersetzung. Was sollen dann die Initialen? Warum wird der Name versteckt, mit dem die nächste Zeile beginnt? Der von da ab ausgeschrieben wird? Endlos wird. Haben Leser kurze Beine? Hat A etwas mit SB gemeinsam, das mehr ist als Beckett für Adorno? Teilen die beiden ein Stückchen Literatur? Ist die Widmung etwa die Überschreitung des Kommentars? (»Aber, aber ... ich bin doch ein Mensch« [Lynch, *Der Elefantenmensch*]/»Cet homme confond ›être artiste‹ et ›être un artiste‹, ce qui en est souvent le contraire« [J. Benda, *La France byzantine*, S. 34].) Hat Adorno wieder auf dem Klavier vorgespielt? Träumt die Widmung den Traum des Kommentars? Kann Adorno Beckett für sich behalten? Muß er ihn mitteilen? Hat er sich verplappert? Die Abkürzung S. B. heißt auch »Ich kürze ab«. Ist Performanz. Heißt weiter PS. Post-Script, vorab.

17 Paul de Man, *Der Widerstand gegen die Theorie*, in: Volker Bohn (Hg.), *Romantik. Literatur und Philosophie*, Frankfurt am Main 1987, S. 85.

18 Peter Bürger, *Prosa der Moderne*, Frankfurt am Main 1988, S. 335 f. (meine Hervorhebung).

19 Jacques Derrida, *Cogito und Geschichte des Wahnsinns*, in: ders., *Die Schrift und die Differenz*, Frankfurt am Main 1972, S. 57.

20 Vgl.: »so reißt Becketts Dialog die Schienen des Gesprächs auf; der Zug gelangt nicht mehr dorthin, wo es hieß wird« (308).

21 Ich stütze mich im folgenden auf die Studie von Betriebsdirektor A. Schiffer, *Das neuzeitliche elektrische Nahverkehrsmittel, der Oberleitungs-Omnibus*, Krefeld 1982 [= Nachdruck des Textes von 1936]. Nicht genügend berücksichtigt werden kann an dieser Stelle das dort entwickelte, trennscharfe Analyseinstrumentarium zur Beschreibung der Funktionsweise der Literaturwissenschaft. Kategorien etwa wie »die Betriebsbremsen« oder besser noch: »die Feststellbremsen«. Des weiteren: »die Nennleistungen«, »die Erwärmungsfragen«, »die Überspannungsableiter« u. v. a. Weiterführend auch der Hinweis auf »die geringeren Unterhaltungskosten, die sich lediglich auf den Anstrich erstrecken« (18).

22 Jacques Derrida, *Der Entzug der Metapher*, in: Volker Bohn (Hg.),

Romantik. Literatur und Philosophie, Frankfurt am Main 1987, S. 317f. Es würde sich lohnen, an dieser Stelle noch einmal den Fahrzeugtyp zu wechseln und sich in Aby Warburgs »Bilderomnibus« umzusehen. Als Einstieg in die Bauweise eines collagierten *Bilderatlas* ohne Moderation (Feuilleton) siehe: Werner Hofmann, Georg Syamken, Martin Warnke, *Die Menschenrechte des Auges. Über Aby Warburg*, Frankfurt am Main 1980, und Ernst H. Gombrich, *Aby Warburg: Eine intellektuelle Biographie*, Frankfurt am Main 1984.

23 Jürgen Habermas, *Dialektik der Rationalisierung*, in: ders., *Die Neue Unübersichtlichkeit*, Frankfurt am Main 1985, S. 172.

24 Jean-François Lyotard, *Streitgespräche, oder: Sprechen »nach Auschwitz«*, Bremen o. J., S. 16.

25 Theodor W. Adorno, *Negative Dialektik*, Frankfurt am Main 1966, S. 353.

26 Danuta Czech, *Kalendarium der Ereignisse im Konzentrationslager Auschwitz-Birkenau 1939-1945*, Hamburg 1989, S. 36.

27 Rudolf Höss, *Meine Psyche. Werden, Leben und Erleben*, in: Martin Broszat (Hg.), *Kommandant in Auschwitz. Autobiographische Aufzeichnungen des Rudolf Höss*, München 1979, S. 129.

28 (Sein erster Schritt, das Holzhacken.) Wie Lyotard die Klötzchen dann wieder zusammenbaut, steht auf einem anderen Papier. Am weitestgeführten auf dem von Avital Ronell, *The Differends of Man*, in: *diacritics* 19,3-4 (1989), S. 63-75.

29 Rolf Tiedemann, *Editorisches Nachwort*, in: Theodor W. Adorno, *Ästhetische Theorie*, Frankfurt am Main 1970, S. 544.

30 Theodor W. Adorno, *Negative Dialektik*, a. a. O., S. 371.

31 »Why the couple and its unbearable proliferation: *Heidegger et le nazisme*, *Heidegger et ›les juifs‹*, *Heidegger und Celan*, Kant and Moses, Kant and Hegel, etc.? Why are we forced to attend some sort of Moonie marriage ceremony whenever something at once as singular and disseminated as Auschwitz demands that thinking strain itself?« (Ronell, *The Differends of Man*, a. a. O., S. 65.)

32 Eine, ob man will oder nicht, signifikante Stelle im *Philosophischen Diskurs der Moderne* von Jürgen Habermas (Frankfurt am Main 1988, S. 253): »lange vor Ausschwitz [sic!]« läßt es wie Schuppen von den Augen fallen: »Ich denke immer, wenn ich einen Druckfehler sehe, es sei etwas Neues erfunden.« (Goethe, *Maximen und Reflexionen*, Hamburger Ausgabe, XII, S. 511, Nr. 1032.)

33 Jacques Derrida/Elisabeth Weber, *Im Grenzland der Schrift. Randgänge zwischen Philosophie und Literatur*, in: *Spuren. Zeitschrift für Kunst und Gesellschaft* 34/35 (Okt./Nov./Dez. 1990), S. 68. Aufschlußreich, wie sich Derrida, der sich in diesem Interview dem Namen einschreiben soll, dem Namen entzieht und zur Sache kommt: »WEBER: Würden Sie sagen, daß es ein Datum, einen gewissermaßen

traumatischen Einschnitt gibt, der Sie zur Philosophie bringt? DERRIDA: Mich? WEBER: Zum Beispiel... DERRIDA: Nein, das ist eine Frage, die sich allgemein stellt, also etwa: gibt es für einen Philosophen... WEBER: Man kann sie allgemein verstehen, wenn Sie aber sagen könnten... DERRIDA: Sie verstehen unter dem Datum einen Zeitpunkt, eine besondere Erfahrung? WEBER: Ja, ich meine eine besondere Erfahrung der Verwundung, wenn ich das Wort aus Ihrem Buch *Schibboleth* wiederaufnehmen darf, eine Verwundung, die die philosophische Reflexion sozusagen auslöst. Zum Beispiel ist das Buch *Autrement qu'être ou au-delà de l'essence* von Emmanuel Levinas auf seine besondere Weise datiert, ohne *ausdrücklich* datiert worden zu sein. Aber es trägt ein Datum durch die Einschreibung seiner Widmung, der Widmung an die Opfer des Nationalsozialismus. [...] DERRIDA: Ja, ein Text ist immer aufgegeben, abgeschickt, bestimmt – was dann mit dieser Bestimmung geschieht, ist eine andere Sache –, aber im Prinzip ist er bestimmt, und diese Bestimmung kann die Rolle einer Datierung übernehmen. In diesem Sinn trägt ein Text, sobald er an jemanden adressiert, für jemanden oder mehrere bestimmt ist, ein Datum in sich. Hier würde ich aber zwischen mehreren... Verwundungen unterscheiden. [...] Der Bezug auf die Opfer des Nationalsozialismus markiert das Datum einer Verwundung, einer *anderen* Verwundung. Aber selbst wenn Levinas sich auf ein gesegnetes Ereignis bezogen hätte, hätte es doch Verwundung gegeben. [5 Seiten weiter:] Wir sind Zeugen von Geheimnissen; wir sind Zeugen von etwas, wovon wir kein Zeugnis ablegen können; wir sehen der Katastrophe der Erinnerung zu. Man könnte große kollektive, historische, politische Beispiele für Zeugen geben, die nicht zeugen können oder die nicht wissen, wovon oder von wem sie Zeugnis ablegen. [...] WEBER: Sie denken auch an Ereignisse des 20. Jahrhunderts... [Ich helfe Ihnen ein bißchen: 9 Buchstaben, fängt mit Au an...] DERRIDA: Ja, dieser Text [*Feuer und Asche*] spielt in direkter Weise darauf an. Zum Beispiel nennt er die Verbrennungsöfen oder die Völkermorde durch das Feuer, aber auch alle anderen Völkermorde, von denen der Völkermord durch das Feuer eine Figur ist. Es geht um alle Zerstörungen, deren Opfer nicht einmal mehr identifizierbar oder zählbar sind.« (S. 64 und 69.)

34 Gadamer nimmt dies als Beleg für die »Diskreditierung der Okkasionalität durch die Erlebnisästhetik«, macht ein editionsphilologisches Argument: »die Verstümmelung von Hölderlins Rheinhymne in der Ausgabe von 1826. Die Widmung an Sinclair wirkte so befremdlich, daß man die letzten zwei Strophen lieber strich und das Ganze als Fragment bezeichnete.« (Hans-Georg Gadamer, *Wahrheit und Methode*, Tübingen ²1965, S. 157.)

35 Margarethe Wegenast, *Hölderlins Spinoza-Rezeption und ihre Bedeutung für die Konzeption des »Hyperion«*, Tübingen 1990.

36 »8. Die Jagd auf den Leviathan. Im Dezember 1972, noch während des
Hungerstreiks, schrieb Ulrike Meinhof an ihre Kinder: [...] ›*Moby
Dick*, das ist auch gut, wenn man schön viel Zeit hat. Das habe ich aber
noch nicht gelesen – da warte ich selber noch drauf, daß ich das hier
kriege...‹ Gudrun Ensslin hatte gerade Decknamen für die Gruppen-
mitglieder ersonnen, um die Postüberwacher irrezuführen. Fast alle
Namen entlehnte sie Herman Melvilles Roman *Moby Dick*. ›Ahab‹
stand für Baader. ›Starbuck‹ für Holger Meins. ›Zimmermann‹ für Jan-
Carl Raspe. ›Quiqueg‹ für Gerhard Müller. ›Bildad‹ für Horst Mahler.
›Smutje‹ für sie selbst. Nur Ulrike Meinhof hatte keinen Platz in der
Geschichte von der Jagd auf den weißen Wal. Für sie wählte Gudrun
Ensslin den Namen ›Theres‹. [...] Bei den Decknamen, die Gudrun
Ensslin der Besatzungsliste des Walfängerschiffes ›Pequod‹ entnahm,
lieferte sie die Interpretation teilweise mit. [...] 9. Das Info-System.
Mit den Decknamen aus *Moby Dick* neu getauft, verständigten sich die
Gefangenen im Frühjahr 1973 durch ein neu aufgebautes Informations-
system. Ziel war es, den Gruppenzusammenhalt zu wahren und damit
die ›politische Identität‹, das ›revolutionäre Bewußtsein‹ zu erhalten.«
(Stefan Aust, *Der Baader Meinhof Komplex*, Hamburg 1985. Hier:
3. Kapitel »Die Kostüme der Müdigkeit«, S. 274 ff.) Wie sehen die
Moby-Dick-Interpretationen aus? Warum ist für Ulrike Meinhof kein
Platz in *Moby Dick*?

37 Im Nach-Auschwitz-über-die-Aktualität-Adornos-(ein Gedicht)-Es-
say von Detlev Claussen ist »Auschwitz« bei TWA sowohl der »Kon-
tingenz-Begriff von Geschichte« (62) wie der Name »der weltge-
schichtlichen Katastrophe, die im Universum der Konzentrations- und
Vernichtungslager kulminierte« (55). Weltgeschichte, Universum, Kul-
mination – sicherlich alles andere als notwendige Begriffe. Und so kann
in diesem Dreieck, dieser Bermuda-Analyse, absehbar der Weißwal
dümpeln. Eine Stelle über die Aktualität, über den Historikerstreit,
zwei Zentimeter Analyse erlauben sich die figurale Rede. »Auf der
Ebene steuerungsbedürftiger Sentiments konnte diese Welle [= die
Welle sentimentaler Erschütterung, die Ende der siebziger Jahre der
Holocaust-Film im Fernsehen auslöste] überkippen in eine neue, die
sich aus bloßer Pietät als Wunsch nach ›nationaler Identität‹ tarnt, aber
schon im Historikerstreit einmündet in die allgemeine Relativierung
von Auschwitz. Schon sind die Gefühle auf das Meer hinausgeschwommen, auf dem die Stürme der Geschichte toben, und wo sich jeder
selbst der nächste ist.« (Detlev Claussen, *Nach Auschwitz. Ein Essay
über die Aktualität Adornos*, in: Dan Diner (Hg.), *Zivilisationsbruch.
Denken nach Auschwitz. Mit Beiträgen über* [...], Frankfurt am Main
1988, S. 59 f.) Da paßt man mal eine Minute nicht auf, und schon sind
die Gefühle auf das Meer hinausgeschwommen.

38 Wie es ein müder Enzensberger tut (wie im Traum für die FAZ): »Kra-

kau, [...] Wiener 19. Jahrhundert. Auch die Kleinstädte, durch die wir
fahren, erinnern an versunkene Zeiten. [...] Im Dickicht sind ein paar
Graugänse unterwegs. [Absatz] Jenseits der Brücke, im alten Stadt-
kern, herrscht ein lebhaftes Samstagstreiben. [...] Die Parfümerie an
der Ecke verkauft ein Toilettenwasser namens ›Lady Day‹ – gemeint ist
vermutlich Lady Di – [...]. [Absatz] Nur der Geruch stört. Von einem
solchen Geruch hätte sich Joseph Roth nichts träumen lassen. Es ist
nicht nur der Braunkohlenruß, der über der Stadt liegt. Etwas anderes
mischt sich ein, halb süßlich, halb stechend, wie Gasgeruch. Das muß
die chemische Industrie sein [...]. [Absatz] Da könnten die hiesigen
Pfadfinder auch ein Schild mit dem Namen ihrer Heimatstadt kaufen.
Aber wer wird sich diese acht Buchstaben aus roter Gummimasse, auf
grünen Filz geschweißt, freiwillig an den Ärmel nähen? Die kleine
Stadt, die wir besucht haben, heißt OŚWIĘCIM, zu deutsch: Auschwitz. [Kapitel-Ende]«. BUMBUM. BUMBUM. BUMBUM. (Hans
Magnus Enzensberger, *Ach Europa! Wahrnehmungen aus sieben Län-
dern. Mit einem Epilog aus dem Jahre 2006*, Frankfurt am Main 1987,
S. 361 ff.) Der Alltag, der Name, der ganz normale Schrecken (und wie
sich doch alles ändern kann): die Dramaturgie von »Kattowitz (Kato-
wice), Samstag« ist »die Lore, mit Kohlen gefüllt, massiv Messing, auf
Anthrazitsockel, die als Zimmerschmuck dienen kann (350 Zloty)«
(S. 363), die sie auffährt – »Duisburg ist, damit verglichen, eine Idylle«
(S. 361)
Da fiebert man doch eher mit Roald Dahls junger Wöchnerin mit, die
das vierte Kind innerhalb von vier Jahren bekommt und drei bereits
verloren hat. Ein Text, der anfängt mit »›Alles in bester Ordnung‹, sagte
der Arzt. [...] Sie haben einen Sohn.‹« und mit den Sätzen der Eheleute
schließt: »›Drei tote Kinder – mehr kann ich nicht ertragen, verstehst
du?‹ ›Natürlich.‹ ›Er *muß* leben, Alois. Er *muß*, er *muß*... O Gott,
hab Erbarmen mit ihm...‹« Nicht gerade weltbewegend, zugegeben,
gäbe es nicht jene beiläufige, gut vorbereitete Passage kurz vor Schluß:
»›Adolphus‹, flüsterte sie. ›Mein kleiner Adolf...‹ ›Pst!‹ machte die
Wirtin. ›Hören Sie? Ich glaube, Ihr Mann kommt.‹ Der Arzt öffnete die
Tür und blickte in den Korridor hinaus. ›Herr Hitler?‹ ›Ja.‹ [...] ›Ich
gratuliere‹, sagte der Arzt. ›Sie haben einen Sohn.‹« (Roald Dahl, *Ge-
nesis und Katastrophe. Eine wahre Geschichte*, in: *Küßchen, Küßchen!
Elf ungewöhnliche Geschichten*, Reinbek 1966, S. 124-129.) »Drei tote
Kinder – mehr kann ich nicht ertragen« ist natürlich auch Ausch-
witz.
Beim Ach-Europa-Auschwitz-Text ist eigentlich nur eines interessant:
Wie kommt Enzensberger zurück nach Polen, nachdem er das deutsche
Zauberwort einmal ausgesprochen hat? Aus dem Sesam wieder raus?
Wie kommt er von Kattowitz am Samstag nach Breslau am Montag?
Wie schließt er die beiden Kapitel aneinander an? Wir hatten, links

unten auf der Seite: »Die kleine Stadt, die wir besucht haben, heißt OŚWIĘCIM, zu deutsch: Auschwitz.« Jetzt, rechte Seite, Augen hoch: »*Breslau (Wroclaw), Montag. Er liebt Beckett, er bewundert ihn, ›deswegen weil er so ruhig atmet / in Erwartung des Weltuntergangs / aber auch er beginnt langweilig zu werden‹*« (S. 365). Unser-All-Heil-Mittel: Heißt Auschwitz, liebt Beckett, (beginnt langweilig zu werden). »Polnische Zustände.« Das Ende des Zitats ist gut.

39 Ob es derselbe schi ist, der am 9. 4. 1987 schreibt: »der israelische Staatspräsident fliegt mit einer Maschine der deutschen Luftwaffe nach Norddeutschland, um das Konzentrationslager Bergen-Belsen zu besuchen, er legt einen Kranz in der Form eines Davidsterns an der Gedenkstätte für 50 000 jüdische Opfer des Nationalsozialismus nieder, er verneigt sich vor den Toten und zugleich doch auch vor der deutschen Musik und Literatur«? Doch, doch. Lieb und teuer. Thema T. Mann. Wie er wohl über de Man schreiben würde?

40 Raul Hilberg/Alfons Söllner, *Das Schweigen zum Sprechen bringen. Ein Gespräch über Franz Neumann und die Entwicklung der Holocaust-Forschung*, in: Dan Diner (Hg.), a.a.O., S. 192f., 195f., 198f. Wie man im KZ an das Deutsch-Stilideal T. Mann denken kann, verstehe ich allerdings nicht: »Wie liest er [= der Forscher] nun diese Quellen? [...] So berichtet im Herbst 1941 ein Hauptmann einer Ortskommandantur im neu eroberten Mariupol am Schwarzen Meer mit einer alleinstehenden Zeile, daß der SD dort 8000 Juden exekutiert habe. Fest wie in der Bibel steht dieser Satz in diesem Dokument – unverkennbar und doch unfaßbar. Man müßte ein Thomas Mann sein, um sich in dieser Beschreibung einen einzigen Mann, eine einzige Frau, ein einziges Kind am Grabe stehend, die Kugel abwartend, vorstellen zu können.« (Raul Hilberg, *Tendenzen in der Holocaust-Forschung*, in: Walter H. Pehle [Hg.], *Der historische Ort des Nationalsozialismus. Annäherungen*, Frankfurt am Main 1990, S. 73.) Am Grabe stehend, die Kugel abwartend. T. Mann wäre doch wohl eher etwas für die Untertitel des geplanten SS-Fotoalbums.

41 Hilberg, *Tendenzen in der Holocaust-Forschung*, a.a.O., S. 76.

42 Ebd., S. 74.

43 Vgl.: »Perhaps the way I directed Cerisy I and II as successive stagings in the launching of *Heidegger et ›les juifs‹* will have seemed overly mediatic as narrative. The pervasive mood of irony and the cuts of screening are arguably incommensurate with the gravity of what is addressed [...]. Yet something has made itself felt, something that would turn the mechanical reproduction of the same rhetorical mood into a further instance of indecency. At times, our age of mourning unleashes a certain libidinal upsurge, the giddiness of terror. One wants to see again, according to the script of tonal modulation, Hölderlin's ›Wechsel der Töne‹, which now gets fed through an entirely new tech-

nology of shredding and splicing.« (Ronell, *The Differends of Man*, a. a. O., S. 72.)

44 Herbert Achternbusch, *Das Haus am Nil*, Frankfurt am Main 1981, S. 125.

45 Wird nicht nur das dritte Ungeschriebene geholt haben; nein, hat das vierte gesammelt Unpublizierte (*Noten zur Literatur IV*) offensichtlich schon geholt, wo es auf einmal keine einzige Widmung mehr gibt. Es gibt auch nur noch einen Namen. Und für den braucht nicht mehr geschrieben zu werden. Adorno hat tief geschluckt.

46 Maurice Blanchot, ›Wer nun? Wo nun?‹, in: ders., *Der Gesang der Sirenen. Essays zur modernen Literatur*, Frankfurt am Main, Berlin, Wien 1982, S. 285-295.

47 Vgl.: de Man, *Der Widerstand gegen die Theorie*, a. a. O., S. 88.

48 Blanchot, *Wer nun?*, a. a. O., S. 290.

49 Und mit Wahls-Worten fängt zugleich auf Ebene 2 das Gesellschaftsspiel an: ›Mister X‹, wann taucht wo in Paris der Verfolgte auf, ja, hatte man mit ihm an dieser Stelle überhaupt gerechnet? Welche Zeichen gibt er, bevor er wieder verschwindet? Derrida hatte die Jagd gemacht. Er hatte Foucault im Hinblick auf den Status seiner Rede kritisiert. Kann man den Wahnsinn *selbst* sprechen lassen? »Wenn also das Buch Foucaults [...] hat geschrieben werden können, haben wir das Recht, uns zu fragen, worauf letztlich er diese rückhaltlose und unterstützungslose Sprache hat stützen können: Wer sagt die Rücksichtslosigkeit aus?« (Derrida, *Cogito*, a. a. O., S. 63.) Und genau wie der berühmte Kollege, der mit Z zeichnet, ist J. D. mit seinem Argument zugleich Jäger oder Detektiv/Inspektor + Zauberer. Er markiert den anderen Diskurs, nicht ohne zugleich sein eigenes Verhältnis dazu herauszupräparieren. Genauer: Derrida zieht den Hut – und das Kaninchen raus. Er sagt: Lehrer–Schüler. »Dieses in vieler Hinsicht bewundernswerte Buch besticht vor allem durch [...] seinen Stil, was mich um so mehr einschüchtert, als ich [...] in der glücklichen Lage [bin], ein Schüler Michel Foucaults zu sein [...]. Wenn, wie in diesem Fall, der Dialog fälschlicherweise als ein Streit verstanden zu werden droht, [...] fühlt sich [der Schüler] unbeschränkt angegriffen, abgewiesen oder angeklagt: als Schüler durch den Lehrer, der in ihm vor ihm spricht, um ihm vorzuwerfen, daß er diese Auseinandersetzung beginne, und um sie im voraus zurückzuweisen, weil er sie vor ihm entwickelt hat; als Lehrer des Inneren wird er also durch den Schüler angegriffen, der er auch ist. Wir müssen also das Eis, oder vielmehr den Spiegel, die Reflexion, die endlose Spekulation des Schülers über den Lehrer brechen und zu sprechen beginnen« (54). Also auch hier bei der Adresse die Frage schon nach dem Status der Aussage. (Auch nach Pädagogik, Lehrer/Schüler.) ›Ich hab' das so drin‹, ein raffiniertes Argument. Lesen wir jetzt mit Foucault den Derrida-Text, mit zwei Büchern an einem Tisch: »dieser

Aufsatz [gibt] einen am 4. März 1963 im Collège philosophique gehaltenen Vortrag wieder. Jean Wahl hat bei seinem Vorschlag, ihn in der *Revue de Métaphysique et de Morale* zu publizieren, sich damit einverstanden erklärt, daß er seine ursprüngliche Form, die des gesprochenen Wortes, mit den entsprechenden Erfordernissen und vor allem den diesem eigenen Schwächen beibehalte. Wenn das Geschriebene, nach dem Wort des *Phaidros* ›des Beistandes seines Vaters‹ beraubt, zerbrechliches und aus ›der lebendigen und belebten Rede‹ gefallenes ›Bild‹, im allgemeinen bereits ›sich nie Hilfe bringen‹ kann, ist es dann nicht mehr denn je exponiert und entwaffnet, wenn es bei der Nachahmung stimmlicher Improvisation sogar die Mittel und Lügen des Stils sich versagen muß?« (53) Foucault hat zweimal »den unaufhörlichen und schweigenden Dialog« (Derrida, 53) ausgesprochen. Das zweite Mal in seinem zweiten Vorwort. Bei Wahl mündlich. Derrida (1963): »Dieses endlose Unglück des Schülers liegt vielleicht daran, daß er noch nicht weiß oder sich noch verheimlicht, daß der Lehrer wie das wirkliche Leben vielleicht immer abwesend ist« (54). Foucault (1969): »seien Sie mir nicht böse, daß ich, wenn ich Sie gleich Ihre Fragen werde stellen hören, noch immer und vor allem hier das Fehlen einer Stimme spüre, die mir bislang unerläßlich war; *Sie werden sicher verstehen*, daß ich *gleich fast zwangsläufig* auf meinen ersten Lehrer zu hören versuche. [...] Doch da ja schließlich die Abwesenheit der erste Ort des Diskurses ist, gestatten Sie mir bitte, daß ich mich heute abend in erster Linie an ihn wende« (8, meine Hervorhebung R. H.). »Gleich« ist »Was ist ein Autor?«. Ja, und hören soll man.

50 Um so unverständlicher, daß Foucault 8 Jahre später für eine englische Übersetzung den gesamten Vorspann streichen läßt und ihn durch zwei Sätze ersetzt: »To this day, the ›author‹ remains an open question both with respect to its general function within discourse and in my own writings [...]. In this regard, I wish to propose a necessary criticism and reevaluation.« Fußnote: »We have omitted Professor Wahl's introductory remarks and also Foucault's response and the debate that followed his lecture. Foucault's initial statement, however, has been interpolated in the first paragraph of the translation.« (Michel Foucault, *Language, Counter-memory, Practice*, Ithaca, New York 1977.) Mit diesen 2 Sätzen, wie gesagt. Als ob jemand geahnt hätte, was da durch die Druckfahnen ging. Wie's klirrte.

51 Steven Marcus, *Freud and Dora: Story, History, Case History*, in: Charles Bernheimer and Claire Kahane (Hg.), *In Dora's Case. Freud – Hysteria – Feminism*, New York 1985, S. 65, 73, 76.

52 Sigmund Freud, *Die Traumdeutung. Studienausgabe Band II*, Frankfurt am Main 1982, S. 296.

53 Samuel Beckett, *Der Namenlose*, Frankfurt am Main 1979, S. 176.

54 So wie ihn Luhmann beschreibt: »Unter der Bedingung autopoietischer

Systeme wäre Aufhören Zufall, und Weitermachen ist deswegen Notwendigkeit. Der Grund der Notwendigkeit ist nichts anderes als diese Differenz. Die Theorie, die so disponiert, findet sich von Identität auf Differenz umgestellt.« (Niklas Luhmann, *Soziale Systeme: Grundriß einer allgemeinen Theorie*, Frankfurt am Main 1984, S. 396.)

55 Kurt Drawert, *Privateigentum. Gedichte*, Frankfurt am Main 1989, S. 9.

56 De Man, *Der Widerstand gegen die Theorie*, a. a. O., S. 105.

57 Paul de Man, *Semiologie und Rhetorik*, in: ders., *Allegorien des Lesens*, Frankfurt am Main 1988, S. 32.

58 Hans H. Hildebrandt, *Becketts Proust-Bilder. Erinnerung und Identität*, Stuttgart 1980, S. 2.

59 Und haben wir nicht bald nach den neuen Regelungen einen Bundesadler im Ohr? »Auf allen deutschen Telefonen und anderen Fernmeldeeinrichtungen wird künftig nicht mehr das Posthorn, sondern der Bundesadler das technische OK signalisieren« (*Bielefeld am Mittwoch*, 15. 5. 1991).

60 Daniil Charms, *Die vierbeinige Krähe*, in: ders., *Fälle*. Hrsg. v. Peter Urban, Zürich 1984, S. 177.

61 Elmar Tophoven, Erika Tophoven und Erich Franzen, *Anmerkungen*, in: Samuel Beckett, *Der Namenlose*, a. a. O., S 177 f. Und dafür soll Derrida jetzt als »Ballast« dienen? »Dieser Art sind die Fragen, die am philosophischen Horizont auftauchen und die der Unnamable als Ballast seines historischen Erbes von Plato bis Derrida (den er zu antizipieren scheint) mit sich herumschleppt« (Gabriele Schwab, *»Where I am there is no one but me who am not« – Die Nicht-Ich-Fiktion eines Icherzählers in Samuel Becketts ›The Unnamable‹*, in: Odo Marquard und Karlheinz Stierle (Hg.), *Identität*, München 1979 [= *Poetik und Hermeneutik VIII*], S. 512). Ausgerechnet »Plato bis Derrida«. Wo ich immer dachte, es wäre von »Socrates bis hin zu Freud und weiter«. Aber ich komme mit der Reihenfolge (der Vorschrift) E nicht zurecht.

62 Jacques Derrida, *Titel (noch zu bestimmen). Titre (à préciser)*, in: Friedrich A. Kittler (Hg.), *Austreibung des Geistes aus den Geisteswissenschaften*, Paderborn, München, Wien, Zürich 1980, S. 21.

63 Genauer noch: »Indem er [der Titel, R. H.] der Normalität des Diskurses Gewalt antut, das übliche Funktionieren der Referenz verstärkt, die kontextuelle Unbestimmtheit zur Anhäufung von Mehrdeutigkeiten mißbraucht, den Satz um den Namen herum zur Wüste macht, in der Orakelmacht des Eigennamens alle Kraftquellen der verschwiegenen Sätze sammelt, gründet er seinen eigenen Status, seine eigene Legitimität, das Imperium des rechtsetzenden Rechts auf eine Gewalt – aber auf eine Gewalt, die zuvörderst die *Ökonomie der Schrift-Sprache* ist« (ebd., S. 23).

64 Paul de Man, *Lesen (Proust)*, in: ders., *Allegorien des Lesens*, Frankfurt am Main 1988, S. 111.

65 Samuel Beckett, *Proust*, Frankfurt am Main 1989, S. 25.

66 »So richtet am 17. August 1943 die Deutsche Reichsbahn, Direktion Königsberg, Dezernat 33, eine Fahrplananordnung Nr. 290 an BA 1, MA, VA ZI, GA und Hbf Bialystok, Bialystok Industriebf, Dienststellen von Bialystok bis Malkinia, Bf Treblinka, OBD 33 Warschau – nach besonderem Verteiler –: ›Zur Abbeförderung von Aussiedlern verkehren folgende Sonderzüge von Bialystok nach Malkinia Ziel Treblinka: Pj 207, Pj 208, Pj 209, Pj 210, Pj 211. Besteller: Kommandeur der Sicherheitspolizei und des SD in Bialystok.‹« (Hilberg, *Tendenzen*, a. a. O., S. 73.)

67 François Ewald, *Wahn muß übers Denken wachen. Ein Gespräch mit Jacques Derrida*, in: *Literataz* [Die Literaturbeilage der *tageszeitung*], Frühjahr 1991. Man befindet sich hier am Ort einer ethischen + politischen Entscheidung, Derrida spricht explizit von »Verantwortung«: »Diese Verantwortungen, die festlegen, ›wo es lang geht‹, sind der formalisierbaren Ordnung des Wissens fremd – vor allem sind sie auch den Begriffen fremd, auf die man die Idee der Verantwortung und Entscheidung selbst gestellt, ich würde sogar sagen: abgestellt hat. [. . .] Immer wenn eine (ethische oder politische) Verantwortung übernommen werden muß, muß man strikt antinomisch, *der Form nach aporetisch* [meine Hervorhebung, R. H.], in einer Art Erfahrung des Unmöglichen vorgehen –, denn die einfache Anwendung einer Regel durch ein bewußtes, mit sich selbst identisches Subjekt, das einen Fall unter ein objektiv gültiges, allgemeines Gesetz stellt, führt sonst zur *Unverantwortlichkeit* oder zumindest zum Verlust der beispiellosen Singularität der zu treffenden Entscheidung. Das Ereignis, das nach Maßgabe der Andersheit des Anderen jedes Mal singulär ist, *muß auch jedes Mal neu erfunden werden* [meine Hervorhebung, R. H.] – nicht ohne Begriffe, aber doch indem der Begriff jedes Mal überschritten wird, ohne Rückversicherung und Gewißheit. Die Verpflichtung dazu ist notgedrungen doppelt, widersprüchlich oder strittig, denn sie erwächst aus einer Verantwortung und nicht aus einer moralischen oder politischen Technik.«

68 Adorno, *Negative Dialektik*, a. a. O., S. 353 f.

69 Herman Melville, *Moby Dick oder Der Wal*, München 1964, S. 407 f.

70 Die durchgängige Anwesenheit von »Tod« in diesen Zeilen ist auffällig. Johnsons Text ist, vergessen wir das nicht, ein Epitaph. »News of Paul de Man's death reached me as I was writing the final section of the essay.« (*The Lesson of Paul de Man*, in: *Yale French Studies* 69 [1985], S. 73.)

71 Vgl.: »The whale, like all things that are mighty, wears a false brow to the common world«. (Herman Melville, *Moby-Dick*, New York/London 1967, S. 293).

72 Joe Hembus, *Westernlexikon. 1324 Filme von 1894-1978*, München 1978, S. 534. Dort auf Seite 26: »Moby Dick, einer Geschichte, die ihr Autor Hermann Melville ursprünglich in der Prärie spielen lassen wollte, mit einem heiligen weißen Büffel der Sioux oder einem weißen Hengst.«

73 Zit. nach Eduard Berend, *Jean Paul und die Schlegel*, in: *Euphorion* 20 (1913), S. 84.

74 Derrida, *Der Entzug der Metapher*, a. a. O., S. 319. (Ein Wal ist ein Bauchredner.)

75 »Smoothlipped bomb and shell craters hold blue sea water. Barracks have had their roofs blown away: spinal and ribwise and sunwhite the bones of these creatures that must have held in their time half the Jonahs of falling Europe.« (Thomas Pynchon, *Gravity's rainbow*, London 1975, S. 501 f.)

76 Und ist es Zufall, daß Barbara Johnson ausgerechnet de Mans Archie-Bunker-Debunker-Derrida-Passage ihrem ersten Buch *The Critical Difference* als Motto voranstellt? Wer ihn wohl drauf gebracht hat? Mit ihm vor dem Fernseher gesessen hat? Do it, Paul, do the debunker! Eine Passage, die von de Man dann eingeleitet wird mit: »Ich entnehme das erste Beispiel der Sub-Literatur der Massenmedien« (*Semiologie*, a. a. O., S. 38 f.). Eine Sektion, die nicht uninteressant zu sein scheint. Aber darf es sie geben für de Man? Oder ist es Aufschnitt? Alle in einer Familie?

77 Stefano Rosso, *An Interview with Paul de Man*, in: Paul de Man, *The Resistance to Theory*, Minneapolis 1986, S. 118.

78 De Man, *Semiologie*, a. a. O., S. 33. Im Original heißt es in bester Western-Tradition: »these terms (which are as old as the hills)« (5). Übern Berg?

79 »I have a tendency to put upon texts an inherent authority, which is stronger, I think, than Derrida is willing to put on them« (118).

80 In *On Deconstruction*, in dessen Untertitel Rowohlt »Theory« mit »Derrida« und »Criticism after Structuralism« mit »poststrukturalistische Literaturtheorie« übersetzt. Dicker Name, dummes Etikett. Reinbek 1988, S. 318.

81 »Dennoch war mein Diskurs ebenso klar wie das ›ich habe meinen Schirm vergessen‹. Er besaß sogar – nicht wahr – einige rhetorische, pädagogische und persuasive Vorzüge oder Ungeschicklichkeiten. Nehmen Sie jedoch an, daß er chiffriert sei, daß ich derartige Texte Nietzsches (zum Beispiel: ›ich habe meinen Schirm vergessen‹), derartige Begriffe und Wörter (zum Beispiel ›Sporn‹) aus Gründen gewählt habe, von denen allein ich die Geschichte und den Kode kenne. Vielleicht sogar Gründen, einer Geschichte und einem Kode zufolge, die nicht einmal für mich selbst transparent sind. Sie könnten, ganz strenggenommen, auch sagen, daß es keinen Kode für eine Person allein gibt.

Es könnte jedoch einen Schlüssel zu diesem Text zwischen mir und mir geben, ein Kontrakt, durch den ich mehr als einer werde. Aber da wir beide, ich und ich, sterben werden, woran Sie sicher nicht zweifeln, gibt es eine strukturell posthume Notwendigkeit meiner – und Ihrer – Beziehung zum Ereignis dieses Texts, der nie bei sich anlangt. Der Text kann immer zugleich offen, dargeboten *und* entzifferbar bleiben, auch ohne daß man ihn als unentzifferbar erkennt. [...] Die Komplizen werden sterben, wie Sie nicht bezweifeln werden, und dieser Text kann überleben, wenn er kryptisch und parodistisch ist (nun, ich sage Ihnen, daß er es ist, von A bis Z, ich kann es Ihnen sagen, weil Sie das nicht weiterbringt [...]), unbestimmt offen, kryptisch, das heißt verschlossen, gleichzeitig oder abwechselnd offen und verschlossen. Zusammengefaltet/entfaltet, ein Schirm eben, für den Sie nie Verwendung hätten, den Sie sogleich vergessen könnten, als ob Sie nie von ihm hätten erzählen hören, als ob er über Ihrem Kopf wäre, als ob Sie mich niemals vernommen hätten, da ich nichts gesagt habe, was Sie hätten vernehmen können. [...] Damit das *simulacrum* eintritt, ist es nötig, im Raum zwischen mehreren Stilen zu schreiben. [...] Zwei Sporen zumindest, so lautet die Bedingung. Zwischen ihnen der Abgrund: hier ist Anker zu werfen, zu wagen, vielleicht zu verlieren.« (Jacques Derrida, *Sporen. Die Stile Nietzsches*, in: Werner Hamacher [Hg.], *Nietzsche aus Frankreich*, a. a. O., [s. Anm. 4], S. 162 f.)

82 Adorno, *Negative Dialektik*, a. a. O., S. 372.

83 Shoshana Felman, *Jacques Lacan and the Adventure of Insight. Psychoanalysis in Contemporary Culture*, Cambridge (Massachusetts)/London 1987, S. 92.

84 Felman kommentiert die Schreibverfahren im Lacanschen Text: »[W]hat has not been understood is the extent to which this style is *pedagogically* poetic: poetic in such a way as to raise, through every answer that it gives, the literary question of its nonmastery of itself. In pushing its own thought beyond the limit of its self-possession, beyond the limitations of its own capacity for mastery; in passing on understanding that does not fully understand what it understands; in teaching thus, with blindness – with and through the very blindness of its literary knowledge, of insights not entirely transparent to themselves – Lacan's unprecedented *poetic pedagogy* always implicitly opens up onto the infinitely literary, infinitely teaching question: [...] What is the riddle I pose here under the guise of knowledge?« (96)

85 *Satzung des FC Gelsenkirchen-Schalke 04* (31. März 1983), Paragraph 2.

86 Rosso, *Interview*, a. a. O., S. 118.

87 »Lassen Sie mich daher betont professionell beginnen und feststellen, daß eine mit meinem Ansatz vergleichbare Arbeit in Deutschland schon allein deswegen nicht möglich war, weil die Dokumente nicht verfügbar waren. Der in die Millionen gehende Dokumentenbestand

lag in Alexandria in Virginia, bis in die Mitte der sechziger Jahre war tatsächlich nicht viel zu finden in Deutschland« (Raul Hilberg, in: ders./Alfons Söllner, *Das Schweigen zum Sprechen bringen. Ein Gespräch über Franz Neumann und die Entwicklung der Holocaust-Forschung*, in: Diner, *Zivilisationsbruch*, a. a. O., S. 185).

88 Adorno, *Negative Dialektik*, a. a. O., S. 364.

89 Jonathan Culler, *Issues in American Critical Debate*, in: Elrud Ibsch (Hg.), *Schwerpunkte der Literaturwissenschaft außerhalb des deutschen Sprachraums*, Amsterdam 1982 [= *Amsterdamer Beiträge zur neueren Germanistik*, Bd. 15], S. 23 [meine Übersetzung].

90 Herbert Achternbusch, *Die Atlantikschwimmer*, Frankfurt am Main 1978, S. 279.

II

Moon-gyoo Choi
Frühromantische Dekonstruktion und dekonstruktive Frühromantik:
Paul de Man und Friedrich Schlegel

> »Das Nichtverstehen kommt meistens
> gar nicht vom Mangel an Verstand,
> sondern vom Mangel an Sinn.«[1]

I

Konstruktives »Verstehen« und dekonstruktives »Mißverstehen« sind wie im Fechten entgegengesetzt. Der »textuelle« Text ist im Begriff, die »menschliche« Vorstellung durch seine unmenschliche, linguistisch-sprachliche Destrukturalität vermittels der rhetorischen Tropen und Figuren zu ersetzen. Das Mißverstehen klingt eben wie eine »Emanzipation«, den bitteren Geschmack im Verstehen zu schlagen, der unter Berufung auf den Konsensus erzwungen wird. Die subjektive Anmaßung ›Ich habe den Text verstanden‹ wird dadurch zurückgehalten, daß sich die Texte, die sich nicht mehr der Interpretation unterstellen[2], weiter im Labyrinth vertexten. Die Dekonstruktion als Text, die man »radikale Hermeneutik«[3] genannt hat, ist selbst wie eine anonyme »Postkarte« bzw. »Flaschenpost«, die den Adressaten der Hermeneutik nicht mehr findet. Inzwischen ist sie fast als eine methodische Strömung institutionalisiert[4], sei es in der Philosophie oder in der Literaturwissenschaft, obwohl sie als ein *Enfant terrible* erscheint.

II

Trotz des Streits um seinen frühen politischen Journalismus[5] gilt de Mans dekonstruktive Perspektive vor allem als eine kritische Revision der Literaturwissenschaft. Man weiß jedoch sehr wenig davon, was Dekonstruktion ist, die de Man zu einer »Aufgabe der Literaturwissenschaft in den kommenden Jahren«[6] erhob. Sie steht gewiß nicht im Einklang mit »Konstruktion« oder »Rekonstruktion«. Man könnte annehmen, daß sie ein »literarischer« Widerstand gegen eine philosophische »System«-Konstruktion und zugleich gegen eine sozial-historische »Geschichts«-Rekonstruktion ist. Im mnemotechnisch geschriebenen Buch über de Man weist Derrida auf drei Augenblicke der Dekonstruktion hin, die sich in den Werken von de Man ereignen: erstens Augenblicke, in denen de Man nicht von Dekonstruktion spricht, zweitens Augenblicke, in denen er von ihr als einer Operation spricht, die schon in anderen Texten abläuft, drittens Augenblicke, in denen er seine eigene Arbeit als eine Dekonstruktion präsentiert.[7] Abgesehen von seiner eigenen Definition[8] gibt uns Derrida die beste Erklärung dessen, was die Dekonstruktion bei de Man bedeutet. De Man spricht tatsächlich selten von Dekonstruktion als einer Theorie oder einer Methode, arbeitet aber mit der Dekonstruktion als Operation an verschiedenen Texten, in denen Dekonstruktion als Textpraxis schon praktiziert sei. Prousts und Nietzsches Texte gelten z.B. als solche, in denen die Dekonstruktion schon am Werk ist, die de Man seinerseits dekonstruiert.

Es ist noch nicht die Frage beantwortet, was Dekonstruktion ist, deren operative Technik als Helfershelfer dessen auftritt, was sich dekonstruiert. In *Allegorien des Lesens* versucht de Man die Dekonstruktion zu definieren, indem er Passagen aus Yeats und Proust instruierend dekonstruiert: »Die Lektüre ist nicht *unsere* Lektüre, sofern sie ausschließlich solche sprachlichen Elemente heranzieht, die der Text selber darbietet; die Unterscheidung zwischen Autor und Leser ist eine jener falschen Unterscheidungen, die die Lektüre ausleuchtet. Die Dekonstruktion ist nichts, was wir dem Text hinzugefügt hätten, sondern *sie ist es, die den Text allererst konstituiert hat.* Ein literarischer Text behauptet und verneint zugleich die Autorität seiner eigenen rhetorischen Form, und indem wir den Text so lesen, wie wir es getan haben, versuchten wir nur, fast ebenso strenge Leser zu sein, wie der Autor es sein mußte, um überhaupt einen Satz schreiben zu können. Dichtung ist die avancierteste und verfeinertste Form der Dekonstruktion; sie mag sich von kritischen oder diskursiven Texten nach der Ökonomie ihrer Artikulation unterscheiden, aber nicht ihrer Art nach.«[9] Die Dekonstruktion ist hier mit einem Lesen, einem Akt der Lektüre identifiziert. Was bedeutet aber der Satz »Die Lektüre ist nicht *unsere* Lektüre«? Wenn die Lektüre nicht unsere Lektüre

ist, dann taucht die Frage auf: Wessen Lektüre ist sie? Eine Tautologie beantwortet diese Frage: Ein dekonstruktiver Text ist eine
dekonstruktive Lektüre, und eine dekonstruktive Lektüre ist ein
dekonstruktiver Text. Die Lektüre ist für de Man eine Zurückver-
folgung der dekonstruktiven Bewegung des Textes selbst, die sich
auf rhetorisch-sprachlicher Ebene ereignet. Sie soll dabei den Text
gründlich enthüllen, der sich mit Skepsis, Reflexion, Zögern auf
seine Gegenstände zubewegt. Was ist die Dekonstruktivität des
Textes? De Man (und auch Derrida) meint, daß der Text (oder die
Schrift) die Möglichkeit eines transzendentalen Signifikats wie des
Selbstbewußtseins[10] in Frage stellt. Selbst wenn es das Selbstbewußtsein gibt, gibt es dies nur als eine »Metapher der Metaphern«.[11] Darin läßt sich die Gedanken-spur der Frühromantik
feststellen: »Der Mensch: Metapher«.[12] Daß sich der Text dekonstruktiv vertextet, bedeutet eine unentschiedene Bewegung zwischen sprachlicher Konstruktion und Destruktion, Glaubhaftem
und Unglaubhaftem, Wahrscheinlichem und Unwahrscheinli-
chem, anders gesagt, eine Bewegung zwischen Ernst und Spiel.
Der Text läuft nicht auf eine Unipolarität hinaus, die durch Dialektik bzw. ideale Versöhnung hergestellt werden kann. In seinem
Nietzsche-Aufsatz meint de Man: »Überdies findet die Dekonstruktion nicht zwischen Behauptungen statt, wie in einer logischen Erwiderung oder in einer Dialektik, sondern vollzieht sich
statt dessen in einer Aporie zwischen metasprachlichen Aussagen
über die rhetorische Natur der Sprache einerseits und einer rhetorischen Praxis andererseits, die diese Aussagen in Zweifel zieht.«[13]
Die Dekonstruktion sowohl als Text wie auch als Technik könne
zwar die »Aufgabe« *einer* Sinn-Erschließung des Textes erfüllen,
aber sie muß wegen der Sprache selbst die Aufgabe »aufgeben«,
wie de Man selbst das Wort »Aufgabe« in W. Benjamins Aufsatz
Aufgabe des Übersetzers analysiert hat. Das heißt: Die Dekonstruktion kann eine »Übersetzung« des Textes sein, die jedoch
»eine unbestimmte, unendliche Aufgabe«[14] ist. Dekonstruktive
Lektüre ist eine »Kunst« im Doppelsinn, wie F. Schlegel es faßte:
»Die Lektüre ist eine Kunst.«[15] Sie ist eine Demystifizierung der
Zeichen-Fehlerhaftigkeit einerseits und die technische Virtuosität
der Interpretation andererseits. Dies ist der Grundzug dessen, was
die Ästhetik der Dekonstruktion ausmacht, die auf der Rhetorik
basiert.

III

Die Dekonstruktion zielt darauf ab, wie sich eine epistemologische Schrift fiktional-literarisch bekleidet, und umgekehrt, wie sich ein fiktional-literarischer Text epistemologisch enthüllt. Das Verfahren der Dekonstruktion tritt dabei weder auf als ein willkürlicher subjektiver Akt, der von außen her den Text interpretiert, noch als eine historische Empathie der Rekonstruktion, sondern als die Enthüllung des Textes selbst, dessen Verstehen ein Bruch ist. Derrida macht noch einmal auf die Dekonstruktion bei de Man aufmerksam: Man weiß, »daß es die Dekonstruktion immer schon gibt, daß sie immer schon in den Werken, vornehmlich in den literarischen Werken, am Werk ist. Dekonstruktion wird nicht *nachträglich* oder *von außen*, als ein technisches Instrument der Moderne, appliziert. Die Texte dekonstruieren sich (selbst) aus sich selbst heraus; es reicht aus, den Text oder die Texte an sich (selbst) zu erinnern.«[16]

Die besondere Strategie des dekonstruktiven Verfahrens liegt nicht nur in der Auflösung der literaturgeschichtlichen Periodisierung, sondern auch in der Gattungsverschiebung durch die Verschmelzung von Philosophierung des literarischen Textes und Literarisierung des philosophischen Textes.[17] Sie geht davon aus, daß alle Texte aus dem Epistemologisch-Logischen und dem Rhetorisch-Fiktiven, dem Konstatierenden und dem Performativen, dem Wahrheitsbezogenen und dem Effektbezogenen, bestehen, wobei das eine immer gegen das andere Einspruch erhebt. Die dekonstruktive Verschmelzung von Philosophie und Literatur ist, so darf man behaupten, nichts anderes als eine Verschärfung des romantischen Widerspruches zwischen Wissenschaft und Kunst. Schlegel hebt die Auflösung des Gattungsunterschiedes hervor: »Alle Kunst soll Wissenschaft, und alle Wissenschaft soll Kunst werden; Poesie und Philosophie sollen vereinigt sein.«[18] Und: »Der Synthese der Romantischen Poesie und Historischen Philosophie sind gar keine Gränzen zu setzen. – Die Verbindung der Philosophie und Poesie geschieht in der Romantischen Poesie durch *Mischung*, in Prophetie durch *Verschmelzung*.«[19] Die Poetisierung der Philosophie und die Philosophierung der Poesie klingen hier wie eine Vorwegnahme der Postmoderne. Schlegel sieht die Verschmelzung von effektbezogener, phantastischer Poesie und wahrheitsbezogener, logischer Philosophie in allen Texten:

»Man nennt sehr oft Erfindung was nur Finden ist. – Die Menschen lesen nehmlich die Philosophie *so analytisch, lange nicht poetisch genug.*«[20] Es scheint, als hätte de Man den romantischen Imperativ des philosophisch-poetischen Widerspruches praktiziert. Er formuliert: »Schließlich legt unser Gedankengang nahe, daß die Beziehung und der Unterschied zwischen Literatur und Philosophie nicht in Begriffen der Disjunktion zwischen ästhetischen und epistemologischen Kategorien erfaßt werden kann. Alle Philosophie ist in dem Maße, wie sie von ›uneigentlicher‹ Sprache abhängt, verurteilt, literarisch zu sein, alle Literatur, als Despositorium genau dieses Problems, in gewissem Umfang philosophisch.«[21]

Daher findet eine interessante Rollenvertauschung statt: De Man versucht die Literarisierung der Philosophie (Nietzsche und Rousseau) und umgekehrt Derrida die Philosophierung der Poesie (Celan, Mallarmé). Sowohl für die Dekonstruktivisten als auch für die Frühromantiker bedeutet das Verschwinden des Gattungsunterschiedes jedoch keineswegs eine »Einebnung der Gattungsunterschiede zwischen Philosophie und Literatur«, wie Habermas die postmoderne (und frühromantische) Strategie der Verschmelzung kritisiert.[22] Aus dieser Verschmelzung resultiert vielmehr für Schlegel die Verabsolutierung der *Poesie*[23], die als die Besonderheit der Poesie z. B. zur Entstehung der poetischen Gattung »Roman« führt und sich damit von der Philosophie unterscheidet. Der frühromantische Anspruch »je poetischer, je wahrer« impliziert den Anspruch »je wahrer, je poetischer«. Auch für Derrida bedeutet die Strategie der Verschmelzung eher die »textuelle Differenz« als die Nivellierung der Differenz.[24] Die Illusion der Koinzidenz von Zeichen und Phänomen, Literatur und Leben bezieht sich nicht auf die romantisch-surrealistische, sondern auf die klassizistisch-realistische Literatur. De Mans demythologisierende Aussage »The fallacy of the belief that, in the language of poetry, sign and meaning can coincide, or at least be related to each other in the free and harmonious balance that we call beauty, is said to be a specifically romantic illusion«[25] führt mit Recht Beispiele der Werke von Rousseau, Hölderlin, Schiller, Goethe und Hegel an, die alle die Symbolik der »schönen Seele« konzipieren wollten. In *Über naive und sentimentalische Dichtung* konstatiert F. Schiller z. B. den Verlust der Koinzidenz zwischen Zeichen und Bezeichnetem im modernen Zeitalter, und naive Dichter (oder sentimentalische

Dichter) gelten als diejenigen, die jene Koinzidenz logozentrisch repräsentieren (oder wiederherstellen) wollten: »Wenn dort [beim Schulverstand] das Zeichen dem Bezeichneten ewig heterogen und fremd bleibt, so springt hier wie durch innere Notwendigkeit die Sprache aus dem Gedanken hervor, und ist so sehr eins mit demselben, daß selbst unter der körperlichen Hülle der Geist wie entblößet erscheint. Eine solche Art des Ausdrucks, wo das Zeichen ganz in dem Bezeichneten verschwindet, und wo die Sprache den Gedanken, den sie ausdrückt, noch gleichsam nackend läßt, da ihn die andre nie darstellen kann, ohne ihn zugleich zu verhüllen, ist es, was man in der Schreibart vorzugsweise genialisch und geistreich nennt.«[26] Das Stadium des »geistreichen« Ausdrucks ist die Kunst, die als Statthalter der Menschheit inauguriert wird. Anders bei der Frühromantik: Sie erhebt zwar einen Anspruch auf Einheit von Zeichen und Bezeichnetem, Sache und Bild, Literatur und Leben. Schlegel meint: »Ihr habt ein Bild von Revolution von der französischen abstrahirt, die euch Sache ist. Was euch Sache ist, ist mir wieder nur Bild. Wie Sache und Zeichen Eins im Gebiet der Kunst, zeigt sich überall.«[27] Doch ist die Einheit von Sache und Zeichen in der Kunst, die in einem *chiaroscuro* stattfinden könnte, nichts anderes als der Zwiespalt der beiden, d. h. die Abwesenheit der Einheit. Dadurch, daß sie sich radikal verselbständigt, wird die Rückbeziehung der Kunst auf das Leben ausgeschlossen. Mit de Man zu sprechen, erkennt die Frühromantik eine »zeitliche« Bewegung der Zeichen in Allegorie und Ironie: »Die dialektische Beziehung zwischen Subjekt und Objekt wird nicht mehr als Kernvorstellung des romantischen Denkens angesehen, diese Dialektik wird vielmehr restlos zu einem Moment der zeitlichen Beziehungen gemacht, die es innerhalb eines Systems von allegorischen Zeichen gibt.«[28] Im Fall der bildhaften, imaginierten Natur in der Romantik dementiert de Man die geläufige Koinzidenz von Bild als Imagination und Natur als natürlichem Objekt: »The existence of the poetic image is itself a sign of divine absence, and the conscious use of poetic imagery an admission of this absence.«[29] Die Utopie der Kunst wird z. B. durch die Kunst selbst in Frage gestellt: »Die Kunst ist ein täuschender, trügerischer Aberglaube; wir meinen in ihr die letzte, innerste Menschheit selbst vor uns zu haben, doch schiebt sie uns immer nur ein schönes Werk des Menschen unter, worin alle die eigensüchtigen, sich selbst genügenden Gedanken und Empfindungen abgesetzt sind, die in der tätigen Welt unfruchtbar und unwirksam bleiben.«[30]

Um das Verhältnis von Dekonstruktion und Frühromantik verständlich zu machen[31], muß man vor allem deren Sprach- bzw. Textauffassung in Betracht ziehen. Wie bei der Dekonstruktion des Textes keine Reduktion auf das Text-Äußerliche stattfindet – dies zeigt sich in Derridas bekannter Aussage »Ein Text-Äußeres gibt es nicht«[32] –, spricht Novalis in seiner Schrift *Monolog* von einer ähnlichen Sprachauffassung: »Gerade das Eigenthümliche der Sprache, daß sie sich bloß um sich selbst bekümmert, weiß keiner.« Novalis versteht in einem Fragment das Zeichen als »eine hypothetische Anschauung«, womit die Hinfälligkeit der Zeichen erkannt wird. Im *Monolog* heißt es weiter: »Will er dabei von etwas Bestimmtem sprechen, so läßt ihn die launige Sprache das lächerlichste und verkehrteste Zeug sagen.« Man kann konstatieren, daß Novalis die Möglichkeit des Übergangs vom Konstativen zum Performativen (bzw. vom Performativen zum Konstativen) in der Sprache antizipiert. Bei de Man: »the language aims at, sets itself as the target, the meaning which it sets.«[33] Das Um-sich-selbst-Bekümmern der Sprache, das man in Deutschland die Selbstreflexion der Sprache nennt, ist nichts anderes als die autonome Selbstreferentialität der Sprache, die de Man und Derrida als einen fundamentalen Ansatz zur Dekonstruktion ansehen. Daß die Sprache die Sprache ist, impliziert, daß sie mit den Wertsetzungen wie Sein und Handeln weder identifiziert noch analogisiert werden kann. Sie ist jedoch keine lesbare, deutliche Gesamtheit, sondern eine »schwindelerregende« Gesamtheit, die mit grammatischer, logischer, historischer Funktionsfülle etc. eine eindeutige, singuläre Lesbarkeit der Welt in Frage stellt. Die Sprache ist gleichsam in der Domäne der Unlesbarkeit situiert, wobei sie nicht im Sinne des Überhaupt-nicht-gelesen-Werdens, sondern im Sinne dessen zu fassen ist, daß ein Text keinen ersichtlichen, totalen Sinn-Zusammenhang herstellt. De Man bezeichnet weiter die bloße Identität zwischen Sprache und Realität als eine »Ideologie«: »Es wäre beispielsweise verhängnisvoll, die Materialität des Bezeichnenden mit der Materialität dessen, was es bezeichnet, zu verwechseln. (...) Was wir Ideologie nennen, ist genau die Verwechslung von Sprache mit natürlicher Realität, von Bezugnahme auf ein Phänomen mit diesem selbst.«[34]

Die Beschäftigung mit »Gebrauch von Sprache über Sprache«

impliziert die Beziehung auf die Rhetorizität der Sprache, die beunruhigend und unbestimmt wirkt. Beunruhigend, nicht weil die natürliche Realität verschwindet, sondern weil die Sprache ihre eigene, unbestimmte Realität herstellt. Die Reflexivität der Sprache führt sogar dazu, daß sie eben das in Frage stellt, was sie selbst autoritär aufstellt. Indem de Man Nietzsches Rhetorik der Umkehrung oder Vertauschung für ein gelungenes Modell der Dekonstruktion hält, betrachtet er das Verhältnis von Ich und Sprache als eine Kollision zwischen Schöpfung und Vernichtung: »Indem die Sprache, die das Selbst entwertet, sich zum Zentrum macht, rettet sie das Selbst im selben Augenblick, in dem es ihm die Bedeutungslosigkeit und Leere einer bloßen Sprachfigur zuschreibt. Das Selbst kann als Selbst nur bestehen, wenn es sich in den Text verschiebt, der es negiert. Das Selbst, das zuerst als ihr empirischer Referent das Zentrum der Sprache war, wird nun zur Sprache des Zentrums als Fiktion, als Metapher des Selbst. Was ursprünglich ein bloß referentieller Text war, wird nun zum Text eines Textes, zur Figur einer Figur. Die Dekonstruktion des Selbst als einer Metapher mündet nicht in der strengen Scheidung zweier Kategorien (Selbst und Figur), sondern in einem Austausch von Eigenschaften, der beider Fortbestand ermöglicht, freilich um den Preis ihrer buchstäblichen Wahrheit.«[35] Das sprachliche Zeichen, das von Schleiermacher über Heidegger bis Ricœur als »Existential« bzw. Erschließung eines Sinns aufgefaßt worden ist, ist nichts anderes als eine neue Zeichen-Produktion. Dies zeigt sich deutlich in de Mans oder Derridas Rückbeziehung auf Ch. S. Peirce[36], der meint, der Interpretant selbst sei ein Zeichen. Zwar bezieht sich das Zeichen auf Wahrheit. Aber: »Wahrheit ist eine Trope; eine Trope generiert eine Norm oder einen Wert; dieser Wert (oder diese Ideologie) ist selbst nicht mehr wahr. Es ist wahr, daß Tropen Produzenten von Ideologien sind, die selbst nicht mehr wahr sind.«[37] Der Text und die »ins Werk gesetzte Wahrheit« (Heidegger) in ihm sind also wie eine performative Zeichen-Produktion, die jedoch zu einem falschen Versprechen führen könnte: »The error is not within the reader; language itself dissociates the cognition from the act. *Die Sprache verspricht (sich)*; to the extent that is necessarily misleading, language just as necessarily conveys the promise of its own truth.«[38]

Für de Man schwebt die Sprache zwischen epistemologischer Ebene und performativer Ebene, Wahrheit und Illusion. Oder an-

ders formuliert, sie ist für de Man ein Dazwischen von Vollzug und
Entzug, Bestimmtheit und Unbestimmtheit, besitzt also dieselbe
Funktion wie die Einbildungskraft für die Frühromantik. Zwi-
schen den beiden gibt es keine Synthese bzw. Kontinuität, sondern nur Bruch und Diskontinuität. Daher ist de Mans typischer
Gestus von »Aporie« und »Unentscheidbarkeit« überall zu fin-
den. Die »Unentscheidbarkeit« ist eine Ohnmacht des Lesers vor
dem Text und zugleich die Bewußtheit der Differenz (bzw. der
Unterscheidung). Es ist unwichtig, ob de Man sich bewußt gegen
Gadamers »ästhetische Nichtunterscheidung«[39] von Form und Inhalt wehrt. Während Gadamer eine vollkommene Identität von
Form und Inhalt voraussetzt und sich als Hegels Erbe bezeichnet,
betrachtet de Man in *Allegorien des Lesens* die Versöhnung von
Form und Inhalt als eine Illusion: »...dann ist es kein Wunder,
daß die Versöhnung von Form und Bedeutung derart attraktiv
scheint. Die Attraktion der Versöhnung ist der Nährboden fal-
scher Modelle und Metaphern; sie ist für das metaphorische Modell der Literatur als einer Art von Kasten verantwortlich, der
Innen und Außen voneinander trennt, wonach der Leser oder der
Wissenschaftler als die Person vorgestellt wird, die seinen Deckel
öffnet, um ins Freie zu entlassen, was im Inneren eingeschlossen
und unzugänglich war.«[40] Während Gadamer Text (und Kunstwerk) als eine dialektische Auflösung von Frage und Antwort in
der Bewegung des Verstehens auffaßt, sieht de Man beispielsweise
in Kleists *Marionettentheater*-Schrift ein undialektisches Ausrut-
schen von Frage und Antwort in der Bewegung des »Mißverstehens«.[41] Die Absage an hermeneutische Versöhnung entspringt
aus de Mans radikalisierter (Anti-)Hermeneutik. Er sieht im Text
weniger eine »transparente Botschaft« eines Autors als *einen Rest
an Unbestimmtheit«*[42], auf den die grammatische Decodierung
keine Macht ausübt, wie M. Frank die Hermeneutik aufs neue
definiert.[43] Im Zusammenhang mit der Autobiographie spricht de
Man sogar vom widersprüchlichen Bruch zwischen Authentizität
und Fiktion: »Die Unterscheidung zwischen Fiktion und Autobiographie scheint also keine Frage von Entweder–Oder zu sein,
sondern unentscheidbar.«[44] Denn der Text schwebt zwischen »Figuration« und »Authentizität«.[45] Die Entscheidung ist für de Man
wie eine Totalisierung.[46] Im Fall der »Theorie« akzentuiert de Man
die Notwendigkeit und Unmöglichkeit der vollständigen Theorie,
die zwischen Fall und Höhe, Erschlaffung und Anspannung pen-

delt: »Nichts kann den Widerstand gegen die Theorie überwinden, da die Theorie selbst dieser Widerstand *ist*. Je hochfliegender die Ziele und je besser die Methoden der Literaturtheorie sind, um so weniger wird sie möglich. Dennoch ist Literaturtheorie nicht in Gefahr unterzugehen; sie muß einfach gedeihen, und je mehr ihr widerstanden wird, desto mehr gedeiht sie, denn die Sprache, die sie spricht, ist die Sprache des Sich-selbst-Widerstehens. Unmöglich zu entscheiden bleibt, ob dieses Gedeihen ein Triumph ist oder eine Niederlage.«[47]

De Mans »Unentscheidbarkeit«[48] weicht also von der geschichtsphilosophischen, einheitlichen, totalisierenden Konzeption der Moderne ab. Die Dekonstruktion als Öffnung der ironischen, allegorischen Dimension der rhetorischen Sprache ist ein Widerstand gegen die Totalisierung des Textes, gegen die einheitliche Sinn-Stiftung. Dabei spielen zwei rhetorisch-poetologische Begriffe, »Allegorie« und »Ironie«, die Hauptrolle. Obwohl de Mans Dekonstruktion den Begriff »Allegorie« in den Vordergrund stellt, verfolgen wir hier den Begriff »romantische Ironie«. De Mans Dekonstruktion verdankt sich der romantischen Ironie, die keine bestimmte, organische Ruhe findet: »Die Allegorie wie die Ironie sind daher dadurch gekennzeichnet, daß sich in beiden eine bestimmte Unstimmigkeit in der zeitlichen Ordnung offenbart. Beiden gemeinsam ist auch ihre Entmystifizierung einer organischen Welt, wie sie von einer symbolischen Form der analogischen Entsprechung oder von einer mimetischen Form der Repräsentation, wo Fiktion und Wirklichkeit noch als übereinstimmend gedacht sind, als gegeben vorausgesetzt wird. Die Ironie richtet sich besonders gegen die zuletzt genannte Illusion: Der Verlust an kritischer Einsicht, den wir hinsichtlich des Übergangs von einer allegorischen zu einer symbolischen Theorie der Dichtung diagnostizierten, findet seine historische Entsprechung in dem Verlust, den der Übergang vom ironischen, auf der ›Parekbase‹ im Sinne Friedrich Schlegels basierenden Roman des 18. Jahrhunderts zum Realismus des 19. Jahrhunderts bedeutet.«[49] Wie stark de Mans Nähe zu Friedrich Schlegel immer präsent ist, zeigt sich übrigens nicht nur in der Ironie-Analyse, sondern in der Akzentuierung des Begriffs »Interessant«: »Wie bei Baudelaire sind auch bei Rilke die Kategorien des Schönen und des Häßlichen unter der Rubrik des Interessanten vereint.«[50] Die Kategorie »Interessant« ist es, die Schlegel erstmals in der frühromantischen Programm-Schrift *Über das Studium der griechischen Poesie* als die Kategorie der Moderne kennzeichnet.[51]

IV

Wie angedeutet, bilden Allegorie und Ironie für de Man ein bevorzugtes Begriffspaar, das seine dekonstruktive Arbeit ermöglicht und ihn gegen Totalisierung des Textes und dialektische Synthetisierung Widerstand leisten läßt. De Man setzt seinerseits die Ironie ebenso auf die Tagesordnung, wie Friedrich Schlegel in seiner Schrift *Über die Unverständlichkeit* meint, daß »die Ironie an die Tagesordnung gekommen« sei.[52] Für Schlegel, der klassizistische Begriffe wie Periode, Gattung, absolute Ichheit und Wirklichkeit destruiert, bedeutet die Ironie weniger eine organische Geschlossenheit als eine textuelle Offenheit. Bei der Deutung der Ironie weicht de Man auch von der geläufigen Interpretation ab, indem er sie nicht als Ausdruck der »Freiheit« bzw. des »Bewußtseins«, sondern als eine rhetorische Figur des Wahnsinns betrachtet. In seinem Buch *Die romantische Ironie* definiert beispielsweise H. Prang die Ironie lapidar folgendermaßen: »Romantische Ironie vermag demnach solche Heterogenität nicht etwa im Kompromiß auszugleichen, sondern eher im Hegelschen Sinne ›aufzuheben‹ oder die cusanische coincidentia oppositorum herbeizuführen.«[53] Die Ironie ist hier eine Art von Aufhebung des Widerspruchs von Realem und Idealem. Weiter wird diese Aufhebung auf ein Ich bzw. einen Autor bezogen: »›Selbstschöpfung‹ und ›Selbstvernichtung‹ werden hier *vom Autor selbst* praktiziert; der Produzent stellt sich im Produzieren und im Produkt dar; er hat also die erforderliche Distanz zu sich und seinem Werk; denn er hat *Bewußtsein und Freiheit* genug, das mit Ernst Erkannte und Geschaffene spielerisch wieder in Frage zu stellen.«[54] De Man meint jedoch: Ironie ist nicht dasjenige, das vom Autor als einem über alles Verfügenden selbst praktiziert werden kann, sondern ist eine rhetorische Figur, die vom fiktiven Autor praktiziert wird. Der Autor selbst ist daher eine poetologische Metapher. Die Ironie ist nicht ein Produkt einer absoluten Person aus Bewußtsein und Freiheit, sondern Ausdruck einer poetologischen Rhetorik. Daß die Ironie eine Abwesenheit von Freiheit des Geistes bzw. der Entscheidung ist, bedeutet, daß sie nichts mehr mit einer Erschließung von »Sinn«, »System«, »Kontinuität« zu tun hat. In einem Fragment charakterisiert Schlegel die Ironie folgendermaßen: »Ironie kann wohl niemand haben, der keinen Daemon hat. Dieß ist gleichsam die Potenz der Individualität. Der Cyniker thut nichts als sich mit dem Daemon besprechen. Dieser stummt in der Zerstreuung und redet lauter bei der Zerstreuung. Fantasie ist vielleicht Sinn für die Sprache des Daemons. – Ironie ist Universelles Experiment Liebe desgleichen.«[55]

De Man bietet uns gewiß einen neuen Ansatz zur Betrachtung der Ironie. Im Gegensatz zu Szondi und Starobinski, die beide in der Ironie eine geschichtsphilosophische Synthese von Realem und Idealem, Kunst und Leben, Ich und Welt finden, betrachtet de Man die Ironie als die Negation der Synthese, einen permanent diskontinuierlichen Prozeß: »Szondi muß den Glauben an eine mögliche Versöhnung von Idealem und Realem unterstellen, und zwar an eine Versöhnung, die das Ergebnis einer Handlung oder Tätigkeit des Geistes ist. Doch genau diese Voraussetzung wird von dem Ironiker nicht geteilt. Friedrich Schlegel läßt daran keinen Zweifel. Die Dialektik von Selbstschöpfung und Selbstvernichtung, die für ihn wie für Baudelaire den ironischen Geist charakterisiert, ist ein endloser Prozeß, der zu keiner Synthese führt.«[56] Die dekonstruktive Perspektive hat insofern recht, als sie auf die Unmöglichkeit des synthetischen Ermöglichungsgrundes im Ich hinweist. Die Unmöglichkeit der Synthese soll sich de Man zufolge nicht in der Setzung der »Freiheit«, sondern im »Bewußtsein der Verrücktheit« begründen: »Die absolute Ironie ist ein Bewußtsein der Verrücktheit und damit das Ende allen Bewußtseins; sie ist ein Bewußtsein von einem Nichtbewußtsein, eine sich innerhalb des Wahnsinns vollziehende Reflexion auf den Wahnsinn. Aber diese Reflexion wird nur durch die Doppelstruktur der ironischen Sprache ermöglicht: Der Ironiker erfindet eine Form seiner selbst, die ›verrückt‹ ist, aber um ihr eigenes Verrücktsein nicht weiß; dann geht er dazu über, auf seine dergestalt vergegenständlichte Verrücktheit zu reflektieren.«[57]

Das Bewußtsein des Wahnsinns spiegelt sich in einer rhetorischen Figuren-Bewegung des Wechsels von Selbstschöpfung und Selbstvernichtung wider. Die Temporalität der Ironie, die sich mit Distanz und Differenz diskontinuierlich entfaltet, bedeutet für de Man die Abwesenheit einer Totalität, sei es am Anfang oder am Ende. In der romantischen Ironie kann es keine systematische

Zeit-Strukturierung von Anfang, Mitte und Ende geben, sondern vielmehr nur eine temporale »Spirale« des sprachlichen Zeichens, die jede organische Totalität verneint.[58] D. E. Wellbery spricht davon, daß »sowohl Allegorie als auch Ironie Einsicht in die Endlichkeit des Daseins vermitteln und damit ein authentisches Bewußtsein artikulieren«, das auf *existentieller* Ebene einerseits auf »Tod«, andererseits auf »Wahnsinn« bezogen ist.[59] In Wellberys Perspektive ist die Bedingung der Möglichkeit der Ironie nicht die »Selbstbeschränkung«, sondern die Zitierbarkeit bzw. Wiederholbarkeit des ironischen Buchstabens: »Diese itérabilité jedoch zeitigt die Bewegung, die sich der Herrschaft des reflektierenden Subjekts sowie der Agilität des spielenden Subjekts entzieht.«[60] Die Ironie als »permanente Parekbase« soll sich also in eine Bewegung des Bruchs[61] setzen, nicht bloß zugunsten der Unterbrechung der Täuschung, sondern vielmehr zugunsten der Potenzierung der Täuschung. Damit erhebt die ironisch-parekbatische Kunst ihren ästhetischen Charakter *in die zweite Potenz, wo die »bewußte« Herauslösung aus der Darstellung wiederum zu einer ästhetisch-fiktiven Täuschung der Darstellung wird.* Dieser Punkt läßt sich in Schlegels Fragment verdeutlichen, in dem die ästhetisch-poetologische Innovation der »Parekbase« dargestellt ist: »Die Parekbase kann eben so wohl absolut Mimisch als absolut Fantastisch sein; eigentlich beides aber ganz rein zusammmen also die höchste Antiform und Naturpoesie – ‹Die Parekbase im Roman muß *verhüllt* sein, nicht *offenbar* wie in der alten Komödie. –› ‹Parekbase = Fantastik minus Mimik. Personalität = Mimik minus Fantastik.›«[62] Deuten wir das Fragment ausführlich: Abgesehen davon, daß die Parekbase in der Forschung als Unterbrechung der Täuschung bzw. reflexive Distanz zur Darstellung semantisiert ist, stellt sich abermals die Frage, was die Parekbase in diesem Fragment heißt. Aus dem letzten Satz »Personalität = Mimik minus Fantastik« könnte man schließen, daß »Mimik« (mimisch) die Nachahmung des Empirisch-Historischen, also das scheinbar Authentische ist und daß »Fantastik« das Nichtempirisch-Nichthistorische, also das Nicht-Authentische ist. Es ist selbstverständlich, daß dann die in einer Historie konkret situierte »Personalität« bleibt, wenn das Nicht-Authentische aus dem scheinbar Authentischen abgezogen wird. Und aus der Formel »Parekbase = Fantastik minus Mimik« könnte man schließen: Die Parekbase läßt sich als die reine Phantastik verstehen, in der das Mimische, das dem Persönlichen Ähnliche, ganz ausgeschlossen wird. Wenn in der schaffenden, produktiven Einbildungskraft das dem Persönlichen Ähnliche abgezogen wird, bleibt die rein schaffende, produktive Einbildungskraft, also die Parekbase. Die Poesie kann zunächst nicht realistisch-diskursiv sein. Ihr wird vielmehr etwas Vordiskursives hinzugefügt. Und dieses Hinzugefügte als das Vordiskursiv-Vorreflexive ist die Parekbase, d. h. rein produktiv, phantastisch-fiktiv. Anders formuliert: Die Parekbase als das Hervortreten aus der Darstellung ist also das Phantastisch-Fiktive.

Die Schwierigkeit liegt zunächst darin, wie man die Parekbase als das Hinzugefügte erklären soll. Ist sie eine reflexive Distanzierung der idealen oder realen Darstellung? Hamacher hält die Ironie als Parekbase nicht für eine Reflexion des Dargestellten, sondern vielmehr für eine Desavouierung der Reflexion.[63] Bei de Man und Hamacher ist die Perspektive durchaus umgekehrt: Statt die Ironie als eine kontrollierbare, negativ-kritische Reflexivität des Dargestellten anzusehen, betrachten sie die Ironie (oder die Parekbase) als eine unkontrollierbare, unvordenkliche Leistung gegen die Reflexion. Hamachers Mißverständnis liegt jedoch darin, daß er die Reflexion im engeren, bloß epistemologischen Sinne faßt, daß er die Parekbase als das Gegenteil der Reflexion betrachtet.[64] Gegenüber der Meinung, daß die Parekbase als eine unvordenkliche Form des Todes, eines performativen, dezisionistischen, sentimentalischen Aktes die Reflexion bzw. die Vorstellungsidentität destruiert[65], könnte man vielmehr besser formulieren: Die Ironie als Parekbase enthält in sich die beiden Momente von denkender Reflexion und plötzlichem Eindringen des performativen Aktes in die Reflexion. Denn Schlegel definiert die Ironie als »Menstruum universale und Synthese von Reflexion und Fantasie von Harmonie und Enthusiasmus«.[66] Die Phantasie als die »Auflösung von Construction und Reflexion«[67] macht die andere Seite der Ironie aus. Mittels der Zusammensetzung von Reflexion und Phantasie schlägt die Ironie die doppelte Richtung ein: nicht nur die Richtung von Selbstschöpfung zur Selbstvernichtung, sondern auch die Richtung von Selbstvernichtung zur Selbstschöpfung. De Man und Hamacher erkennen mit halbem Recht die letztere, performative Richtung in der Ironie. Sie übersehen jedoch, daß die performative Selbstvernichtung wiederum in die reflexive Selbstschöpfung umgesetzt wird. Damit ist nicht die Absolutheit der Selbstbezüglichkeit in der Thesis des Ich behauptet, sondern die doppelte Bewegung der Ironie. Wenn man nur die eine Richtung als Eigenschaft der Ironie erfaßt, dann erfaßt man Schlegels Konstrukt unzulänglich. Deshalb muß man die Ironie nicht bloß als einen Gegensatz der Episteme, sondern als eine Zusammensetzung von Episteme und Anti-Episteme betrachten.

Wir haben die Parekbase als das Hinzugefügte definiert. Die Formel »Parekbase = Fantastisch minus Mimik« scheint die Möglichkeit anzudeuten, daß man eine bestimmte Äußerung als die ironisch-parekbatische einschätzen kann. Aber solche Möglichkeit wird in Frage gestellt durch den ersten Satz »Die Parekbase kann eben so wohl absolut Mimisch als absolut Fantastisch sein«. Dieser Widerspruch der Parekbase zwischen »Fantastisch minus Mimik« und »sowohl absolut mimisch als auch absolut Fantastisch« kann nur dadurch gelöst werden, daß man die Ironie als »permanente Parekbase« für die Kunst (bzw. das Kunstwerk) schlechthin hält. Niemand kann ein Kriterium besitzen, mit dem man »das Hinzugefügte« begrenzt und bestimmt. Man kann nicht einfach eingrenzen und registrieren, wo und wann die Ironie (oder die Parekbase) stattfindet. Die permanente Parekbase heißt die Parekbase der Parekbase ad infinitum, wie der Buchstabe des Buchstabens. Gerade das, was einer unbegrenzten Bewegung der Parekbase einen Abschluß geben kann, ist dasjenige, was wir die »Kunst« nennen. Die Kunst ist dabei eine Fiktion, die aus Fiktionalisierung und Realisierung besteht. Die Ironie ist keine Rückkehr zum »realistisch-historischen« Leben durch Enthüllung der Fiktion, sondern vielmehr eine Steigerung der Fiktion. Insofern hat de Man recht: »Mit Parekbase oder Parabase ist hier etwas gemeint, was man als einen um sich selbst wissenden Erzähler bezeichnen könnte: ein Autor, der sich in seine Erzählung einmischt und so die von der Fiktion erzeugte Illusion zerstört. Schlegel macht jedoch deutlich, daß diese Einmischung keinen gesteigerten Realismus bewirkt, daß damit einer historischen Handlung nicht die Priorität über eine fiktionale Handlung eingeräumt wird, sondern daß die Einmischung genau das gegenteilige Ziel verfolgt und auch erreicht: Sie dient dazu, den allzu bereitwillig sich auf die Illusion einlassenden Leser davor zu bewahren, Wirklichkeit und Fiktion zu verwechseln und die essentielle Negativität der Fiktion zu vergessen.«[68] Der »Autor« hat zwar die Kraft, sich reflexiv von der Darstellung zu distanzieren, hat jedoch keinen Ort, wo er bestimmte Ruhe haben kann. Die Reflexion und Phantasie des Autors finden innerhalb der Darstellung statt, die man die Kunst bzw. die Fiktion nennt.

Die Dekonstruktion hat insofern recht, als sie mit der Perspektive der Identifizierung von philosophisch-erkenntnistheoretischer und poetisch-ästhetischer Artikulation abbricht. Das »Resultat« der Ironie als Wechsel von Selbstvernichtung und Selbstschöpfung kann doppeldeutig gelesen werden: einerseits kann man es als die »Freiheit«, andererseits als den »Tod« oder »Wahnsinn« bezeichnen. Dabei haben de Man und Wellbery jedoch das *psychologische* Moment überbetont (de Man spricht z. B. von »ironic mind« oder »Bewußtsein der Verrücktheit«). Sie übersehen dabei, daß das existentielle Moment der »Verrücktheit« zugunsten der *Fiktionalität* des Textes aufgelöst wird. De Man erkennt deutlicher diesen doppelten Prozeß: Das zerrissene Bewußtsein, das gegen die mögliche Totalität von Leben und Fiktion Widerstand leistet, bleibt das »Fiktionale«, das keine Möglichkeit der Rückkehr zum Authentisch-Historischen mehr hat. In *Allegorien des Lesens* erhebt de Man später die Ironie sogar zur Unmöglichkeit des »Verstehens«, das auf einer *völligen* Konvergenz von performativer und konstativer Sprache basieren könnte. Für ihn ist die Ironie die Literatur des Mißverstehens. »In a slight extension of Friedrich Schlegel's formulation, it becomes the permanent parabasis of an allegory (of figure), that is to say, irony. Irony is no longer a trope but the undoing of the deconstructive allegory of all tropological cognition, the systematic undoing, in other words, of understanding. As such, far from closing off the tropological system, irony enforces the repetition of its aberration.«[69] Die Ironie ist, wie die Literatur schlechthin, das Nicht-Tun, das gegen das Tun ist. Die Ironie fungiert für ihn als Oberbegriff der Allegorie ebenso wie die Rhetorik, die wieder mit der »Literatur« gleichgesetzt wird. Für de Man ist die Ironie nicht mehr diejenige, über die ein Autor selbst verfügen kann. Er wird vielmehr von dieser Ironie gefangengenommen. Im Begriff »Ironie« ist der Status der Literatur als Fiktion impliziert, die ihre mögliche Konvergenz mit dem außerfiktionalen Leben negiert. Die Ironie als Wechsel von Selbstschöpfung und Selbstvernichtung geht hervor aus einer erkenntnistheoretischen Skepsis gegenüber einer Kontinuität der Literatur mit transparenter Eindeutigkeit und Lesbarkeit. Der ästhetisch-fiktionalen Praxis der Diskontinuität in der Ironie kann daher nicht bloß die existentielle Bedeutung wie Anarchie bzw. Wahnsinn zugeschrieben werden. Die Ironie ist vielmehr eine Erweiterung des Selbstverständnisses der modernen Literatur, die nicht bloß auf eine epistemologische Ebene reduziert werden kann. O. Paz beschreibt die doppelte Modernität der Ironie wie folgt: »Die romantische Ironie war die Gift-Nahrung der Kunst und der Literatur des Okzidents seit nahezu zwei Jahrhunderten. Nahrung, weil sie Hefe der modernen Schönheit ist, so wie Baudelaire sie definiert; das Bizarre, das Einzigartige. Das heißt: das Gegenständliche, das aufgespalten ist von der ironischen Subjektivität, welche immer Bewußtsein von der menschlichen Kontingenz, Bewußtsein vom Tode ist. Und Gift, weil die moderne Schönheit, im Gegensatz zur alten, dazu verurteilt ist, sich selbst zu zerstören; um zu sein, um ihre Modernität zu bejahen, muß sie das, was gestern noch modern war, verneinen. Sie muß sich selbst verneinen.«[70]

M. Frank meint, die frühromantische Ironie sei ein »Phänomen auf der Kippe von Kunst und Philosophie«.[71] Er weiß wohl, wie unproduktiv die Zurückführung der Ironie auf die logozentrischen, philosophischen Substanzen wie Gehalt, Sache, Wahrheit, Sinn ist. Seine Metapher »Kippe« enthüllt daher die Unsicherheit, daß er mit der »Ironie« an einem Punkt steht, wo die Entscheidung nach der einen (philosophisch) oder der anderen Seite (poetisch) nicht möglich ist. Mit scheinbarem Verzicht auf einen Versuch, sich die ironisch-ästhetischen Texte philosophisch anzueignen, deutet er die Ironie als »Stilqualität der Poesie«: »Ironie als eine Weise der Sprachbehandlung ist weder notwendig über den Effekt der Heiterkeit, die sie erregt (viele ironische Texte der Romantik sind keineswegs komisch), noch über Eigentümlichkeit des Ausgesagten (des propositionalen Gehalts) von Sätzen identifizierbar. Sie ist eine *Stilqualität* der Poesie (...).«[72] Er akzentuiert zugleich die Momente der Imagination in der Ironie: »Eben das nannte Schlegel das Wechselspiel von Selbstschöpfung und Selbstvernichtung: ein Spiel, welches den ursprünglich *erkenntnistheoretischen* Konflikt zwischen unendlicher und begrenzender Tätigkeit im Ich *nunmehr in einen rein poetologischen Kontext* einbettet. Auf diese Weise ist *die ironische Rede* dazu verurteilt, in zeitlicher Abfolge – eben als Hin und Her von Position und Negation – auszudrücken, was im Absoluten selbst als Gleichzeitigkeit des Reellen und des Ideellen *imaginiert* wird. Diese beiden Wesenstendenzen – deren eine nach Einheit, deren andere nach Unendlichkeit strebt – werden im Schema der Ironie repräsentiert als die Abfolge des Sagens und des Aufhebens des Gesagten – oder besser: als Rückverweis des faktisch Gesagten an *die unversiegbare Quelle des ›sprechenden Worts‹*, aus der auch anderes und immer unendlich viel mehr hätte *fließen* können, als faktisch gesprochen wurde.«[73] Man muß im Auge behalten, daß es sich hier nicht mehr um die Allegorie handelt, die »ein philosophischer Begriff der Poesie«[74] ist, sondern um die Ironie, die man *einen poetologischen Begriff der Philosophie* nennen kann. Oder, mit Schlegels Worten: »Die Allegorie ist eine Wissenschaft, Ironie eine Kunst.«[75] Innerhalb von Schlegels Logik findet ein Prozeß der Potenzierung statt: Während die Wissenschaft durch die Kunst zur Wissenschaft wird, wird die Kunst durch die Wissenschaft zur Kunst. Bei der Ironie geht es keineswegs um die Frage nach der Wahrheit, sondern um die Frage nach der Schönheit, in der man, mit Novalis zu sprechen, »bloß spricht, um zu sprechen« (ausdrückt, um des Ausdrucks willen). Die Philosophie ist gewiß, wie Schlegel sagt, »die eigentliche Heimat der Ironie, welche man logische Schönheit definieren möchte«.[76] Diese Bemerkung impliziert jedoch, daß die Ironie die alte Heimat verläßt und eine neue Heimat findet.[77] Die Ironie lebt in der Kunst als einer neuen Heimat und bleibt innerhalb der Schönheit, die nicht mehr »logisch« ist, deren Eigenart durch eine zynisch-dämonische Individualität geprägt wird.

V

Der Versuch, die Dekonstruktion zu verstehen, gewinnt vor allem durch das Aufzeigen der komplizierten Verbindung mit der tradierten Poetologie. Es gibt jedoch einen Schlüsselbegriff für de Mans dekonstruktive Arbeit. Für ihn ist die Rhetorik ein Oberbegriff, der die grammatische, epistemologische, historische, logische, ästhetische Funktion der Sprache umfaßt. »Literarische Codes sind Subcodes eines Systems, der Rhetorik, das *nicht* seinerseits wieder ein Code ist.«[78] Was bedeutet es, daß die Rhetorik kein Code sei? Die Rhetorik als ein System ist nicht im platonischen Sinne der geistigen Durchdringung der Ideen noch im aristotelischen Sinne der Dialektik – im Sinne des Strebens nach einem Allgemeinen im Dialog mit dem Mitmenschen[79] –, noch im schulrhetorischen Sinne[80] zu fassen. Die Rhetorik ist für de Man weder eine Basis zur Offenbarung der Idee noch eine Basis zum sozialen Leben, noch ein Zugang zur »Geschichte an sich«. Sie ist ein Kollektivum von »Tropen und Figuren«, nicht »die abgeleiteten Bedeutungen von Erläuterung, Redegewandtheit und Überredung«.[81] Sie ist »die radikale Suspendierung der Logik und eröffnet schwindelerregende Möglichkeiten referentieller Verirrung. Und obgleich es vielleicht etwas weiter vom allgemeinen Gebrauch entfernt ist, würde ich nicht zögern, die rhetorische, figurative Macht der Sprache mit der Literatur selber gleichzusetzen.«[82] Für ihn ist die Rhetorik ein System ohne System, das zwar alle Bereiche durchdringt, aber weniger Identität, Bestimmtheit als Diskrepanz, Unbestimmtheit, Disjunktion, Verdopplung erreicht. Sie verunsichert die epistemologische Überzeugung und zugleich den performativen Akt. Sie ist Geschichts-Konstitution (oder Verstehen) und zugleich Geschichts-Verwirrung (oder Mißverstehen). »Als Persuasion aufgefaßt ist Rhetorik performativ, doch als ein System von Tropen betrachtet dekonstruiert sie ihre eigene Performanz. Rhetorik ist darin *ein Text*, daß sie zwei miteinander unverträgliche, sich wechselseitig zerstörende Blickpunkte ermöglicht und deshalb jedem Lesen und Verstehen ein unüberwindliches Hindernis in den Weg legt. Die Aporie zwischen performativer und konstativer Sprache ist bloß eine Version der Aporie zwischen Trope und Persuasion, die die Rhetorik sowohl hervorbringt wie auch paralysiert und ihr so den Anschein der Geschichte verleiht.«[83] De Mans Verständnis der Rhetorik als Text hat scheinbar mit Hermeneutik zu tun und zugleich mit ihr nichts zu tun. Die »Beziehung zwischen Rhetorik und Hermeneutik« oder die Beziehung zwischen Text und dem *»hervorbrechenden Lebensmoment«* ist jedoch keineswegs die harmonische, die nach einer Identität strebt, sondern eine problematische, die eine Differenz herstellt. Die Beziehung von Rhetorik und Historie ist auch kompliziert: Die Historie ist Antithesis der Rhetorik innerhalb des Textes und doch nichts anderes als die Rhetorik, d. h. der Text. In einem Fragment Schlegels heißt es: »Rhetorik vielleicht der andere Faktor der Kunst als Werkart offenbar die Antithesis zu Historie.«[84]

T. Eagleton stellt die dekonstruktive Literaturkritik bündig dar, indem er sie vom New Criticism unterscheidet: »Lesen besteht nicht wie für den New Criticism darin, zwei verschiedene, aber feststehende Bedeutungen in Übereinklang zu bringen: es besteht darin, sich auf dem Sprung von einer Bedeutung zur anderen zu ertappen, die weder miteinander versöhnt noch verworfen werden können. Die Literaturkritik wird so zu einer ironischen, unbehaglichen Angelegenheit, ein verwirrendes Vorwagen in die innere Leere des Textes, die das Illusionäre des Sinns, die Unmöglichkeit der Wahrheit und die trügerischen Listen jeglichen Diskurses offenlegt.«[85] Die Dekonstruktion als das kritische Lesen des rhetorischen Textes hängt mit der frühromantischen Theorie des »Lesens« und der Kritik zusammen. Schlegel nennt den Kritiker einen »Leser, der wiederkäut«. Das Wiederkäuen bedeutet eine Reflexion des Textes, der nach einer Identität mit sich selbst verlangt. Das Lesen heißt weiter »den philologischen Trieb befriedigen, sich selbst literarisch affizieren«.[86] Die Interpretation ist für Schlegel zugleich »ein Kunstwerk der Kritik, ein visum repertum der chemischen Philosophie«.[87] Als chemisch gilt die Interpretation, wenn sie das epistemologische Geschäft betreibt, und zugleich als ein visum repertum, wenn sie sich dem performativen Akt nicht entzieht. Die Formen wie Übersetzung, Essay und Rezension enthalten in sich eine kritische, reflexive, diskontinuierliche Intensität: »Der Essay ist ein wechselseitiger Galvanism des Autors und des Lesers und auch ein innerer für jeden allein: systematischer Wechsel zwischen Lähmung und Zuckung. – Er soll Motion machen, gegen die geistige Gicht ankämpfen, die Agilität befördern.«[88] De Man erkennt diese frühromantische Distanzierung zur Kanonisierung des originalen Textes: »The translation canonizes, freezes, an original and shows in the original a mobility, an instability, which at first one did not notice. The act of critical, theoretical reading performed by a critic like Friedrich Schlegel and performed by literary theory in general – by means of which the original work is *not imitated or reproduced* but is to some extent put in motion, de-canonized, questioned in a way which undoes its claim to canonical authority – is similar to what a translator performs.«[89] Was dekonstruktive und frühromantische Literaturkritik zur Verwandtschaft bringt, ist nicht der Unterschied zwischen Poetologie und Semiologie, Poesie und Zeichen, sondern die Denkweise, die schöne, sich kanonisierende Harmonie gegen den Strich zu bürsten.

Anmerkungen

1 *Kritische Friedrich-Schlegel-Ausgabe*, hg. v. Ernst Behler unter Mitwirkung von Jean-Jacques Anstett und Hans Eichner, Bd. II, Paderborn 1979, S. 176. (Im folgenden als KA abgekürzt.)

2 Die Dekonstruktion ist keine totale Absage an die Interpretation. Es kommt darauf an, auf welche Weise man zur Interpretation gelangt. Derrida versucht zwei Weisen der Interpretation voneinander zu unterscheiden. (Vgl. Jacques Derrida, *Die Struktur, das Zeichen und das Spiel im Diskurs der Wissenschaften vom Menschen*, in: ders., *Die Schrift und die Differenz*, Frankfurt/Main 1976, S. 441.)

3 Harro Müller, *Kleist, Paul de Man und Dekonstruktion*, in: *Merkur*, 40. Jg. 1986, S. 108-115.

4 Als Beispiele: Terry Eagleton, *Einführung in die Literaturtheorie*, Stuttgart 1988; *Postmoderne und Dekonstruktion*, hg. v. Peter Engelmann, Stuttgart 1990.

5 Vgl. J. Derrida, *Wie Meeresrauschen auf dem Grund einer Muschel... Paul de Mans Krieg: Mémoires II*, Wien 1988. Vgl. auch *Responses. P. de Mans Wartime-Journalism*, hg. v. Werner Hamacher u. a., New York 1989.

6 P. de Man, *Allegorien des Lesens*, Frankfurt/Main 1988, S. 47. (Ich beziehe mich teilweise auf die englische Ausgabe, *Allegories of Reading*, New Haven and London 1979.)

7 J. Derrida, *Mémoires (I); Für P. de Man*, Wien 1988, S. 164.

8 Nach J. Derrida: »Die Philosophie ›dekonstruieren‹ bestünde demnach darin, die strukturierte Genealogie ihrer Begriffe zwar in der getreuest möglichen Weise und von einem ganz Inneren her zu denken, aber gleichzeitig von einem gewissen, für sie selbst unbestimmbaren, nicht benennbaren Draußen her festzulegen, was diese Geschichte verbergen oder verbieten konnte, indem sie sich durch diese irgendwie eigennützige Repression zur Geschichte machte.« (*Positionen*, Wien 1986, S. 38.)

9 P. de Man, *Allegorien des Lesens*, a. a. O., S. 48.

10 Vgl. J. Derrida, *Positionen*, a. a. O., S. 56.

11 De Man nennt das Selbstbewußtsein (oder Geist, Subjekt) »die zentrale Metapher, die Metapher der Metaphern«, die aus bloß sprachlichen Akten hergestellt wird, die »die Notwendigkeit der Substitutionen implizieren, die auf scheinhaften Ähnlichkeiten basieren«. (P. de Man, *Epistemologie der Metapher*, in: *Theorie der Metapher*, hg. v. Anselm Haverkamp, Darmstadt 1983, S. 430; zuerst in: *Critical Inquiry* 5, 1978, S. 12-30.)

12 Novalis, *Schriften II*, hg. v. P. Kluckhohn, Stuttgart 1960, S. 561.

13 P. de Man, *Allegorien des Lesens*, a. a. O., S. 140.

14 *KA XVI*, S. 60, Nr. 18.

15 *KA XVIII*, S. 199, Nr. 25.

16 J. Derrida, *Mémoires I*, a. a. O., S. 167.

17 P. de Man formuliert: »Gattungsbegriffe wie Lyrik (oder ihre verschiedenen Unterbegriffe wie ›Ode‹, ›Idylle‹ oder ›Elegie‹) sind genau wie die pseudo-historischen Periodenbegriffe ›Romantik‹ und ›Klassik‹ immer Begriffe des Widerstands und der Nostalgie und als solche *weit von der Materialität der wirklichen Geschichte entfernt*.« (*Allegorien des Lesens*, a. a. O., S. 202.)

18 *KA II*, S. 161.

19 *KA XVI*, S. 171, Nr. 1042.

20 *KA XVIII*, S. 99, Nr. 844.

21 P. de Man, *Epistemologie der Metapher*, a. a. O., S. 437.

22 Vgl. Jürgen Habermas, *Der philosophische Diskurs der Moderne*, Frankfurt/Main 1985, S. 215-247.

23 Vgl. Philippe Lacoue-Labarthe/Jean-Luc Nancy, *The literary absolute*, New York 1988, S. 12, wo die Verfasser die frühromantische Poesie als »production of itself, of autopoiesy« unterstreichen. M. Frank spricht auch von der Verselbständigung der Poesie. (M. Frank, *Das Sagbare und das Unsagbare*, Erweiterte Neuausgabe, Frankfurt/Main 1989, S. 222.)

24 J. Derrida, *Positionen*, a. a. O., S. 30.

25 P. de Man, *Criticism and crisis*, in: ders., *Blindness and insight*, New York 1971, S. 12.

26 Friedrich Schiller, *Über naive und sentimentalische Dichtung*, National-Ausgabe, Bd. 20, S. 426.

27 *KA XVIII*, S. 392, Nr. 867.

28 P. de Man, *Die Rhetorik der Zeitlichkeit*, in: ders., *Die Ideologie des Ästhetischen*, hg. von Christoph Menke, Frankfurt/Main 1992, S. 104.

29 P. de Man, *Intentional Structure of Image*, in: *The rhetoric of romanticism*, New York 1984, S. 6.

30 Wilhelm Heinrich Wackenroder, *Phantasien über die Kunst für Freunde der Kunst*, in: ders., *Werke und Briefe*, hg. v. Gerda Heinrich, München 1984, S. 332.

31 Vgl. hierzu *Die Aktualität der Frühromantik*, hg. v. Ernst Behler und Jochen Hörisch, Paderborn 1987; Winfried Menninghaus, *Unendliche Verdopplung*, Frankfurt/Main 1987; E. Behler, *Derrida–Nietzsche, Nietzsche–Derrida*, Paderborn 1988.

32 J. Derrida, *Grammatologie*, Frankfurt/Main 1983, S. 274.

33 P. de Man, *The Resistance to Theory*, Minneapolis 1983, S. 94.

34 P. de Man, *Der Widerstand gegen die Theorie*, in: *Romantik. Literatur und Philosophie*, hg. v. Volker Bohn, Frankfurt/Main 1987, S. 92.

35 P. de Man, *Allegorien des Lesens*, a. a. O., S. 155.

36 P. de Man, *Allegorien des Lesens*, a. a. O., S. 38; J. Derrida, *Grammatologie*, a. a. O., S. 85 f.

37 P. de Man, *Allegorien des Lesens*, a. a. O., S. 182. An einer anderen Stelle unterscheidet er zwischen Rhetorik (Tropen) und Grammatik: »Tropen sind, im Unterschied zur Grammatik, ursprünglich auf die Sprache bezogen. Sie sind textproduzierende Funktionen, die nicht unbedingt auf eine nichtverbale Entität hin gestaltet sind, während die Grammatik per definitionem für eine Verallgemeinerung auf außersprachliche Gegenstände geeignet ist.« (P. de Man, *Der Widerstand gegen die Theorie*, a. a. O., S. 98.)

38 P. de Man, *Allegories of Reading*, a. a. O., S. 277.

39 Zum Begriff »ästhetische Nichtunterscheidung« vgl. H.-G. Gadamer, *Wahrheit und Methode*, Tübingen ⁴1975, S. 111 f. Und ders., *Ende der Kunst?*, in: ders., *Das Erbe Europas*, Frankfurt/Main 1989, S. 63-86, wo er die Hegelsche ästhetische Nichtunterscheidung von Erscheinung und Idee wiederaufnimmt.

40 P. de Man, *Allegorien des Lesens*, a. a. O., S. 33.

41 Vgl. ebd., S. 205-233.

42 P. de Man, *Der Widerstand gegen die Theorie*, a. a. O., S. 99. Hervorhebung von mir.

43 Unter Berufung auf Schleiermacher und Humboldt unterstreicht Manfred Frank den »Rest an Fremdheit« im hermeneutischen Verstehen. (Vgl. M. Frank, *Das Sagbare und das Unsagbare*, a. a. O., S. 115.)

44 P. de Man, *Autobiographie als Maskenspiel*, in: ders., *Die Ideologie des Ästhetischen*, a. a. O., S. 135.

45 Ebd., S. 142 ff. und 137.

46 Die Affinität zwischen Entscheidung und Totalisierung erscheint selbstverständlich, wenn man an C. Schmitts politische Theorie denkt.

47 P. de Man, *Der Widerstand gegen die Theorie*, a. a. O., S. 106.

48 De Mans »Unentscheidbarkeit« ist insofern skandalös, als er die »Erfahrung« in eine Aporie stellt: »It is always possible to face up to any experience (to excuse any guilt), because the experience always exists simultaneously as fictional discourse and as empirical event and it is never possible to decide which of the two possibilities is the right one.« (*Allegories of reading*, a. a. O., S. 293.)

49 P. de Man, *Die Rhetorik der Zeitlichkeit*, a. a. O., S. 122.

50 P. de Man, *Allegorien des Lesens*, a. a. O., S. 54.

51 Vgl. *KA I*, bes. S. 217-229.

52 *KA II*, S. 368.

53 Helmut Prang, *Die romantische Ironie*, Darmstadt 1972, S. 13.

54 Ebd., S. 14.

55 *KA XVIII*, S. 217, Nr. 279.

56 P. de Man, *Die Rhetorik der Zeitlichkeit*, a. a. O., S. 119 f.

57 Ebd., S. 115.

58 Ebd., S. 121 f.: »Die Ironie, wie wir sie jetzt verstehen, enthüllt die

Existenz einer Zeitlichkeit, die vollkommen unorganisch ist, da ihre Beziehung zu ihrer Quelle, zu ihrem Ursprung ausschließlich durch Distanz und Differenz charakterisiert ist und sie kein Ende und keine Totalität kennt. Die Ironie teilt den Fluß der zeitlichen Erfahrung in eine Vergangenheit, die eine reine Illusion ist, und in eine Zukunft, die stets von einem Rückfall ins Nichtauthentische bedroht bleiben wird. Die Ironie vermag um diese Nichtauthentizität zu wissen, aber sie vermag sie niemals zu überwinden. Sie kann sie nur auf immer bewußtere Weise erneut zum Ausdruck bringen und wiederholen, aber es wird ihr immer unmöglich sein, aus diesem Wissen etwas zu machen, das sich auf die empirische Welt anwenden ließe. Sie verliert sich in den immer enger werdenden spiralförmigen Windungen eines sprachlichen Zeichens, das sich von seiner eigentlichen Bedeutung immer weiter entfernt, und sie kann aus dieser Spirale nicht entkommen. Die von ihr offenbarte zeitliche Leere ist die gleiche Leere, auf die wir gestoßen sind, als wir entdeckten, daß die Allegorie stets etwas ihr Vorausgehendes impliziert, das ihr aber unerreichbar ist.«

59 David E. Wellbery, *Rhetorik und Literatur*, in: *Die Aktualität der Frühromantik*, a. a. O., S. 161 f.

60 Ebd., S. 172 f.

61 *KA XVIII*, S. 416, Nr. 1137: »Das Bewußtsein, das Ich, ja das Wissen ist ein Bruch.«

62 *KA XVI*, S. 118, Nr. 397.

63 W. Hamacher, *Der Satz der Gattung: Friedrich Schlegels poetologische Umsetzung von Fichtes unbedingtem Grundsatz*, in: *MLN* 95 (1980), VI, S. 1155-1180: »Mit der Parekbase fällt die Prosa der Reflexion aus der Rolle. Sie folgt nicht länger dem Imperativ vermittelter Selbstbezüglichkeit in der Thesis des Ich, fällt dem gesetzten Satz der Vorstellungsidentität ins Wort und gibt ihn und das mit ihm Gesetzte einer anderen Form des Todes, der unendlichen Ironie über sein Sein preis. Ist die Reflexion der Poesie in sich selbst, wie Schlegel am Don Quixote demonstriert, eine prosaische Form der Vorstellung des Vorgestellten, *eine epistemologische Figur*, die das Subjekt in seine Herrschaft über das mit ihm Gegebene einsetzt und damit den Grund zu jedem System anthropozentrischer Wissenschaft legt, so ist die Parekbase, die mit der Poesie des Romans hervortritt, *Möglichkeitsbedingung und zugleich unkontrollierbare Versetzung jener epistemologischen Basisfigur der Selbstbeziehung.*« (S. 1173)

64 Hierin stimmen wir mit Menninghaus überein, der gegen W. Hamacher argumentiert. (Vgl. W. Menninghaus, *Unendliche Verdopplung*, a. a. O., S. 201, und seine Anmerkung Nr. 52.) Die Ursache des Dissenses zwischen Menninghaus und Hamacher liegt im unterschiedlichen Verständnis des Begriffs »Reflexion«.

65 Ebd., S. 1173 f.

66 *KA XVI*, S. 237, Nr. 71.

67 *KA XVI*, S. 238, Nr. 79.

68 P. de Man, *Die Rhetorik der Zeitlichkeit*, a. a. O., S. 118.

69 P. de Man, *Allegories of Reading*, a. a. O., S. 300f.

70 Octavio Paz, *Nackte Erscheinung*, Frankfurt/Main 1991, S. 103.

71 M. Frank, *Einführung in die frühromantische Ästhetik*, Frankfurt/Main 1989, S. 360.

72 Ebd., S. 361 f.

73 Ebd., S. 365.

74 *KA XVI*, S. 283, Nr. 358.

75 *KA XVIII*, S. 232, Nr. 465.

76 *KA II*, S. 152.

77 In demselben Fragment weist Schlegel z. B. auf die »rhetorische Ironie« hin, »welche sparsam gebraucht, vortreffliche Wirkung tut, besonders im Polemischen«.

78 P. de Man, *Epistemologie der Metapher*, a. a. O., S. 435.

79 Aristoteles: »Die Theorie der Beredsamkeit ist das korrespondierende Gegenstück zur Dialektik.« (*Rhetorik*, deutsch übersetzt, mit einer Bibliographie, Erläuterungen und einem Nachwort von Franz G. Sieveke, München ²1987, S. 7 und S. 226, bes. F. Sievekes Anmerkung 1.)

80 Heinrich Lausberg zufolge ist die rhetorische Rede überhaupt »eine in der Zeit ablaufende und vom Redenden als in der Beziehung zur Situation abgeschlossen gemeinte Artikulation der Sprachwerkzeuge (also eine Lautfolge) oder deren analoger Ersatz (z. B. durch die Schrift) in einer Situation mit der Intention (Voluntas) der Änderung dieser Situation«. (*Elemente der literarischen Rhetorik*, München ⁸1984, S. 15.)

81 P. de Man, *Allegorien des Lesens*, a. a. O., S. 35.

82 Ebd., S. 40.

83 Ebd., S. 176.

84 *KA XVIII*, S. 383, Nr. 749.

85 T. Eagleton, *Einführung in die Literaturtheorie*, Stuttgart 1988, S. 132.

86 *KA II*, S. 239.

87 *KA II*, S. 253.

88 *KA XVIII*, S. 221, Nr. 318.

89 P. de Man, *Task of the Translator*, in: ders., *The Resistance to Theory*, a. a. O., S. 82 f.

Jeffrey S. Librett
Vom Spiegelbild zur Unterschrift:
Paul de Mans Ideologiebegriff
und Schillers Dramen

> Oh diess ist die Feindschaft des Lichts
> gegen Leuchtendes,
> erbarmungslos wandelt es seine Bahnen.[1]

Was ist der Unterschied zwischen dem wahrgenommenen Bild des eigenen Gesichts, das man im Spiegel anschaut, und der eigenen Unterschrift, die man schreibt und liest? Zwischen dem Bild, in dem man sich (sich) sehen sieht, und dem Text, in dem man eine vorher noch nicht fertiggestellte Handschrift – augenlos – liest? Eine Nuance vielleicht. Doch um diese Nuance – um diese Distanz zwischen dem Signifikanten und dem Buchstaben, dem Phänomen und der Materie, dem Anthropomorphismus und der sich defigurierenden Figürlichkeit, der Prosopopöie und dem Entzug der Züge dessen, was sie sehen läßt, der Ideologie und der Kritik – dreht sich die Auseinandersetzung zwischen dem, was man die Metaphysik, und dem, was man die Dekonstruktion nennt. Um diese Nuance wird sich auch der gegenwärtige – zwangsläufig elliptische – Text drehen.

Er dreht sich viermal um sie: Erstens unternehme ich es, Paul de Mans Ideologiebegriff, wie er an seiner Nietzsche-Lektüre entwickelt wird, verständlich zu machen. (Soviel schicke ich hier voraus: Dieser »Ideologiebegriff« ist ein Begriff der Ideologie als des Begriffs des Begriffs, jedenfalls dann, wenn man unter »Begriff« das verstehen soll, was als Intellektualität oder Universalität die Sinnlichkeit oder die Partikularität beherrscht und in sich aufnimmt. Dieser »Ideologiebegriff« will also in gewissem Sinne kein Begriff sein.) Zweitens skizziere ich de Mans Lektüre des ideologiekritischen »Ereignisses« in Kants Erhabenheitsanalytik; drittens stelle ich de Mans Versuch dar, Schillers »ideologische« Behandlung des Erhabenen von Kants »kritischer« Behandlung des Erhabenen abzugrenzen, um diesen Versuch in seiner literarhistorischen Geltung und gegen mögliche Mißverständnisse einzuschränken, nämlich auf das einzuschränken, was man das Spiegelbild Schillers nennen könnte im Unterschied zu dem, was seinen Text unterschreibt und überschreibt; viertens versuche ich zu zeigen, wie man – gegen eine gewisse irreführende Tendenz des de Manschen Textes – die von de Man vorgeschlagene Kritik an der »ästhetischen Ideologie«, d. h. an der Ideologie des Ästhetischen als an der Ideologie schlechthin, im (doppelten) Zentrum von Schillers Dramen am Werk feststellen kann.

Gehen wir also – die wir zweifellos Geister sind – ein erstes Mal um.[2]

I.
Das lesbare Gesicht der Ideologie, oder: »Was ist die Rhetorik wert?«

In seinem Aufsatz *Anthropomorphismus und Trope in der Lyrik*[3] entwickelt de Man seine Theorie der Ideologie als des Wertes der Rhetorik an einer fragmentarischen Nietzsche-Lektüre.[4] Überraschenderweise liest de Man dort die berühmte Passage aus Nietzsche – »Was ist also Wahrheit? Ein bewegliches Heer von Metaphern, Metonymien, Anthropomorphismen…« – als einen exemplarischen Text über die *Unmöglichkeit* einer nahtlosen Artikulation von Wahrheit und rhetorischer Figur. D. h. jenseits des von de Man in anderen Aufsätzen[5] entwickelten Arguments, daß die Philosophie immer von rhetorischen Figuren abhängen muß, die sie zu beherrschen nicht imstande ist, versucht er am Beispiel der Nietzsche-Passage zu zeigen, daß die (de Man oft mißverständlich unterstellte) Reduktion der Philosophie – im Sinne von Epistemologie – auf die Rhetorik – im Sinne eines Systems der Rede- oder Gedankenfiguren – *nicht* möglich ist. Eine solche Reduktion wäre immer noch eine bloß *philosophische*, reflexiv sich selbst bestimmende Reduktion der Philosophie. Eine *rhetorische* Reduktion der Philosophie auf die Rhetorik dagegen wird ohne Selbstvergegenständlichung[6], ohne Selbstbestimmung, also hyper- und so anti-reflexionsphilosophisch operieren. Eine solche Reduktion wird folglich über die Ebene des bloß Figürlichen hinausgehen müssen.

Um diesen rhetorischen Imperativ[7] am Nietzsche-Text zu bewerkstelligen, weist de Man auf den Unterschied innerhalb des tropologischen Felds zwischen Tropen einerseits und Anthropo-

morphismen andererseits hin. Da der Anthropomorphismus aus
Figuren wie der Metapher und der Metonymie bestehen kann,
wäre er offensichtlich auf einer anderen Ebene zu situieren als
diese. Dennoch macht er keine Synthese solcher Figuren aus. Das
Verhältnis zwischen Tropen und Anthropomorphismen versucht
de Man als das zwischen einer Satzmenge (»a set of propositions«)
einerseits und einem Eigennamen (»a proper name«) andererseits
zu bestimmen. Tropen wären demnach nicht-tautologische Sub-
jekt-Prädikat-Verknüpfungen:

> »An diesem Punkt der Analyse heißt die Aussage, Wahrheit sei eine Trope,
> daß Wahrheit die Möglichkeit zu propositionalen Aussagen ist; zu sagen,
> daß Wahrheit eine Versammlung von unterschiedlichen Tropen ist, heißt,
> daß sie die Möglichkeit verschiedener Propositionen über einen einzigen
> Gegenstand darstellt, die Möglichkeit, verschiedene Prädikate auf ein Sub-
> jekt zu beziehen und dabei nach Prinzipien der Verbindung zu verfahren,
> die nicht notwendig identisch sind« (180f.).

Der Anthropomorphismus hingegen identifiziert das, was nicht
zusammengehört, (ver)wechselt zwei Sachen, eine subjektive mit
einer objektiven. Diese Verwechslung setzt die Existenz der ver-
wechselten Sachen voraus. Aber diese Voraussetzung entsteht erst
nachträglich gerade aus der Verwechslung der zwei Sachen: Erst
indem der Name oder die Subjektivität an die Stelle der noch un-
benannten, unbekannten, nicht subjektartigen Sache gesetzt wird,
wird die Sache als existierend gesetzt.

> »Aber ein ›Anthropomorphismus‹ ist nicht eine einfache Trope, sondern
> eine Identifizierung auf der Ebene der Substanz. Er nimmt eine Sache für
> eine andere und impliziert derart die Konstitution bestimmter Gegen-
> stände noch vor ihrer Ineinssetzung, er *nimmt* etwas als etwas anderes, das
> er dann als *gegeben* behaupten kann. Anthropomorphismen frieren die
> unendliche Kette tropologischer Transformationen und Propositionen auf
> eine einzige, wesentliche Behauptung ein, die als solche alle anderen aus-
> schließt. Ein Anthropomorphismus ist keine Proposition mehr, sondern
> ein Eigenname...« (181).

Als Namensetzung setzt der Anthropomorphismus die Existenz
des Benannten nachträglich voraus.[8] Das unbestimmte Unmenschliche wird dadurch zum bestimmten Menschlichen, zum
Verständlichen.

Zufolge dieser Formulierung des Verhältnisses zwischen Tropen
und Anthropomorphismen schließen sich beide gegenseitig aus.
Doch die Unversöhnbarkeit dieser zwei Aspekte des in sich gebro-

chenen Feldes der figürlichen Sprache wird für de Man dadurch kompliziert, daß der Anthropomorphismus jeder tropologischen Bewegung immanent ist. Subjekt und Prädikat verknüpfen sich nicht, ohne daß Subjekt und Objekt, Name und Ding sich verwechseln und so konstituieren. Denn wie kann eine Subjekt-Prädikat-Verknüpfung stattfinden, ohne daß man das so Zusammengebundene identifiziert und folglich in ein Ansprechbares, ein Menschliches verwandelt?

»Doch ist es... deutlich, daß die Tendenz, von Tropen zu Systemen der Interpretation, wie Anthropomorphismen sie darstellen, überzugehen, dem Begriff der Trope selbst innewohnt... Es ist einfach, die Schranke zwischen Trope und Namen zu überqueren, aber, ist sie einmal überquert, so ist es unmöglich, vom Namen zum Ausgangspunkt in ›Wahrheit‹ zurückzukehren. Wahrheit ist eine Trope; eine Trope generiert eine Norm oder einen Wert; dieser Wert (oder diese Ideologie) ist selbst nicht mehr wahr. Es ist wahr, daß Tropen Produzenten von Ideologien sind, die selbst nicht mehr wahr sind« (181 f.).

Aufgrund dieser Auslegung der Nietzscheschen Definition der Wahrheit als einer sich widerstreitenden, aporetischen Tropo-an-thropo-logie, interpretiert de Man Nietzsches anthropomorphi-sierende »Heer«-Metapher als eine Hindeutung auf die dieser An-tropologie eigene Performativität. Diese Performativität oder diese Gewalttätigkeit hat kein eindeutiges Ziel oder Telos, sie richtet sich sowohl nach innen *als* nach außen, desartikuliert sich selbst in denselben Bewegungen, durch die sie sich entfaltet. Wenn die Performanz zuallererst in der Namengebung ihren Ursprung zu haben scheint, weil der Anthropomorphismus eine gewaltige Verfälschung der Tropen bewirkt, so ist es nicht weniger der Fall, daß diese Namengebung nur als Prädikation ermöglicht (sowie verunmöglicht) wird. Die Setzung des Namens ist immer eine Übersetzung der Prädikation, die jene zersetzt. Wenn man also die Wahrheit für eine Macht ausgibt, entmachtet man diese Aussage und damit sich selbst als ihr Subjekt, gerade indem und nur insofern man sie durchsetzt.

Versuchen wir nun aber die Schritte der oben zitierten Entwicklung – Name = Norm = Wert = Ideologie – möglichst nachvollziehbar zu machen. Erstens kann man vom Namen zur Norm insofern übergehen, als der Name ein Wort ist, das ein konkretes Nicht-identisches, eine noch unbestimmte, mögliche Singularität, in die Sprache als universales Medium nur aufheben *soll*: Die Bindung des Wortes als Namen an das Ding als an ein durch den Namen Gesetztes hat performativen und nicht konstativen Charakter. Der Übergang vom Namen zum Wert kann – ohne einen langen philologischen Umweg über Nietzsche, Marx, Saussure und Heidegger zu unternehmen – deswegen stattfinden, weil nur das wertvoll ist, was uns in menschlicher Form erscheint, was uns in menschlich identifizierbarer Gestalt gegenübertritt. Nutzen und Geltung überhaupt können nicht ohne Identitätssetzung zustande kommen: Das Nichts nützt uns schließlich nichts.

Warum aber den Wert im allgemeinen mit dem Namen des Ideologischen verstehen? Wozu nützt uns diese Benennung, und wie können wir uns in ihr wiedererkennen? Allein die Form der Fragen reicht vielleicht schon aus, ihren Inhalt in diesem Kontext etwas zu verunsichern. Dennoch mag es provisorisch hilfreich sein, den Sinn des Terminus »Ideologie« gegen dessen Sinn bei Louis Althusser, dem er bis zu einem bestimmten Punkt ähnlich sieht, vergleichend abzugrenzen. Bekanntlich definiert Althusser Ideologie als »eine Repräsentation des imaginären Bezugs von Individuen zu ihren realen Existenzbedingungen«[9], wobei der Begriff des Imaginären den Schriften Jacques Lacans entlehnt worden ist und die »realen Existenzbedingungen« – im Unterschied zu Lacan, wo das Reale als das schlechthin Undarstellbare, als das dem Imaginären und dem Symbolischen sich Entziehende bestimmt wird – die Produktionsverhältnisse im Marxschen Sinne sein sollen. Nun kann man das Verhältnis zwischen Tropen und Anthropomorphismen als eine Umdeutung des Verhältnisses zwischen dem Symbolischen und dem Imaginären bei Lacan ansehen, insofern erstens ein System tropologischer Transformationen in das symbolische Gesetz, das bei Lacan[10] aus Metonymien, Metaphern und anderen Figuren besteht, ungefähr aufgeht und zweitens die Herstellung der Subjekt-Objekt- bzw. der Name-Sache-Identität eben die Bestimmung der (wie auch immer symbolischen) *Identifizierung* mit der Lacanschen Version des Freudschen Narzißmus-Konzepts teilt. Vom Althusserschen Idcologiebegriff setzt sich aber der de Mans dadurch radikal ab, daß das Reale bei de Man nicht mehr als »Produktionsverhältnisse« sich erkennen läßt, sondern als die Gewalt, als die performative Macht charakterisiert wird, die sich in der aporetischen Doppelgesichtigkeit der Sprache ankündigt (ohne in ihr bestimmt angekommen zu sein).[11] Das Reale ist die Wirklichkeit im Sinne der – Wirkungen herstellenden –

deformierenden Kraft, die der Form innewohnt. »Aber sie [die Tropen] als Heer zu bezeichnen, impliziert, daß ihre Wirkung und ihre Wirksamkeit nicht Sache eines Urteils, sondern eine Sache der Gewalt ist« (182). Die Performativität der konstativ-figürlichen Sprache wäre so der ungegenständliche Gegenstand des anthropomorphischen Verständlichmachens dessen, was die Tropologie unverständlicherweise und d. h. radikal vermittelt miteinander verknüpft. Ideologie wäre demzufolge alles, was diejenige Macht erkennbar oder bestimmbar macht[12], die die bestimmende Erkenntnis konstitutiv unterbricht.

II.
Eine Explosion des Wertes: das Erhabene

Welchen Wert hat das oben skizzierte Konzept der Ideologie als des Wertes? Welchen Wert hat es etwa für die Bestimmung des Begriffs der – philosophischen, literaturwissenschaftlichen, oder gesellschaftlichen – Kritik? Um eine Antwort auf solche Fragen (ironisch) vorzubereiten, hat de Man in einem seiner letzten Essays dieses Konzept der Ideologie und das mit ihm zu verbindende Konzept der Kritik mit den Begriffen der Metaphysik und der Kritik bei Kant zu artikulieren versucht. Eine interpretative Darstellung dieses Aufsatzes führt uns auf die Erläuterung von de Mans Schiller-Vortrag hin, in dem er die poetologischen Schriften Schillers als eine Ausblendung der kritischen Einsicht Kants deutet.

Die performative Macht der (identitätslosen) Sprache muß natürlich überall dort (ideologisch) »erkennbar« gemacht werden, wo die Philosophie sich durchzusetzen oder auch zu überwinden hat, bei Nietzsche nicht weniger als bei Kant. Was die Projekte von Denkern wie Nietzsche und Kant verbindet, ist laut de Man der Versuch »eines kontrollierten Diskurses noch unter den Bedingungen einer radikalen Leugnung intuitiver sinnlicher Gewißheit« (179).[13] Nach der – als an-tropologisch anzusehenden – Analogik dieses Kant-Nietzsche-Rapprochements soll die Erschließung der ästhetisch-teleologischen Sphäre in der *Kritik der Urteilskraft* als Verknüpfung der Vernunft mit dem Verstand »dasselbe« leisten wie die Reduktion der Wahrheit auf Tropen bei Nietzsche. Die Gebrochenheit des tropologischen Feldes bei Nietzsche, als die Unterbrechung seines Entwurfes einer Ideologie, wird sich also auch bei Kant wiederholen müssen.

A.

De Man fängt in *Phänomenalität und Materialität bei Kant*[14] damit an, daß er das disjunktive Urteil: Vernunft oder Verstand, mit dem disjunktiven Urteil: transzendentale oder metaphysische Prinzipien, koordiniert. Die Unterscheidung dieser Grundsatzarten lautet bei Kant wie folgt:

»Ein transzendentales Prinzip ist dasjenige, durch welches die allgemeine Bedingung a priori vorgestellt wird, unter der allein Dinge Objekte unserer Erkenntnis überhaupt werden können. Dagegen heißt ein Prinzip metaphysisch, wenn es die Bedingung a priori vorstellt, unter der allein Objekte, deren Begriff empirisch gegeben sein muß, a priori weiter bestimmet werden können. So ist das Prinzip der Erkenntnis der Körper, als Substanzen und als veränderlicher Substanzen, transzendental, wenn dadurch gesagt wird, daß ihre Veränderung eine Ursache haben müsse; es ist aber metaphysisch, wenn dadurch gesagt wird, ihre Veränderung müsse eine äußere Ursache haben.«[15]

De Man legt diese Unterscheidung nun so aus, daß sie mit der zwischen Tropologie und Anthropomorphismus analogisch verbunden wird. Trope wird hier weiterhin mit dem Kantschen Kritikbegriff verknüpft, in einer Radikalisierung, die sich am Modell der *Kritik der Urteilskraft* insofern orientiert, als nur dort die Kritik in *keine* positive Metaphysik münden sollte, die nicht wiederum der negativen Kraft der Kritik verfallen müßte. Das »Konzept« des Anthropomorphismus als Ideologie wird dementsprechend auf das Empirisch-Transzendente ausgedehnt, dergestalt, daß die Werte, die mit der Ideologie im »Anthropomorphismus«-Aufsatz verbunden wurden, sich nun als Erfahrungswerte im allgemeinen herausstellen.

»Der für uns in diesem Zusammenhang entscheidende Unterschied zwischen transzendentalen und metaphysischen Prinzipien besteht darin, daß die letzteren ein empirisches Moment implizieren, welches dem Begriff notwendigerweise *äußerlich* bleibt, während die ersteren vollständig im Bereich des Innerbegrifflichen verbleiben. Metaphysische Prinzipien führen zur *Identifikation* und Definition und damit zur Erkenntnis eines *natürlichen Prinzips, das selbst kein Begriff ist*; transzendentale Prinzipien führen zu der Definition eines begrifflichen Prinzips möglicher Existenz« (10; außer bei »äußerlich« sind die Hervorhebungen von mir).[16]

Die Erkenntnis der Bedingungen der Existenz wird hier mit Erkenntnis der Existenz als Tatsache, also ontologische Erkenntnis mit ontischer Erkenntnis in eine Beziehung gesetzt, die der von Heidegger in der Vorstellung der ontologischen Differenz zusammengefaßten ähnlich ist: In beiden Fällen werden die jeweiligen begrifflich zu trennenden, ja sich gegenseitig bekriegenden oder aufhebenden Sphären immer auch notwendig verwechselt, gerade weil sie voneinander abhängig und ständig aufeinander verwiesen bleiben.

»Transzendentale Prinzipien enthalten keine Erkenntnis über die Welt oder über sonst irgend etwas, außer der Erkenntnis, daß metaphysische Prinzipien, *denen sie als Objekt dienen*, selbst der kritischen Analyse bedürfen, da sie eine Objektivität unterstellen, die für die transzendentalen Prinzipien hingegen nicht a priori gegeben ist. Folglich sind die Gegenstände der transzendentalen Prinzipien stets kritische Urteile über die metaphysische Erkenntnis. Transzendentalphilosophie ist immer kritische Philosophie der Metaphysik« (10; Hervorheb. von mir).

Die ontische Erkenntnis verwechselt also die – nie als solche positiv gegebene – ontologische Erkenntnis mit der Objektivität, genau wie der Anthropomorphismus ein x für ein y nimmt – einer oder mehreren Prädikationsverknüpfungen einen Namen gibt – und so das x als ein Gegebenes ansehen zu können vermeint. So wie Tropen tendenziell Anthropomorphismen herstellen, die sie doch im Prinzip unterminieren müssen, so stellen kritische Philosophien durch ihre immanente Bewegung Ideologien oder Metaphysiken – Wertvorstellungen – her, die auseinanderzunehmen dennoch die einzige sie legitimierende Funktion abgeben könnte.

»Ideologisches und kritisches Denken sind wechselseitig voneinander abhängig, und jeder Versuch, sie zu separieren, reduziert die Ideologie zu einem schlichten Irrtum und das kritische Denken zu Idealismus. Für einen strengen philosophischen Diskurs ist die Möglichkeit, die *kausale Verknüpfung* zwischen beiden zu bewahren, das ihn kontrollierende Prinzip: Philosophien, die der Ideologie nachgeben, verlieren ihre erkenntnistheoretische Bedeutung; und Philosophien, welche die Ideologie umgehen oder verdrängen wollen, verlieren jede kritische Stoßkraft und riskieren, gerade von dem beherrscht zu werden, was sie für außer Kraft gesetzt erklären« (11; Hervorheb. von mir).

Kant wird also erst dann seinen Diskurs als einen sich selbst kontrollierenden ausgewiesen haben, wenn er demonstriert hat, daß die Kritik und die Ideologie, die Tropologie und der Anthropomorphismus sich wechselweise *bewirken*. Die Bestimmung des Bezugs zwischen beiden Prinzipienarten, als Bestimmung dieser Wechselwirkung, wird nur dann gelingen, wenn sich dieser Bezug als eine sich selbst kontrollierende oder bestimmende Einheit bewährt: Die Wechselwirkung wird schließlich eine der Transzendentalphilosophie sein müssen. So wie im »Anthropomorphismus«-Aufsatz der Bezug zwischen den Tropen und den Anthropomorphismen sich herausstellt als ein zugleich tropologischer – man geht metaphorisch von der einen zur anderen Instanz über – und performativ sich entstellender – die eine nimmt die andere auseinander, die Einheit beider als gesetzte Identität findet in einer radikal anderen Dimension statt als ihre Einheit im Sinne einer bloßen Transformationsmöglichkeit –, so wird sich auch hier der Bezug zwischen Kritik und Ideologie als ein doppelter, mit sich nicht verträglicher Bezug entpuppen, wenn de Man die Verdoppelung der konstativen Transformation durch die performative Setzung an Kants Analytik des Erhabenen, dem privilegierten Ort der Artikulation von kritischer Vernunft und ideologischem Verstand, festmacht.

B.

In dem in der Analytik des Erhabenen unternommenen Versuch, ein »phänomenalisiert[es], empirisch manifest[es] Erkenntnisprinzip« (12) als Mittelglied der Erkenntnisvermögen zu bewerkstelligen, zeigt de Man zwei Brüche oder Zusammenbrüche des philosophischen Diskurses auf. Der erste dieser Brüche findet in der Bewegung vom Mathematisch- zum Dynamisch-Erhabenen als Verschiebung von einem philosophischen zu einem linguistischen Diskurs statt. In einem Argumentationsgang, den ich hier um der Kürze willen nicht detailliert verfolgen kann, isoliert de Man drei sukzessive, gescheiterte Beweisversuche innerhalb der Diskussion des Mathematisch-Erhabenen, die er als Entwürfe zur Verknüpfung von Zahl und Ausdehnung versteht. Den letzten dieser Versuche, worin die zwei Funktionen der Einbildungskraft, die Auffassung und die Zusammenfassung, den Punkt ihrer gegenseitigen Unverträglichkeit erreichen, den Punkt, wo die Zusammenfassung des Aufgefaßten nicht mehr möglich ist, versteht de Man nun als den Versuch, ein tropologisches System herzustellen.

Denn die Auffassung ist eine syntagmatische, also metonymische Funktion, während die Zusammenfassung eine paradigmatische, also metaphorische Funktion darstellt. Das Erhabene wird in diesem Beweisversuch als das Springen, als Explosion einer kohärenten Einheit dieser zwei Funktionen bestimmt. Der Übergang vom Mathematisch- zum Dynamisch-Erhabenen, der kein Übergang im Sinne einer verwirklichten Metaphorisierung, eines verlustlosen Übersetzens sein kann, wird von de Man als das Hervortreten der performativen Dimension verstanden, das aus dem Zusammenbruch des tropologischen Modells der Sprache da erfolgt, wo die Figürlichkeit über sich hinausgeht, wo die Feststellung sozusagen das Fest ihres eigenen entstellten Untergangs feiert, das Fest ihres Aufgehens in eine subjektlose Handlung, für die »Handlung« – gerade dieser Subjektlosigkeit wegen – nicht mehr das Wort wäre. Durch eine Infragestellung von Kants verschiedenen ausdrücklichen Rechtfertigungen dieses Übergangs, die wir hier nicht erörtern können[17], versucht de Man plausibel zu machen, daß nur die aporetische Duplizität der Sprache als tropologisches System und als performative Gewalt diese Entwicklung vollkommen rechtfertigen könne.

»Der Übergang vom mathematischen zum dynamischen Erhabenen, ein Übergang, der im Text auf verdächtige Weise seine Rechtfertigung schuldig bleibt (§ 28 beginnt ganz abrupt mit dem Wort ›Macht‹), markiert die Sättigung des tropologischen Feldes als den Moment, wo die Sprache sich von ihren Zwängen befreit und in sich eine Kraft entdeckt, die von den Beschränkungen der Erkenntnis nicht mehr abhängig ist... Im Zentrum der *Kritik der Urteilskraft* findet sich daher ein tiefer und vielleicht fataler Bruch. Sie ist abhängig von einer sprachlichen Struktur (Sprache als performatives wie kognitives System), die der kritischen Kraft der Transzendentalphilosophie nicht zugänglich ist. Und natürlich haben, dies muß hinzugefügt werden, Metaphysik und Ideologie erst recht keinen Zugang zu dieser Struktur, denn sie sind vorkritische Stadien der Erkenntnis« (22).

Um diesen Übergang der Tropologie in die »eigene« Performativität richtig zu verstehen, d. h. seine radikale Unverständlichkeit zu verstehen, muß man unterstreichen, daß ihn de Man hier selbst anthropomorphisch vorgestellt hat: Die Sprache »befreit« sich von ihren Zwängen und »entdeckt« in sich eine Kraft! Die Notwendigkeit einer solchen Dissonanz zwischen jeglicher Formulierung dieses Übergangs und der Deformierung, die sie (nicht) anzusprechen versucht, präzisiert de Man in dem Vortrag »Kant and Schiller«, den wir unten noch eingehender zu besprechen haben, stotternd wie folgt:

»The relationship [between the mathematical and dynamic sublime] is not antithetical, it is something much more complex. We saw – as a matter of fact we had a great deal of trouble – we did not succeed in *identifying* the nature of that relationship. Why does Kant need the dynamic sublime at all? There are various explanations that one can give. Finally we had to resort to a linguistic model, a linguistic model of precisely the passage from trope to performative in order, not to account for, but to explain why this juxtaposition, why this succession, this apparent sequence occurs in Kant. One thinks of the dynamic sublime as a kind of residue after the tropological discourse has tried to saturate the field. One thinks of it as a passage from trope to performative, as a passage from cognition to power.«[18]

Als ein gewissermaßen Unsagbares, vielleicht sogar als das Unsagbare schlechthin, muß der Übergang von der Tropologie in die Performativität immer in einem tropologischen Idiom ausgesagt und so verschwiegen werden. So wird die kritische Bewegung, wodurch der philosophische Diskurs in einen linguistischen übersetzt wird, immer von der Philosophie als von einer Metaphysik abhängen und von ihr gefärbt sein: Dort, wo de Man behauptet, daß die dritte *Kritik* von einer »sprachlichen Struktur« abhängt, die den Kräften der Transzendentalphilosophie nicht zugänglich ist, philosophiert er, indem er – gleichzeitig gegen seine eigenen Prinzipien und dadurch mit ihnen im Einklang – die eigene rhetorische Theorie als Demystifizierung[19] der Philosophie ansieht. Deswegen muß er den performativen Hinweis auf das Auseinanderbrechen der Tropologie Kant so zusprechen, daß er ihm diesen Hinweis abspricht. Kants kritische Philosophie wird erst dadurch wahrhaft kritisch, daß sie gegen ihren eigenen Zweckwillen die Unmöglichkeit ihrer eigenen kritischen Selbstbeherrschung zugibt. Es gelingt ihr zu zeigen, daß sie ihr eigenes Zentrum nicht beherrscht.

C.

In einem zweiten Beispiel versucht de Man die Doppelartigkeit oder Gebrochenheit des Erhabenen an der Unterscheidung der rhetorischen Modalität von zwei aufeinanderfolgenden Passagen in der »Allgemeinen Anmerkung zur Exposition der ästhetischen reflektierenden Urteile« festzumachen. Einerseits liest man dort eine allegorische, anthropomorphische Erzählung, wodurch Kant den Übergang der Einbildungskraft von der metaphysischen zur transzendentalen Sphäre darzustellen versucht, andererseits liefert Kant eine Beschreibung des Ateleologischen in der Erhabenheitsbeurteilung, die de Man als die Figur des radikal Nicht-Figürlichen verstanden wissen will.

In der ersten Passage wird die Vermittlung zwischen Sinnlichkeit und Vernunft im Erhabenen durch die Einbildungskraft dadurch erreicht, daß die Einbildungskraft sich aufopfert, freiwillig auf ihre Freiheit verzichtet, um der Vernunft zu dienen:

»Das Wohlgefallen am Erhabenen der Natur ist daher auch nur negativ (statt dessen das am Schönen positiv ist), nämlich ein Gefühl *der Beraubung der Freiheit der Einbildungskraft durch sie selbst*, indem sie nach einem andern Gesetze, als dem des empirischen Gebrauchs, zweckmäßig bestimmt wird. Dadurch bekommt sie *eine Erweiterung und Macht, welche größer ist, als die, welche sie aufopfert*, deren Grund [in der Vernunft] aber ihr selbst verborgen ist, statt dessen sie die Aufopferung oder die Beraubung, und zugleich die Ursache fühlt, der sie unterworfen wird... Denn die Einbildungskraft nach dem Assoziationsgesetz macht unseren Zustand der Zufriedenheit physisch abhängig; aber eben dieselbe nach Prinzipien des Schematismus der Urteilskraft... ist *Werkzeug der Vernunft und ihrer Ideen*, als solches eine Macht, unsere Unabhängigkeit gegen die Natureinflüsse zu behaupten... Diese Reflexion der ästhetischen Urteilskraft, zur *Angemessenheit* mit der Vernunft (doch ohne eine bestimmten Begriff derselben) zu erheben, stellt den Gegenstand, selbst durch die objektive *Unangemessenheit* der Einbildungskraft, in ihrer größten Erweiterung für die Vernunft (als Vermögen der Ideen), doch als subjektiv zweckmäßig vor« (A 116-7, S. 195-196, meine Hervorhebung, J. L.).

Die Selbstaufopferung der Einbildungskraft, die hier beschrieben oder vielmehr erzählt wird, liest de Man als Versuch, die Figur-Macht Problematik durch eine figürliche Allegorie zu beherrschen. Hier werden Anthropomorphismen[20] und Tropen wie in einer Kontinuität zusammengebunden verwendet, als ob sie die Performativität (hier als »Macht« bezeichnet) ihres eigenen Funktionierens unterbinden oder verharmlosen könnten. Figuren ökonomisieren in dieser Passage (und in ihr ähnlichen bei Kant oder anderswo) das, was sich in keinem Haushalt gut macht. Sie stellen ein Haus der Erkenntnisvermögen her, das mit der Architektonik als gegliedertem Ganzen, wie sie in der ersten *Kritik* bestimmt wurde, durchaus harmonisch ist.

Doch ergänzt Kant diese Passage unmittelbar danach mit einem anderen Abschnitt, in dem eine andere Architektonik »sichtbar« wird. Die Figur für diese alternative Architektonik, die als eine Figur der Defiguration angesehen werden kann, verwendet Kant, um den ateleologischen Charakter des Erhabenen zu erläutern:

»Wenn man also den Anblick des bestirnten Himmels erhaben nennt, so muß man der Beurteilung desselben nicht Begriffe von Welten, von vernünftigen Wesen bewohnt, und nun die hellen Punkte, womit wir den Raum über uns erfüllt sehen, als ihre Sonnen, in sehr zweckmäßig für sie gestellten Kreisen bewegt, zum Grunde legen, sondern bloß, wie man ihn sieht, als ein weites Gewölbe, was alles befaßt; und bloß unter dieser Vorstellung müssen wir die Erhabenheit setzen, die ein reines ästhetisches Urteil diesem Gegenstande beilegt. Eben so den Anblick des Ozeans nicht so, wie wir, mit allerlei Kenntnissen (die aber nicht in der unmittelbaren Anschauung enthalten sind) bereichert ihn denken; etwa als ein weites Reich von Wassergeschöpfen, den großen Wasserschatz für die Ausdünstungen, welche die Luft mit Wolken zum Behuf der Länder beschwängern, oder auch als ein Element, das zwar Weltteile von einander trennt, gleichwohl aber die größte Gemeinschaft unter ihnen möglich macht: denn das gibt lauter teleologische Urteile; sondern man muß den Ozean bloß, wie die Dichter es tun, nach dem, was der Augenschein zeigt, etwa, wenn er in Ruhe betrachtet wird, als einen klaren Wasserspiegel, der bloß vom Himmel begrenzt ist, aber ist er unruhig, wie einen alles zu verschlingen drohenden Abgrund, dennoch erhaben finden können« (A 117, S. 196).

Diese ateleologische Sichtweise ist radikal zwecklos, wie sie auch radikal wertlos ist. Den Gehalt und die Gewalt dieser Kantschen Überlegung versucht de Man dadurch klarzumachen, daß er das hier beschriebene Haus – »Gewölbe« – von den ähnlichen Figuren bei Wordsworth, Heidegger, Mallarmé und Schiller unterscheidet: Hier ist überall nichts von begrifflichem Geist, kein Wohnen, keine menschliche Zweckmäßigkeit. Der »Augenschein« der Dichter ist bar jeder Einmischung der figürlichen Einbildungskraft, was uns nicht zu überraschen hat, denn die Passage folgt unmittelbar auf die Erzählung der Selbstaufopferung der Einbildungskraft zugunsten der Vernunft. So sind die wenigen Figuren, die hier verwendet werden, aberrante Übersetzungen, die sich selbst dementieren:

»In Kants flacher, in der dritten Person gehaltenen Welt ist kein Raum für eine Anrede. Kants Sehweise kann daher kaum als ein Sehen im wörtlichen Sinne bezeichnet werden, denn das würde die Möglichkeit seiner Figuralisierung oder Symbolisierung durch einen Akt der Urteilskraft implizieren.

Man kann dieses Sehen nur als ein *materiales* Sehen bezeichnen, aber wie diese Materialität mit sprachlichen Begriffen zu fassen ist, ist bisher noch ganz unklar... Der ›Spiegel‹ der Meeresoberfläche ist ein Spiegel ohne Tiefe, der erst recht nicht dazu taugt, diese Konstellation widerzuspiegeln. Bei dieser Weise des Sehens ist das Auge sein eigener Agent und nicht das spiegelbildliche Echo der Sonne. Der Ozean wird nicht deshalb ein Spiegel genannt, weil er etwas reflektiert, sondern um eine jegliches Anscheins von Tiefe ermangelnde Flachheit zu betonen. Auf die gleiche Weise und in gleichem Maße wie diese Sehweise rein material ist, ohne jede reflexive oder intellektuelle Komplikation, ist sie auch rein formal, ohne jede semantische Tiefe und auf die formale Mathematisierung oder Geometrisierung reiner Optik reduzierbar. Die Kritik der Ästhetik endet bei Kant in einem formalen Materialismus, der allen mit der ästhetischen Erfahrung assoziierten Werten und Kennzeichen entgegengesetzt ist, einschließlich der ästhetischen Erfahrung des Schönen und des Erhabenen, wie sie von Kant und Hegel selbst beschrieben wird« (26 f.).

An dieser negativen Bestimmung der Sichtweise des »Erhabenen« – die als eine begrifflose Sichtweise (laut des berühmten Kantschen Spruchs) auch eine blinde Sichtweise sein müßte – will de Man eine andere Architektonik entdeckt haben als die, die in der ersten Kritik der Rhapsodie oder dem Aggregat entgegengesetzt wurde. Denn bei Kant führt diese Erläuterung des Hauses der Seinslosigkeit in eine kurze Diskussion der ästhetischen Wahrnehmung der menschlichen Gestalt hinein, in der das Gegliederte des Architektonikbegriffs aus der ersten *Kritik* durch eine Suspension des Zusammenhangs des Gegliederten ersetzt wird. Bei der Betrachtung des menschlichen Körpers müssen wir nicht »auf Begriffe der Zwecke, wozu alle seine Gliedmaßen da sind, als Bestimmungsgründe des Urteils zurücksehen« (A 118, S. 197). Für de Man heißt dies, daß der Körper des Hauses des Seins hier als ein zerstückelter vorgestellt wird, dem *corps morcellé* der Lacanschen Psychoanalyse verwandt bzw. ähnlich. Auf der Ebene einer linguistisch orientierten »Theorie« verhält sich also die Architektonik der tropologischen Heimat zu dieser anderen Architektonik des zerstückelten Körpers, darin vergleichbar dem Verhältnis zwischen dem mathematischen und dem dynamischen Erhabenen, wie die Tropologie zur Performativität: Doch in diesem Fall geht die Tropologie in diejenige Deformierung gleichsam über, die die Performativität immer ankündigt:

»... anstelle von bedeutungserzeugenden Tropen [haben wir hier] eine Fragmentierung von Sätzen und Propositionen in einzelne, diskrete Wörter oder von Wörtern in Silben oder letztlich in Buchstaben... Beruht die Überzeugungskraft der gesamten Passage, in der davon erzählt wird, wie die Einbildungskraft nach dem Schock des Erhabenen ihre Ruhe zurückgewinnt, nicht... auf der Nähe der beiden deutschen Wörter ›Verwunderung‹ und ›Bewunderung‹...? ... was bringt uns dazu, diese [aporetische Unvereinbarkeit, der die Einbildungskraft ausgesetzt ist] zu akzeptieren, wenn nicht das ständige, uns letztlich verwirrende Wechselspiel der beiden Begriffe ›Angemessen(heit)‹ und ›Unangemessen(heit)‹, das uns die beiden am Ende nicht mehr auseinanderhalten läßt. Den letzten Grund stellt, bei Kant wie bei Hegel, die prosaische Materialität des Buchstabens dar, und kein Verwirrspiel und keine Ideologie kann diese Materialität in die phänomenale Erkenntnis des ästhetischen Urteils verwandeln« (36f.).

Die Materialität der Sprache – d. h. ihre Zerrissenheit durch die eigene, uneigentliche Macht – stellt also für de Man die Architektonik der Desorientierung, die suspendierte Zweckmäßigkeit oder die Explosion des Wertes dar.

III.
Spiel als wertvolle Tropologie: Schiller »über« Kant

A.

Im noch unveröffentlichten Vortrag *Kant und Schiller*[21] stellt de Man die poetologischen Schriften Schillers als einen Rückfall (»relapse«, »regression«, »recuperation«) gegenüber den auf Kant einbrechenden Einsichten der dritten *Kritik* dar. Was de Man den anscheinend paradoxen pragmatischen Idealismus, den empirizistischen, ideologischen Humanismus Schillers nennt, entsteht daraus, daß Schiller nicht imstande gewesen sei, das Aufbrechen, das Zerbröckeln der Tropologie durch die ihr immanente Performativität, das durch die Tropologie nicht einholbare Hervortreten dieser aus jener auch annähernd zu artikulieren.

Das polemische Ziel dieses Arguments ist die Rezeption des autonom-ästhetischen Diskurses, die de Man zufolge im allgemeinen das Schillersche Mißverständnis Kants an die Stelle der rigorosen Einsichten oder Einbrüche Kants gesetzt habe. Das Interesse de Mans gilt vor allem den Folgen dieser Fehlrezeption: Wie er am Ende des Aufsatzes durch ein höchst humanistisch und schillerisch anmutendes Zitat aus Joseph Goebbels' *Michael. Ein deutsches Schicksal in Tagebuchblättern* (1929) anzudeuten versucht, ist das Ästhetische im Schillerschen Sinn – die organische Gemeinschaft des Gesetzes mit dem Sinnlichen, des Staates mit dem Volk – mit verheerenden Konsequenzen als politisches Modell legitimiert worden.[22] Die Autonomisierung der Ästhetik ist immer schon eine Ästhetisierung des Politischen als eine Verleugnung und Verschönerung der rhetorischen Macht, die sich durch das Ästhetische ausübt. Die Politisierung des Ästhetischen wird dagegen in seiner kritischen Zersetzung bestehen müssen. Die schon heftig und auf internationaler Ebene debattierte Erfahrung de Mans während des Zweiten Weltkrieges, zu der ich mich an anderer Stelle[23] geäußert habe, motiviert sicherlich zum Teil diese Polemik, mit der er sein Leben abgeschlossen hat. Bevor ich mich den Details dieser Polemik zuwende, möchte ich ihren Bezug zur Geschichte, wie de Man sie hier betrachtet, kurz erläutern. In einer herausfordernd hyperbolischen Formulierung nämlich bezeichnet de Man die Rezeptionsgeschichte[24] der autonomen Ästhetik – auf die ich hier ebenfalls nicht in Einzelheiten eingehen kann und die in keinem Fall nur Deutschland betrifft[25] – als überhaupt *keine* Geschichte, und zwar deswegen, weil sie gerade in der Ausblendung, in dem Ignorieren des Geschichtlichen schlechthin bestehe. Sehr weit also davon entfernt, keinen Geschichtsbegriff zu haben, wie ihm öfters vorgeworfen worden ist, hat de Man sehr wohl einen Begriff des Geschichtlichen, den er in diesem Vortrag als das nicht-empirische, nicht-zeitliche Ereignis der Bewegung von der Tropologie in die Performativität ausdrücklich charakterisiert.

»If the historicity a priori of this type of textual model is that which I have been suggesting here, then history is not thought of as a progression or a regression, but is thought of as an event, as an occurrence. There is history from the moment that words such as ›power‹ and ›battle‹ and so on emerge upon the scene. At that moment things happen, there is occurrence, there is event. History is therefore not a temporal notion, it has nothing to do with temporality, but it is the emergence of a language of power out of a language of cognition. An emergence which is however not itself either a dialectical movement or any kind of continuum, any kind of continuum that would accessible to a cognition, however much it may be conceived of, as would be the case in a Hegelian dialectic, as a negation. The performative is not a negation of the tropological... The apparent regression... of which we will see an example today, the regression from the event, from the materiality of the inscribed signifier in Kant... is no longer historical, because that regression takes place in a temporal mode and it is as such not history. One could say, for example, that in the reception of Kant... nothing has happened, only regression, nothing has happened at all. Which is another way of saying... that reception is not historical, that between reception and history there is an absolute separation and that to take reception as a model for historical event is an error.«

Die Geschichtlichkeit dieser Gegenüberstellung von Kant und Schiller wird also für de Man nicht darin bestehen, daß Schiller *nachher* Kant banalisiert, noch eigentlich darin, daß etwas, was *einmal* passiert ist, *daraufhin* vergessen wird, sondern vielmehr darin, daß in dem einen Fall etwas passiert und in dem anderen Fall nichts. Oder, um noch präziser zu sein: Das Nichts, das in Schiller passiert oder vielmehr nicht passiert, wäre – entgegen einigen ausdrücklichen Behauptungen de Mans, doch mit seinen Prinzipien im »Einklang« – genauso wie im Schillerschen *schon im Kantschen Text selbst zu situieren.* Auch bei Kant wird nämlich die Grenze der Tropologie durch tropologische Bewegungen wie zum Beispiel durch die kleine Allegorie der sich selbst aufopfernden Einbildungskraft dargestellt. Der Übergang von Trope in Performanz, um den es de Man geht, ist weder ein empirisch feststellbarer noch ein von der unmöglichen Wirklichkeit der Performativität unbeeinflußt zu situierender. Jede Festlegung des Ortes, wo er stattfinden oder stattgefunden haben soll, figuriert ihn auf abwegige Weise, einschließlich der Festlegung, die de Man selbst da unternimmt, wo er mit dem Namen »Schiller« und mit dessen Werk das identifiziert, was sich der Geschichte, dem Ereignis, einfach enthoben haben soll. Und andererseits hört die Tropologie – der systematische Zusammenhang einer konstativen Totalität – nie auf, wenn sie denn einmal – und das heißt natürlich auch keinmal – unterbrochen wird, sich als die Möglichkeit des Einmaligen zu unterbrechen. Die Parabase ist, um eine Lieblingsanspielung de Mans hier wiederum zu zitieren, permanent. Wie die Gegenüberstellung von *Correspondances* mit *Obsession* im »Anthropomorphismus«-Aufsatz zum Beispiel, hat die Gegenüberstellung von Kant und Schiller hier nur die Funktion, eine sehr bestimmte Struktur beispielhaft zu belegen: nämlich die Struktur der Unmöglichkeit eines jeglichen beispielhaften Belegs, die Struktur der Unmöglichkeit einer jeglichen durchgängigen Harmonisierung der tropologischen Wahrheit und ihrer anthropomorphischen »Versinnlichung«. Oder, um ein anderes Beispiel zu nehmen: In dem unveröffentlichten Vortrag zu Friedrich Schlegel, *The Concept of Irony*, sagt de Man folgendes über die Ironie aus:

»[I]t helps a little, to think of it [irony] in terms of the ironic man, to think of it in terms of the traditional opposition between *eiron* and *alazon* as they appear in the comedy, Greek, Hellenic, comedy – the smart guy and the dumb guy – ... and most discourses about irony are set up that way, and this one will also be set up that way. And you must keep in mind that the smart guy, which is always by necessity the speaker, always turns out to be the dumb guy, and that he's always being set up by the person he thinks of as being the dumb guy, the *alazon*. ... In this case the *alazon*, and I admit, I recognize that this makes me the real *alazon* of this discourse..., is American criticism of irony, and the smart guy's going to be German criticism of irony, which I of course understand.«[26]

Wenn nun de Man das Resultat seiner Lektüre von Schillers *Vom Erhabenen* ankündigt: »Schiller appears as the ideology of Kant's critical philosophy«, müssen wir die – anthropomorphisierte und phänomenologisierte – »Erscheinung« Schiller als die »Erscheinung« einer Ideologie verstehen, die Kants kritischer Philosophie *immanent* ist. Der Name »Schiller« nennt hier bloß das Empirizistische, von dessen nicht konzipierbarer – weil in allem Konzipieren sich ausübender – Gewalt der Kantsche Text sich nicht loslösen zu können »wußte«.

B.

Wie sieht nun aber die de Mansche Schiller-Auslegung in ihren Details aus? Was macht, anders gesagt, der dumme Friedrich falsch? Schillers Aufsätze zum Erhabenen und Pathetischen sehen in diesen Phänomenen einen ästhetischen Erweis für die Unabhängigkeit des menschlichen Willens. Die idealistische Willensmetaphysik, die in ihnen entwickelt wird, behauptet – vor allem durch die Gedankenfigur des *Chiasmus* – die Möglichkeit des Menschen, sich mit der absoluten Gewalt so zu identifizieren, daß sie ihn nicht mehr in seiner unendlichen Endlichkeit in Frage zu stellen vermag. Die Performativität funktioniert dabei als eine Figur unter anderen, die mit der Transformationstotalität eines mit sich übereinstimmenden Sprachmechanismus nahtlos zusammenhängt.

Im Aufsatz *Vom Erhabenen: Zur weiteren Ausführung einiger kantischer Ideen* fängt dieses Einordnen der Performativität in die

Ordnung der Figuren damit an, daß Schiller den Bezug zwischen dem mathematischen und dem dynamischen Erhabenen, der de Man zufolge nicht als gegensätzlicher zu verstehen war, in den *Gegensatz* des theoretischen und des praktischen Erhabenen übersetzt. Dieser Gegensatz, der den sogenannten Erkenntnis- und Selbsterhaltungstrieben korrespondiert, blendet also erst mal aus, daß bei Kant das Mathematische in das Dynamische mündet, und verliert damit aus dem Blick, daß es bei der Dynamik des Erhabenen immer noch um einen *Erkenntnis*verlust geht. Die Differenz zwischen der Kantauslegung Schillers und der de Mans wird aber weiterhin da besonders drastisch deutlich, wo Schiller die oben diskutierte Kant-Passage, die de Man zufolge die Sprachzerstückkelung als die Sprachmaterialität gleichsam explizit ausspricht, zitiert, aber nur um sie in eine Illustrierung des Gegensatzes zwischen theoretischem und praktischem Erhabenen umzufunktionieren, wohingegen sie für de Man bei Kant keinen Gegensatz, sondern das einzigartige Resultat der Selbstdynamisierung des Mathematischen dargestellt hat. Bei Schiller heißt es: »Ein Beispiel des ersten [des Theoretisch-Erhabenen] ist der Ozean in Ruhe, der Ozean im Sturm ein Beispiel des zweiten [des Praktisch-Erhabenen].«[27]

Nachdem nun Schiller das Praktisch-Erhabene wegen seiner größeren emotionalen Gewalt privilegiert hat, wofür de Man ihm mit verachtender polemischer Schärfe als pragmatisch orientiertem Theaterstückschreiber das Interesse und die Begabung zum Philosophieren abspricht, organisiert er die Transzendenz im Praktisch-Erhabenen durch einen Chiasmus so, daß die Einbildungskraft als Verteidigungsmechanismus gegen die angreifende Gewalt der Natur funktioniert, anstatt daß, wie bei Kant, die Explosion der Einbildungskraft das Erhabene zuallererst konstituierte. De Man reduziert die ganze Exposition des Praktisch-Erhabenen auf eine Beschreibung der folgenden Struktur oder vielmehr der allmählichen Umkehrung ihrer Polaritäten.

Erkenntnis   – das Unwirklich-Imaginäre, Spiel
Selbsterhaltung – das Wirkliche, Ernst

Das Praktisch-Erhabene fängt damit an, daß eine wirkliche Gefahr die Selbsterhaltung bedroht. Den ersten Schritt zur Umkehrung dieser Struktur unternimmt Schiller, indem er behauptet, die Gefahr im Erhabenen könne *nur in der Einbildung* furchtbar sein, weil sie sonst die Möglichkeit einer ästhetischen Erhebung durch den Ernst der Situation vernichtete. »Wir versetzen uns alsdann bloß in der Einbildung in den Fall, wo diese Macht uns selbst treffen könnte und aller Widerstand vergeblich sein würde« (173). Auf diese Weise wird die Selbsterhaltung mit dem Unwirklichen in Verbindung gesetzt:

Erkenntnis, Selbsterhaltung – Unwirkliches, Imaginäres, Spiel
– Wirkliches, Ernst

Dennoch reicht diese Bewegung nicht aus. »Der Begriff der Sicherheit kann also nicht darauf eingeschränkt werden, daß man sich der Gefahr physisch entzogen weiß« (174). Eine moralische Sicherheit muß zu dieser physischen Sicherheit hinzukommen, um die Erfahrung des Praktisch-Erhabenen zu ermöglichen bzw. zu komplettieren. Dies wird über eine Reihe von Überlegungen geleistet, die in der Behauptung kulminieren: »Wir fühlen uns aber als Vernunftwesen selbst von der Allmacht unabhängig, insofern selbst die Allmacht unsre Autonomie nicht aufheben, unsern Willen nicht gegen unsre Grundsätze bestimmen kann« (177). Durch diese Betrachtung wird die Erkenntnis – das Intelligible unseres Selbst – mit dem Wirklichen verknüpft, einerseits in dem Sinne, daß sie das Wirkliche als Naturgefahr beherrschen, sich ihm gegenüber gleichgültig verhalten kann, andererseits in dem Sinne, daß sie sich vermittels dieser Indifferenz als das allein Wirkliche zu behaupten vermag.

Selbsterhaltung – Unwirkliches, Imaginäres, Spiel
Erkenntnis   – Wirkliches, Ernst

Durch diese argumentativen Bewegungen, die de Man als eine rein strukturelle Manipulation liest, wird die idealistische Transzendenz des Schillerschen Erhabenen geleistet: Die Selbsterhaltung – das, was am Anfang das einzig Wirkliche war – ist zum Unwirklichen geworden, und die Erkenntnis – das, was am Anfang das Unwirkliche, Unwichtige war – ist zum einzig Wirklichen geworden. Das Unwirkliche ist jetzt wirklicher als das Wirkliche, das Wirkliche ist jetzt unwirklicher als das Unwirkliche. Die Unwirklichkeit des Wirklichen ist zur Wirklichkeit des Unwirklichen geworden. Die Manipulation dieses Chiasmus konstituiert also das Pseudoargument der »Festsetzung des Begriffs vom Praktisch-Erhabenen« (179), die die Identifizierung des menschlichen Subjekts mit der absoluten Gewalt vorstellt, wohingegen bei Kant erst das Zerfallen der figürlichen Einbildungskraft es war, wodurch eine Gewalt sich ankündigte, die die Unterbrechung eines jeglichen zwecksetzenden Willens hieß, eine Gewalt, mit der keine Subjektivität, keine Identität sich verbinden konnte, eine Gewalt, die den Körper (der Sprache wie des Wissens und Wollens) zersetzte, ohne ihn mit einem kohärenten Geist zu ersetzen.

Die im Praktisch-Erhabenen bewerkstelligte Synthese der Selbsterhaltung mit der Erkenntnis, der Einförmigkeit mit der Veränderung, wird auch in den *Ästhetischen Briefen* im Namen des Spiels erreicht, deren Zusammenfassung in de Mans Vortrag ich kurz nachskizzieren will, um sie dann auf ihre Haltbarkeit hin zu überprüfen. De Man charakterisiert den Formtrieb und den Stofftrieb der *Ästhetischen Briefe* als eine Polarität, die mit der des Erkenntnistriebes und des Selbsterhaltungstriebes in dem früheren Aufsatz *Vom Erhabenen* in etwa kongruiere. Hier werde die Polarität *fast* als eine genuin dialektische konzipiert, doch dies werde schließlich dadurch vermieden, daß Schiller ihre Beziehung als Wechselwirkung vorstelle, als eine alternierende gegenseitige Unterordnung der Prinzipien, d. h. weder als eine gegenseitige Negation wie in einer Dialektik noch als eine Entstehung des einen aus dem Zusammenbruch des anderen, wie beim Verhältnis, das de Man zufolge zwischen der Tropologie und der Performativität obwaltet. Hier werde dieses Verhältnis als eine Strategie der Vermeidung der Dialektik durch das »Argument« gerechtfertigt, daß ohne es die Humanität aufgehoben wäre. Die Humanität, die Menschheit, eine *pragmatisch-empirische* Kategorie, forciere also die Lösung eines apriorischen Problems, wie in *Vom Erhabenen* die Selbsterhaltung als dogmatische letzte Instanz gedient habe, um das Problem der Endlichkeit der Erkenntnis auszublenden. Der Spielbegriff werde also von dem empirischen, ideologischen, metaphysischen Begriff des Menschen abgeleitet, um diesen Begriff mit einer Pseudo-Legitimierung auszustatten. Im Spielbegriff isoliert de Man nun vier Bedeutungsebenen: 1) die des Spielraums, der die zwei Triebe auseinanderhält, damit sie sich nicht gegenseitig zerstören; 2) die der Kompatibilität von Gesetz und Neigung, Universalität und Partikularität; 3) die des Scheins, den de Man vom Augenschein in der Kant-Passage und vom sinnlichen Scheinen der Idee bei Hegel unterscheidet und der für de Man mit dem Spiel als Nachahmung, als naive, mimetische Referentialität zusammenhängt; 4) die der Figur, als Tropologie, die dann auch als weiblich vorgestellt wird, dergestalt, daß das Weibliche zur Metapher für das Männliche wird wie das Sinnliche zur Metapher für die Vernunft. Schließlich wird, in einer weiteren analogischen Übertragung, die Figürlichkeit als Sinnlichkeit zum Volk und die Vernunft zum führenden Staatsmann: Diese Übertragung, die de Man bei Goebbels zitiert, wird als Mißverständnis Schillers gelesen, das nach demselben Prinzip verfährt wie das Mißverständnis Kants bei Schiller.

C.

Im Zuge der hier skizzierten Schiller-Lektüre wird man sich wohl fragen, ob der Text von Schiller in einer solchen Charakterisierung vollkommen aufgeht, auch und sogar besonders dann, wenn man bereit ist, diese Charakterisierung de Mans zu akzeptieren. Wird der dumme Friedrich von dem klugen Immanuel – sprich: Paul – sich so ohne Widerstand beherrschen lassen? Ist es nicht möglich, Unterbrechungen der Ideologie des Ästhetischen auch bei Schiller oder an seinem Text plausibel zu machen, die von einem »Verständnis« des de Manschen Ereignisses zeugen, die also das Über-sich-Hinausgehen der Tropologie in eine nicht-menschliche Machtproblematik »lesbar« machen und dadurch die exklusive Situierung dieser »Lesbarkeit« in Kant bzw. de Man zu verunsichern vermögen?

Um diese Möglichkeit zu untersuchen, sei nun eine Passage aus Schillers *Über das Erhabene* herangezogen, worin die Freiheit in der Erscheinung und der Spielbegriff in seiner mimetischen Form – als nachahmender Bildungstrieb – eine seltsame, unerwartete Wendung erfahren. Diese Stelle befindet sich im Kontext der Erläuterung des Erhabenen der Verwirrung, wo nicht sowohl die Einbildungskraft als vielmehr der Verstand die eigene Nichtigkeit erfährt. Der bloße Verstandesmensch wird vor der Unordnung in der Natur zu einer »künftigen Existenz« seine illusorische Zuflucht nehmen. Doch:

»Wenn er es ... gutwillig aufgibt, dieses gesetzlose Chaos von Erscheinungen unter eine Einheit der Erkenntnis bringen zu wollen, so gewinnt er von einer andern Seite reichlich, was er von dieser verloren gibt« (Bd. II, 614 f.).

Bis hierher sehen wir also im Falle des Verstandes dieselbe Ökonomisierung, die de Man bei Kant als tropologische Darstellung der zugrunde gehenden Einbildungskraft lesen wollte. Schiller fährt aber fort:

»Gerade dieser gänzliche Mangel einer Zweckverbindung unter diesem Gedränge von Erscheinungen, wodurch sie für den Verstand, der sich an diese Verbindungsform halten muß, übersteigend und unbrauchbar werden, macht sie zu einem desto treffendern Sinnbild für die reine Vernunft, die in eben dieser wilden Ungebundenheit der Natur ihre eigne Unabhängigkeit von Naturbedingungen dargestellt findet. Denn wenn man einer Reihe von Dingen alle Verbindung unter sich nimmt, so hat man den Begriff der Independenz, der mit dem reinen Vernunftbegriff der Freiheit überraschend zusammenstimmt« (615).

In dieser Passage geht Schiller über das hinaus, was er sagen will: Das Beispiel schießt über das Prinzip hinaus, dem es dienen soll, und bestimmt dieses gegen sich selbst. Die Performanz hängt nicht mit der Konstatierung zusammen, mit der sie eins sein will. Denn bei der Darstellung der Independenz geht es hier um eine Independenz der Teile voneinander, also um das Ende der Tropologie, um die Unmöglichkeit eines unendlichen Transformationszusammenhangs der Dinge: Independenz der Natur von sich selbst wird zum Modell für die Independenz des Menschen – von sich selbst, von der Architektonik seiner kohärenten Subjektivität. Die Performanz der Independenz heißt hier Zerstückelung oder radikale Streuung der Natur, und nicht, wie Schillers Feststellung es haben will, Independenz der Natur von etwas anderem.

Bevor wir aber Schillers Widerstand gegen diese seine Einsicht erwägen, daß die Freiheit der Vernunft ihr Zerfallen, ihr Nichtsein heißt, versuchen wir uns klarzumachen, wie die *Nachahmung* – von der de Man behauptet hat, sie sei bei Schiller ein bloßes Figurenspiel – im »Zusammenhang« der tragischen Naturgeschichte zu bestimmen sei. Was heißt im Zuge einer solchen Bestimmung der »Freiheit« die Nachahmung der Freiheit in dieser Erscheinung?

»Also hinweg mit der falsch verstandenen Schonung und dem schlaffen, verzärtelten Geschmack, der über das ernste Angesicht der Notwendigkeit einen Schleier wirft und, um sich bei den Sinnen in Gunst zu setzen, eine Harmonie zwischen dem Wohlsein und Wohlverhalten *lügt*, wovon sich in der wirklichen Welt keine Spuren zeigen. Stirn gegen Stirn zeige sich uns das böse Verhängnis. Nicht in der Unwissenheit der uns umlagernden Gefahren – denn diese muß doch endlich aufhören – nur in der *Bekanntschaft* mit denselben ist Heil für uns. Zu dieser Bekanntschaft nun verhilft uns das furchtbar herrliche Schauspiel der alles zerstörenden und wieder erschaffenden und wieder zerstörenden Veränderung – des bald langsam untergrabenden bald schnell überfallenden Verderbens, verhelfen uns die pathetischen Gemälde der mit dem Schicksal [ringenden] Menschheit, der unaufhaltsamen Flucht des Glücks, der betrogenen Sicherheit, der triumphierenden Ungerechtigkeit und der unterliegenden Unschuld, welche die Geschichte in reichem Maß aufstellt und die tragische Kunst nachahmend vor unsre Augen bringt« (617).

Die tragische Kunst ahmt also eine Natur nach, die selber wiederum als eine Nachahmung konzipiert wird: das »Schauspiel der... Veränderung«. Gegenstand der künstlerischen Nachahmung ist eine Natur-Nachahmung, das Signifikat des nachahmenden Signifikanten immer schon ein Signifikant. Doch dieser natürliche Signifikant imitiert radikal zusammenhanglos, die natürliche Tropologie ist keine, denn die Transformationen transformieren nicht, sie haben, wie wir gesehen haben, »alle Verbindung unter sich« verloren, die »Veränderung« übersetzt diskontinuierlich nur das Unübersetzbare in ein wiederum Unübersetzbares, Unverständliches. Die Nachahmung ahmt folglich die (Unmöglichkeit jeglicher) Nachahmung nach. Sie stimmt mit ihrem Gegenstand überein, indem sie zur radikalen Übereinstimmungslosigkeit wird.

Nun könnte man der hier unternommenen Deutung dieser Passage – als einer emphatischen Beharrung auf der Unmöglichkeit einer tropologischen Totalisierung der Welt – entgegenhalten wollen, daß diese Welt bei Schiller uns immer noch ihr (anthropomorphisches) Gesicht als ihr Wesen offenbart. Doch das »ernste Angesicht«, das die »Nachahmung« »Stirn gegen Stirn« anschaut, ist das Angesicht der Gesichtslosigkeit, der Defigurierung. Denn der »Schleier«, den man außerhalb des Diskurses des Erhabenen über dieses Angesicht wirft, ist nichts anderes als die Sprache der Figuren. Wenn der Schleier hier zerrissen wird, wird das Gesicht zerrissen, die Erwartung einer (figürlichen) Darstellung dessen, was nicht Figur hieße.

Wie werden aber diese Überschreitungen der ästhetischen Ideologie von Schiller ignoriert, domestiziert, d.h. wieder in diese Ideologie hereingeholt? Und wie verhält sich diese Domestizierung zur de Manschen Auslegung dessen, was er als das Ereignis bezeichnet? Die Fortführung der oben zitierten Stelle über die ungebundene Natur lautet:

»Unter dieser Idee der Freiheit, welche sie aus ihrem eigenen Mittel nimmt, faßt also die Vernunft in eine Einheit des Gedankens zusammen, was der Verstand in keine Einheit der Erkenntnis verbinden kann, unterwirft sich durch diese Idee das unendliche Spiel der Erscheinungen und behauptet also ihre Macht zugleich über den Verstand als sinnlich bedingtes Vermögen« (615).

Während zuerst Zusammenhanglosigkeit »Freiheit« hieß, heißt jetzt »Freiheit« die *Überwindung* der Zusammenhanglosigkeit. Daß man das Chaos »Chaos« nennen kann, erlaubt es, dieses Chaos zu überwinden. Indem man das eigene Chaos mit dem Naturchaos identifiziert, beweist man, daß die eigene Identität über dieses Chaos hinausreicht. Dadurch, daß man die innere Differenz konstatiert, wirft man sie aus sich hinaus, macht man sie zur Differenz zwischen der eigenen Identität und der anderen Differenz. Die Identifizierung mit der Macht der Unterscheidung erlaubt es, sich von dieser Unterscheidung zu unterscheiden.

Man ist versucht, im »Angesicht« dieser Schillerschen Dialektik den Einwand zu erheben, daß die Identifizierung mit dem Nichtidentischen erst dann stattfindet, wenn die Identität aufgegeben wird, d. h. in das Nicht-Identische aufgeht, oder wenn die Setzung der *Identität* der Identität und der Differenz zur Setzung der *Differenz* der Identität und der Differenz führt, dergestalt, daß das Differente, die Unterscheidung oder die Defigurierung der Figuren, sich nicht wiederum identifizieren, vereinheitlichen, figurieren läßt. Die Überlegung, daß dies aber unmöglich ist, daß die Differenz – Tropen als Prädikation – immer als Identität – Anthropomorphismus – gelesen werden muß, liest de Man quasielegisch als die performative Selbstzerstörung des Tropo-logos, während Schiller dies quasi-hymnisch als die Selbstbehauptung der Vernunft liest. Inwiefern unterscheiden sich diese zwei Interpretationen? Versucht de Man nicht doch schließlich die Differenz der Differenz von sich selbst – also das Chaos – dadurch zu überwinden, daß er sie als Macht der (De-)Figurierung identifiziert? Reicht es hin, alle Transzendenz zu verneinen, um die Möglichkeit auszuschließen, daß man gerade durch diese Verneinung bloß noch einen weiteren Transzendenzversuch unternimmt?[28] Versucht de Man nicht, wie Schiller vom Subjekt des Erhabenen –

d. h. der Subjektlosigkeit – behauptet, »nach dem Beharrlichen in seinem Busen zu greifen«, auch wenn dieses Beharrliche die Form des »Ereignisses« als des Übergangs der Tropologie in die Performativität annimmt und nicht wie bei Schiller die des »reinen Dämons«? »Das Schöne macht sich bloß verdient um den Menschen, das Erhabene um den reinen Dämon in ihm« (617). Was wäre der Unterschied zwischen dem »reinen Dämon«, da wo Schiller das Erhabene über den Menschen hinausdenkt, und dem reinen, also nicht empirischen de Man?[29] Kann man sicher sein zu wissen, was es heißt, »die Empfindungsfähigkeit des menschlichen Herzens... über die Sinnenwelt hinaus zu erweitern« (618)? Kann man sicher sein, daß dies nicht eine materiale Unterbrechung der Phänomenalität impliziert?

Diese Fragen, von denen man nicht sicher sein kann, ob sie rhetorische Fragen sind oder nicht[30], sind Fragen, die uns de Man selbst vorgeschrieben hat. Die Schwierigkeit oder Unmöglichkeit ihrer Beantwortung, also die Ungewißheit darüber, ob de Man schillerischer ist als Schiller, ob der dumme Friedrich eigentlich Paul heißt, ist eine chiasmisch hergestellte Ungewißheit, die de Man selbst unterschreibt. Er unterschreibt diese Ungewißheit sowohl da, wo er für die Notwendigkeit einer ab-wegigen Figurierung des Unterschieds zwischen dem Übergang der Tropen in ihre Performanz und dem Fehlen dieses Übergangs argumentiert, als auch da, wo er die Notwendigkeit eines Übergangs der bloßen Prädikation in die Subjekt-Objektivierung dessen behauptet, was sich nicht identifizieren läßt. Diese De-Manisierung oder Dämonisierung des Schillerschen Textes wird von der sich selbst als Aberration bekennenden Dementierung ihrer Möglichkeit in de Mans »eigenem« Text verlangt.

IV.
Vom Spiegelbild zur Unterschrift in Schillers Dramen

Es ließe sich zeigen, daß es in den theoretischen Texten Schillers viele Passagen gibt, die, wie die eben diskutierten aus dem Aufsatz *Über das Erhabene*, die defigurierende Macht – die »prosaische Materialität des Buchstabens« – ankündigen, die den Figuren innewohnt. Im folgenden ziehe ich es aber vor, an zwei Beispielen zu »belegen«, wie uns sich diese »Materialität« ständig und geradezu unübersehbar in den *Theaterstücken* aufdrängt. Denn wie oben erwähnt ist de Mans Polemik gegen Schiller durch eine seltsame Herablassung dem Theaterstückschreiber gegenüber charakterisiert, ja diese abschätzige Haltung gegenüber dem empirischgesinnten, erfolgsgierigen »Psychologen« trägt in beträchtlichem Maße zur Überredungskraft jener Polemik bei. Eine solche Haltung ist um so überraschender, als de Mans Werk doch betrachtet werden könnte als eine einzige ungeheure Anstrengung zu zeigen, daß »philosophischen« Texten kein erkenntniskritischer Vorrang vor »literarischen« Texten zugesprochen werden darf. Darüber hinaus, und von den Tendenzen de Mans ganz abgesehen, wäre es wahrscheinlich, daß man es bei den Theaterstücken mit einer größeren Mannigfaltigkeit der Ausdrucksweise als bei den theoretischen Abhandlungen und so mit Aussagemöglichkeiten zu tun hätte, von denen man erwarten könnte, daß sie über die theoretischen Ideologeme Schillers hinausgingen. Wenn nun de Man flüchtig an anderer Stelle doch zugibt[31], daß Schillers Theatertexte von der Ideologie seiner theoretischen Abhandlungen gelegentlich abweichen, so fällt uns die Aufgabe zu, den Stellenwert dieser Ambivalenz de Mans zu klären, indem wir die Theatertexte einer dekonstruktiven Lektüre unterziehen. Hypothese gegenwärtiger Arbeit wäre: Der Stellenwert dieser Ambivalenz ist der des Wertes als der Entstellung. Die Sprache »referiert immer, aber nie auf den richtigen Referenten«.[32] Will sagen: Um die Struktur des »Ereignisses« aufzuklären, stellt de Man Kant Schiller gegenüber und verwechselt so Texte mit Autoren, Lese-événements mit Namen von Personen. Er anthropomorphisiert zwangsläufig die Defigurationen, die er uns vor-figurieren will, entstellt die Stellen, an denen er uns diese Entstellung vorstellen will. Es ergibt sich so »unabsichtlich« der Schein einer literaturgeschichtlichen Konsequenz dieser Kant-Schiller-Gegenüberstellung: Kant ist kritisch, Schiller ideologisch. Um diesem Schein entgegenzuarbeiten – wenn auch nur, um unausweichlich einen anderen an seinen Platz zu stellen[33] –, soll in einem letzten (elliptischen) Schritt das Funktionieren der Schriftproblematik in zwei Theaterstücken, *Kabale und Liebe* und *Die Braut von Messina*, skizziert werden, die hier den literarhistorischen »Aufstieg« des dramatischen Schaffens Schillers vom Kellerloch des Sturm und Drang bis zum Dachboden der Klassik sowohl synekdochisch vertreten als auch durch ihre sprachtheoretische Lektüre nivellieren sollen.

A.

Dabei gilt es erstens zuzugestehen, daß bei Schiller der Anthropomorphismus zwar seine immanente Tropologie und damit die Performativität vergißt oder verdrängt. Zweitens muß man aber sehen, daß und wie in Schillers Dramen die Wiederkehr dieser Performativität und der durch sie veranlaßten Defigurationen nicht lange auf sich warten läßt, meistens in der Form von (häufig sich wiederholenden) Szenen der dem Subjekt abhanden gekommenen Handschrift und, mit dieser zusammenhängend, des unheimlichen Giftes und des Todes.[34] Schillers Dramen, viel deutlicher noch als Schiller der Theoretiker oder gar der »Mensch«, zeigen uns ständig den Preis, um den die ästhetische Ideologie der sich in die Erscheinung setzenden Freiheit[35] erkauft wird.

Um mit der ersten Seite dieses Arguments anzufangen, sei einleitend eine Stelle aus *Über Anmut und Würde* herangezogen. Eine der Hauptfiguren, durch die Schiller die »schöne Seele« – die »kein anderes Verdienst [hat], als daß sie ist« (Bd. II, 408) – darzustellen versucht, ist die der Prosopopöie[36], eine Variante des Anthropomorphismus, eine Figur also der Vergessenheit der Figürlichkeit.

»Der zärtere weibliche Bau empfängt jeden Eindruck schneller und läßt ihn schneller wieder verschwinden. Feste Konstitutionen kommen nur durch einen Sturm in Bewegung, und wenn starke Muskeln angezogen werden, so können sie die Leichtigkeit nicht zeigen, die zur Grazie erfordert wird. Was in einem weiblichen Gesicht noch schöne Empfindsamkeit ist, würde in einem männlichen schon Leiden ausdrücken. Die zarte Fiber des Weibes neigt sich wie dünnes Schilfrohr unter dem leisesten Hauch des Affekts. In leichten und lieblichen Wellen gleitet die Seele über das sprechende Angesicht, das sich bald wieder zu einem ruhigen Spiegel ebnet« (409).

Das »sprechende Angesicht« der schönen Seele, deren Geschlecht hier – wie das Geschlecht der »Figur« in den ästhetischen *Briefen* – als weiblich bestimmt wird, ist ein sowohl expressiver als rezeptiver »Spiegel«, in dem die intellektuelle Anschauung, die Einheit der intellektuellen und der sinnlichen Sphären, verwirklicht wird. Die Figur des Angesichts beruht auf der Vergessenheit darüber, daß der Signifikant sich auf einen Buchstaben reduzieren läßt, mit dem man sich deswegen nicht identifizieren kann, weil er weder Struktur noch Entwicklung, weder Macht noch Trope, sondern beides zugleich »ist«.

In *Kabale und Liebe* nun verbildlicht sich Ferdinand die Seelen-schönheit der Luise Miller – und dadurch seine eigene – auf genau dieselbe Weise, wie Schiller sie sich in *Über Anmut und Würde* vorstellen wird. Doch jene Verbildlichung ereignet sich nicht ganz ohne Zusammenhang, sondern als Reaktion auf die Wahrneh-mung des Erbleichens seiner Geliebten (und insofern ihres Ge-sichtsverlustes) in dem Moment, wo die Liebenden sich im ersten Akt plötzlich Angesicht zu Angesicht begegnen. Besorgt um ihren Zustand, entsetzt vielleicht über ihre Unfreiheit in der Erschei-nung, über die Möglichkeit ihrer Unmöglichkeit, fragt Ferdinand »Du bist blaß, Luise?«, und sie antwortet »Es ist nichts. Nichts. Du bist ja da. Es ist vorüber« (Bd. I, 271). Da an dieser Stelle nicht die Abwesenheit, sondern vielmehr die Ankunft Ferdinands das Erbleichen Luises verursacht hat, muß man ihre Antwort hier als eine fromme Lüge (englisch: white lie) verstehen. Die Anwesen-heit Ferdinands als eine durch das »Vater«-Gesetz (der Sprache) verunmöglichte konstituiert gerade das Nichts, die kommende Vergangenheit, vor der Luise sich fürchtet und im Angesicht deren sie sich »entfärbt« hat. Auf jeden Fall will Ferdinand nicht glau-ben, daß seine Ankunft Luise schon erleichtert hat, und er fordert, daß sie ihr weißes Nicht-Gesicht in den Spiegel – und in das Spie-gelbild – seiner eigenen Grazie verwandele:

»Ich schaue durch deine Seele wie durch das klare Wasser dieses Brillanten. (*Er zeigt auf seinen Ring*) Hier wirft sich kein Bläschen auf, das ich nicht merkte – kein Gedanke tritt in dies Angesicht, der mir entwischte. Was hast du? Geschwind! Weiß ich nur diesen Spiegel helle, so läuft keine Wolke über die Welt. Was bekümmert dich?« (271 f.)

Luise soll also ein Spiegel sein, in dem keine Spur ihrer eigenen Materialität, in dem nur der wolkenlose Himmel des vereinten Geistes des Liebespaares seinem Blick erscheine. Luises Ausspre-chen ihrer Nichtigkeit als Erklärung ihrer Gesichtslosigkeit wird von Ferdinand dadurch ignoriert, das es phänomenalisiert wird: Durch die Prosopopöie Ferdinands soll ihr Inneres an ihrem Äu-ßeren als die Widerspiegelung des blauäugigen Himmels ihres – sie anhimmelnden – Liebhabers erscheinen. Ferdinand gibt ihr so ein Gesicht oder eine Figur, um die Möglichkeit ihrer – und damit seiner eigenen – radikalen Figürlichkeit gerade auszuschließen.[37]

Dabei vergißt Ferdinand nicht nur die Figürlichkeit seiner eige-nen Setzung seiner Geliebten als Mimesis[38], sondern auch die

Figürlichkeit dessen, was man an ihrer Rede ablesen kann. Versuchen wir, diese Figürlichkeit sozusagen ins Auge zu fassen. Luise deutet an, ihre Trauer sei aus dem Gedanken an den Standesunterschied zwischen den beiden und an die daraus folgende Unmöglichkeit ihrer Verehelichung entstanden. Ferdinand aber ruft aus: »Du bist meine Luise! Wer sagt dir, daß du noch etwas sein solltest?« (272) Doch die kleine Liebessünde, deren Luise sich schuldig gemacht hat, besteht nicht darin, daß sie traurig ist, noch darin, daß sie an die Politik oder überhaupt denkt, sondern darin, daß sie rhetorisch agiert bzw. von der Rhetorik der Figuren agiert (und agitiert) wird: Die »Vergleichung«, die sie zwischen ihrem eigenen Stande und dem seinen macht, ist eine Figur, genauer die Figur der Unterscheidung der Figuren, die ihre gegenseitige Widerspiegelung verunmöglicht. Ferdinand formuliert nämlich den Vorwurf des beleidigten Liebhabers so: »Wärest du ganz nur Liebe für mich, wann hättest du Zeit gehabt, eine Vergleichung zu machen?« Ferdinand selbst – und dadurch rechtfertigt sich seine Scheinheiligkeit – macht keine »Vergleichung«, sondern:

»Wenn ich bei dir bin, zerschmilzt meine Vernunft in einen Blick – in einen Traum von dir, wenn ich weg bin, und du hast noch eine Klugheit neben deiner Liebe? – Schäme dich! Jeder Augenblick, den du an diesem Kummer verlorst, war deinem Jüngling gestohlen« (272).

Durch ihre Antwort auf den Vorwurf, daß sie ihn nicht liebe, erinnert Luise Ferdinand an das, was seine Faszination mit dem Spiegel seiner eigenen Figur ihn zu vergessen zwingt:

»Ich seh in die Zukunft – die Stimme des Ruhms – deine Entwürfe – dein Vater – mein Nichts. ... Ferdinand! ein Dolch über dir und mir! – Man trennt uns!« (272)

Die Vor-Sicht Luises erlaubt es ihr nicht, ein Spiegelbild zu vernehmen, sondern nur eine (bedrohte) Stimme, Pläne, einen Vater, ihre Nichtigkeit, einen Dolch. Sie sieht mit einer zeitlichen Sicht, mit einem diachronen, metonymischen Blick die Auftrennung und den Aufschub des Synchronen als des metaphorischen Raumes, in dem erst ein Angesicht-zu-Angesicht möglich würde.[39] Die so »gesehene« Metonymisierung der Metapher wird hier durch die Figuren des »kastrierenden« Vaternamens, des Gesetzes des Signifikanten konstruiert. Doch dieses Gesetz ist nicht einfach das des Vaters – zumal Ferdinand wiederholt ausdrücklich als vaterlos dargestellt wird und das Stück nicht mit der Befriedigung des Vaters enden wird –, sondern vielmehr das des *Lesens*: der »Dolch«, der über den Köpfen der Liebenden schwebt, ist der »Dolch«, den die Gräfin Orsina dem Vater von Emilia Galotti in dem gleichnamigen Trauerspiel Lessings gegeben hat.[40] Der Dolch ist ein Zitiertes, vielleicht sogar – vielleicht immer – bloß der des Zitierens selbst.

Schiller ist nämlich nicht nur von Lessing »beeinflußt« worden, sondern Luise tritt in dem Stück zum erstenmal in Akt I, Szene 3 auf, mit einem »Buch in der Hand«, von der Kirche kommend wie die, deren Stück sie liest und zerstückt wiedergibt.[41] Da sie ihr Haus betritt, an nichts denkend als an Ferdinand, bekennt sie, daß sie Gott über seiner Schöpfung vergessen habe. Innerhalb dieses Zitats des zweiten Aufzugs, sechsten Auftritts aus Lessings Stück zitiert Luise weiterhin dessen ersten Aufzug, vierten Auftritt, in dem der Prinz, als ihm der Maler Conti gerade das Porträt Emilias abgeliefert hat, ausruft:

»Bei Gott! Wie aus dem Spiegel gestohlen! . . . Oh, Sie wissen es ja wohl, Conti, daß man den Künstler dann erst recht lobt, wenn man über sein Werk sein Lob vergißt.«[42]

Luise entwendet nun den Buchstaben dieses Entwendens des Gesichts wie folgt:

»Ich habe keine Andacht mehr, Vater – der Himmel und Ferdinand reißen an meiner blutenden Seele, und ich fürchte – ich fürchte – Doch nein, guter Vater. Wenn wir ihn über dem Gemälde vernachläßigen, findet sich der Künstler am feinsten gelobt. – Wenn meine Freude über sein Meisterstück mich ihn selbst übersehen macht, Vater, muß das Gott nicht ergötzen?« (270)

Dem Gott, oder dem Künstler, kann man nicht besser Achtung zollen als dadurch, daß man seinem *Werk* Achtung zollt. Eine nicht-intentionalistische, ateleologische Pseudo-Hermeneutik wird hier zum Gesetz des Gesetzes. Schiller vergißt den Autor über dessen Werk, funktioniert die Passage aus Lessing ohne Rücksicht auf seine ursprünglichen Absichten um. Von dem bösen Prinzen Gonzaga, zum Beispiel, sind die Wörter in den Mund der guten Luise Miller übergegangen.

Sowohl Schiller als auch Luise performieren hier das Prinzip, das sie aussagen, indem sie es aussagen. Doch die Performanz ist die Performanz des Prinzips, daß die Performanz erst dadurch zur Performanz des Prinzips werden kann, daß sie vom Prinzip divergiert, daß sie ihr eigenes Prinzip in Vergessenheit geraten läßt. Das Produktionsgesetz ist hier dies: daß die Produktion ihrem eigenen Gesetz nur insofern adäquat sein kann, als sie über es hinausschießt, alle Kommunikation mit ihm abbricht. Schillers Reproduktion dieses Gesetzes weicht folglich von diesem Gesetz just in dem Grade ab, in dem sie ihm adäquat bleibt. In der Tat – »die Frucht von dem gottlosen Lesen« (270) – wie der Vater seiner teuren Luise in Verzweiflung ausruft.

Die Gefahr des Lesens stellt sich also am Anfang des Trauerspiels als die Gefahr der Diskontinuität und der Unentscheidbarkeit zwischen Werk und Autor, Performanz und ihrem kognitiven Prinzip, Beispiel und Begriff dar. Die Gefahr dieser Zersetzung stellt sich weiterhin in *Kabale und Liebe* in Verbindung mit drei Briefen[43] dar, um die sich die Handlung des Stücks in wesentlicher Weise dreht. Ich werde mich im nächsten Schritt auf nur einen dieser Briefe konzentrieren.

Die Verschwörung des Präsidenten zielt bekanntlich darauf, seinen Sohn der Liebe zu Luise Miller zu entreißen und in eine Ehe mit Lady Milford zu zwingen. Diese Verschwörung wird durch ein von seinem Autor sich entfernendes Werk, eine wandernde Unterschrift, eine unkontrollierbare Referentialität gleichzeitig verwirklicht und zm Scheitern gebracht. Der Brief wird vom Sekretär Wurm, dem Rivalen Ferdinands und Bedienten seines Vaters – aber auch dem Doppelgänger Luises, insofern sie wegen ihrer Hilflosigkeit und tendenziell bösen Weiblichkeit auch als »Wurm« (320, 329) bezeichnet wird –, als Plan dem Präsidenten vorgeschlagen sowie auch schließlich formuliert. Der Brief kann dann als die Wiederkehr des zersetzenden Keims des Signifikanten vorgestellt werden, als ein Schreiben ohne subjektive oder objektive Quelle.

Der Brief, von Wurm diktiert und von Luise aufgeschrieben – in dem sie ihre Liebe zum geckenhaften Hofmarschall von Kalb verraten haben soll und der dann dorthin gelegt wird, wo Ferdinand ihn finden muß –, dieser Brief wiederholt in umgekehrter Form das Muster des entwendeten Briefs in *The Purloined Letter* von Edgar Allan Poe sowie die Problematik der Sprache, die von Jacques Lacan, Jacques Derrida, Barbara Johnson und anderen – nicht ohne Streitigkeiten und Widersprüche – entwickelt worden ist.[44] Doch die Umkehrung ändert nicht im wesentlichen die Struktur, um die es hier geht: In beiden Fällen wird ein Leser bzw.

eine Leserin von einer exzessiven Lesbarkeit verführt, und das heißt in die Unlesbarkeit hineingeführt. Als Ferdinand den ihm zugespielten Brief findet, scheitert die Lektüre am Versuch, den Inhalt dieses Briefes, seine subjektive Intention zu *identifizieren*. Indem Ferdinand den manifesten Inhalt des Textes mit der Intention der ihn Unterschreibenden identifiziert, verfehlt er seine Absicht und tötet schließlich seine Geliebte sowie sich selbst, und zwar durch das Gift[45], als das die Schrift seit Platon in ausgezeichneter Weise figuriert worden ist. Indem er die Unterschrift mit einem Spiegelbild verwechselt, die Tropologie anthropomorphisiert und totalisiert, übersieht er die performative Gewalt, die Gewalt, die durch Tropen ihnen immer entgegenarbeitet. Anders gesagt besteht sein Fehler darin, daß er die Performanz mit dem Prinzip identifiziert, statt die Performanz als die des Prinzips der Divergenz zwischen Performanz und Prinzip anzusehen. Nicht daß es je möglich wäre, entweder die Absicht der jeweiligen »Luise« zu erraten oder die Absicht – das Prinzip – überhaupt nicht suchen zu wollen. Das Abirren der Intention vom Intendierenden wird hier (wie überall sonst) zur schriftlichen Bedingung der Möglichkeit der »tragischen« Handlung. Der Erfolg der Verschwörer gegen die Liebenden hängt von dieser Bedingung ab, ihre Technik beutet sie aus, aber ihre Manipulationen nützen den Verschwörern auch nichts, stellen sich am Ende als ohne Stellenwert heraus.

Die Struktur der Lektüre dieses Briefes wäre damit umrissen. Doch wie steht es mit der Szene des (Unter-)Schreibens? Sie kann als die Urszene des Diktats, d. h. der Philosophie[46], gelesen werden: Wurm verhält sich zu Luise wie Sokrates zu Platon. Auf der anderen Seite aber wird diese uns durch Derrida[47] bekannt und fragwürdig gemachte Entgegensetzung und Hierarchisierung der Rede und der Schrift insofern entkräftet und verkehrt, als Sokrates – Wurm – hier ein *Sekretär* ist, ein Schreiber der Worte anderer *par excellence*. Der Bezug der Schrift zur Rede als der des Giftes zum Medikament kehrt sich so um. Dementsprechend verkehrt sich das Medikament Wurms, das in der Absicht verwendet wurde, Luise und Ferdinand von ihrer Vergessenheit des Gesetzes zur Genesung zu verhelfen, in eine Vergiftung im buchstäblichen Sinne, und das Subjekt der Einschreibung wird zum Opfer der Unreinheit der Rede.

Schließlich also – und das heißt »im Prinzip« – hebt sich die

Handlung dort auf, wo der Giftbrief, das Buchstabenheilmittel, sich gleichsam verbuchstäblicht: Ferdinand vergiftet Luise und mit ihr sich selbst. In diesem Moment wird die Beziehung zwischen der Sprache als Nicht-Kommunikation und Nicht-Übersetzung einerseits und dem Tod der Liebenden andererseits durch die Anspielung Luises auf die Sprachverwirrung Babels signalisiert: »Ein entsetzliches Schicksal hat die Sprache unsrer Herzen verwirrt« (340). Ferdinand macht den schriftlichen Charakter dieses »Schicksals« gleichzeitig explizit und unsichtbar, indem er das tote Gesicht der Leiche Luises als von der Schrift des Vaterwitzes sowie des Vaternamens entstellt beschreibt:

»Hier, Barbar! Weide dich an der entsetzlichen Frucht deines Witzes, auf dieses Gesicht ist mit Verzerrungen dein Name geschrieben, und die Würgengel werden ihn lesen« (342).

Ferdinand macht immer noch den Fehler, einem Schriftspiegel – dem *Namen* des Vaters – die Verantwortlichkeit für die Beschreibung oder Einschreibung des Spiegels zuzusprechen. Dennoch wird dem Leser/der Leserin klargemacht, wenn auch nur durch die Dissemination des (unendlich teilbaren, aber nicht einheitlichen) Wurms, daß die Selbstgerechtigkeit Ferdinands einer Hypokrisie, einem notwendigen Fehler entspringt. Von der (ideologischen) Bejahung des geliebten Gesichts zur (kritischen) Verneinung des Vaternamens wird der Weg gebahnt durch eine Schrift, die – beide Momente in sich einbeschließend – sowohl ihre Fusion als ihre bestimmte Unterscheidung verhindert. – So sagt Luise von ihrem Vater, wenn sie die Möglichkeit erwägt, daß er ihren letzten Brief an Ferdinand lesen könnte, in dem sie von ihrem Tode spricht:

»Er wird nicht klug daraus werden. Die Buchstaben liegen wie kalte Leichname da und leben nur Augen der Liebe« (326).

Die Körper der Liebenden sind Buchstaben, die nur Augen der Liebe leben, denjenigen Augen nämlich, die, um dem Lesen zu entkommen, das Materielle der Sprache phänomenalisieren, das Mechanische teleologisch verstehen, dem ersteren ein Leben verleihend, das diese Augen, die unmöglichen Augen der Paternität, nicht zu geben haben. Denn, wie der Titel des Textes anzeigt, der bekanntlich nicht von Schiller stammt, ist die Liebe immer die Liebe einer Kabale, Wahrnehmung immer die Halluzination eines verworfenen Buchstabens.

B.

Inwiefern ist aber die Schriftlichkeit im hier evozierten Sinne einer »écriture générale«[48] auf Schreibe- und Leseszenen nur einzuschränken bzw. nur an ihnen festzustellen? Wo sind die Grenzen der Buchstäblichkeit – der »prosaischen Materialität des Buchstabens« – zu situieren, wenn die Buchstäblichkeit nach einer dekonstruktiven »Theorie« weder bloß buchstäblich noch bloß metaphorisch mehr zu verstehen ist? Ohne diese Fragen bestimmt zu beantworten, möchte ich im letzten Schritt, wiewohl in verkürzter Form, noch ein Beispiel der impliziten Thematisierung des »Buchstabens« in Schillers Dramen erläutern, um damit das Mißverständnis zu verunmöglichen, es ginge bei der dekonstruktiven Lektüre literarischer Texte bloß darum, alle Szenen aufzusuchen, wo irgendein Charakter schreibt oder liest, um dann den Inhalt dieser Texte auf die Problematik der Schrift zu reduzieren.

Mein letztes Beispiel ist *Die Braut von Messina*, ein Stück von Schiller, in dem ausnahmsweise das Lesen und das Schreiben so gut wie überhaupt nicht erwähnt werden. In diesem Stück wird Beatrice, die Schwester und die Geliebte ihrer Brüder, Don Cesar und Don Manuel, im zitierenden Anschluß an die Abhandlung *Über Anmut und Würde*, als Anmutige dargestellt. Sie soll also die Synthese der Sinnlichkeit mit der Vernunft darstellen, um deren Formulierung in seinen poetologischen Schriften Schiller sich bemüht hatte. Doch die Grazie oder die Seelenschönheit, die sie vertritt, wird in der ikonographischen Tradition, aus der Schillers Überlegungen zum Teil stammen, als eine dreifache Instanz vorgestellt.[49] In Schillers Stück werden die zwei fehlenden Grazien von den Brüdern vertreten, die die Schwester ergänzen und deren Einheit sie wiederum darstellt. Der ältere, Don Manuel, verkörpert die Vernunft (z.B. »Ich, der Vernünftige, grüße zuerst« [Bd. III, 483]), die man hier als die Figürlichkeit ansehen kann, insofern die Figürlichkeit de Man zufolge die distanzierte Prädikationssprache charakterisiert. Der jüngere dagegen, Don Cesar, der seinen Bruder schließlich erdolchen wird, um dann sich selbst ihm nachzuschicken, vertritt die (performative) Macht der unvernünftigen Sinnlichkeit.[50] Als Brüder sind sie »verwandt« und nicht bloß »ähnlich«. Sie verhalten sich deswegen – wenn wir diese Termini im Sinne der Kantschen Architektoniklehre verwenden dürfen – nicht rhapsodisch, sondern architektonisch zueinander, sind nach einem notwendigen und nicht nach einem zufälligen Prinzip als vereint vorzustellen. In die Figuren übersetzt: Sie gehören metaphorisch und nicht metonymisch zusammen. Oder in den Termini des »Anthropomorphismus«-Aufsatzes, in dem das, was sonst bei de Man »Metapher« heißt, zum »Anthropomorphismus«, und das, was sonst bei de Man »Metonymie« heißt, zur »Trope« wird: Sie gehören anthropomorphisch und nicht tropologisch zusammen.[51] Wodurch wird nun diese metaphorische oder anthropomorphische Vereinigung geleistet?

Das Theaterstück beginnt mit dem Versuch der Fürstin Isabella, ihre beiden Söhne, die sich nach dem Tode ihres Vaters verfeindet haben, friedlich zusammenzuführen. Der Ausgleich soll, wie zum Beispiel in *Kabale und Liebe* und *Maria Stuart*, die Form einer gegenseitigen Prosopopöie annehmen: »Wagt es, euch in das Angesicht zu sehen!« (488)[52] Doch diese Prosopopöie kommt nur flüchtig und illusorisch zustande. Gerade nach dem kurzen Moment, in dem die Brüder »jeder ... in den Anblick des andern verloren« (491) stehen, kommt ein Bote – als »Späher« (492) charakterisiert – mit der Nachricht an, daß die Geliebte – also die noch nicht als solche erkannte Schwester – des Don Cesar gefunden worden ist. Diese Nachricht, die Don Cesar veranlaßt, die Zusammenkunft der Brüder »rasch« zu »zerschneide[n]« (493), stellt nicht nur – durch ihre zeitliche *Nähe* zum Augenblick der Versöhnung – die Möglichkeit einer *dauerhaften* Versöhnung der Prinzipien, die die Brüder vertreten, in Frage. Vielmehr stellt sie die Möglichkeit dieser Versöhnung *überhaupt* in Frage, denn der Blick, mit dem Don Cesar seinen Bruder angeschaut hat, stellt sich als nur ein Teil seines Blicks heraus. Ein anderer Teil, der Blick des »Späher[s]«, schaute in dem Augenblick der Versöhnung offensichtlich anderswohin. Die Pathetik des Augenblicks der Seelenverschmelzung verwandelt sich so in eine Pro-thetik des auseinandergerissenen, sich immer potentiell in der Entfernung vertreten lassenden Auges.

Das Auseinanderreißen des Augen-Blickes kann sich nicht ereignen, ohne daß das lesende Auge davon affiziert wird. Versuchen wir möglichst deutlich an zwei Beispielen zu sehen, wie das passiert. Erstens gibt es einen »Moment«, wo eine Paronomasie[53] im Text auftaucht, die den Namen »Schwester« entstellt, indem sie ihn in einer fast-identischen Form wiederholt. Die zwei Formen dieses Namens schauen sich sozusagen durch eine Art Parodie der

Prosopopöie an und wechseln ihre buchstäblichen Züge aus. Die Gleichzeitigkeit des Namens erscheint auf diese Weise neben sich selbst, die Metapher des Namens metonymisiert sich in dem »Moment«, wo die Mutter ihren Söhnen den Grund erklären soll, warum sie ihnen die Existenz ihrer Tochter verheimlicht hat:

> »Konnt ich die Schwester zwischen eure wild
> Entblößten Schwerter stellen? Konntet ihr
> In diesem Sturm die Mutterstimme hören?« (513)

»Schwester« und »Schwerter« werden hier so nah aneinandergebracht, daß man die zwei Signifikanten fast verwechseln könnte.[54] In der Tat »vereinigen« sowohl Schwester als auch Schwerter die zwei Brüder: Die zwei Zeichen sind auch auf der Ebene des Signifikats ähnlich. Der »nom du père« von Lacan verschiebt sich zur neuen Verdichtung, wird zum »nom de l'épée-sœur« als »nom de l'épaisseur«. Die Versöhnung zwischen beiden Zeichen wird aber um einen sehr bestimmten Preis gekauft, nämlich den der Verstümmelung dieser Zeichen selbst. Die Figur der Par-onomasie, des Neben-Namens, ersetzt die Figur der Prosopopöie, der Name außer sich ersetzt das Gesicht, und damit kündigt jene Figur in der Defigurierung, die sie bewirkt und benennt, die Performanz an, die sie dennoch faßbar zu machen bloß versprechen kann.

Die Zweischneidigkeit der Schwester nämlich ist – zweitens – vor ihrer Geburt durch einen doppelten Orakelspruch vorausgesagt worden, die durch seine gleichzeitige Identität und Gegensätzlichkeit gewissermaßen unlesbar bleibt. Einerseits hat der Vater einen Alptraum gehabt, der durch ein Orakel so ausgelegt wurde, wie Isabella erzählt: »wenn mein Schoß von einer Tochter / Entbunden würde, töten würde sie ihm / Die beiden Söhne und sein ganzer Stamm durch sie vergehen« (512). Die Mutter hat aber einen schönen Traum gehabt, der von ihrem Mönch so erklärt wurde: »Genesen würde ich einer Tochter, / Die mir der Söhne streitende Gemüter / In heißer Liebesglut vereinen würde« (512). Die Versöhnung der zwei Seiten des Orakelspruchs, die sich bis zum Ausgang des Stückes als einfaches Entweder/Oder zu verhalten scheinen, findet trotz des Anscheins am Ende doch nicht statt: Auch dieser Brief wird entwendet. Die Tochter vereint zwar zuerst in »heißer Liebe... der Söhne Herzen« (539), aber nur um sie danach zu »ermorden und vertilgen« (539). Die Erfüllung des Segens geht der Erfüllung des Fluchs voraus, macht aber nie mit ihm eine harmonische Einheit aus. In den Termini des »Anthropomorphismus«-Aufsatzes: Die Zusammengehörigkeit von Tropen – als (liebende) Zusammenführung – und Anthropomorphismen – als (mörderische) Vereinheitlichung, die der Zusammenführung ein Ende macht – ist keine verständlich zu machende, keine einsehbare, identifizierbare, kurz: keine zu anthropomorphisierende. Sie wird durch das aufgebrochen, was de Man als die Performativität charakterisiert: durch die Praxis, durch die entmenschlichende Handlung selbst.[55] Folglich bleibt (für alle Augenblicke des Lesens) gültig, was die Mutter von den Orakeln sagt: »Die Kunst der Seher ist ein eitles Nichts. ... Nicht Sinn ist in dem Buche der Natur, / Die Traumkunst träumt und alle Zeichen trügen« (539 f.).

Wie hat man aber den Tod der Brüder zu deuten, insofern er nicht einfach durch die Schwester in gedoppelter Form gezeitigt wird? Das heißt, was sind diese zwei Termini, die Brüder, die auf gedoppelte Weise zusammenkommen? Nach der obigen Allegorisierung der Brüder tötet hier die (irrationale) Performativität – Don Cesar – die (rationale, konstative) Figürlichkeit – Don Manuel. Wenn also Don Cesar danach sich ersticht, dann nicht so sehr aus irgendeinem Gerechtigkeitsgefühl heraus oder auch aus Eifersucht auf seinen Bruder[56], sondern vielmehr, weil er durch den Mord an seinem Bruder, durch den er sich zu bewahren und zu verwirklichen sucht, sich selbst (immer) schon umbringt, sich selbst (immer) schon um den einzigen Grund bringt, auf dem er bestehen oder sich verwirklichen könnte. Die Handlung des Stükkes ist so als Allegorie dieser seltsamen »Synthese« zu verstehen, die das zusammenbringt, was immer schon (noch nicht) zusammengehört hat. Das Zusammengebrachte ist hier weder im vordialektischen Sinne als binärer Bezug zu konzipieren, noch ist seine »Synthese« eine dialektische im Hegelschen Sinne, weil die Aufhebung im Sinne der Vernichtung der gegensätzlichen Momente mit der Aufhebung im Sinne dessen, was die Einheit der Gegensätze repräsentiert, hier nicht zusammenfällt. Denn einerseits überlebt diese Einheit – in der Form von Beatrice – das Verschwinden der Brüder selbst, andererseits ist die Vernichtung der gegensätzlichen Momente dieses Verschwinden, dieser Tod. Die Aufhebung ist nicht eine, sondern zwei, die sich in einem unheimlichen Nebeneinander, in einer beziehungslosen Beziehung, der Verständlichkeit schließlich entziehen.

Der Textweg, auf dem der vierte Umgang um die Ellipse zum Ausgangspunkt des gegenwärtigen Aufsatzes hätte zurückkehren können, fällt hier aus. Der Pfad der Ellipse wird also durch die Ellipse unterbrochen. Dieser Pfad würde über eine Diskussion von Schillers Vorwort zur *Braut von Messina*, »Über den Gebrauch des Chors in der Tragödie«, auf dessen Aneignung durch Nietzsche in der *Geburt der Tragödie* führen, von wo aus der Philologenweg nicht mehr lang wäre, um von dem Ursprung der Tragödie aus der Lyrik wieder in den Aufsatz *Anthropomorphismus und Trope in der Lyrik* hineinzugelangen, dessen Interpretation der Lyrik als eine anthropomorphische Verschüttung der Tropologie wir zu Anfang implizit schon besprachen, ohne auf seinen (auch von de Man nie explizierten oder zugegebenen) Bezug zu Nietzsches Lyrikbegriff einzugehen.[57] Als Ersatz für diese fehlende Heimkunft mag folgende Moral genügen.

Die Konfrontation des Schillerschen Textes mit dem de Manschen Text lehrt uns, daß das, was Schiller aus seinem Formidealismus auszuschließen versucht, innerhalb dieses Idealismus als die »materiale« Deformation wiederkehrt, gegen die dieser Idealismus sich absetzen »wollte«. Bei Schiller wie überall sonst ist der Versuch, sich von dieser Deformation zu unterscheiden, genauso vergeblich wie der Versuch, sich mit ihr zu *identifizieren*. In beiden Fällen erliegt man der Versuchung, entweder durch ein selbstbespiegelndes Bild oder umgekehrt durch den verabsolutierten Ausschluß aller derartigen Veranschaulichung sich seiner zu versichern. Eine »dekonstruktive« Lektüre von Schiller wird trotz und wegen aller Anstrengung, das Spiegelbild in seinem Text, d. h. in der Lektüre dieses Textes, kritisch auf die Schriftlichkeit zu reduzieren, immer auch »zum Bilde« Schillers geschrieben worden sein, wie der schillernde Rest der Selbstbespiegelung in dem Begriff der Unter-Schrift hier anzeigen sollte. Das Bild bleibt zwar nicht unverändert, verflüchtigt sich aber nie ganz, gerade weil man der Deformation immer wieder ein Gesicht, eine Figur geben wird: Die Deformation, die man konstatieren will, ist immer noch (nicht) da, immer schon (de)formiert und immer noch im Kommen. Das Bild ist nicht *nicht* da, sondern destabilisiert. Diese destabilisierte Labilität des Bildes unterschreibt – paronomastisch – ein Anderes, das die jeweils eigene Sprache konstitutiv als fremde – unkontrollierbare – stimmt und bestimmt. Bildung ist Einbildung: Was sie ausbildet, bleibt buchstäblich debil.

1 Friedrich Nietzsche, *Also sprach Zarathustra*, in: *Kritische Studienausgabe*, hg. von Giorgio Colli und Mazzino Montinari, Bd. 4, München 1988, S. 137.

2 Ich danke David Martyn und Helmut Müller-Sievers für ihre Hilfe bei der Vorbereitung dieses Manuskripts.

3 Paul de Man, *Anthropomorphismus und Trope in der Lyrik*, in: ders., *Allegorien des Lesens*, Frankfurt/M. 1988, S. 179-204. Im folgenden werden die Seitenzahlen im Text in Klammern gesetzt.

4 Vgl. zum Problem des »Wertes« Paul de Man, *Der Widerstand gegen die Theorie*, in: Volker Bohn (Hg.), *Romantik. Literatur und Philosophie*, Frankfurt/M. 1987, S. 80-106. Zum Diskurs Nietzsches und dem mit dem Anthropomorphismus verbundenen Problem der Voraus-Setzung siehe Paul de Man, *Allegorien des Lesens*, a. a. O., S. 118-178.

5 In *Epistemologie der Metapher* [in: Anselm Haverkamp (Hg.), *Theorie der Metapher*, Darmstadt 1983] zum Beispiel bringt de Man dieses Argument. Obwohl er auch hier die Tropologie als eine Gewalt ansieht, die (sich) deformiert, konzentriert er sich darauf, die virtuelle Präsenz der Tropen in der philosophischen Begriffssprache aufzuzeigen, so daß man den Aspekt der Performativität der Tropen leicht übersehen könnte.

6 »Technisch korrekte rhetorische Realisierungen des Lesens ... sind ... totalisierend (und möglicherweise totalitär); die Strukturen und Funktionen, die sie aufdecken, *führen nicht zum Wissen über eine Entität* (wie die Sprache), sondern stellen einen unzuverlässigen Prozeß der Produktion von Wissen dar, *der alle Entitäten, einschließlich sprachlicher, daran hindert*, als solche Gegenstand des Diskurses zu werden. Daher sind sie in der Tat Universalien, konsequenterweise defekte Modelle der Unmöglichkeit der Sprache, eine Modellsprache zu sein.« (Paul de Man, *Der Widerstand gegen die Theorie*, a. a. O., S. 105; Hervorheb. von mir.) Hier wird sehr deutlich ausgesprochen, daß die rhetorischen Figuren, auf die die de Mansche Dekonstruktion den jeweiligen Textteil zu reduzieren versucht, weder Gegenstände noch feste Begriffe sein können.

7 Zum Problem des Imperativs bei de Man siehe: Werner Hamacher, *LECTIO: de Man's Imperative*, in: Lindsay Waters und Wlad Godzich (Hg.), *Reading de Man Reading*, Minneapolis 1989, S. 171-201.

8 Vgl. Paul de Man, *Rhetorik der Persuasion* (Nietzsche), in: ders., *Allegorien des Lesens*, a. a. O., S. 164-178.

9 Louis Althusser, *Ideology and Ideological State Apparatuses (Notes towards an Investigation)*, in: ders., *Lenin and Philosophy and other Essays*, New York/London 1971, S. 127-189, bes. S. 162 ff.

10 Vgl. Jacques Lacan, *L'instance de la lettre dans l'inconscient: ou la raison depuis Freud* und *Le stade du miroir comme formateur de la fonction du Je*, in: ders., *Écrits*, Paris 1966, S. 493-551 u. 93-101.

11 Kurz vor dem Ende seines Lebens hat de Man wiederholt versprochen, also auch versucht, eine detaillierte Lektüre der Marxschen *Deutschen Ideologie* herzustellen. In seinen veröffentlichten Essays hat er die Terminologie des Marxismus in die A-terminologie der Rhetorik zu übersetzen begonnen. Zum Beispiel: »Die Infrastrukturen der Sprache, wie die Grammatik und die Tropen, sind verantwortlich für das Auftreten der poetischen Überbaustrukturen, etwa der Gattungen, als der zu ihrer Unterdrückung notwendigen Kunstgriffe« (Paul de Man, *Hegel über das Erhabene*, in: ders., *Die Ideologie des Ästhetischen*, Frankfurt/M. 1993, S. 78).

12 Zum Beispiel, wenn sie als Sprechakttheorie diese Macht psychologisiert, nämlich im Versuch, die »illokutionäre« von der »perlokutionären« Funktion der Performanz zu isolieren: »...die scharfsinnigsten Vertreter einer Sprechakttheorie des Lesens... bestehen zu Recht auf der Notwendigkeit, die aktuale Performanz von Sprechakten, die eher konventionell als kognitiv ist, von ihren Ursachen und Wirkungen zu trennen – die illokutionäre Rolle... von ihrer perlokutionären Funktion zu trennen. Rhetorik, als Überredungskunst verstanden, wird... in das affektive Exil der Perlokution geschickt... Was einem diese Entscheidung verdächtig macht, ist, daß sie die Überredung, die in der Tat von der Rhetorik unabtrennbar ist, in einen rein affektiven und intentionalen Bereich verweist und keine Weisen der Überredung berücksichtigt, die gleichfalls rhetorisch... sind, die aber eher zur Kategorie der Überredung durch *Beweis* als zu der der Überredung durch Verführung gehören. Die Rhetorik dergestalt ihres erkenntnistheoretischen Impulses zu berauben ist nur möglich, weil ihre tropologischen, figuralen Funktionen übergangen werden. Das ist so, als ob die Rhetorik, um... zu dem Modell des Triviums zurückzukehren, von der Allgemeingültigkeit, die Grammatik und Logik beanspruchen, isoliert werden könnte und als ein reines Korrelat des illokutionären Vermögens zu betrachten sei... Sprechakttheorien des Lesens wiederholen in Wirklichkeit, in einer viel wirkungsvolleren Weise, die Grammatisierung des Triviums auf Kosten der Rhetorik. Denn die Charakterisierung des Performativen als schiere Konvention reduziert es praktisch zu einem grammatischen Code unter anderen. Die Beziehung zwischen Tropus und Performanz ist in Wirklichkeit enger, aber auch zerrütteter, als dort angenommen wird... Die performative Kraft der Sprache kann positionell genannt werden, was sich erheblich sowohl von konventionell als auch von ›in kreativer Weise‹ [konstitutiv] (oder, im technischen Sinne, in intentionaler Weise) unterscheidet. Sprechaktorientierte Theorien des Lesens lesen nur in dem Maße, als sie den Weg für das

rhetorische Lesen bereiten, dem sie ausweichen« (Paul de Man, *Der Widerstand gegen die Theorie*, a. a. O., S. 104 f.).

13 Zum Verhältnis zwischen Kant und Nietzsche unter der Perspektive der Performativität des Verstehens siehe Werner Hamacher, *Das Versprechen der Auslegung. Überlegungen zum hermeneutischen Imperativ bei Kant und Nietzsche*, in: *Spiegel und Gleichnis. Festschrift für Jakob Taubes*, hg. von Norbert W. Bolz u. Wolfgang Hübener, Würzburg 1983, S. 252-273.

14 In: Paul de Man, *Die Ideologie des Ästhetischen*, Frankfurt/M. 1993, S. 9-38. Seitenangaben im folgenden im Text.

15 Immanuel Kant, *Kritik der Urteilskraft*, in: *Werkausgabe*, hg. von Wilhelm Weischedel. Bd. X, Frankfurt/M. 1974, A XXVII, S. 90. Seitenangaben im folgenden im Text.

16 Diese Formulierung wäre mit der folgenden zu vergleichen: »Was wir Ideologie nennen, ist genau die Verwechslung von Sprache mit natürlicher Realität, von Bezugnahme auf ein Phänomen [als sprachliche Funktion oder Fiktion] mit diesem selbst.« (Paul de Man, *Der Widerstand gegen die Theorie*, a. a. O., S. 92.)

17 Sie werden kritisch überprüft von Rodolphe Gasché, *On Mere Sight: A Response to Paul de Man*, in: Hugh Silverman und Gary E. Aylesworth (Hg.), *The Textual Sublime: Deconstruction and its Differences*, Albany 1990, S. 109-116.

18 Paul de Man, Vortrag zu »Kant and Schiller«. Der Vortrag wurde am 3. März 1983 an der Cornell University, Ithaca, NY, gehalten. Ich zitiere nach der Transkription der Tonbandaufnahme dieses Vortrags, der noch erscheinen soll, in: *Aesthetic Ideology*, hrsg. von Andrzej Warminski, Minneapolis 1993.

19 Vgl. Paul de Man, *Criticism and Crisis*, in: *Blindness and Insight: Essays in the Rhetoric of Contemporary Criticism*, zweite, überarbeitete Auflage, Minneapolis 1983, S. 14: »My remarks are meant to indicate some reasons, however, for considering the conception of literature (or literary criticism) as demystification the most dangerous myth of all, while granting that it forces us, in Mallarmé's terms, to scrutinize the act of writing ›jusqu'en l'origine‹.«

20 »Die Vermögen der Vernunft und der Einbildungskraft werden personifiziert oder anthropomorphisiert, wie die fünf sich zankenden Vermögen, welche Diderot in seiner *Lettre sur les sourds et muets* so übermütig in Szene setzt... Solche personifizierten Szenen des Bewußtseins sind... Beschreibungen tropologischer Transformationen. Sie werden nicht von den Gesetzen des Geistes regiert, sondern von den Gesetzen figurativer Sprache.« (Paul de Man, *Phänomenalität und Materialität bei Kant*, a. a. O., S. 32 f.)

21 Die relativ detailliert ausgeführte Schiller-»Interpretation« in diesem Vortrag stimmt im wesentlichen mit den Bemerkungen zu Schiller über-

ein, die de Man in *Ästhetische Formalisierung: Kleists »Über das Mario-nettentheater«* macht (in: Paul de Man, *Allegorien des Lesens*, a. a. O., S. 205-233).

22 Als Beispiel der Verharmlosung rhetorischer Performativität in direk-tem Zusammenhang mit der Frage der Regierungsform genüge folgen-des Zitat aus *Über Anmut und Würde*: Die Grazie sei »eine Gunst..., die das Sittliche dem Sinnlichen erzeigt, so wie die architektonische Schönheit als die Einwilligung der Natur zu ihrer technischen Form kann betrachtet werden. / Man erlaube mir, dies durch eine bildliche Vorstellung zu erläutern. Wenn ein monarchischer Staat auf eine solche Art verwaltet wird, daß obgleich alles nach eines Einzigen Willen geht, der einzelne Bürger sich doch *überreden* kann, daß er nach seinem Sinne lebe und bloß seiner Neigung gehorche, so nennt man dies eine liberale Regierung. Man würde aber große Bedenken tragen, ihr diesen Namen zu geben, wenn entweder der Regent seinen Willen gegen die Neigung des Bürgers oder der Bürger seine Neigung gegen den Willen des Regenten behauptete; denn in dem ersten Fall wäre die Regierung nicht liberal, in dem zweiten wäre sie gar nicht Regierung.« (Friedrich Schiller, *Werke in drei Bänden*, hg. von Herbert G. Göpfert. Bd. 2, München 1966, S. 402, meine Hervorhebung, J. L.-Schillers Werke werden im folgenden nach dieser Ausgabe zitiert und die Seitenangaben in Klammern im Text angegeben, wenn nicht sonst vermerkt.)

23 Jeffrey S. Librett, *From the Authority of Appropriate (De)form(ation) to –. Towards De Man's Totalitarian Acts*, in: *Responses. On Paul de Man's Wartime Journalism*, hg. von Werner Hamacher, Neil Hertz und Thomas Keenan, Lincoln 1989, S. 314-323, und zur Frage des Verhält-nisses zwischen Heidegger und de Man hinsichtlich des Problems der Gemeinschaft siehe: Jeffrey S. Librett, *Y: A Letter*, in: *The Ascetic Ideology. Paul de Man and Politics*, hg. von William Flesch, Detroit 1993.

24 Zur Politik der Rezeption von/in de Man siehe: Marc W. Redfield, *De Man, Schiller, and the Politics of Reception*, in: *Diacritics* 20 (1990), 3.

25 Eine paradigmatische Figur in dieser Geschichte wäre Emil Staiger, der die Ästhetik der Anmut in ihrer Schillerschen Form übernimmt. Vgl. z. B. *Die Kunst der Interpretation*, in: *Die Kunst der Interpretation. Studien zur deutschen Literaturgeschichte*, Zürich 1963, S. 9-24, und den psychologisierenden Idealismus seines *Friedrich Schiller*, Zürich 1967. – Einen neuen, überraschenden und doch voraussehbaren Ver-such, die Tradition der Ästhetik Schillers fortzusetzen, findet man in Juliet Sychrava, *Schiller to Derrida. Idealism in Aesthetics*, Cambridge 1989. Die »Post-Strukturalisten« werden hier auf eine Variante des Sen-timentalen reduziert, die »upholds the myth of a determinate and limited interpretation of a text, just in order to reveal it as a myth« (5).

Eher ist es der Fall, daß der Gedanke der Grenze in Derrida von Sychrava trivialisierend in einen »Mythos« der Grenze verwandelt wird, um ihn als Mythos entlarven zu können.

26 Der Vortrag wurde am 4. April 1977 an der Ohio State University, Columbus, Ohio gehalten. Ich zitiere nach der Transkription der Tonbandaufnahme.

27 Friedrich Schiller, *Sämtliche Werke in 5 Bänden. Nach den Ausgaben letzter Hand unter Hinzuziehung der Erstdrucke und Handschriften*, hg. von Jost Perfahl. München, S. 168. Seitenangaben im folgenden im Text. Alle anderen zitierten Schiller-Texte beziehen sich auf die Hanser-Ausgabe (siehe Anmerkung 22 oben).

28 Zur Frage der Möglichkeit einer Entscheidung darüber, ob rhetorisches Lesen den Widerstand gegen die Theorie überwinden kann, vgl. das Ende des Aufsatzes *Der Widerstand gegen die Theorie*, a.a.O., S. 105f.

29 Vgl. Richard Klein, *De Man's Resistances. A Contribution to the Future Science of DeManology*, in: *Responses. On Paul de Man's Wartime Journalism*, a.a.O., S. 285-297.

30 Paul de Man, *Semiologie und Rhetorik*, in: *Allegorien des Lesens*, a.a.O., S. 31-51.

31 In der Diskussionsrunde nach dem Vortrag »Kant and Schiller« spricht de Man von »dialektischen Momenten« in Schillers Dramen, im Unterschied zu seinen theoretischen Texten, wo solche Momente nicht vorkämen.

32 Paul de Man, *Ästhetische Formalisierung: Kleists »Über das Marionettentheater«*, a.a.O., S. 227.

33 Vgl. David Martyn, *Die Autorität des Unlesbaren. Zum Stellenwert des Kanons in der Philosophie Paul de Mans*, in diesem Band.

34 Solche Schriftszenen spielen, wie hier nicht entwickelt werden kann, eine wesentliche Rolle in *Die Räuber, Don Carlos, Wallenstein, Maria Stuart, Wilhelm Tell* und *Demetrius*. Eine hochinteressante, durch die Sprechakttheorie und durch die Dekonstruktion informierte Lektüre der Unterschrift zur Vollziehung des Todesurteils in *Maria Stuart* ist skizziert worden in: Clayton Koelb, *Inventions of Reading. Rhetoric and the Literary Imagination*, Ithaca/London 1988, S. 27-33. Koelb unterläßt es leider, den Hintergrund der gegenseitigen Prosopopöie – das Angesicht-zu-Angesicht zwischen Maria und Elisabeth, das im Zentrum des Stücks auf explosive Weise scheitert – zu besprechen. Erst im Kontrast mit diesem Hintergrund erhält die Unterschriftsszene m.E. ihr volles Gewicht.

35 Zum Unterschied zwischen dem Freiheitsbegriff Kants und dem Schillers siehe: Claudia Brodsky, *Freedom in Kant and Schiller. Criticism and Idealism*, in: Alexej Ugrinsky (Hg.), *Friedrich von Schiller and the Drama of Human Existence*, New York 1988, S. 129-134.

36 Vgl. Paul de Man, *Autobiographie als Maskenspiel*, in: ders., *Die Ideologie des Ästhetischen*, a. a. O. Im Zusammenhang einer Diskussion der *Essays upon Epitaphs* von William Wordsworth erläutert de Man die »Figur der Prosopopöie, die Fiktion der Apostrophierung einer abwesenden, verstorbenen oder stimmlosen Entität, wodurch die Möglichkeit einer Antwort gesetzt und der Entität die Macht der Rede zugesprochen wird. Eine Stimme setzt einen Mund voraus, ein Auge und letztlich ein Gesicht, eine Kette, die sich in der Etymologie des Namens der Trope manifestiert: *prosopon poien*, eine Maske oder ein Gesicht (*prosopon*) geben. Die Prosopopöie ist die Trope der Autobiographie, durch jemandes Name ... verstehbar wird und als Gesicht erinnerbar« (S. 142). »Sobald wir die rhetorische Funktion der Prosopopöie als eine setzende begreifen, die mittels der Sprache Stimme oder Gesicht verleiht, begreifen wir auch, daß wir nicht des Lebens beraubt sind, sondern der Gestalt und der Empfindung einer Welt, die nur in der privativen Weise des Verstehens zugänglich ist« (S. 147).

37 Die Figur des Spiegels kehrt mehrfach, ja geradezu zwanghaft, im Stück wieder, z. B. S. 273, 280, 281, 290, 304, und in Verbindung mit dieser Figur auch das Motiv des erbleichenden (oder des mit den Händen bedeckten) Gesichts, z. B. S. 280, 285, 289, 330, 338. Die Anfangsbuchstaben der Namen der Hauptcharaktere (z. B. Lady Milford und Luise Millerin) werden in dieses Spiegelspiel verwickelt – auch dies eine Lessingsche Technik –, und sie infizieren wiederum die Problematik der Widerspiegelung mit der Krankheit des Buchstäblichen.

38 De Man gilt die Mimesis nicht als realer Vorgang, sondern als Figur bzw. als Textmodell. Vgl. *Ästhetische Formalisierung: Kleists »Über das Marionettentheater«*, a. a. O.

39 Insofern hat Ferdinand auf eine unerwartete Weise recht, wenn er davon spricht, daß Luise durch ihren vergleichenden Kummer den »Augenblick« verloren habe.

40 Als ein gutes Beispiel der Schiller-Literatur, die solche Zitate öfters wahrnimmt, aber nicht *als Zitate* bedenken kann, weil sie über keine Sprachtheorie oder Texttheorie »verfügt«, die über die Vorstellung eines menschlichen, expressiv-mimetischen Sprachwerkzeugs hinausgeht, siehe Klaus Bohnen, *Politik im Drama. Anmerkungen zu Schillers »Don Carlos«*, in: *Jahrbuch der deutschen Schillergesellschaft* 24 (1980), S. 15-31. Obwohl die Sprache von Bohnen als der Ort konzipiert wird, wo Pathetik und Politik miteinander verbunden werden sollen, werden Sprache, Individuum und Staat als gewissermaßen unanalysierbare Einheiten behandelt, deren Bezüge aufeinander irgendwie extern eingezeichnet werden sollen, woraus natürlich folgt, daß das Pathos das letzte (utopische) Wort hat: »Aber das Pathos, mit dem im tragischen Horizont der gesellschaftsutopische Anspruch aufrechterhalten wird, macht nicht zuletzt deutlich, daß Schiller das Bewußt-

seinsproblem seiner Zeit nicht mehr nur als ein individualethisches, sondern im Bezug auf die Grundkonturen einer menschlichen Gesellschaft als eminent politisches erkannt hat« (S. 31).

41 Oder hat sie sich das Buch aus dem Ende der *Leiden des jungen Werthers* geklaut?

42 Gotthold Ephraim Lessing, *Emilia Galotti. Ein Trauerspiel in fünf Aufzügen*, Stuttgart 1987, S. 9.

43 Das Fehlen einer gattungsgeschichtlichen Erörterung dieser Briefe im gegenwärtigen Aufsatz beruht auf der Hypothese, daß ein – beispielsweise – sozialgeschichtlicher Ansatz zum Problem der Briefliteratur im 18. Jahrhundert aufgrund einer zureichenden rhetorischen Lektüre dieser Briefliteratur, und nicht umgekehrt, zuallererst möglich würde.

44 Vgl. Jacques Lacan, *Le séminaire sur »la lettre volée«*, in: *Écrits*, a. a. O., S. 11-64; Jacques Derrida, *Le facteur de la vérité*, in: *La carte postale, de Socrate à Freud et au-delà*, Paris 1980, S. 439-524; Barbara Johnson, *The Frame of Reference. Poe, Lacan, Derrida*, in: *The Critical Difference. Essays in the Contemporary Rhetoric of Reading*, Baltimore/London 1980, S. 110-146.

45 Die Figur des Giftes durchzieht das Stück in mannigfaltigen Variationen, bis die Unmöglichkeit, die buchstäbliche von der metaphorischen Bedeutung der Figur zu unterscheiden, mehr als deutlich wird, z. B. S. 279, 281, 314, 319, 328, 331, 336, 339, 341-343.

46 Vgl. Jacques Derrida, *La carte postale, de Socrate à Freud et au-delà*, Paris 1980.

47 Vgl. Jacques Derrida, *La pharmacie de Platon*, in: *La dissémination*, Paris 1972, S. 69-199.

48 Jacques Derrida, *Marges de la philosophie*, Paris 1972, S. 392.

49 Edgar Wind, *Pagan Mysteries in the Renaissance*, New York 1969.

50 Don Cesar könnte auch als eine Figur für den Sturm und Drang gelesen werden, wohingegen Don Manuel die Klassik verträte. Die Spannung zwischen dem Sturm und Drang und der Klassik würde dann auch innerhalb der Klassik ausgetragen und ließe sich vielleicht auf die Sprachtheoreme reduzieren, die die Brüder gemäß dem gegenwärtigen Argument allegorisieren.

51 Vgl. die Diskussion der Metapher und der Metonymie in: *Semiologie und Rhetorik*, a. a. O.

52 Siehe auch: S. 481, 486, 493.

53 Zur Struktur der Paronomasie siehe: Pierre Fontanier, *Les figures du discours*, Paris 1977, S. 347; Herman Rapaport, *Heidegger and Derrida. Reflections on Time and Language*, Lincoln/London 1989, insbesondere das dritte Kapitel »Paronomasia«, S. 104-174; und Paul de Man, *Der Widerstand gegen die Theorie*, a. a. O. Bezüglich der Konvergenz von Klang und Sinn schreibt de Man (S. 91): »Sie ist eher eine

rhetorische als eine ästhetische Funktion der Sprache, ein identifizierbarer Tropus (Paronomasie), der auf der Ebene des Bezeichnenden funktioniert und der als solcher keine Entscheidung über die Natur der Welt beinhaltet – trotz seines gewaltigen Potentials, die gegenteilige Illusion hervorzurufen.«

54 Diese Paronomasie verschwistert sich mit der in *Wallensteins Lager*, wo der erste Kürassier sagt: »Kamerad, die Zeiten sind schwer, / Das Schwert ist nicht bei der Waage mehr« (40). Die Stelle verdiente eine eingehende Analyse. Provisorisch kann man dazu bemerken: Wenn Gewalt und Wissen auseinandergehen, dann kann sich vermutlich weder das Wissen als Überzeugung durchsetzen, noch kann sich die Gewalt als Gewalt zu erkennen geben. Sowohl die Gewalt als auch das Wissen werden entstellt. Das heißt, wo das »Schwert« nicht mehr bei der »Waage« ist, kann man nicht mehr das Schwert und die Waage nacheinander abmessen. Die nunmehr vage Waage schneidet aber darum nur desto tiefer. »Schwert« wird um sein »t« auf »schwer« verkürzt, nimmt also in dem Moment an Gewicht an, in dem es sich die Möglichkeit einer referentiellen Festlegung seines Sinnes (d. h. der Gewalt) aufzugeben gezwungen sieht.

55 Wie einer aus dem Chor sagt: »Ein andres Antlitz, eh sie geschehen, / Ein anderes zeigt die vollbrachte Tat« (530). Die Handlung entsteht also aus der Reflexion als mit ihr unvereinbar, die Theorie führt auf eine Praxis hin, die mit ihr radikal nicht zusammenhängt. Das »Antlitz«, das die Tat nach ihrem Geschehen zeigt, ist nicht wahrer als das ihr vorausgehende, sondern bloß eine wiederholte Verzerrung der Gesichtslosigkeit ihres Geschehens selbst.

56 Wie da suggeriert wird, wo Don Cesar sich entscheidet, sich selbst statt seiner Schwester umzubringen, weil sie sonst mit seinem Bruder im Tod vereint wäre: »Wir mögen leben, Mutter, oder sterben, / Wenn sie nur dem Geliebten sich vereinigt!« (551)

57 Ich bin diesen Weg zum Teil gegangen in einem kurzen Aufsatz, *The Chorus of Crossing (Walls Made of Voices)*, in: *Šemiotics 1990*, hg. von Karen Haworth und John Deely, Lanham/New York/London 1991.

Lutz Ellrich
Der observierte Text.
De Man als Leser von Lévi-Strauss, Husserl und Rousseau

I. Die Begegnung von Text und Kommentar

Was könnte einen modernen Leser weniger überraschen als ein Text, den er nicht versteht? Es gehört zum Nimbus großer Autoren, daß sie sprachliche Gebilde hervorbringen, die sich der Kommunikation widersetzen. Diese negative Energie wird als ästhetisches Qualitätsmerkmal sui generis akzeptiert, ja gefeiert, zugleich aber durchweg als ein Urteil über den Weltzustand aufgefaßt.[1] Die Fremdheit literarischer Werke gerät so zum Symbol der Unverständlichkeit der modernen Lebenszusammenhänge oder der Existenz überhaupt. Das Widerspenstige und Dunkle der Sprache wird in eine konsensfähige Verständigung über die temporäre oder grundsätzliche Sinnferne der Erdenbürgerschaft aufgelöst und je nach Bedarf utopistisch oder fatalistisch kanalisiert. An solchen Unternehmungen zeigt sich freilich nicht bloß die psychische Schwierigkeit des Lesers, unbegreifliche Wortfolgen zu ertragen, sondern auch ein merkwürdiges Ausweichen vor der besonderen Erfahrung, die ein literarischer Text ermöglicht.

Paul de Mans herausfordernde Lektüren kanonischer Texte sind Initiationsrituale dieser Erfahrung. Sie erheben den Anspruch, das Sperrige an Texten dem Zugriff der ästhetischen Ideologie, die es stets zu Versatzstücken von Weltbildern macht, zu entwinden und als irreduzibles Phänomen aufzuweisen. Die Protuberanzen des Nicht-Verstehens, auf die ein flüchtiger Leser ebenso unweigerlich stößt wie ein konzentrierter, sollen mit Verfahren profiliert werden, die nicht länger vom Text ablenken, sondern in sein spannungsreiches Gefüge hineinführen. Der Eigensinn des Textes gewinnt allerdings erst dann Konturen, wenn im Lektüreprozeß der Zweifel aufkommt, ob die Sprache, trotz des referentiellen Zwangs, dem sie gehorcht, über etwas anderes als sich selbst glaubwürdige Informationen bereitstellt.[2] In Opposition zum cartesischen Zweifel terminiert der Argwohn, den de Man bei seinen Lesern einüben will, nicht in unerschütterlicher subjektiver Gewißheit, er setzt vielmehr ein mit dem Credo, daß die sprachliche Selbstreflexion das einzige verläßliche Medium der Erkenntnis ist, über das Menschen verfügen. Die in der Textarbeit entfaltete Bewegung des Zweifels (am Weltgehalt der Sprache) erschüttert jedoch auch diesen Fixpunkt, denn die Sprache kann sich nur auf sich beziehen, weil sie den Modus des Bezugs zur Welt, den sie in Frage stellt, in der Selbstbegegnung kopiert.[3]

De Man gelangt zu dieser Einsicht nun nicht etwa durch abstrakte philosophische Erwägungen, sondern durch ebenso minuziöse wie gewaltsame Lektüren berühmter Texte, an denen sich Wille und Vorstellung des Verstehens besonders drastisch ausgetobt haben. Der in seiner paradoxalen Struktur offengelegte Zweifel macht deutlich, daß die sich selbst thematisierende Sprache in eine urteilende und eine beurteilte Instanz, in einen Kommentar und in einen Text zerfällt. Bezogen auf einen abgrenzbaren Textkörper hat diese Unterscheidung analytischen Charakter. Als Kommentar gilt jede (also auch die interne) Beobachtung und explizite Thematisierung textueller Gehalte und Praktiken. Dazu müssen weder zwangsläufig die Autoren noch die Buchdeckel gewechselt werden.

Das Lebensrecht des Kommentars beruht auf der Unterstellung, daß Texte nicht unbedingt von dem handeln, was sie beschreiben, darstellen oder aussagen (AL 91). Konstitutiv für den Kommentar ist daher die Differenz zwischen latenten und manifesten Aspekten des Textes. Die ironische Natur des Kommentars besteht darin, daß er stets etwas vernehmbar machen muß, was der Text nicht sagt, zugleich aber das, was er kommentierend sagt, nicht aus eigener Autorität zur Sprache bringen kann, sondern dem Text als dessen latente Pointe zuschreiben muß. Der Kommentar ist daher die oblique Rede par excellence. Da er beständig dem Zwang unterliegt, die Gegenrechnung zum Text aufzumachen, wird er streng und idealtypisch genommen entweder eine verborgene Sinnbildung oder eine verborgene Sinnzerrüttung bloßlegen.

Als sinnoffenbarender bzw. hermeneutischer Kommentar, der die Texte erschließt und verständlich darbietet, muß er die Einheit verschiedener Sageweisen unterstellen. Denn er kann nur glaubhaft machen, daß das von ihm Manifestierte tatsächlich im Text latent vorhanden ist, wenn ihm zu zeigen gelingt, daß es sich um *eine* Bedeutung in verschiedenen Aggregatzuständen handelt. Indem er vorführt, daß es etwas Gemeintes gibt, das sich verschieden sagen läßt, sichert der Kommentar zugleich die Einheit des Meinens und Sagens. Vorausgesetzt ist damit, daß es einen eigentlichen und angemessenen Modus gibt, Gemeintes zu sagen, der sich dem Kommentar enthüllt. Denn andernfalls wäre er nicht imstande, verschiedene Varianten ein und desselben Sinns zu erkennen und namhaft zu machen.

Der sinnzerrüttende Kommentar muß demgegenüber 1. darauf insistieren, daß es Texterfahrungen gibt, an denen das Diktum der Verständlichkeit unmittelbar zerbricht (etwa den Widerspruch zwischen wörtlicher und figuraler Lesart), und 2. vorführen, daß ein Kommentar, der Texten mit dem Anspruch auf Verstehen begegnet, die Einheit zwischen Meinen und Sagen gerade verfehlt, weil er die Differenz, die er in Texten beobachtet, paradoxerweise nur einebnen kann, wenn er sie im interpretierenden Vollzug wiederholt, das heißt: in den eigenen Urteilen die Spannung reproduziert, die er an seinen Vorlagen auszumerzen sucht. Das Phänomen der Unverständlichkeit zeigt sich für den sinnzerrüttenden Kommentar demnach ebenso deutlich an den Texten selbst wie an den hermeneutischen Kommentaren, die sie begleiten.

De Mans Lektüren lassen sich zwar bündig der Klasse von sinnzerrüttenden Kommentaren zuschlagen, sind aber als Texte Schauplätze des Kampfes zwischen diesen hier in bewußt stilisierter Form vorgestellten Ansätzen. Sie nähren den Verdacht, daß die Probleme, in die sich Kommentare verstricken, nicht nur Ergebnisse hermeneutischer Arbeit, sondern durchgängig Effekte der Begegnung zwischen einem Text und seiner Auslegung sind und daher auch für den sinnzerrüttenden Kommentar selbst gelten.

Der Kommentar muß sich per se dem Text in direkter Konfrontation stellen, sich ihm ausliefern. Er muß ihn andererseits beobachten, überlegene Distanz wählen und mit Begriffen rekonstruieren, die der Text selbst nicht ausdrücklich verwendet. Dieses Problem der Gleichzeitigkeit von Begegnung und Beobachtung, Nähe und Distanz hat de Man im programmatischen ersten Aufsatz des Sammelbandes *Blindness and Insight* in aufschlußreicher Manier behandelt.

II. Tropen des Kommentars

Lévi-Strauss' Reflexion der Bedingungen, unter denen Erfahrungen mit fremden Kulturen gesucht und gemacht werden, liefert de Man ein zweischneidiges Material, aus dem er überraschende Pointen schlägt. Er entnimmt den strukturalistischen Studien über die *Wilden* ohne weiteres die Maxime, daß der Forscher, bevor er eine haltbare Aussage über eine fremde Gesellschaft treffen könne, zunächst seine Haltung zur eigenen klären müsse.[4] Es bleibt allerdings unklar, ob de Man hier auf Lévi-Strauss' umstrittene Bemerkung anspielt, »der Wert«, den der Ethnologe exotischen Gesellschaften beimesse, sei eine »Funktion der Verachtung und zuweilen der Feindseligkeit, die ihm die in seiner eigenen Umwelt geltenden Sitten einflößen«[5], oder ob er eher die erkenntnistheoretische These vor Augen hat, »daß in einer Wissenschaft, in welcher der Beobachter von gleicher Natur wie sein Gegenstand ist, der Beobachter selbst« als »Teil seiner Beobachtung«[6] gelten muß. De Man beschreibt die Klärung der eigenen sozialen Lage des Beobachters als Selbstdemystifikation, die nur durchgeführt werden kann, wenn der Beobachter sich bewußtmacht, welche Verzerrungen die Situation der Beobachtung anderer notwendig impliziert. Zunächst möchte de Man zeigen, daß die Selbstreferenz nicht nur die Voraussetzung einer gehaltvollen Fremdreferenz bildet, sondern zugleich das Ergebnis eines Prozesses ist, in dem die Fremdreferenz die Rolle eines Mittels spielt, das zur Selbstreferenz führt.[7]

Wird in dieses Szenario einer wechselseitigen Verschlingung von Beobachtungsperspektiven überdies eine doppelte Unschärfenrelation eingeführt, der zufolge jede Beobachtung bzw. Interpretation eine Veränderung des beobachteten Gegenstandes bewirkt, die ihrerseits zwangsläufig den Beobachter modifiziert, so ergibt sich ein anscheinend endloser Oszillationsprozeß. Beobachter und Beobachtetes, zwischen denen die ursprüngliche Distanz sukzessiv schwindet, verschmelzen tendenziell zu einem einzigen Subjekt (BI 9 f.).

De Mans Rekonstruktion von Lévi-Strauss ist – trotz des Anspruchs, strikt immanent zu verfahren – weit davon entfernt, sich des *close reading* zu bedienen. Sie verläuft vielmehr im Stil einer Analyse, die eine verborgene Tiefenstruktur bloßlegen will. Die drohende Fusion der in das Beobachtungsarrangement verstrickten Parteien wird zur Gefahr eines infiniten Regresses stilisiert, der die wissenschaftliche Vernunft in ihrem Kern erschüttert. Der strukturalistische Ansatz soll daher gezwungen sein, das durch die eigene analytische Redlichkeit erzeugte Problem durch eine Kurskorrektur im Programm der Vernunft zu eliminieren. Diese Rückkehr zu einer rationaleren Methode darf aber nun laut de Man nicht zur Restauration einer privilegierten Beobachterperspektive führen, weil das Scheitern einer letzten und einzigen Interpretation, das in der vorgeführten Oszillationsbewegung ablesbar ist, gerade auf dem Postulat eines besonderen Zugangs zum Gegenstand der Erkenntnis beruht.

Als probater Fluchtweg aus der mißlichen Lage bietet sich, wie der dekonstruktive Kommentar im Ton milder Schadenfreude vermeldet, auf den ersten Blick ein radikaler Relativismus an, der alle Strukturen als gleichermaßen trügerisch aburteilt und ihnen insofern den Charakter von Mythen verleiht (BI 10). Derartige Akte der Nivellierung und Entwertung erweisen sich indes als nicht radikal genug: Zwar wird durch den generellen Scheinverdacht übergeordneten Standpunkten und Vorrangstellungen sowie ontologischen Hierarchien jeglicher Art der Boden entzogen, aber nichtsdestotrotz bleibt der Begriff einer einheitlichen Ganzheit qua Struktur unangetastet. Ein solcher Begriff ist jedoch unhaltbar, weil die Mythen aufgrund ihrer mangelnden Kohärenz ineinander übergehen und ohne arbiträre Interpretationsakte ihre Systemgrenzen nicht stabilisieren können. Auch die Bestimmung der relativen Einheit der traditionellen Mythen verdankt sich einer solchen letztlich beliebigen Definition. Sie beruht auf einem privilegierten Standpunkt, dem die Methode der Grenzziehung freilich selbst jede Authentizität bestreitet (BI 11). Diese destruktive Konstellation macht sich der strukturalistische Ansatz zwar nicht explizit klar, aber er reagiert implizit auf die methodische Krise mit dem erklärten Verzicht, »die Tätigkeitsbedingungen« des ethnologischen Denkens »zum Prinzip der Reflexion zu erheben« und den gewonnenen Erkenntnissen mehr als einen hypothetischen und virtuellen Status zu verleihen.[8]

Die suggestive Passage, in der de Man das zum Schutz der Vernunft aufgebotene Heilmittel des Relativismus durchspielt, ist allerdings nicht frei von Widerhaken, die vielleicht Reflexe jenes »dizziness of mind« (BI 10) bilden, dessen problematische Behandlung zur Diskussion steht. Betrachtet man de Mans exegetische Manöver als eine bewußte Darstellung der Gleichzeitigkeit von Lesbarkeit und Unlesbarkeit auch des eigenen Textes, so ist die angeführte Interpretation durch eine konträre Skizze zu ergänzen. Der folgende Abschnitt läßt sich dann so lesen, als rekonstruiere de Man in ihm das ambivalente Verhältnis der strukturalistischen Methode zum radikalen Relativismus durch ein metonymisches Spiel mit dem Mythenbegriff, das die Verbindung der unhintergehbaren Einsicht in methodische Grenzen der Forschung mit der Sehnsucht nach einer erkennbaren Ordnung und generellen Determination figural aufzeigt: »All structures are in a sense equally fallacious and therefore called myths. But no myth ever has sufficient coherence not to flow back into neighboring myth or even has an identity strong enough to stand out by itself without an arbitrary act of interpretation that defines it. The relative unity of traditional myths always depends on the existence of a privileged point of view to which the method itself denies any status of authenticity« (BI 10 f.).

Unter dem Gesichtspunkt der Unlesbarkeit betrachtet, vernetzt dieser Text unterschiedliche Mythenbegriffe und suggeriert mit der Konjunktion »but« einen argumentativen Aufbau, während doch nur ein auf dem rhetorischen Prinzip zufälliger Kontiguität beruhendes Signifikantengleiten vorgeführt wird. Die Vokabel »but« ist ein überdeterminierter Stolperstein, der – statt auf die unhaltbare Einheitsvorstellung im Strukturbegriff zu verweisen – den Text gerade mit berechneter Gewalt unverständlich macht. So gesehen illustriert die Passage de Mans generelle These, daß jede Demythisierung in eine Remythisierung einmünden muß: Zunächst wird der Mythos als eine irreführende Erzählung gefaßt, sodann als eine Form, die sich gegen andere Gebilde der gleichen Art nicht stabil halten kann, sondern in sie übergeht.[9] Schließlich wird der von der strukturalen Analyse präsumtiv überwundene traditionelle Mythenbegriff ins Spiel gebracht, um vor dieser Kontrastfolie zu erhärten, daß auch der Mythos, den die Analyse der Mythen selbst zwangsläufig bildet[10], über keinen privilegierten Gesichtspunkt verfügt und sich letztlich selbst dekonstruiert.

Sosehr diese beiden Lesarten einander auch widerstreiten, sie konvergieren in einem Punkt: Lévi-Strauss' Bemerkungen zum eingeschränkten Geltungsanspruch der Mythenanalyse werden als ein eigentümlich gebrochenes relativistisches Echo auf die Krise gefaßt, in die das überkommene Subjekt-Objekt-Schema in der »ethnologischen Erfahrung«[11] von Intersubjektivität geraten ist.

Erstaunlicherweise übergeht de Man mit seiner doppeldeutigen Darstellung ein zentrales Element des strukturalistischen Programms. Denn Lévi-Strauss möchte an die Stelle der relativierten »Hypothese einer universalistischen Erkenntnis« nach philosophischem Muster »die empirische Beobachtung kollektiver Erkenntnisse«[12] setzen. Die Mythen, die das *wilde Denken* hervorgebracht hat, sollen mithin wie Fakten behandelt und einer strukturalen Analyse unterzogen werden. Daß de Man diese Kompensationsmanöver ignoriert, ist überraschend, weil die Substitution der teilnehmenden Beobachtung im Felde durch die empirische Beobachtung der Mythen, die überwiegend aus zweiter Hand stammen (also buchstäblich gelesen werden), ihm als signifikantes Beispiel für eine doppelte Illusion hätte dienen können: nämlich die Illusion, der bloß hypothetische Status der Ethnologie[13] lasse sich durch den Griff nach harten Daten aufwerten und die Irritation der intersubjektiven Beobachtungssituation mit der Hinwendung zu Erzählungen und Texten ausschalten.

De Man verzichtet auf diese vielleicht allzu naheliegende Interpretationsmöglichkeit und wechselt statt dessen das Gegenstandsfeld seiner Analyse, um das Ausgangsproblem von Fremderfahrung und Selbsterkenntnis modellhaft zuzuspitzen. Er geht von der in direkte Interaktionen mit dem Objekt verstrickten Beobachtung zur Ebene der Sprache und damit letztlich zur Literatur (BI 11)[14] über und fördert auf diese Weise eine paradoxale und eine tautologische Figur zutage: Erstens wird deutlich, daß die drohende Verschmelzung der sich wechselseitig als Beobachter wahrnehmenden Subjekte nur das Pendant einer fundamentalen Diskrepanz darstellt, die verhindert, daß der Beobachter mit dem fremden Bewußtsein, das er beobachtet, vollständig übereinstimmt[15], und zweitens zeigt sich, daß die gleiche Diskrepanz in der gewöhnlichen Sprache existiert.[16]

Mit diesem Modell hält de Man die erforderlichen Instrumente in Händen, um Lévi-Strauss' Theorieanlage zu erklären. Angesichts der paradoxen Figur einer metaphorisch changierenden Krise, die einmal als drohende Fusion und zum anderen als unaufhebbare Differenz der intersubjektiven Beziehung erscheint, startet Lévi-Strauss den legitimen, aber gleichwohl fragwürdigen Versuch (BI 19), die Rationalität der ethnologischen Wissenschaft zu schützen. Die strukturalistische Theorie nimmt – dies ist die Pointe der de Manschen Lektüre – Zuflucht zur Figur des Mythos ohne Autor. Wörtlich gelesen bietet Lévi-Strauss' Text – wie nicht anders zu erwarten – eine hierzu querstehende Begründung der Elimination des Autors an: Weil »der Gebrauch des mythischen Denkens (verlangt), daß seine Eigenschaften verborgen bleiben« und diese Regel der Latenz auch für die Mythen-Analyse, die quasi einen »Mythos der Mythologie« liefert, selbst gelten soll, kann die strukturale Ethnologie nicht zeigen, »wie die Menschen in Mythen denken, sondern« nur, »wie sich die Mythen in den Menschen ohne deren Wissen denken«.[17] Lévi-Strauss' berüchtigter, über diese Feststellung noch hinausreichender Vorschlag, »von jedem Subjekt (zu) abstrahieren«, erscheint nun als bloße Forschungsstrategie, »um zu erkennen, daß sich die Mythen … untereinander denken«.[18]

In de Manscher Manier könnte man hier allerdings darauf hinweisen, daß die Behauptung, auch die Mythen-Analyse selbst unterläge noch der klassischen struktur-funktionalistischen Latenz-Regel, sich selbst dekonstruiert. Sie verletzt nämlich diese Regel durch die Einsicht in ihre übergreifende Macht, um ihr – paradox genug – auf quasi höherer Stufe blind Folge zu leisten. Der Mangel von Lévi-Strauss' Theorie läge dann im unterlassenen Versuch, die paradoxe Theorieanlage eigens zu reflektieren.[19]

Für seine These einer drohenden Verschmelzung von Beobachtungsperspektiven kann sich de Man jedenfalls auf keine konkrete Textstelle im Werk von Lévi-Strauss im wörtlichen Sinne berufen.[20] Als Belege lassen sich vielleicht 1. die Idee, alle Mythen seien prinzipiell ineinander transformierbar, sowie 2. die Auffassung, »der Gegensatz von Ich und Anderem« könne auf der Ebene des Unbewußten »überwunden werden«[21], anführen. Überdies mag 3. eine Stelle aus Lévi-Strauss' berühmtem Rousseau-Aufsatz von 1962 de Man zu seiner verblüffenden Behauptung inspiriert haben. Lévi-Strauss erinnert dort an Rousseaus methodische Regel, die Beobachtung von Unterschieden müsse der Bestimmung gemeinsamer Eigenschaften vorausgehen. Mit ihr läßt sich nämlich ein »zweifaches Paradox auflösen: daß Rousseau zur Erforschung der Menschen fernster Gegenden hat auffordern können, während er selbst sich gleichzeitig der Erforschung dieses besonderen Menschen, der der nächste scheint, das heißt der Erforschung seiner selbst, gewidmet hat; daß weiter in seinem Werk der systematische Wille einer Identifikation mit dem Anderen zusammengeht mit der hartnäckigen Verweigerung einer Identifikation mit sich selbst«.[22]

Die in den drei Theoriestücken angesprochenen Formen der Bildung von übergreifenden Einheiten transformiert de Man allem Anschein nach in ein Modell der intersubjektiven Relation und gleitet dann in metonymischer Behendigkeit zu jener sprachinternen Differenz hinüber, die der ethnologischen Problemstellung ebenso inhärent sein soll[23] wie die Tendenz der Verschmelzung: Beobachtendes und beobachtetes Bewußtsein können nicht vollkommen übereinstimmen, weil Ausdruck und Ausgedrücktes, Zeichen und Bezeichnetes letztlich nicht synchronisierbar sind. Denn die Sprache vermag die Bedeutung hinter einem irreführenden Zeichen zu verbergen. Dies ist ihr Privileg und – faßt man speziell die interpersonale Beziehung ins Auge – zugleich ihr Fluch. Es gibt keine a priori privilegierte Position des Zeichens gegenüber der Bedeutung und vice versa. Interpretationsakte müssen diese Relation immer wieder für den Einzelfall herstellen (BI 11).

De Man rekonstruiert das Problem der intersubjektiven Kommunikation mit Hilfe eines bewußtseinsphilosophischen Arrangements und parallelisiert dieses mit dem strukturalistischen Begriff der Sprache. Intersubjektivität ist beherrscht von der wechselseitigen Unzugänglichkeit der Bewußtseine füreinander. Sprache hebt diese Schranke nicht auf[24], sondern zementiert sie durch die Sperre zwischen Signifikat und Signifikant. De Man kann mithin zwischen der Perspektive des Bewußtseins und der strukturalen Betrachtung der Sprache je nach Bedarf hin- und herspringen, weil für ihn in beiden Sphären kein Unterschied des Verhältnisses von Transparenz und Intransparenz besteht.

Wiederum weicht de Man einer naheliegenden Interpretation des strukturalistischen Ansatzes aus. Denn er hätte leicht die Spannung zwischen Lévi-Strauss' Suche nach »Entsprechungen« bzw. der gleichen Natur verschiedener Dinge[25] und seiner Verwendung der Signifikat/Signifikant-Differenz bzw. der epistemologischen Diskontinuitätsthese als Spannung zwischen einem in der kratylischen Illusion[26] wurzelnden Symbolismus und einer weltlosen, abstrakten Semiotik darstellen können. Der Strukturalismus wäre dann eine in der Maske avancierter linguistischer Terminologie auftretende Variante metaphysischen Denkens, in dem reale Entitäten und formalistische Kategorien Isomorphien bilden, die codierbaren Metamorphosen unterliegen.

De Man hat offenbar ein anspruchsvolleres Ziel, wenn er die bewußtseinstheoretische und die strukturalistische Sicht auf Sprache über den Leisten der als überaus intrikat angesehenen Intersubjektivität zieht. Daß die metaphorische Substitution beider Ansätze eine ideologische Pointe besitzt, wird mit äußerster Radikalität vorgeführt. De Man vergleicht die sprachliche Möglichkeit, Bedeutung hinter einem irreführenden Zeichen zu verbergen, mit der Art, wie Wut oder Haß durch ein Lächeln kaschiert werden. Die Differenz zwischen Signifikat und Signifikant wird also auf die Möglichkeit zu lügen projiziert.[27] Diese Konstruktion unterstellt aber, daß die Kluft zwischen Signifikat und Signifikant allein zwischen den Subjekten auftritt, folglich nur ein Problem der Intersubjektivität ist, während das einsame Subjekt in seinem Bewußtsein sich einer richtigen Verknüpfung von Signifikat und Signifikant ebenso sicher sein müßte wie darüber, daß es haßt oder lügt.

De Man spitzt die metaphorische Identifikation zwischen der Intransparenz verschiedener Bewußtseine und der Diskrepanz zwischen den in der Bedeutungsstiftung verknüpften sprachlichen Dimensionen derart zu, daß zwei gewichtige Konsequenzen sichtbar werden: 1. reißt die strukturalistische Beschreibung der zunächst bewußtseinsphilosophisch gefaßten intersubjektiven Kommunikationsprobleme das bewußtseinsinterne Selbstverhältnis und die intersubjektive Beobachtungs- bzw. Kommunikations-Relation radikal auseinander. (Die Unzuverlässigkeit der Sprache gilt nämlich – unter der genannten Voraussetzung – nur für die Kommunikation zwischen den Subjekten, während die intrasubjektive Beziehung von gedanklicher Intention und sprachlichem Ausdruck sich dann kraft subjektiver Selbstgewißheit in einer quasi prästabilierten Harmonie befindet.) 2. wird damit die Differenz zwischen Signifikat und Signifikant von einer unüberbrückbaren sprachstrukturellen Kluft zu einer im Bewußtsein des singulären Subjekts aufhebbaren Dualität herabgesetzt und die Konzeption, daß vor- oder außersprachliches Denken nicht möglich ist, ins Wanken gebracht. Beide Konsequenzen stehen in krassem Widerspruch zu de Mans sprachtheoretischen Grundannahmen. Eine effektvollere Dekonstruktion der Lévi-Strauss unterschobenen Argumentationsmodelle läßt sich also kaum in Szene setzen.

Vor dem Hintergrund der erläuterten impliziten und expliziten Fallen, in die sich die diskutierten Kategorien intersubjektiven Beobachtens und Kommunizierens verstricken, kann de Man die strukturalistische Preisgabe des Autor- bzw. Subjektbegriffs als einen Paradigmenwechsel darstellen, der das doppelte Problem der Intersubjektivität nur zum Schein eliminiert. Denn diese Lösung ist ein Gewaltstreich, der die Verstehbarkeit von Texten und die Stabilität ihrer Bedeutungen durch alle polysemischen Transformationen hindurch nur dadurch sichert, daß er die Bedeutung von jeder subjektiven Intention entkoppelt. Texte kommunizieren dann untereinander allein vermöge rhetorischer Verfahren. Signifikation ist zusammengeschrumpft auf die Ersetzung von Elementen des einen Textes durch Elemente eines anderen und die Verkettung von Texten durch einander sich bloß berührende Teile.

Diese Konstruktion impliziert eine Mystifikation des Textes, denn sie wirft die Frage nach dem Status der Selbstheit des Textes auf, ohne sie zu beantworten. Der Text ist aber nur er selbst, also ein Gebilde, das seine eigene rhetorische Verfassung thematisiert[28], insofern er auf etwas jenseits seiner selbst beständig verweist. Ein zum Mythos ohne Autor hypostasierter Text ist blind gegenüber den referentiellen Zwängen, die er unhintergehbar produziert. Die rationale Methode, die die Verstehbarkeit des Forschungsgegenstandes retten soll, löst zu guter Letzt die Bedingungen der Möglichkeit zu verstehen auf und führt sich so selbst ad absurdum.

Es ist kaum zu übersehen, daß de Man Lévi-Strauss nicht anschmiegsam und penibel, sondern funktional und exemplarisch liest. Dessen Analyse der ethnologischen Erfahrung bzw. Beobachtung ist für de Man nur eine Art Strohmann. Er benutzt sie, um ein weitreichendes theoretisches Problem zu entwickeln. Er legt die ethnologischen Reflexionen als Metaphern einer Praxis aus, die er selbst mit seiner Lektüre übt, und begibt sich auf diese Weise in die gleiche Situation, die er zu untersuchen und darzustellen beabsichtigt.

Durch die hermeneutisch äußerst brachiale Beschreibung des Beobachtungsparadoxes, in das die anthropologische Feldforschung gerät, bahnt sich de Man den Weg zu einer ersten Bestimmung der Text-Kommentar-Dyade. Sie ermöglicht zunächst die präzise Diagnose einer doppelten Drohung: nämlich, daß der

Kommentar einerseits tendenziell in den Text umschlägt, andererseits sich vom Text total abtrennt. Sodann macht sie deutlich, daß beide Formen trotz ihrer Polarität systematisch aufeinander bezogen sind. Sie bilden im Widerspruch zueinander stehende und doch komplementäre Grundtypen des Verhältnisses von Text und Kommentar. Daß es de Man gelingt, diese elementaren Befunde so plastisch vor Augen zu führen, beruht nicht zuletzt auf dem philosophisch so anrüchigen Kniff, strukturalistische und bewußtseinsphilosophische Arrangements übereinanderzublenden.

III. Vorrang und Ohnmacht des Textes

In seinen Überlegungen zu Husserls berühmter Krisis-Schrift[29] erweitert de Man das im Zuge der Lévi-Strauss-Lektüre herausgearbeitete Kommentarmodell um eine wichtige Nuance. Die kurze Analyse des phänomenologischen Ansatzes (BI 14-16) ist Teil einer ausgreifenden Erörterung, die dem Mythos der Demystifikation der Literatur als authentischer Sprache gewidmet ist.

Vordergründig möchte de Man die erkenntnistheoretische Struktur aller (sic!) Behauptungen, die im Gewand der Krisenrhetorik auftreten, offenlegen. Zentral aber ist das Anliegen, die Figur der Konfrontation von Text und Kommentar durch eine ungewöhnliche Applikation zu profilieren.

Husserl analysiert zwar die abendländische Kultur und keinen literarischen Text, aber er begegnet ihr wie ein Kommentar seinem obligaten Gegenstand. Denn Husserl beschreibt die Kultur als etwas, das seine Wurzeln (die Lebenswelt) verleugnet und das in ihr beschlossene Meinen (doxa) falsch sagt. Er liest m.a.W. die abendländische Kultur als einen Text, der sich selbst mißversteht. In ihm fallen Meinen und Sagen auseinander, weil die Sinnfülle, die der Text repräsentieren will, in eine Sprache der Formeln gezwängt wird, die die Fülle objektivistisch reduziert und daher verfehlen muß. Krisenhaft wird nach Husserl dieser Prozeß, wenn die Auszehrung des Sinns bei den betroffenen Menschen eine undurchschaute Erfahrung des Mangels bewirkt, zu deren Kompensation irrationalistische Ideologien aufgeboten werden. Der Begriff Krise definiert also einen kulturellen Zustand, in dem der Vernunftdiskurs durch restriktive Selbstinterpretation die Konjunktur seines eigenen Widerparts erzeugt hat. Freilich können für

Husserl irrationalistische Weltanschauungen (wie etwa der Faschismus, dessen organizistischer Ästhetik de Man in seiner Jugend selbst verfallen war) die entstandene kritische Lage nur zum Schein entschärfen.

Unter methodischer Perspektive beruht Husserls Diagnose auf einem Beobachtungsstandpunkt, der notwendigerweise außerhalb des konstatierten Krisenzusammenhangs situiert ist. Aber diese Externalisierungsfigur muß der diagnostische Kommentar in einer selbstreflexiven Bewegung thematisieren und rechtfertigen, wenn er dem eigenen Anspruch auf Transparenz genügen will. Husserl begreift die Selbstreflexion als entscheidendes Medium eines philosophischen Wissens, das universalistische Geltung für sich reklamiert. Zugleich bestreitet er aber mehreren Kulturen die Kraft zu solchen methodisch geschulten Denkanstrengungen.[30] De Man sieht in diesem Widerspruch nicht einen zufälligen und daher korrigierbaren Fehler Husserls, sondern ein Beispiel für den blinden Fleck aller krisentheoretischen Behauptungen. In Husserls avancierter Theorie macht sich die Kultur selbst zum Thema: Der kritische Kommentar muß ihr zugehören und gleichwohl äußerlich sein. Das Gebot der Selbstreflexion erzwingt beides: Identität und Differenz. Die Identität wird als Universalität repräsentiert und die Differenz (zwischen souveränem Sehen der Krise und ihrer blinden Kompensation) als Partikularität, die den Ausschluß bestimmter Gruppen vorsieht. De Man stößt in seinem Husserl-Kommentar mithin auf die unvermeidlichen Folgen der Beobachtung und diagnostischen Fassung eines Krisenzustandes, dem der Kommentar zugehört und doch im *Sagen* der *gemeinten* Diagnose zugleich enthoben ist.[31]

Als Fazit ihrer Selbstreflexion spricht die krisenbewußte Phänomenologie dem lebensweltlichen Fundament, dem sie sich zugehörig und entfremdet zugleich weiß, das Prädikat höchster Autorität zu und verstrickt sich damit in eine dekonstruktive Bewegung, deren literaturtheoretische Pointe relevant ist. Jeder Kommentar, der sich selbst demystifiziert und vom Vorrang des Textes spricht, nimmt mit dieser Demutsgeste, die nur die angemaßte Urteilskompetenz kaschiert, einen überlegenen Standpunkt ein. Damit endet der sich vorgeblich dem Text unterwerfende Kommentar zwangsläufig in der Remythisierung seiner eigenen Position. Die Begegnung des Kommentars mit dem Text droht in de Mans Augen aber nicht nur in einen Kampf um Vorherrschaft auszuarten, bei dem

Täuschungsmanöver zum alltäglichen Geschäft gehören, sondern erzeugt auch immer wieder den Schein, daß der unendliche Prozeß der Pendelbewegung zwischen Lesbarkeit und Unlesbarkeit, zwischen Verstehen und Nichtverstehen abgebrochen und zugunsten einer Position stillgestellt werden kann.

Hermeneutische Zugangsweisen zum Text, die eine im Prinzip beliebig große Menge von unterschiedlichen Gestalten der Sinnerzeugung vorsehen, neigen dazu, den Verstehenszwang[32] mit effektiver Verstehbarkeit gleichzusetzen. Dekonstruktive Verfahren, die für jedes Glied der unendlichen polysemischen Kette eine genau auf es zugeschnittene Gegenlektüre reklamieren, sind ihrerseits der Versuchung ausgesetzt, die Unlesbarkeit als nicht überschreitbaren Schlußstein einer evidenten Lektüreerfahrung zu setzen.

De Man selbst bricht seine Analysen mit pädagogischer Ironie oft genug an Gipfelpunkten der Negativität ab und überläßt es dem eingeweihten Leser, die Talfahrt der Gegenlektüre allein anzutreten. Über einige kurze Gedichte Rilkes notiert er etwa, daß sich in ihnen »ein emblematisches Objekt durch die bloße Struktur seiner Konstitution als Figur [erweist], die keines Diskurses bedarf« (AL 80). Eine derartige »Figur kann zusammen mit anderen Figuren Konstellationen von Figuren bilden, die der Bedeutung und den Sinnen unzugänglich bleiben, *weil* sie weit über jede Sorge um Leben oder Tod im hohlen Gewölbe eines unwirklichen Himmels angesiedelt sind« (AL 80). Nicht allein die gespreizte Rhetorik der Begründung weckt Zweifel an der Stichhaltigkeit der Behauptung, sondern auch de Mans genereller Befund, daß »jedwede Äußerung ... immer als semantisch motiviert gelesen werden [kann]« (AL 81). Aber bereits unterhalb solcher Einwände setzt die Passage eine selbstdestruktive Pointe. Denn die buchstäbliche These eines gelungenen Bedeutungsausschlusses wird durch ihren eigenen figuralen Status aufgehoben. Sie beruht nämlich wortwörtlich verstanden auf der Unterstellung, daß sich dem Text eine objektive Qualität (hier die semantische und sensorische Unzugänglichkeit) zuschreiben läßt. Zugleich jedoch ist die These des Bedeutungsausschlusses Teil einer figuralen Praxis der Lektüre, die alle dem Text zugeschriebenen Eigenschaften entobjektiviert und als Elemente eines Leseprozesses entschlüsselt, der sich in konträre Befunde auseinanderlegt.

IV. Reine Figuration und semantische Aufladung

Bei der Analyse der Begegnung von Text und Kommentar muß grundsätzlich zwischen einem diachronen und einem synchronen Aspekt getrennt werden. Der *diachrone* betrifft die unterschiedlichen Stadien von Blindheit und Einsicht, also die vielfältigen Bestimmungen dessen, was Kommentare an Texten sehen, übersehen und fehlsehen, aber auch, was Kommentare an sich selbst und prinzipiell eben überhaupt nicht beobachten können.

De Man führt in *Die Rhetorik der Blindheit* (RB 229 f.) mehrere gestufte Möglichkeiten an, die Blindheit der rhetorischen Verfassung der Sprache zu lokalisieren bzw. das in Texten Unsichtbare sichtbar zu machen. Zunächst kann der Kommentar tropologische Effekte des Textes sehen, die der Text selbst nicht explizit thematisiert. Sodann kann ein weiterer Kommentar diesen Kommentar selbst als Text behandeln und der Blindheit überführen, weil er z. B. nicht sieht, daß seine figurale Sprache die eigenen buchstäblichen Behauptungen zuschanden macht. Und schließlich kann ein derartiger Metakommentar einen mit Blindheit geschlagenen vorangegangenen Kommentar dekonstruieren, weil dieser nicht sieht, daß er einen Text beobachtet, dem die rhetorischen Potentiale und Fallen seiner Sprache transparent sind.

Die Rede von einem rhetorisch selbsttransparenten Text ist freilich problematisch. Sie macht zwar deutlich, daß ein *sehender* Text unweigerlich den Kommentar, der sich auf ihn richtet, verblendet und folglich jeder Text, der durch seine Selbsttransparenz zum eigenen Kommentar wird, sich kraft seiner Einsicht paradoxerweise dieser Einsicht auch wieder entziehen muß. Aber sie weckt möglicherweise die Illusion, ein Text ohne blinde Flecken[33] könne den Lektüreprozeß in sich zurückbiegen und somit abschließen. Dieser fatalen Implikation ist de Man mit dem Modell einer Allegorie des Lesens der Unlesbarkeit entgegengetreten (AR 205). Es beschreibt den Prozeß der Lektüre als eine permanente und nicht stornierbare Verschiebung des blinden Flecks. Kein Kommentar kann den blinden Fleck, den er an einem Text wahrnimmt, *buchstäblich* an sich selbst diagnostizieren. Er muß diese Leistung an einen weiteren Kommentar, dem gegenüber er nun zum Text wird, delegieren.[34] Die Unvermeidbarkeit einer solchen supplementären Reihe von Lektüren charakterisiert den diachronen bzw. narrativen Aspekt an der für de Man so dramatischen Begegnung von Text und Kommentar.

Der *synchrone* Aspekt betrifft demgegenüber die konträren textuellen Merkmale, an denen sich Verständlichkeit und Unverständlichkeit festmachen lassen, sowie die Konstellationen, die diese Merkmale bilden; er betrifft näherhin das komplexe Zusammenspiel von reiner Figur und semantischer Aufladung.

In seiner Analyse dieser beiden Komponenten stößt de Man insgesamt auf vier Relationstypen, die zwei Paare bilden: Das erste Dual zeichnet sich durch einfache Achsensymmetrie (Typen I a + I b), das zweite durch interne Rückkopplung der verkehrbaren Elemente aus (Typen II a + II b). Die Untersuchung des ersten Paares zeigt einerseits, wie der Gedanke der Bedeutungslosigkeit, sobald er zum Konzept oder zur poetischen Strategie wird, ein bestimmtes semantisches Feld als Pendant produziert; und andererseits, wie ein mit Bedeutung aufgeladenes Bild im Kontext semantischer Antonyme als signifikante Metapher der Bedeutungsabsenz erscheint.

Beide Fälle werden als metaphorische Substitutionsprozesse vorgeführt: Hier tritt an die Stelle des Konstrukts von reiner Figuration der existentielle Sinngehalt Daseinsleere (Typus I a), dort an die Stelle des Begriffs eines physikalischen Zustandes (Unbewegtheit) der Gedanke von der Abwesenheit jeder Bedeutung (Typus I b). Die Aufbereitung dieser Beispiele läßt aber ein wichtiges Moment, das die gegenläufigen Substitutionsprozesse von formalen und semantischen Aspekten der Sprache enthalten, außer acht. De Man zeigt, daß die metaphorische Korrespondenz zwischen dem extremen Formalismus reiner Figuration und den genannten konkretistischen Vorstellungen einem komplexeren Bild weicht, wenn die *Selbstbeziehung* der sich intern in ein semantisches und ein formales Relat entzweienden reinen Figur in den Blick tritt. Indem sie Bedeutungslosigkeit bedeutet, erzeugt die reine Figur nämlich eine metonymische Beziehung zwischen der ihr innewohnenden Negativität und der Substanz, als die sie sich selbst setzt (Typus II a).

Eine solche abstrakte, quasi logische Beziehung ist jedoch nur als figurale Lektüre eines buchstäblich von irdischen Belangen (z. B. Gefühlen) handelnden Textes zu erfassen. Mithin muß die Selbstreferenz der Figur gleichzeitig mit metaphorischen Substitutionsmanövern (z. B. der Übersetzung einer wortwörtlichen Theorie der Gefühle in eine Beschreibung der *Natur* der Sprache) behandelt werden. Die metonymisch gebaute abstrakte Konstellation der Selbstreferenz tritt im Prozeß der Textlektüre in einer doppelten metaphorischen Funktion auf. Wie in den beiden Fällen der einfachen Beziehung von Bedeutungsleere und Bedeutungsfülle (I a + I b), so besteht auch auf der Ebene der selbstbezüglich gewordenen Figur (II a + II b) die Möglichkeit, die Bewegungsrichtung umzukehren. Der in figuraler Selbstreferenz zum Vorschein gekommene Umschlag von Negativität in Substantialität kann nicht bloß als Metapher eines buchstäblich von anderen Dingen handelnden Textes, sondern das thematische Feld des Textes auch als Metapher für die interne Beschaffenheit der Figuralität gefaßt werden. Die Frage, was es heißt, daß die reine Figur Bedeutungslosigkeit bedeutet, läßt sich nun beantworten.

Wird die Negativität der reinen Figur zur Substanz transformiert, so erzeugt sie sich ihren eigenen internen Referenten. Der Bezug, der im Akt des Bedeutens hergestellt wird, verweist nicht mehr auf einen realen Sachverhalt, sondern auf eine immanent konstituierte Entität. In eine Lesestrategie umgemünzt *bedeutet* diese Konzeption, daß das thematische Material, aus dem die Figur der reinen Figuralität durch Übersetzung des Bedeutsamen ins Formal-Strukturelle gewonnen wurde, als erzeugende bzw. kausale Kraft gesetzt ist (Typus II b).

Die semantisch motivierte Relektüre der reinen Figuralität qua Selbstreferenz behauptet buchstäblich die Konstitution nichtsprachlich vorgestellter Phänomene durch figurale Prozeduren. Damit ist die innerfigurale metonymische Beziehung von Negativität und Substantialität (II a) metaphorisch in die alternative metonymische Beziehung von Figur und (artifiziell erzeugtem) realem Referenten (II b) verwandelt worden. Erst auf der Basis eines derartigen Metamorphose-Modells kann sich gegen Texte der Vorwurf erheben, ihre rhetorischen Komponenten riefen jene Emotionen, von denen sie gleichwohl wie externe und vorgängige Wesenheiten erzählen, überhaupt erst ins Leben. Zugleich aber wird der Gedanke einer textlichen Gewalt über Nicht-Textliches als das Ergebnis eines Rückzugs des Textes auf sich selbst sichtbar.

Den ersten Typus (I a) des einfachen (also noch nicht auf Selbstreferenz abhebenden) Verhältnisses von reiner Figur und Bedeutungszwang illustriert de Man anhand von Rilkes Programm einer »Rhetorik der Figuration« (AL 81). Rilke verfolgt die ambivalente Absicht, die Befreiung der Sprache von referentiellen Zwängen durch die Verwandlung bedeutsamer Konstellationen in statuarische Gebilde einer gleichsam transzendenten Präsenz der Verweisungslosigkeit zu leisten. Die äußerste Herausforderung für diesen Anspruch bilden als Material der poetischen Bearbeitung existentielle Situationen, in die Personen nach dem konventionellen Muster der Subjekt-Objekt-Polarität verstrickt sind. Um dieses Paradigma zu widerrufen, löst Rilke es nicht etwa wie Heidegger in das Postulat eines vorgängigen In-der-Welt-Seins, das aller Bedeutungsstiftung zugrunde liegen soll, auf, sondern er transformiert konkrete Subjekt-Objekt-Beziehungen, z. B. schicksalhafte Bindungen oder Erfahrungsprozesse, »in unpersönliche Über-Dinge« (AL 81). Durch ein solches Verfahren des Bedeutungsentzugs, das an Konzepte der Entleerung und des Verlustes gebunden ist, legt Rilke die Auswahlprinzipien für seine thematischen Materialien in aufschlußreicher Weise fest. Rilke muß in den Augen de Mans auf Motive wie »die Unersättlichkeit des Verlangens, die Ohnmacht der Liebe, de(n) Tod des Unerfüllten oder Unschuldigen, die fragile Beschaffenheit der Erde, die Entfremdung des Bewußtseins« (AL 82) zurückgreifen, denn nur so kann er seine Vorstellung der Figuration als Ergebnis der Bewegung von einer Dimension der Sprache in eine andere poetisch ausdrücken. Doch die stofflichen Zwänge verwandeln die konstitutiven Manöver der referentiellen Entschlackung der Sprache in Gleichnisse einer existentiellen Not und laden das benutzte Material, das gerade den notorischen Verständnisweisen entwunden werden sollte, letztlich mit der zusätzlichen Bedeutung einer besonderen Dignität auf. Die reine Figuralität – als Leere konzipiert – scheitert an der semantischen Schwerkraft gerade der spezifischen Verfahren, durch die sie zur Geltung gebracht wird.

De Mans dekonstruktive Analyse Rilkes endet natürlich nicht mit diesem Befund. Nach dem Theorem, daß ein Text sich in die vollständige Disjunktion zweier konträrer Lektüren zerlegt, muß auch ein solches Fazit sich in ein gegensinniges Urteil verkehren lassen. Der semantische Sog reiner Figuralität wird dabei zunächst auf die ideologische Prätention jeder Figur bezogen. Er ist dann lesbar als unvermeidliche Kraft, die jenen Schein der Einheit »zwischen der semantischen Funktion und der formalen Struktur von Sprache« (AL 86) wiederherstellt, ohne den keine Figur auskommt. Indem sie auf ihrer Reinheit insistiert, bestätigt die Figur auf Umwegen nur den Schein. Dieser zersetzt sich, wie de

Man an einem späten Sonett Rilkes vorzuführen sucht, allein dann, wenn ein Text ihm ganz vertraut und die Art der Aussage mit ihrem Inhalt unverhohlen und regelrecht gewollt synchronisiert (vgl. AL 83-86).

Den zweiten Fall (Typus I b) des Zusammenspiels von reiner Figur und semantischer Besetzung diskutiert de Man anhand einer Stelle aus Rousseaus *Versuch über den Ursprung der Sprache*[35]: »Es gehört zu den großen Vorzügen des Musikers, Dinge malen zu können, die man sonst nicht hören könnte, während es dem Maler unmöglich ist, jene darzustellen, die man sonst nicht sehen könnte, und das größte Wunder einer Kunst, die allein durch die *Bewegung* wirkt, ist es, durch diese sogar das Bild der *Ruhe* hervorbringen zu können. Der Schlaf, die Stille der Nacht, die Einsamkeit und selbst das Schweigen finden in der Musik ihre Darstellung.«[36]

Im Gestus eines Hermeneutikers alter Schule schlägt de Man zunächst vor, man solle die »Ruhe« negativ auch als Verlust der »Bewegung« und daher als Behauptung der Selbstdestruktivität der Musik verstehen (RB 219). In einem weiteren Schritt, der offen auf das Similaritätsmotiv der Metapher anspielt, betrachtet er sodann Rousseaus paradoxe These, das musikalische Zeichen könne die Stille repräsentieren, als Äquivalent der Behauptung, die Sprache führe die Abwesenheit von Bedeutung vor (RB 219). Zur Erhärtung seiner Lesart verweist de Man schließlich noch auf eine Parallelstelle der *Nouvelle Héloïse*, in der unverblümt von der Nichtigkeit der menschlichen Angelegenheiten die Rede ist (RB 219).[37] Die reine Figuration als sprachliche Vergegenwärtigung sprachlicher Bedeutungsleere bildet in dieser argumentativen Triade das Mittelglied zwischen der semantisch hochsignifikanten Verwandlung von Bewegung in Ruhe und der Überführung eines sprachtheoretischen Befundes in ein daseinsanalytisches Fazit. Während im ersten Glied der Kette die am Rilke-Beispiel aufgewiesene Beziehung von Form und Semantik in ihrem Richtungssinn verkehrt wird, die reine Figur also nicht länger als programmatischer Ausgangspunkt, sondern als interpretatorischer Effekt gilt, wiederholt das zweite Glied die bereits behandelte Rückbindung der entreferentialisierten Zeichen an außersprachliche[38] Befindlichkeiten eines hypostasierten Subjekts.

De Man legt also ein metaphorisches Spiel frei, in dem bedeutungsleere Figur und defiguralisierte Bedeutung als siamesische

Zwillinge auftreten, die die Rolle des Erstgeborenen offenbar beliebig besetzen können.

Die dekonstruktive Analyse bleibt bei dieser Bestandsaufnahme der Formen von Übertragung und Gegenübertragung figuraler und semantischer Positionen (wie bereits erwähnt) nicht stehen. Sie treibt die Untersuchung um eine Stufe weiter und wirft damit die Frage auf, ob der beschriebene Transformationsmodus selbst den Gesetzen gehorcht, die er exekutiert. Es ist methodisch nur konsequent, wenn de Man zu zeigen versucht, daß die eigentümliche Negativität, die sich einerseits gegen die Bedeutung und andererseits gegen die Reinheit der Figur richtet, ebenfalls der Oszillationsbewegung zwischen formaler und semantischer Dominanz unterliegt.

De Man stößt darauf, daß dieser höherstufige Prozeß (Typen II a + b) sich nicht mehr in metaphorischen Substitutionen vollzieht. Die Referenzentsagung kann hier ebensowenig länger nach dem vorgeführten Muster durch die Darstellung existentieller Notlagen vertreten werden (I a), wie im Gegenzug der Zustand von Ruhe und Stille noch als Bedeutungsleere zu entziffern ist (I b). Vielmehr tritt die Konstruktion einer metonymisch gestifteten Genealogie in den Vordergrund.

Um die selbstreflexive Struktur der Relation von Figuralität und Bedeutsamkeit sowie ihre spezifischen Effekte zu illustrieren, greift de Man auf Rousseaus Theorien über Begehren und Leidenschaft zurück. Er schließt erneut an die Terme »Nichtigkeit« und »Leere« an (AR 198), mit denen Rousseau die erotische Erfahrung der Enttäuschung in der Erfüllung und das unerklärbare Gefühl des Mangels, das ihn beherrscht, umschreibt.[39] Rousseau geht davon aus, »daß der Ursprung der Sprache sich keineswegs den ersten Bedürfnissen der Menschen verdankt«, sondern »den moralischen Bedürfnissen, den Leidenschaften«.[40] Zugleich betrachtet er diese primäre Sprache von Liebe, Haß, Mitleid und Zorn als eine Sprache metaphorischer Trugbilder.[41] »Die Leidenschaft verblendet unsere Augen«[42], weil »die Vorstellung, welche (sie) uns bietet«[43], sprachliche Bilder, Tropen, erzeugt, die mit dem Anspruch auf Wahrheit auftreten. Erst mit der Einsicht in die Unhaltbarkeit dieses Anspruchs entsteht die Differenz zwischen der bildhaft metaphorischen und der eigentlichen Bedeutung sprachlicher Ausdrücke. Rousseau leitet also die Unterscheidung zwischen Trug und Wahrheit aus der »Erkenntnis eines anfänglichen

Irrtums«[44] ab, die jedoch ohne die Anwendung der Differenz von übertragener bildhafter und eigentlicher Bedeutung gar nicht möglich wäre.

De Man macht sich Rousseaus These der ursprünglichen Figuralität der Sprache zu eigen[45], weil sie die Idee des referentiellen Scheins mit der Unterscheidung von metaphorischem und buchstäblichem Sinn so verknüpft, daß die Falle, die diese Konstruktion birgt, sichtbar wird.[46] Wenn etwa die aufklärerische Kritik die Liebe als eine bloße Figur bzw. als eine Illusion beschreibt, die den von ihr selbst erzeugten Trug nicht durchschaut, so verstrickt sie sich unfreiwillig in eine rhetorische Bewegung, die ihren eigenen Begriff der Figur defiguralisiert. Für Rousseau ist die Liebe ein Gefühl, das Bilder erzeugt, denen kein Gegenstand entspricht. Er kann eine solche Bestimmung freilich nur treffen, weil er zwischen einer bloß bildhaften Vorstellung und einer eigentlichen Bedeutung unterscheidet. Er führt die Unterscheidung anhand der Liebe ein, bestreitet aber der Liebe selbst jede eigentliche Bedeutung. Damit reinigt er die Trope der Liebe jedoch nur scheinbar von dem ihr inhärenten Anspruch auf einen basalen Sinn, den sie bloß überträgt. Die eigentliche Bedeutung wächst durch dieses vermeintlich purgatorische Manöver unfreiwillig dem Akt des Bestreitens der eigentlichen Bedeutung selbst zu.

Dieser von de Man freigelegten sprachlogischen Bewegung korrespondiert bei Rousseau auf narrativer Ebene die Beschreibung seiner Erfahrung mit der als Illusion durchschauten Liebe. Die Einsicht, daß die Bilder der Liebe Bilder von etwas sind, das nicht existiert, läßt die Liebe nicht etwa kalt, sondern feuert sie an. Rousseau erfährt am eigenen Leibe, so inszeniert es jedenfalls sein Text, daß das Wissen um die tropologische Struktur der Liebe das Verlangen, statt es zu eliminieren, bloß steigert. Mit der Unterscheidung von figuraler und eigentlicher Bedeutung kann die Referenzlosigkeit der Liebe entdeckt und zugleich in ein internes Verhältnis transformiert werden. Die beobachtete bzw. kommentierte Liebe wird zur »negativen Macht« (AR 199), die die Referenz leugnet. Sie bezieht sich durch diese Verwerfung nur noch auf sich selbst und erreicht damit eine Figur, die freilich wiederum als Form der Herstellung eines originären Referenten zu lesen ist.

Rousseau stiftet zwischen der Negativität, die eine semantische Leere erzeugt, und der in der Negativität gewonnenen Selbstbezüglichkeit schlagartig einen figuralen Zusammenhang. »So groß ist das Nichts menschlicher Dinge, daß es außer dem Wesen, das durch sich selbst ist (l'Etre existant par lui-même), nichts Schönes gibt als das, was es nicht gibt«.[47] Die Verbindung wird zwar nur durch metonymische Reihung (que'hors) hergestellt, versieht aber diese Kombination mit einer spezifischen Pointe. Denn in der Zusammenstellung von Referenzlosigkeit der Trugbilder und Selbstbezüglichkeit Gottes wird die höchste Form metaphorischer Dignität des Seins erreicht. Die Schönheit der Liebe liegt in ihrer Nichtigkeit bzw. in ihrer in Selbstbezüglichkeit gipfelnden Figuralität. »Das Land der Trugbilder ist in dieser Welt das einzige, das bewohnt zu werden verdient«.[48] De Man spitzt Rousseaus Erwägungen folgerichtig auf die These zu: Die Bildhaftigkeit der Sprache der Liebe impliziert, daß das Pathos (des Begehrens von Objekten, die nicht existieren, weil sie rein tropologischen Ursprungs sind) selbst nicht länger eine Figur ist, sondern eine Substanz (AR 199).

Diese Substantialisierung (Typus II a) bildet den auf der Ebene der Selbstreferentialität angesiedelten Parallelprozeß zu jener am Beispiel von Rilkegedichten erörterten existentiellen Bedeutungsaufladung der reinen Figur. Die Gegenbewegung zu ihr verläuft nun dementsprechend nicht mehr als eine einfache metaphorische Transformation (wie diejenige von natürlicher Ruhe in semantische Leere), sondern als eine Umwandlung der durch sich selbst seienden Substanz in die Logik von Operationen, die etwas erzeugen, das es nicht gibt (Typus II b).

Rousseau selbst hat seinen metonymischen Kombinationen eine kausale Interpretation unterschoben. Er verknüpft Sprache und Leidenschaft in zwei Schritten: Zunächst soll die Leidenschaft die Sprache ihrer eigenen Trugbilder erzeugen und diese Sprache dann (rekursiv) das Gefühl der Liebe als unerfüllbares Sehnen bzw. als Selbstbezüglichkeit des Verlangens generieren. Die Sprache, welche von der Leidenschaft hervorgebracht wird, ist ein Code, der nur auf sich selbst referiert, weil er keine realen Sachverhalte bezeichnet. Über fiktive Referenten bezieht sich die Sprache der Leidenschaften dann auf sich und weckt in diesem Selbstbezug die Leidenschaften[49] als etwas, das ganz und gar in sich selbst wurzelt[50] und somit (qua Substanz) der Sprache auch wieder entraten kann. Die Leidenschaft ist also für Rousseau zunächst ein vorsprachliches bzw. Sprache generierendes Phänomen, dann etwas, das in und durch Sprache existiert, und schließlich eine selbstbezügliche Entität, die sich von der Sprache wieder ablöst. Stabil bleibt in diesen Verschiebungen nur die Figur der kausalen Relation.

Rousseaus Text arbeitet hier (wie gesagt) mit metonymischen Mitteln. Er verkettet Elemente allein aufgrund ihrer zufälligen Berührung in Raum und Zeit. Mit der Beschreibung der Kombination sprachlicher Figuren als notwendige oder kausale Verknüpfung (wie z. B. von Gefühl und Sprache) betritt der Text die Ebene der Selbstbeobachtung. Er kommentiert die eigenen Techniken und gibt ihnen eine spezifische Bedeutung, die er aber sogleich wieder untergräbt. Auf diese Weise wird auf struktureller Ebene der thematische Komplex, den der Text behandelt, wiederholt. Denn der sich selbst kommentierende Text führt vor, daß seine als kausale Verhältnisse beobachteten metonymischen Reihungen umkehrbar sind. Das Gefühl ist Ursache sprachlicher Figuren, die das Gefühl als Wirkung erzeugen.

Darüber hinaus zeigt Rousseaus Text in de Mans kommentierender (also der gleichen Logik unterliegender) Rekonstruktion, daß die zum Kausalverhältnis umgemünzte metonymische Vernetzung in ein metaphorisches Tauschverhältnis eingebettet ist. Die Selbstbezüglichkeit der Sprache der Liebe gilt als Äquivalent einer durch die Macht der Negativität (referentieller Reinheit) substantialisierten Figur und diese wiederum als Ersatz für die Beschaffenheit des realen Gefühls der Liebe.

Welche Logik aber zwingt Rousseaus Text dazu, sich selbst in dieser Weise zu beobachten? Ohne die Frage buchstäblich aufzuwerfen und zu beantworten, liefert de Mans Lektüre doch den Schlüssel zur Lösung des Problems. Rousseaus Sprachbegriff ist paradox gebaut. Referenzzwang und Referenzpreisgabe werden in ein und dasselbe Modell integriert: Wenn die selbstbezüglich gewordene Sprach-Figur die kratylische Illusion der Einheit von Zeichen und Bedeutung kassiert, muß sie (um die Balance zwischen den konträren Polen zu wahren) die Vorstellung einer kausalen Macht der Sprache an ihre Stelle setzen.

Rousseaus Lamento über die Fallen der Sprache wird nun lesbar als Kehrseite des Wunsches nach einer verbürgten ontologischen Gelenkstelle zwischen Worten und ihren Referenten, die Figur des Wechselspiels kausaler Effekte entsprechend als Kompromißbildung aus Wissen und Begehren: dem Begehren, die realen Dinge oder Ereignisse und ihre sprachlichen Repräsentanten mögen einander wesenhaft ähnlich sein, und dem Wissen um die Absenz einer solchen Verbindung.

V. Themen als Beobachter des Textes

In keiner anderen Arbeit hat de Man den Gedanken, daß der Text in seinen Themen die eigenen Spannungen von Form und Semantik als verdeckte Gestalten des Selbstkommentars entwickelt, prägnanter vorgeführt als im Essay *Excuses* (AR 278-301), der auch als Kommentar der eigenen politischen Biographie gelesen werden kann.[51]

De Mans Aufsatz behandelt die berühmte Marion-Episode aus Rousseaus *Bekenntnissen*[52], in der die Enthüllung einer falschen Anschuldigung im Mittelpunkt steht und die Themen Schuld, Scham, Begehren und Wahrheit sowohl als Figuren wie als Substanzen zur Sprache kommen.

Rousseau erzählt von seiner Turiner Zeit als Diener im Haus einer aristokratischen Witwe. Die Aufgabe, die ihm übertragen ist, besteht sinnfälligerweise darin, Brief-Diktate aufzunehmen und sich so in jene ebenso maschinelle wie machinative literarische Sprache einzuüben, deren allegorischen Niederschlag de Man später an den *Träumereien eines einsamen Spaziergängers* diagnostizieren wird (AR 298). Nach dem Tod seiner krebskranken Herrin, die er trotz ihrer nüchternen Art sehr verehrte, entwendet Rousseau ein rosa-silbernes Band, das ihr gehört hatte, und legt es sorgsam nachlässig zu seinen Sachen. Leser, die den Verdacht schöpfen, eine traumatisierte Halbwaise webe hier an der symbolischen Bindung zur früh gestorbenen Mutter, lenkt Rousseau routiniert ab, indem er ausdrücklich betont, wie wenig er sich bemühte, das Corpus delicti zu verbergen. Es soll offenbar der Eindruck entstehen, der Autor sei geradezu erpicht darauf, als Dieb erkannt und angeklagt zu werden.

Erwartungsgemäß stoßen daher die raffsüchtigen Erben in Rousseaus Zimmer auf das gestohlene Band und stellen den vermeintlichen Täter zur Rede. Nach einigen Ausflüchten gibt Rousseau errötend an, das Diebesgut von Marion, der jungen, hübschen Köchin, als Geschenk erhalten zu haben. Mit dieser, in die Farbe der Scham getauchten Aussage beschuldigt Rousseau ein Mädchen, das ihm nie etwas zuleide getan hat, nicht nur des Diebstahls, sondern indirekt (das Band ist schließlich eine symbol-trächtige Gabe) auch der versuchten Verführung.

Rousseaus späte – jedenfalls verspätete – Erklärungen für sein Verhalten wirken wie ein Geflecht ausgeklügelter Fingerzeige und Finten. Zunächst behauptet er, Marion bezichtigt zu haben, weil er die Absicht hegte, ihr das Band zu schenken, und sie daher mit dem Delikt (buchstäblich metonymisch) verknüpfte. Der Leser, der eben erst belehrt wurde, wie achtlos der Dieb mit seiner Beute umging, muß annehmen, daß der Autor einige Gelegenheiten zur Ausführung seines vorgeblichen Plans verstreichen ließ, ehe er Marion auf rhetorischen Umwegen beschuldigte, ein Begehren in ihm geweckt zu haben, dessen er sich – wie die vorangegangenen Seiten der *Bekenntnisse* zeigen – abgrundtief schämte.

An einer anderen Stelle des Textes, deren Interpretation durch de Man noch zu erörtern sein wird, begründet Rousseau seine Denunziation mit dem erstaunlichen Hinweis, Marion sei ihm einfach als erste in den Sinn gekommen; worunter man sich mit oder ohne de Man mindestens zweierlei vorstellen kann: das Spiel des Zufalls oder eine offensichtliche erotische Fixierung.

Alles weitere liegt auf der narrativen Hand. Der junge Rousseau widerruft – trotz der ebenso herzzerreißenden wie würdevollen Einlassungen Marions – seine falschen Anschuldigungen in der öffentlichen Konfrontation mit dem Opfer nicht. Und der alte Rousseau führt dies auf jene überwältigende Scham zurück, die er in den Anfangspassagen der *Bekenntnisse* als »falsch« denunziert hat. Die Geschichte endet – wie sich versteht – unglücklich, denn Marion und Jean-Jacques werden beide vom adligen Haupterben, der standesgemäß über nicht mehr Durchblick verfügt als ein von de Man an- und umgeleiteter Leser, in die Welt entlassen, die für Marion vermutlich ein Leben in unverdienter Schmach und für Rousseau die ewige Wiederkehr von Schuld, Reue und Geständnis bereithält.

Zu Beginn seines Essays überrumpelt de Man seine Leser mit einer Behauptung, die die Weichen für den Verlauf der weiteren Analyse stellt. Die erbauliche Geschichte der Verleumdung eines unschuldigen Mädchens zeigt für ihn nämlich, daß *Die Bekenntnisse* in erster Linie kein bekennender Text sind: Zu bekennen heißt, Schuld und Scham im Namen der Wahrheit zu überwinden. Bekenntnisse transformieren durch den epistemologischen Sprachgebrauch, dem sie zugehören, das ethische Problemfeld, auf das sie sich beziehen. An die Stelle des Wertschemas gut/böse tritt die Differenz wahr/falsch. Durch Rousseaus interne Verknüpfung moralisch diskreditierter Gefühle (Begierde, Neid, Habsucht) mit dem Zwang zur Lüge[53] wird freilich das dem selbstgenügsamen Interesse an Wahrheit gehorchende Bekenntnis sofort ethisch funktionalisiert. Die Feststellung von Tatsachen mittels wahrer Aussagen gelangt so in den Rang einer Strategie, die verspricht, jedes gestörte ethische Gleichgewicht wiederherzustellen und den Boden für Vergebung zu bereiten (AR 279). Rousseaus *Bekenntnisse* sind demnach mehr und anderes als ein bloß bekennender Text, weil sie die erkenntnistheoretische Pointe, die der Sprechakt des Bekennens besitzt, unterminieren.

Um diese These der Selbstsubversion des Textes zu beweisen, muß de Man mehrere aufschlußreiche Unterstellungen machen: Zunächst muß er voraussetzen, daß die Zentrierung ethischer Erwägungen auf wahre Aussagen den moralischen Diskurs automatisch in ein erkenntnistheoretisches Unterfangen, das die Bedingung der Möglichkeit wahrer Aussagen überhaupt zum Thema hat, verwandelt.[54] Sodann muß er annehmen, daß die Beantwortung sowohl moralischer als auch erkenntnistheoretischer Fragen im Namen ein und desselben transzendentalen Prinzips der Wahrheit geschieht (AR 280). De Man möchte zeigen, daß Rousseaus Versuch, die Lüge zu überwinden, letztlich bloß die Unsicherheit festschreibt, die die Möglichkeit der Lüge als solche beschert. Wenn Rousseau vorgibt, durch schamloses Konstatieren[55] unbestreitbarer Tatsachen jene Laster, die zwangsläufig Lügen heraufbeschwören, tilgen zu können, so belügt er in de Mans Augen mit reinem Gewissen sich selbst, nur um vom eigenen Text schließlich eines Besseren belehrt zu werden.

Auf den ersten Blick scheinen die *Bekenntnisse* den Glauben zu predigen, mit dem Bekunden nackter Wahrheiten habe der Geständige die Sphäre moralischer Verstrickungen und Anfechtungen verlassen, weil wahre Aussagen gar nicht verwerflich sein können, sondern prinzipiell auf der affirmativen Seite der moralischen Gut/böse-Differenz verbucht werden.[56] In einem aus de Mans Perspektive verräterischen Satz muß Rousseau dann aber schon bald einräumen, daß es nicht ausreicht, alles wahrheitsgetreu zu berichten, sondern auch erforderlich ist, sich zu entschuldigen (AR 280): »Ich würde den Zweck dieses Buches nicht erfüllen, wenn ... ich fürchtete, mich für das zu entschuldigen, was doch der Wahrheit entspricht.«[57]

Diese Formulierung soll den Beleg liefern für einen unumgänglichen rhetorischen Zwang, der dem Sprechakt des Bekenntnisses inhärent ist. Jede ostentative Selbstanklage unterliegt – so de Man – aufgrund ihrer figuralen Struktur dem Sog, in eine Entschuldigung umzuschlagen, und hält trotz dieser semantischen Kehre an dem Anspruch fest, im Namen der Wahrheit zu erfolgen. Weil es die Exkulpation des Geständigen von vornherein einschließt, wird das Bekenntnis strenggenommen redundant und ruiniert damit Ernsthaftigkeit und Pathos seines Unterfangens. Der Text entblößt sich selbst und provoziert die Frage, woher man denn wissen könne, ob man es mit einem wahren Bekenntnis zu tun habe, wenn die Erkenntnis der Schuld die Entlastung von Schuld im Namen desselben transzendentalen Prinzips der Wahrheit impliziert, das die Gewißheit einer vorliegenden Schuld gewährt. Der offenbar unvermeidliche Effekt der Selbstanklage, in eine alle Bemühungen diskreditierende Entschuldigung einzumünden, sprengt schließlich den präsumtiven monistischen Wahrheitsbezug, den Bekenntnis und Entschuldigung einmütig herzustellen suchen.

Analog zu seiner Lévi-Strauss-Lektüre konstatiert de Mans Rousseau-Analyse das Bild einer Einheit, gegen die zersetzende Differenzierungsprozesse anlaufen. Bei Lévi-Strauss handelte es sich um die Verschmelzung subjektiver Beobachtungsperspektiven, die in der Diskrepanz von Zeichen und Bedeutung ihr Antidot fanden, bei Rousseau geht es um ein übergreifendes und alles durchdringendes transzendentales Wahrheitsprinzip, das in zwei Elemente aufgespalten wird.

Dieses transzendentale Prinzip liest de Man natürlich nicht etwa an Rousseaus Wunsch[58] nach intersubjektiver Transparenz der Bewußtseine ab, sondern an der Funktionsweise textbeherrschender Sprechakte und rhetorischer Strategien. Rousseaus narratives Modell einer zeitlichen Abfolge verschiedener Entwicklungsphasen kommunikativer Beziehungsformen wird von de Man linguistisch eingeebnet und in das Verhältnis gesetzter und interpretierter Zeichen bzw. die allegorisch gestaffelte Relation von Text und Kommentar transponiert. Rousseaus drei Stufen (gelungene Verständigung/Unmöglichkeit der Kommunikation/Wiederkehr der Ausgangslage auf höherem Niveau) bilden so keine phylo- und ontogenetischen Schichten mehr. Die Kette: ursprünglicher Besitz/Verlust/Restitution gewinnt bei de Man den Charakter eines narrativen Scheins gleichzeitig auftretender Bedeutungselemente, die in Widerspruch zueinander geraten.

Obschon de Man also äußerste Klarheit darüber schafft, an welchem Ort er das transzendentale Einheitsprinzip und seine Gegenkräfte aufsuchen will, entsteht der Eindruck, er projiziere zunächst einen metaphysischen Wahrheitsbegriff in Rousseaus Text hinein, um ihn anschließend von einzelnen rhetorischen Operationen dekorativ zerstören zu lassen. Träfe dies zu, so würde de Man in *Allegories of Reading* ein Verfahren anwenden, das er in seiner Derrida-Kritik aus *Blindness and Insight* (= RB) scharf kritisiert hat. De Man möchte zeigen, daß es die Sprechakte selbst sind, die den monistischen Wahrheitsanspruch zugleich erzeugen und demontieren, aber er kann diesen Anspruch nur ablesen an ihren konkreten Verwendungsweisen in potentiell hochgradig ideologischen Texten.

Wie ist unter diesen Bedingungen der Nachweis einer dekonstruktiven Bewegung überhaupt möglich? Der Mechanismus, der den Anspruch auf Wahrheit als Einheit aufbaut und subvertiert, läßt sich offensichtlich nicht ohne weiteres auf das schlichte Modell des Widerspruchs beziehen, der zwischen dem besteht, was ein Text predigt, und dem, was er praktiziert (AL 45). Denn ein solcher Anspruch wird im bekennenden Text Rousseaus gar nicht direkt geäußert, sondern ihm von de Man als latente Doktrin untergeschoben. Auch die Anwendung der Differenz von Blindheit und Einsicht auf das vorliegende Problem bereitet Schwierigkeiten. Der Anspruch auf die Leistungen eines transzendentalen Wahrheitsprinzips läßt sich zwar als *blind* diagnostizieren, soweit er durch die figurale Dimension der Sprechakte, die ihn erheben, widerlegt wird. Doch die diagnostische Prozedur ist nur dann am Text mit Aussicht auf Erfolg durchzuführen, wenn ein buchstäblicher Anspruch, der dem rhetorischen Eigensinn der Sprache keine Rechnung trägt, explizit vorliegt.

Nun wird mit der Blindheit/Einsicht-Differenz freilich nicht vorentschieden, welche Seite den höheren kognitiven Standpunkt[59] jeweils einnimmt: ob sich also in den offenen Thesen eines Autors oder in den Operationsweisen der Tropen die Einsicht artikuliert, daß die Rhetorik von Texten nicht in der persuasiven Kraft eines ornamentalen Beiwerks, sondern in der Fluktuation von Verstehen und Nichtverstehen liegt.

Der Standardfall, den die meisten Lektüren de Mans vorführen, zeichnet sich zwar durch ein überlegenes *Wissen* der Texte aus, die ihr rhetorisches Gepräge gegen Intentionen, Beteuerungen und methodische Dogmen des Autors zur Geltung bringen, aber die alternative Möglichkeit, daß wuchernde Tropen die ausdrücklich vorgetragene Einsicht des Autors unterbieten oder widerrufen, wird deshalb nicht vernachlässigt, sondern als stets präsente Unterströmung im Auge behalten. Ein Beispiel für letztere Version scheinen Rousseaus Texte zumindest für das Thema des monistischen Wahrheitsbegriffs zu bieten. Wenn de Man behauptet, daß der zentrale Sprechakt, der die *Bekenntnisse* organisiert, das Bild eines transzendentalen Wahrheitsprinzips impliziert, so stellt er indirekt die These auf, Rousseaus Lebensbeichte operiere mit ihren Figuren gegen buchstäbliche Bekundungen des Autors, die die Geltung einer solchen Einheitsidee für die faktische sprachliche Kommunikation unter erwachsenen Personen bestreiten.[60]

Rousseau unterscheidet (wie die Aufklärung insgesamt) ausdrücklich zwischen theoretischer und praktischer Wahrheit.[61] Selbst der gemeinsame Bezug beider Wahrheitstypen auf intersubjektiv teilbare Regeln entfällt, da die praktische Wahrheit nicht mehr an öffentlich kontrollierbare Tugenden, sondern an individuelle Gewissensentscheidungen geknüpft ist. Mit dieser neuzeitlichen Umorientierung tritt das Problem der allein intra-subjektiv zugänglichen und beurteilbaren Aufrichtigkeit ins Zentrum des moralischen Diskurses. Rousseau verschleift in seinen expliziten Behauptungen niemals die Differenz beider Wahrheitstypen. Er ist sich von vornherein klar darüber, daß mit sprachlichen Mitteln allein die Aufrichtigkeit von eigenen und fremden Äußerungen nicht überzeugend dargetan werden kann. Gelegentlich bezweifelt er sogar, daß es möglich ist, Gewißheit darüber zu erlangen, ob man selbst wahrhaftig ist oder nicht: »Wir sehen weder die Seele eines anderen, weil sie verborgen ist, noch unsere eigene, weil wir über keinen geistigen Spiegel verfügen. In jeder Hinsicht sind wir blind.«[62]

Gegen diese doppelte Unsicherheit (Undurchschaubarkeit der Intentionen des anderen und Unmöglichkeit des Ausschlusses von Selbsttäuschungen) hat Rousseau mehrere quasi-hermeneutische Strategien entwickelt, deren Buchstäblichkeit nichts zu wünschen übrigläßt. Die quälende Frage, ob der andere aufrichtig ist oder nicht, beantwortet Rousseau mit zunehmendem Lebensalter auf kategorische Weise. Er versteift sich auf die Deutung, daß er von

Verrätern und Verfolgern umgeben ist, und löst so das Dilemma der Differenz von Gewißheitschancen durch die Figur der Gewißheit einer Differenz, die mit der Feindschaft unmißverständlich gesetzt ist. Die Frage, wie es um die eigene Aufrichtigkeit bestellt ist, beantwortet Rousseau mit Rücksicht auf die Quellen des Zweifels an seinen Äußerungen auf unterschiedliche Weise. Dem Argwohn anderer (ggf. auch vermeintlicher Freunde) begegnet er mit dem direkten Verweis auf seine Lebensführung, die den Worten, die für sich selbst offenbar nicht stehen können, einen eindeutigen Sinn geben soll.[63] Die eigenen Bedenken, sich selbst gegenüber nicht immer aufrichtig sein zu können, fängt er in einer iterativen Bewegung von Urteil und Revision auf, die in immer subtileren Meditationen nach einer moralischen Rechtfertigung der aufgetretenen Inkongruenz von Wahrheit und Wahrhaftigkeit sucht.[64] Sowohl bewußte Unaufrichtigkeiten als auch undurchschaute Selbsttäuschungen können dann durch die (wiederum fragwürdig aufrichtige) Einsicht in die Unvermeidlichkeit blinder Flecken überholt und integriert werden.

Nun liegt die Vermutung nahe, daß Rousseaus Strategien der Unsicherheitsabsorption mit Einheitskonstrukten (wie dem Verweis auf die vorgebliche Evidenz der Lebenspraxis und der unendlichen Überholung der Täuschungspotentiale) arbeiten müssen, die dem von de Man beobachteten Anspruch auf grundlegende Leistungen eines transzendentalen Wahrheitsprinzips entsprechen. Aber was in Rousseaus buchstäblichen Theoremen über Wahrheit und Wahrhaftigkeit in Anspruch genommen wird, ist eben kein basales, allen sprachlichen Akten innewohnendes Prinzip, sondern nur eine Verknüpfungsoperation, die zwei sinndefiziente Elemente wechselseitig aufeinander bezieht.

Einerseits will Rousseau in Texten jene authentische Selbstvergegenwärtigung erreichen, die das Leben, das er in einem vorgegebenen sozialen Umfeld zu führen genötigt ist, nicht erlaubt; anderseits sieht er sich gezwungen, die Überzeugungskraft und moralische Integrität des Textes durch Rekurs auf das gerade durch die Existenz der Texte als mangelhaft gekennzeichnete Leben zu gewinnen. Rousseau changiert zwischen Leben und Text als Quellen einer Echtheit, die beide Sphären für sich allein verweigern. Der Text kommentiert das Leben, welches seinerseits in die Rolle des Metakommentars zum bekennenden Kommentar schlüpft. Beide Kommentare stoßen, so könnte man mit de Man sagen, buchstäblich auf ihre wechselseitige Unselbständigkeit und Unlesbarkeit, die nur der jeweils andere zu lesen vermag; und beide reichen nach dem hermeneutischen Zwischenspiel der Sinnaufladung des anderen ihren Kommentar als unlesbaren Text an ihren Gegenpart zurück.

De Man verfolgt aber in *Excuses* nicht das dekonstruktive Potential der wörtlichen Bekundungen Rousseaus, sondern beharrt auf der subversiven Rolle eines sich kraft figuraler Prozeduren bis hin zur metaphorischen Äquivalenzbildung von Lügen und Stehlen (AR 287) durch- und zersetzenden latenten Wahrheitsprinzips. Die spezifische Unlesbarkeit der *Bekenntnisse*, die ihn interessiert, soll auf einem sprechaktinternen Mechanismus beruhen, den die expliziten Einsichten Rousseaus nicht außer Kraft setzen können. Um der Pointe seiner unorthodoxen Analyse besondere Schärfe zu verleihen, entfaltet de Man den Widerspruch zwischen dem monistischen und dem differentiellen Wahrheitsbegriff, den das Bekenntnis als Sprechakt produziere, noch bevor er das behauptete transzendentale Wahrheitsprinzip und seine konstitutiven Leistungen belegt hat. Ausgangspunkt ist die These, daß es in dem rhetorischen Vollzug, der das Bekenntnis zur Entschuldigung verkehrt, zur Aufspaltung der umfassenden Wahrheit kommt. Insofern de Man dieser Wahrheitsfigur den Charakter des Transzendentalen zuspricht, sagt er (vielleicht ohne sich dessen bewußt zu sein), daß das Bekenntnis mit der Aufspaltung der Wahrheit zwangsläufig die Bedingungen der eigenen Möglichkeit zerstört. Nichtsdestotrotz überlebt das Bekenntnis als nominale Klammer für seine Zerfallsprodukte, die zwei ontologisch geschiedenen Sphären zugehören: einmal tritt das Bekenntnis im Modus entblößter Wahrheit als informative Erklärung auf und hat einen augenfälligen referentiellen Bezug (das von Rousseau gestohlene Band), zum anderen im Modus der präsumtiv wahrhaftigen Entschuldigung, wo es nur eine rein verbale Evidenz besitzt (AR 280). Während das Bekenntnis als Akt der Entdeckung realer Vorgänge auf intersubjektiv kontrollierbare Aussagen über Tatsachen rekurrieren kann, läßt sich die Wahrhaftigkeit des Geständnisses empirisch nicht verifizieren, sondern nur unterstellen: Die Worte müssen (im Sinne metaphorischer Substitutionen) buchstäblich für das innere Gefühl genommen werden.

Wie gelingt es nun aber, diese verhältnismäßig triviale, den Unterschied von Empirischem und Mentalem strapazierende Zuordnung auf ein vorausliegendes generelles Organisationsprinzip zu beziehen? De Man bereitet die Lösung dieses Problems mit dem Wechsel der Ebene vor, die für die Bestimmung jener Einheit, auf die die Wahrheit Anspruch erheben soll, relevant ist. Er geht von der Frage, wie Sprechakte konstituiert werden, zur Frage, wie sie sich überprüfen und validieren lassen, über. Weil – so verläuft sein zentrales Argument (AR 280) – das Bekenntnis *diskursiv* ist, der *Diskurs* aber wiederum vom Prinzip referentieller Verifikation (qua evidenzerzeugendem Bezug auf extraverbale Elemente) beherrscht wird, existiert ein flagranter Widerspruch zwischen dem unhintergehbaren sprachlichen Anspruch auf faktische Gewißheit und dem Entzug jeder Verifikationsmöglichkeit, den das rein verbale Ereignis der Entschuldigung (als mutiertes Bekenntnis) bewirkt. Es ist kaum zu übersehen, daß sich hier die Einheit, die von einer transzendentalen Regel gestiftet wird, in die Synthese einer Aussagenmenge verwandelt hat, die durchgängig demselben Modus der Verifikation unterliegt. Der Begriff des *Diskurses* dient de Man dabei als Leerformel, mit deren Hilfe der Sprung von der transzendentalen zur empirischen Ebene als rein verbales Schauspiel gelingt. Das wie ein logischer Schluß modulierte Argument führt sich demonstrativ selbst ad absurdum. An der Manier, mit der de Man den Diskursbegriff einführt und verwendet, läßt sich ablesen, daß er (nicht anders als die Entschuldigung) der Sphäre rein verbaler Ereignisse zugehört und folglich zum Prinzip empirischer Verifikation, das er selbst setzt, in Widerspruch tritt.

Aber damit nicht genug: die gesamte Konstruktion des Verifikationsmodells ist natürlich eine Eulenspiegelei de Mans, die den detektivischen Leser auf die Fährte des in *Excuses* verborgenen Subtextes über das Verhältnis von Text und Kommentar setzt. Wenn de Man im Tone seriöser Buchstäblichkeit mit der alltagssprachlich eingespielten Unterscheidung zwischen verbaler und averbaler Natur der Evidenz von Äußerungen bzw. von referentieller Verifikation (dem Verweis auf das gestohlene Band) und rein sprachlichem Appell (der Versicherung von Aufrichtigkeit) arbeitet (AR 280 f.), tut er so, als wüßte er nicht, daß »die Sprache … immer referiert, aber nie auf den richtigen Referenten« (AL 227). Die referentielle Evidenz einer empiristischen Ding/Ereignis-Sprache kann im Lichte dieser Einsicht nicht höher sein als die einer Sprache, welche sich auf unzugängliche Gemütszustände anderer Individuen bezieht. Im Gegenteil: wenn gilt, daß die Sprache nur über sich selbst Glaubwürdiges aussagt[65], dann ist das rein verbale Ereignis der Entschuldigung als Quelle größtmöglicher (wenngleich negativer) Einsicht zu betrachten. Die verifikationistische Unterscheidung wäre dann bloß ein metaphysisches Ammenmärchen, das sich in der Alltagspraxis bewährt hat, aber blauäugig wirkt, sobald mit seiner Hilfe der leitende Sprechakt eines Textes vom Kaliber der *Bekenntnisse* dekonstruiert werden soll. Man darf also füglich vermuten, daß de Mans Text hier nicht unbedingt »*von dem* handelt, was er beschreibt« (AL 91).

Nach dieser kurzen Zwischenbemerkung kann das Fazit der im Diskursbegriff terminierenden Analyse von Einheit und Differenz der Wahrheit gezogen werden: Der *Diskurs* (AR 281) ist die gesuchte textliche Manifestation des von de Man für das Bekenntnis reklamierten transzendentalen Wahrheitsprinzips, er bezeichnet buchstäblich die Einheit, die sich im rhetorischen Prozeß zerlegt. In methodischer Hinsicht besetzt er daher die Funktionsstelle, die im dekonstruktiven Lektüremodell jene expliziten, figural immer schon untergrabenen Behauptungen einnehmen, zu denen sich *blinde* Autoren bzw. Texte versteigen. Die Frage, wie de Man entscheiden könne, ob der Rekurs auf ein generelles Wahrheitsprinzip dem strukturellen Zwang sprachlicher Gebilde (z. B. dem Sprechakt des Bekenntnisses) entspringt oder ein historisch kontingentes Philosophem darstellt, das in Texte hineingelesen wird, ist nun reif für die Antwort, daß sie sich nicht beantworten läßt. Denn der Diskursbegriff gibt dem Problem eine Fassung, die es grundsätzlich unentscheidbar macht. Damit ist die Dekonstruktionsbewegung der zentralen Kategorien, die de Man zur Analyse Rousseaus zum Einsatz bringt, aber noch nicht abgeschlossen.[66] In einem weiteren Schritt nimmt de Man den Gegebenheitsmodus der Differenz aufs Korn, in die das Wahrheitsprinzip des Bekenntnisses auseinandergetreten ist. Wahre Erklärung der Schuld und wahrhaftige Entschuldigung haben sich unter dem Gesichtspunkt der Verifizierbarkeit voneinander trennen müssen.

Die Entschuldigung bezeichnet nun aber für de Man nicht bloß eine Seite der Unterscheidung zwischen verbaler und averbaler Gestalt und Evidenz von Aussagen, sondern sie ist zugleich die Artikulation der aufgespaltenen Wahrheit (AR 281). Im Begriff *Artikulation* klingt noch die Idee einer transzendentalen Konstitutionsleistung nach; er bildet das terminologische Scharnier zwischen dem Konzept einer Kraft, die Bedingungen der Möglichkeit erstellt, und dem Schema für die divergenten Beweisführungsprozeduren, deren Manifestation es benennt. De Man möchte mit den drei hochkarätigen Leitformeln (transzendentale Konstitution, Artikulation, Verifikation) offenbar die verschiedenen Positionen umreißen, die das Verhältnis Einheit/Differenz beziehen kann. An der Geburt der Entschuldigung aus dem Bekenntnis soll überhaupt erst die Kluft zwischen gegensätzlichen Typen der Evidenz ablesbar sein, zugleich aber auch ans Licht kommen, daß die Differenz, in die sich das basale Einheitskonzept der Wahrheit auseinanderlegt, strikt asymmetrisch organisiert ist.

Als Relat innerhalb der Differenz besitzt die Entschuldigung nicht die Intention, eine *Behauptung* aufzustellen, sondern eine *Überzeugung* zu schaffen; als Artikulation der Differenz insgesamt ist sie selbst eine Behauptung: Sie stellt nämlich die Differenz zwischen verifizierbaren und nicht-verifizierbaren Behauptungen als Tatsache fest (AR 281). Anhand der Entschuldigung illustriert de Man also die Konfiguration eines sich selbst enthaltenden dualen Verhältnisses. Er zeigt damit, wie es möglich ist, daß der Kommentar die Differenz von Text und Kommentar gleichzeitig umfassen und als Teil in ihr vorkommen kann. Dieser Umstand läßt sich aber, wie die allegorische bzw. narrativ gestaffelte Fassung des Wissens um den blinden Fleck jeder Beobachtung belegt, nicht mehr mit Hilfe der Text/Kommentar-Unterscheidung explizieren, sondern muß anhand einer anderen Differenz aufgezeigt werden.

Jetzt erst – nach diesen unumgänglichen Präliminarien – kann man sehen, mit welch feiner Ironie de Mans Rousseau-Lektüre fermentiert ist. Die strategische Konzeption, der sie folgt, wirkt auf den ersten Blick denkbar simpel: Der zu lesende Text wird so rekonstruiert, als sei er durch ein grundlegendes oder übergreifendes Prinzip vollständig auf Verstehbarkeit ausgerichtet. Sobald dieser wohlgeordnete Kosmos sinnhafter Bezüge vor dem Auge des erwartungsvollen Lesers entstanden ist, wird die ganze Konstruktion durch ein winziges Detail (ein Wort, einen Satz) ausgehebelt und wie ein Kartenhaus zum Einsturz gebracht. Liest man aber nach de Mans eigenen Angaben genau (*close*), so erweisen sich die kardinalen Kategorien, die den Verstehbarkeitszwang der *Bekenntnisse* auf den Punkt bringen sollen, rasch selbst als fragile Bauelemente, die zerfallen, noch ehe der verführerische Schein des Verstehens aufgerichtet ist.

Unter der Bedingung, daß die den *Bekenntnissen* unterlegten Konzepte (das transzendentale Wahrheitsprinzip, der Diskurs, die Trennung von empirischer und rein verbaler Verifikation, der Artikulationsbegriff) im wahrsten Sinne des Wortes Sinn machen, läßt sich der Zirkulationsprozeß der Themen, die Rousseaus Text in Bewegung setzt, als Zentrifuge des Verstehens verfolgen.

Nachdem er die Ironie des Schuldbekenntnisses (wer beichtet, will Absolution[67]) dargelegt hat, wendet sich de Man den expliziten Entschuldigungsgründen zu, die Rousseau für sein schimpfliches Handeln ins Feld führt. Die Geschichte der Verleumdung Marions ist so erzählt, als solle der Leser den Eindruck erhalten, die Tat sei der kausale Effekt einer Reihe genau zu bestimmender Ursachen. Die moralische Verwerflichkeit beeinträchtigt die Erklärungsleistung dabei in keiner Weise. Rousseau baut ein System von Anspielungen auf, deren Konventionalität garantiert, daß der Leser die spezifische Deutungsofferte des Textes zwar nicht übersehen kann, aber förmlich dazu genötigt wird, sie abzulehnen, um Rousseaus präkonditioniertes Feindbild zu unterstützen. Dieser Manipulationsversuch des Textes wiederum ist leicht zu durchschauen und befördert daher nur eine dünkelhafte Leseattitüde, vor der alle Rechtfertigungsbemühungen Rousseaus wie Spiegelfechtereien oder pathologische Symptome erscheinen müssen. Wenn Rousseau also behauptet, er habe seine falsche Beschuldigung aus Scham nicht widerrufen, so provoziert und beschwichtigt er in einem Zug prophylaktisch den Verdacht, seine Tat könnte dem diabolischen Vergnügen entsprungen sein, ein unschuldiges Wesen zugrunde zu richten, weckt damit aber nicht unbedingt ein Interesse an versteckten seelischen Abgründen. Der Leser gleitet nämlich schon auf einer anderen narrativen Schiene voran. Er erkennt, daß es sich hier nicht um die Scham, als Dieb oder Bösewicht entlarvt zu werden, dreht. Längst ist im Text die Topographie des peinlichen Gefühls weitschweifig entfaltet worden. Die Scham tritt auf der Bühne des Textes als mechanischer Reflex in Erscheinung, sobald das Begehren sich zu Wort meldet. Allzu offensichtlich projiziert jener Rousseau, wie er im Buche steht, die eigene Lust auf das begehrte Objekt und versucht, durch die Bezichtigung zu verhindern, daß sein beschämendes Verlangen ans Licht kommt. *Die Bekenntnisse* insinuieren, Scham sei ein emotionales (im Erröten sich zumeist auch körperlich niederschlagendes) Signal eines verinnerlichten Gesetzes, das das Begehren (egal ob es sich auf Süßigkeiten, Schweinebraten oder junge Mädchen richtet) streng untersagt.

De Man trägt diese besonders von Starobinski[68] analysierte Schicht der Interpretation ab, ohne damit bereits den Rahmen des Verstehens zu verlassen. Hinter Rousseaus Skizze der Um- und Schleichwege des erotischen Begehrens stößt er auf die Metamorphosen und Verschiebungen eines Begehrens, das in der Selbstentblößung sein obskures Objekt findet. Das Begehren der Exhibition überschreitet die Grenze des erotischen Feldes. Es führt vom quälenden Zwang, die lächerliche anstelle der unzüchtigen Seite des Unterleibs öffentlich zu enthüllen[69], zum Verlangen nach reiner Selbstoffenbarung in stilistisch wohlgeformten verbalen Geständnissen. De Man muß allerdings in der Verschiebung des Begehrens vom Objekt Frau hin zum selbstgenügsamen Akt sprachlicher Exhibition eine Steigerung der Lust und parallel dazu ein Anwachsen der Scham konstatieren.

Denn ohne diese doppelte Steigerung von Lust und Scham könnte er kaum erklären, warum sich Jean-Jacques die famose Gelegenheit entgehen läßt, seinen Diebstahl coram publico zu gestehen. Dem vermehrten Lustgewinn, der in der öffentlichen Entblößung liegt, korrespondiert eine entsprechend tiefere Scham, diese Lust an der Offenbarung vor aller Augen kenntlich zu machen. Ist das Vergehen, das die Schuld erzeugt, aber die Lust an der Selbstentblößung im Akt des Geständnisses, dann – so folgert de Man messerscharf – wiederholt die Entschuldigung die Selbstentblößung in der Maske der Geheimhaltung. Wird mithin die Scham als Entschuldigung benutzt, so kann die Unterdrückung eines Tatbestandes als seine Offenbarung auftreten und auf diese Weise Lust und Schuld konvertibel machen. Die Schuld ist vergeben, weil sie die Lust am Enthüllen ihrer Verdrängung ermöglicht (AR 286).

Keines der choreographischen Elemente des Textes, die de Man bis zu diesem Punkt herausgearbeitet hat (weder die gedoppelte Scham: als Dieb/als Begehrender erkannt zu werden, noch das gedoppelte Begehren: eine Frau zu besitzen/sich zu entblößen), verletzt die Verständlichkeit der von Rousseau vorgetragenen Entschuldigung. Selbst die dargelegten Übergänge, Umstellungen und Tauschrelationen erschüttern nicht im geringsten notorische psychologische Erklärungsmuster des Lesers.[70]

Rousseau unterläuft nun aber – wie de Man vorzuführen sucht –

ein sprachlicher Lapsus, der den mit kausalen Bezügen geschickt operierenden Diskurs zum Stolpern bringt. Rousseau schreibt: »Sie [Marion] stand vor meinen Gedanken, ich schob die Schuld auf den ersten Gegenstand, der mir vorschwebte.«[71] Dieser Satz läßt sich auf zwei einander ausschließende Weisen lesen: einmal als Darstellung eines überdeterminierten Assoziationsprozesses (der permanenten Präsenz einer emotionalen oder mentalen Fixierung); zum andern als Indiz der Beliebigkeit des Grundes, den Rousseau zu seiner Exkulpation zum Einsatz bringt. Diagnostiziert man den Ausdruck »Ich schob die Schuld auf den ersten Gegenstand, der mir vorschwebte« als heterogenes Element innerhalb eines komplexen Systems von Wahrheit, Tugend und Verstehen (AR 289), so erscheint er notgedrungen als *Anakoluth* (AR 289, 295), der das apologetische Unternehmen der *Bekenntnisse* dekonstruiert. Rousseaus verbale Fehlleistung öffnet – in dieser Weise gelesen – der Kontingenz ein Einfallstor ins kausale Gefüge sinnvoll angeordneter Partikel und leitet damit eine radikale Umcodierung aller Bausteine des Textes ein.

Zunächst erhält die narrative Gesamtstruktur des Textes eine neue Funktion: Nur um von sich selbst zu erzählen, erzählt der Text eine Geschichte, die sich (zumindest in einer nicht zwingend auszuschaltenden Lektürevariante) als unlesbar erweist. Methodisch betrachtet heißt dies: Je weniger man die Geschichte, die der Text vorgeblich erzählt, konsistent rekonstruieren kann, um so deutlicher wird, daß der Text von seiner eigenen rhetorischen Beschaffenheit im Modus der Allegorie Zeugnis ablegt. De Man hat diese Grundregel seiner Analysestrategie in *Excuses* exemplarisch vorgeführt. Er gelangt zu der These, daß Rousseaus in den *Bekenntnissen* unterdrückter Bericht[72] von einer großherzigen (also moralisch legitimen) Lüge um eine Metapher kreist, mit der der Text synekdochisch seine eigene Funktionsweise darstellt. Rousseau beschreibt hier, wie er sich dazu verführen läßt, jene Hand, mit der er später seine Bekenntnisse schreiben wird, dem Räderwerk einer glänzend polierten Maschine anzuvertrauen. Von einem boshaften Spielgefährten in Bewegung versetzt, nimmt der Mechanismus die dynamische Gestalt einer Totalität wohlfunktionierender Elemente an und verstümmelt das Subjekt, das ihm zu nahe gekommen ist. Der Text setzt sich auf diese Weise selbst als Prozeß ins Bild, der in seiner Durchführung zwar ebenso systematisch wie eine Grammatik, von seinem Prinzip her aber arbiträr ist

(AR 289). De Man betont, daß mit dieser Figur des Textes im Text die in anderen Schriften Rousseaus präsente Metapher des Textes als Körper verdrängt wird. Der buchstäblich blutige Triumph der Trope *Maschine* über das versehrbare Kürzel *Körper* symbolisiert seinerseits das Leiden, das mit dem Verlust der Illusion der Bedeutung einhergeht. Neben dieser wörtlichen Fassung seines Theorems der Selbstimplikation des Textes als Kommentar zur eigenen Machart enthält de Mans Essay aber auch eine figurale Darstellung des sich selbst kommentierenden Textes, die das Bedeutungsproblem hinter sich läßt. Denn auf dieser figuralen Ebene ist nicht mehr entscheidend, wie Bedeutung jeweils konstituiert und zersetzt wird, sondern wie dieser Prozeß in und an Texten beobachtet werden kann, ohne daß der unweigerlich produzierte blinde Fleck die Sicht auf die verschiedenen Modi der Selbstbeobachtung verdeckt.

De Mans Rousseau-Lektüre liefert hierzu das Palimpsest einer Theorie. *Die Bekenntnisse* sind ohne Zweifel ein Text über das Beurteilen, Kommentieren, Sehen und die gestuften Verhältnisse, die sich ergeben, sobald solche Akte auf sich selbst angewandt werden. Um das zu bemerken, bedarf es vorhand keiner elaborierten Konzeption literarischer Analyse. Das Besondere der *Bekenntnisse* im Lichte des de Manschen Kommentars liegt in der Form, mit der dieser Text seinen komplexen Aufbau reflektiert. Er vollzieht nämlich die verschiedenen Arten seiner Selbstbeobachtung nicht (mehr) explizit als kommentierende Beobachtung, sondern figuralisiert diese Metabeobachtung in den Themen, die er behandelt. Er praktiziert also auf der Textebene die von Luhmann systemtheoretisch definierte Trennung von Beobachtung und Operation.[73] Liest man das Thematische der *Bekenntnisse* wortwörtlich, so kann man mit de Man sagen: »after reading Rousseau ... one knows more about oneself«[74], liest man es figural, so liefert es den Abriß einer Erkenntnistheorie des Kommentars.

Die substantiellen Themen: Schuld, Begehren, Scham, (Entblößung und Unterdrückung der) Wahrheit transformieren sich im konstatierenden Akt des Bekenntnisses zu textinternen Beobachtungs- und Reflexionsverhältnissen und werden im selben Atemzug zu Typen der Ironie: Die *Schuld* erscheint als ein Verhängnis, das der Text selbst auf sich zieht, indem er alles ihm Äußerliche (also jede Form referentiellen Sinns) in funktionale Mittel der Selbstreproduktion verwandelt. Je heftiger er der Schuld durch ihre rhetorische Inszenierung zu entrinnen sucht und in Sprechakten der Entschuldigung schwelgt (AR 299), desto unausweichlicher gerät er in ihre Fänge. Die Selbstbeobachtung des Textes figuralisiert die Schuld als die totale Konvertibilität von Text und Kommentar: Einerseits kann die Entschuldigung die Schuld im Sinne eines ihr voraus- und zugrundeliegenden Ereignisses kommentieren, andererseits – und mit gleichem Recht – sich als Instanz setzen, die die Schuld im Kommentar überhaupt erst erzeugt, um sich rhetorisch von ihr loszusprechen. Eine derart generierte Schuld ruft nun wiederum nach dem Kommentar, der das Urteil über die Entschuldigung spricht und sie rekursiv zur Beschuldigung verkehrt. Konstatieren der Schuld heißt zugleich Aufheben der Schuld und vice versa. Schuld und Entschuldigung stehen damit im Verhältnis der einfachen Ironie zueinander.[75] Die Ironie ihrerseits macht sich schuldig, etwas anderes zu meinen, als sie sagt, und indem sie dies sagt, entschuldigt sie sich zugleich.

Das *Begehren* erscheint demgegenüber als die Reflexionsform des zirkulären Prozesses von Tilgung und Revokation der Schuld. Während allerdings die Schuld an der Text/Kommentar-Dyade nur die Umschlagsbewegung vor den Blick bringt, wird auf der Stufe des Begehrens die Funktion der oszillierenden Relate füreinander transparent. Als Reflexionsfigur ist das Begehren der Oszillationsbewegung äußerlich, es kann dann gleichsam lesbar machen, was der Text vom Kommentar will und was der Kommentar dem Text nie gewähren wird. Das Begehren lenkt den Blick auf den Zwang, dem der Kommentar unterliegt, denn der Text begehrt ihn nur als etwas, das ständig seine Erneuerung und Erweiterung anreizt. Das Textbegehren ist die reine Lust am Text[76], die die Proliferationen und intertextuellen Verkopplungen durch inzüchtige Vermehrung sichert. Der Kommentar untersteht dem Gesetz der Originalität, und der Text spiegelt sich in dieser Darstellung stetiger Revitalisierung, deren Quellen er für die eigenen hält. Gleichwohl macht die Figur des Begehrens hinreichend deutlich, daß der Narzißmus des Textes (desire for text) stets das Urteil einer anderen Instanz (eben des Kommentars) braucht, um sich selbst zu befriedigen. Im Begehren waltet daher die Ironie der Lust, die sich will und den anderen braucht, und die Lust einer Ironie, die als Ironie erkannt und goutiert werden möchte. Es geht dem Begehren wie der Ironie nicht darum, einen erworbenen oder entwendeten Besitz als verbotenen Schatz zu hüten und souverän zu genießen, sondern um die ostentative Geste der Selbstoffenbarung gegenüber der kommentierenden und folglich stets zur Antwort genötigten Instanz.

Auf der Ebene der *Scham* wird dieses Verwiesensein auf etwas anderes, das replizieren und urteilen muß, in einem gesteigerten Reflexionsschritt sowohl bestätigt als auch gebrochen. Der Text provoziert seinen Kommentar und schlägt zugleich die Augen vor ihm nieder. Die Figur der Scham signalisiert die Einsicht in die Nichtigkeit des unkommentierten Textes und ebenso den Wunsch, unsichtbar für andere zu sein.[77] Die Scham ist gleichsam der Kommentar zur beobachteten Abhängigkeit von der Beurteilung durch die beobachtende Instanz, die ermächtigen und entmachten kann.

In der Scham unterwirft die *einfache* Ironie, der die eingestandene Schuld gehorchte, die *begehrliche* oder ostensive Ironie einem Verkehrungsprozeß. Die Scham vollzieht die Ironisierung der sich entblößenden Ironie und stellt damit die Bewegung, die sie selbst erzeugt, punktuell still. In der *beschämten* Ironie wechselt die begehrliche unablässig die Fronten: sie oszilliert zwischen der schuldhaften und entschuldigten Seite und überlebt sich kafkaesk selbst.

Aus dieser Perspektive kann man nun auch den Sprechakt des Bekenntnisses kommentar-theoretisch reformulieren und als schamhaften Akt bestimmen. Er besitzt nämlich eine starke, eindeutige Intention, die er gleichwohl blockiert. Das Bekenntnis richtet sich grundsätzlich an einen externen Beobachter oder Adressaten, der die intendierte Entschuldigung annehmen oder ablehnen kann. Die von Rousseau gewünschte Absolution kann der Text nicht erzwingen, geschweige denn selbst erzeugen. Sie ist nicht allein ein praktisches, intersubjektives Geschehen, das jenseits der Welt des Textes liegt, sondern auch per se kontingent. Der Text hat keine Macht über den externen Kommentar, den er gleichwohl inbrünstig begehrt. Rousseaus Text macht daher den Versuch, die Absolution von einem intersubjektiven Akt in ein textinternes Ereignis zu verwandeln, um den nicht zu kontrollierenden Part, den der Leser als Adressat in diesem Arrangement spielt, zu eliminieren. Das Bekenntnis vor dem und für den externen Beobachter wird zur reinen Entblößung vor sich selbst. Die »Erleichterung«[78], die sich Rousseau unabhängig vom Urteil des anderen davon verspricht, ist eine Art Ersatz für die unvoraussehbare und unberechenbare Absolution. Die Scham konvertiert vom Exhibitionismus zum Eskapismus. Das Bekenntnis zieht den externen Kommentar in den Text hinein, es wird Selbstkommentar und kappt damit zwar die eigene Beobachtung des Beobachters, nicht aber auch dessen Beobachtungsoperation, die unangefochten weiterlaufen kann. Der Versuch, die Kontingenz auszuschalten, die mit der Orientierung am Urteil des anderen unweigerlich einbricht, ist zum Scheitern verurteilt. Die Logik des Textes erzwingt daher den Übergang zu einer weiteren Stufe der Reflexion.

Die *Wahrheit* erscheint als die Beobachtung der Übereinstimmung von Text und Kommentar, von offenbarenden und verbergenden Aussagen. Sie entpuppt sich damit aber nicht als der beschworene transzendentale Quell der Einheit aller textuellen Elemente und Schichten, denn sie ist kein konstitutives, sondern nur ein operatives Prinzip. In der Figur der Wahrheit erhält die Verschmelzung/Ununterscheidbarkeit von Text und Kommentar eine andere Fassung als in der Figur der Schuld. Während die Schuld den möglichen permanenten Positionswechsel von Text und Kommentar sichtbar macht, wird unter dem Gesichtspunkt der Wahrheit die lineare Iteration von Text und Kommentar beobachtbar. Sie ist der Leitwert, der ein beständiges Metakommentieren erlaubt. Im Namen der Wahrheit kann jeder Text oder Kommentar erneut befragt, rekonstruiert und beurteilt werden. Die Wahrheit fungiert also – weit davon entfernt, durch strenge Kriterien enge Grenzen zu setzen – als die Bedingung der Möglichkeit für eine Strategie der permanenten Steigerung und Forcierung des Wechselspiels von Text und Kommentar. Zugleich aber ist sie auch der Ort der absoluten Ironie. Als Ironie der Ironie stellt sie das Wissen um ihre eigenen Modi dar und kann deshalb im Kielwasser de Mans als kognitive Allegorie bestimmt werden. Zu bestreiten ist die Wahrheit nur unter Beanspruchung der Wahrheit selbst und erreicht mit dieser Figur absoluter Selbstimmunisierung die höchste aller denkbaren Stufen der Ironie.

Anmerkungen

1 T. W. Adornos *Ästhetische Theorie* ist das bedeutendste Beispiel für diese Konzeption. Eine semiotische Uminterpretation der sozialkritischen Pointe ästhetischer Negativität auf der Linie de Mans versucht: C. Menke, *Die Souveränität der Kunst*, Frankfurt a. M. 1988.

2 Vgl. P. de Man, *Der Widerstand gegen die Theorie*, in: V. Bohn (Hg.), *Romantik. Literatur und Philosophie*, Frankfurt a. M. 1987, S. 92.

3 Vgl. P. de Man, *Allegorien des Lesens*, Frankfurt a. M. 1988, S. 170 (im Text künftig als AL), Teilübersetzung von: *Allegories of Reading*, New Haven 1979 (im Text als AR).

4 »Prior to making any valid statement... about a distant society, the observing subject must be as clear as possible about his attitude towards his own.« (P. de Man, *Blindness and Insight*, Minneapolis 1983, S. 9. Im Text künftig als BI.)

5 C. Lévi-Strauss, *Traurige Tropen*, Frankfurt a. M. 1978, S. 377.

6 C. Lévi-Strauss, *Einleitung in das Werk von M. Mauss* (1950), in: M. Mauss, *Soziologie und Anthropologie*, München 1974, S. 21. Auch folgende Aussage von Lévi-Strauss könnte Pate für de Mans Behauptung gestanden haben: »der Beobachter in der ethnographischen Erfahrung (begreift sich) als sein eigenes Beobachtungsinstrument; es ist offensichtlich, daß er lernen muß, sich selbst zu erkennen, eine Einschätzung eines Selbst zu erlangen, das sich gegenüber dem Ich, das sich seiner bedient, als Anderes erweist« (*Strukturale Anthropologie II*, Frankfurt a. M. 1975, S. 47 f.).

7 »The observation... of others is... a means of leading to the observation of the self« (BI 9).

8 C. Lévi-Strauss, *Das Rohe und das Gekochte*, Frankfurt a. M. 1971, S. 24. De Man zitiert als einzige Stelle in seiner Lévi-Strauss-Lektüre einen Text, der diesen zu Ansprüchen der Philosophie querstehenden Verzicht auf eine gleichsam absolute Reflexion mit Hilfe optischer Metaphern expliziert: »Aber im Unterschied zur philosophischen Reflexion, die bis zu ihrer Quelle vorstoßen will, betreffen die Reflexionen, um die es sich hier (in der Ethnologie) handelt, nur solche Strahlen, die lediglich einen virtuellen Brennpunkt haben« (ebd., S. 16).

9 De Man spielt hier vielleicht auf Lévi-Strauss' These der wechselseitigen Übersetzbarkeit der Mythen an. Ebd., S. 26.

10 Vgl. neben zahlreichen anderen Hinweisen: Ebd., S. 17 u. 25.

11 Ebd., S. 23.

12 Ebd., S. 24.

13 Lévi-Strauss vergleicht die Standards der strukturalistischen Ethnologie allerdings mit philosophischen Reflexionsansprüchen, die in überwiegendem Maße nicht mehr dem kontemporären fallibilistischen Bewußtsein des Fachs entsprechen.

14 Dabei läßt es sich de Man nicht nehmen, Lévi-Strauss' Virtualisierung
der strukturalen Methode durch optische Metaphern mit einem nicht
weniger virtuellen Seitenhieb zu bedenken: »The analogy with optics is
perhaps misleading, for in literature everything hinges on the existential (!) status of the focal point« (BI 11).

15 Lévi-Strauss verwirft zwar ausdrücklich die Idee einer »Kontinuität
zwischen der Erfahrung und dem Realen«; denn »der Übergang zwischen diesen beiden Ordnungen (verläuft) diskontinuierlich, da die
eine die andere umfaßt und erklärt«, aber er nimmt an, »daß man, um
zum Realen zu gelangen, zunächst die Erfahrung verwerfen muß, um
sie später in einer objektiven ... Synthese wieder zu integrieren« (*Traurige Tropen*, a.a.O., S. 51).

16 Einerseits: In der Interaktion zwischen »observed subject« und »observer ... it becomes less and less clear who in fact is doing the observing and who is being observed. Both parties tend to fuse into a single
subject as the original distance between them disappears« (BI 10). Andererseits: »In the act of anthropological intersubjective interpretation,
a fundamental discrepancy always prevents the observer from coincing
fully with the consciousness he is observing.« Und schließlich: »The
same discrepancy exists in everyday language« (BI 11).

17 *Das Rohe und das Gekochte*, a.a.O., S. 25 f.

18 Ebd., S. 26.

19 Dem widerspräche allerdings Lévi-Strauss' Bemerkung über die »unüberwindliche Aporie« der soziologischen Beobachtung (*Einleitung in
das Werk von M. Mauss*, a.a.O., S. 23).

20 Lévi-Strauss konstatiert vielmehr, daß er in den Tropen derselben Erfahrung der Entfremdung wie in den westlichen Kulturen ausgesetzt
war (*Traurige Tropen*, a.a.O., S. 38 u. 314), daß er die Wilden, die
leider »allzu wild« waren, nur »berühren, aber nicht verstehen« konnte
(ebd., S. 328), und betont, daß »die Anthropologie ein Subjekt und ein
Objekt wählt, die radikal voneinander getrennt sind« (*Strukturale Anthropologie II*, a.a.O., S. 37).

21 *Einleitung in das Werk von M. Mauss*, a.a.O., S. 24.

22 *Strukturale Anthropologie II*, a.a.O., S. 47.

23 De Man bezieht sich hier offensichtlich auf Lévi-Strauss' Verwendung
der Saussureschen Unterscheidung von Signifikat und Signifikant. Nun
operiert Lévi-Strauss mit dieser Differenz in sehr eigenwilliger Weise.
Statt nur den Unterschied oder die unüberbrückbare Kluft zwischen
beiden herauszustreichen, wie de Mans Lektüre suggeriert, umkreist
Lévi-Strauss ebensosehr das Problem der Verbindung von Signifikat
und Signifikant (vgl.: *Strukturale Anthropologie I*, Frankfurt a.M.
1967, S. 390), er beklagt z.B., daß in bestimmten philosophischen
Konstruktionen »der Signifikant ... auf kein Signifikat« (*Traurige Tropen*, a.a.O., S. 45) verweist, betont sowohl die Inadäquatheit als auch

die Komplementarität beider (vgl. *Einleitung in das Werk von M. Mauss*, a. a. O., S. 24, 35 f. u. 39), nuanciert die These der Arbitrarität der Zeichen, indem er von einer apriorischen Arbitrarität und einer aposteriorischen Nicht-Arbitrarität von Zeichen spricht, und spekuliert über onomatopoetische Aspekte von Zeichen (vgl. *Strukturale Anthropologie I*, a. a. O., S. 106 ff.).

24 Den als linguistic turn bekannt gewordenen Paradigmenwechsel von bewußtseinstheoretischen Fragestellungen hin zur Idee einer intersubjektiv immer schon geteilten Sprache, deren Fundus an Bedeutungen ein gemeinsames praktisches Wissen bildet, das durch artifizielle Reflexionsschritte partiell, niemals grundsätzlich verunsichert werden kann, ignoriert de Man, weil ein solcher Ansatz für ihn nur die fadenscheinige Legitimation einer in der Tat immer schon gemeinsam geteilten Illusion ist, ohne die Sprache freilich nicht funktionieren soll.

25 Vgl. *Traurige Tropen*, a. a. O., S. 113 f.; *Das Rohe und das Gekochte*, a. a. O., passim.

26 Vgl. P. de Man, *Der Widerstand gegen die Theorie*, a. a. O., S. 90.

27 Mit seinem Rückgriff auf das Beispiel der Lüge praktiziert de Man in erhellender Weise etwas anderes, als er wörtlich verkündet: Wird die Bedeutung einer Aussage nämlich davon abhängig gemacht, ob sich der Sprecher wahrhaftig geäußert hat oder nicht, so läßt sich die Diskrepanz zwischen Signifikat und Signifikant nur noch für unwahrhaftige Äußerungen in Anschlag bringen und verliert damit ihren generellen Status.

28 Siehe Paul de Man, *Die Rhetorik der Blindheit. Jacques Derridas Rousseauinterpretation*, in: ders., *Die Ideologie des Ästhetischen*, Frankfurt a. M. 1993, S. 224 (im Text künftig als RB).

29 E. Husserl, *Die Krisis der europäischen Wissenschaft und die transzendentale Phänomenologie*, Haag 1954.

30 Vgl. ebd., S. 318 f., wo Husserl Eskimos, Indianer und Zigeuner aus dem okzidentalen Vernunftkonzept ausgrenzt.

31 Lévi-Strauss hat diesen Sachverhalt unter anderen methodischen Prämissen als »unüberwindliche Aporie« der »soziologischen Beobachtung« gefaßt: »Um eine soziale Tatsache angemessen zu begreifen, muß man sie total erfassen, das heißt von außen wie ein Ding, doch wie ein Ding, dessen integrierender Bestandteil gleichwohl die subjektive... Apprehension ist. [...] Das Problem... besteht nicht bloß darin, ein Objekt gleichzeitig von außen und von innen aufzufassen, sondern schließt die weitergehende Forderung ein, die innere Apprehension... in Begriffe äußerer Apprehension zu überführen« (*Einleitung in das Werk von M. Mauss*, a. a. O., S. 22).

32 Dieser Zwang ist der Ausgangspunkt der dekonstruktiven Lektüre: »Jeder Text nötigt als Text zu einem Lesen im Sinne des Verstehens« (AL 201).

33 De Man reklamiert dies für Rousseau. Vgl. RB 227, 230.

34 Dieses Iterationsmodell ähnelt der konstruktivistischen Auffassung, wie sie Luhmann in seiner Beobachtungstheorie vertreten hat. Der blinde Fleck jeder Beobachtung besteht darin, daß sie die Einheit der Unterscheidung, mit der sie operiert, nicht sehen kann. Erst eine weitere Beobachtung, die mit einer anderen Unterscheidung arbeitet, ist unter erneuter Produktion eines blinden Flecks imstande, die Einheit der beobachteten Unterscheidung zu sehen. Vgl. N. Luhmann, *Die Wissenschaft der Gesellschaft*, Frankfurt a. M. 1991.

35 Diese Analyse wird im Kontext der Auseinandersetzung mit Derridas Rousseau-Interpretation durchgeführt. Gegen Derrida möchte de Man zeigen, daß Rousseaus Theorie der Repräsentation bzw. Darstellung die Bedeutung nicht als Präsenz und Fülle, sondern als Leere faßt (vgl. RB 216). Zum Verhältnis de Mans zu Derrida vgl. L. Ellrich/N. Wegmann, *Theorie als Verteidigung der Literatur?*, in: *DVjS*, 3/1990, S. 467-513.

36 J.-J. Rousseau, *Sozialphilosophische und politische Schriften*, München 1981, S. 213.

37 Vgl. auch BI 17ff., wo de Man die gleiche Stelle heranzieht, um den fiktionalen Charakter der Literatur, der auf der durchschauten Differenz von Zeichen und Bedeutung beruhen soll, mit der existentiellen Leere des Selbst zu verknüpfen.

38 Man kann bei diesem Stand der Rekonstruktion schon absehen, daß der Status der reinen Figuration entscheidend davon abhängen wird, wie sich die Hereinnahme der Selbstreflexivität in die Analyse auf die konstatierte Tendenz des Rückfalls in Außersprachliches auswirkt.

39 »...dann und wann betrübt sie (meine Seele) die Nichtigkeit meiner Phantasiegebilde. Wenn alle meine Träume wahr geworden wären, so wären sie für mich nicht hinreichend gewesen, ich hätte noch erdichtet, noch geträumt, noch gewünscht. Ich fand in mir eine unerklärliche Leere, die nichts ausfüllen konnte, ein gewisses Emporschwingen des Herzens zu einer anderen Art von Genuß, wovon ich keinen Begriff hatte, dessen Bedürfnis ich aber dennoch empfand.« (*Brief an Malherbes*, in: J.-J. Rousseau, *Schriften I*, München 1978, S. 499.)

40 *Sozialphilosophische und politische Schriften*, a. a. O., S. 170.

41 »Die Liebe ist nur ein Trugbild; sie schafft sich sozusagen eine andere Welt; sie umgibt sich mit Gegenständen, die nicht da sind, oder denen sie allein das Dasein gegeben hat; und weil sie alle ihre Empfindungen in Bilder kleidet, so ist ihre Sprache allezeit figürlich« (J.-J. Rousseau, *Julie oder die neue Héloïse*, München 1978, S. 12).

42 *Sozialphilosophische und politische Schriften*, a. a. O., S. 172.

43 Ebd., S. 171.

44 Ebd., S. 172.

45 Er kritisiert aber Rousseaus Beispiel des »Riesen« (ebd., S. 171) als

unglücklich gewählt (RB 222), weil die Furcht (qua eigentlicher Bedeutung des Ausdrucks »Riese«) keine Leidenschaft im engeren Sinne ist. Vgl. aber auch die leicht veränderte Position in P. de Man, *Metapher*, in: ders., *Die Ideologie des Ästhetischen*, a. a. O., S. 243 ff.

46 Als figural können diese Trugbilder bestimmt werden, weil sie 1. ihrer eigenen referentiellen Bedeutung vertrauen und 2. unterstellen, daß die bildhafte Vorstellung und die eigentliche Bedeutung getrennt werden können.

47 *Julie*, a. a. O., S. 729.

48 Ebd.

49 Die referenzfreie Figur kann auch in der puren Selbstbezüglichkeit nicht bei sich bleiben, sondern muß etwas setzen, das es ohne sie nicht gäbe: die unstillbare Leidenschaft.

50 Im *Émile* hat Rousseau dann auch buchstäblich die Konsequenz aus seiner Konstruktion gezogen und die Leidenschaften in der Selbstliebe verankert. Vgl. J.-J. Rousseau, *Émile*, München 1979, S. 258.

51 S. Felman, *Paul de Mans Silence*, in: *Critical Inquiry*, Summer 1989, bes. S. 729 ff.

52 J.-J. Rousseau, *Die Bekenntnisse*, München 1978, S. 86-89.

53 De Man übergeht Rousseaus soziale Herleitung der Lüge aus dem Gesetz des Gehorsams (*Émile*, a. a. O., S. 100).

54 De Man sieht also davon ab, daß der moralische Standpunkt zwischen moralisch relevanten und irrelevanten Aussagen, unabhängig davon, ob sie wahr oder falsch sind, differenziert. Die Feststellung z. B., ob das gestohlene Band rosa oder nicht rosa ist, bleibt moralisch trivialerweise unerheblich, die Ermittlung, ob Marion oder Jean-Jacques es gestohlen hat, erkenntnistheoretisch belanglos. Die Behandlung von Wahrheitsfragen ist also nicht per se ein erkenntnistheoretischer Akt.

55 Der Anspruch, sein von extremen Schamgefühlen gepeinigtes Seelenleben ohne Scham zu schildern, bildet bekanntlich das paradoxe Credo der autobiographischen Schriften Rousseaus. Vgl. *Œuvres complètes I*, Paris 1959, S. 1154.

56 De Man möchte mit seiner zugespitzten Lesart Rousseaus wohl nicht zuletzt auf die im Theoriedesign von erkenntnistheoretischen Prädispositionen bestimmte Moralphilosophie Kants anspielen. Am Kantischen Rigorismus, der gebietet, unter allen Umständen, auch bei verheerenden Nebenfolgen, die Wahrheit zu sagen, lassen sich die haarsträubenden Konsequenzen einer Position ablesen, die die Wahrheit zum höchsten Wert moralischer Fragen stilisiert. Vgl. I. Kant, *Über ein vermeintliches Recht aus Menschenliebe zu lügen*, in: *Werke IV*, Wiesbaden 1956, S. 637 ff.

57 *Die Bekenntnisse*, a. a. O., S. 88.

58 Die Erfüllung dieses Wunsches hat Rousseau (wörtlich gelesen) individualgeschichtlich in die Kindheit, gesellschaftsgeschichtlich in ei-

nen präkulturellen Naturzustand verlegt, der freilich als ein in naher Zukunft wiederzuerlangendes Reich göttlicher Präsenz geschildert wird.

59 Es gehört für de Man zur Ironie sprachlich verfaßter Analysen von Sprache, daß die nicht-subjektiven kognitiven Funktionen der Sprache nur in bewußtseinsphilosophischen Begriffen benannt werden können (vgl. RB 225 f.).

60 Rousseau reserviert diese Idee ausdrücklich für die Sprache der Kinder und einer künftigen Solidargemeinschaft der Menschen.

61 Vgl. u. a. die Sätze, die Rousseau 1758 seiner Romanheldin Julie in den Mund legt: »Das Gewissen sagt uns nicht, was wahr ist, sondern was unsre Pflichten uns vorschreiben; es lehrt uns nicht, wie man richtig urteilt (!), sondern wie man richtig handelt« (*Julie*, a. a. O., S. 734). Darüber hinaus unterscheidet Rousseau scharf zwischen einer Wahrheit, die in den Dingen liegt, und ihrer durch den Eigensinn des individuellen Geistes erschwerten, wenn nicht behinderten Repräsentation in Urteilen (vgl. *Œuvres complètes IV*, S. 343).

62 *Œuvres complètes IV*, S. 1092 (3. Moralischer Brief von ca. 1757).

63 Vgl. *Correspondance général*, Bd. V, S. 243.

64 Vgl. *Träumereien/Vierter Spaziergang* (1776-1778), in: *Schriften II*, bes. S. 682 ff.

65 Vgl. *Widerstand gegen die Theorie*, a. a. O., S. 92.

66 »Abschließen« heißt hier natürlich nur: jenen Wendepunkt erreichen, an dem die gegenläufige Lektüre mit Notwendigkeit einsetzt.

67 Den komplementären Wahrspruch »Wer sich entschuldigt, klagt sich an« darf der Leser geflissentlich ergänzen.

68 J. Starobinski, *Rousseau. Eine Welt von Widerständen* (1958), München 1988.

69 *Die Bekenntnisse*, a. a. O., S. 91.

70 Man muß also bis hierher nicht einmal (mit Starobinski) Freud bemühen, um die hermeneutische Ernte unangefochten einzufahren.

71 *Die Bekenntnisse*, a. a. O., S. 88.

72 Vgl. *Träumereien eines einsamen Spaziergängers*, in: *Schriften II*, S. 688. Rousseau erzählt an dieser Stelle (die in de Mans Augen endgültig das erkenntnistheoretische und moralische Wahrheitsprinzip unterminiert), daß er einmal wissentlich die Wahrheit verschwiegen habe, um einen Schuldigen, der sein Mitleid erregte, zu schützen. Dieser narrative Beleg für Rousseaus Großmut liefert sich natürlich mit rhetorischer Absicht dem Verdacht der Koketterie aus.

73 N. Luhmann, *Die Wissenschaft der Gesellschaft*, a. a. O., S. 114 f.

74 P. de Man, *Critical Writings*, Minneapolis 1989, S. 122.

75 Siehe Paul de Man, *Die Rhetorik der Zeitlichkeit*, in: ders., *Die Ideologie des Ästhetischen*, a. a. O., S. 108.

76 Alle semantischen Motive und hermeneutisch kommentierten Aspekte

werden hier einzig zur puren Lust am Text ausgebeutet. Die Reseman-
tisierung des Textbegehrens als *Erotik des Schreibens* (vgl. D. Kremer,
Kafka. Die Erotik des Schreibens, Frankfurt a. M. 1989) ist freilich eine
stets mögliche Gegenlektüre der Textverkettung. Die Dialektik von
purer Figuralität und aufgeladener Semantik läßt sich nicht unterdrük-
ken, ist aber für den hier behandelten Aspekt des Begehrens als Refle-
xionsstufe der Text/Kommentar-Dyade unerheblich.

77 Vgl. dazu als Theorie einer in diesem Sinne schamhaften Kunst: G.
Steiner, *Von realer Gegenwart*, München 1990.

78 *Die Bekenntnisse*, a. a. O., S. 88.

Rolf Grimminger
Offenbarung und Leere, oder:
Nietzsche, Freud und Paul de Man.
Zur literarischen Psychologie am Ende
von zwei Jahrhunderten

I Fin de siècle

Das Schauspiel der Offenbarung

»...die abstrakten Worte, deren sich doch die Zunge naturgemäß
bedienen muß, um irgendwelches Urteil an den Tag zu geben,
zerfielen mir im Munde wie modrige Pilze.« Der bekannte Satz
des Lord Chandos, der in sein Schweigen hinüberführen wird,
über das er wortreich spricht, wiederholt eine Passage aus einem
älteren Essay Hofmannsthals: »Die Leute sind es nämlich müde,
reden zu hören. Sie haben einen tiefen Ekel vor den Worten: Denn
die Worte haben sich vor die Dinge gestellt. Das Hörensagen hat
die Welt verschluckt.«[1] Anschließend schreibt Hofmannsthal über
einen Schauspieler, dessen Name in verlorenen Zentren noch fest-
gewachsen scheint: Mitterwurzer. Er ist berühmt dafür, daß er das
Hörensagen wieder vergessen läßt, mühelos erobert er sich die
Dinge in der Sprache zurück: »In seinem Mund werden die Worte
auf einmal wieder etwas ganz Elementares, der letzte eindring-
lichste Ausdruck des Leibes, Waffen wie die Zähne und die Nägel,
Lockungen wie das Lächeln und die Blicke, reine sinnliche Offenbarungen des inneren Zustandes.«

Mitterwurzer oder die »ganz elementare« Suggestion seiner
Sprache, dieser »Ausdruck« von »Erlebnissen«, sagt Hofmannsthal auch. Vom abstrakten und vom konventionellen Sprachgebrauch gleichermaßen verhindert, verkörpert er sich jetzt in einem
Schauspieler wieder, der redend derart mit sich identisch wird,
daß er die »müden« Worte mit Energie neu aufladen kann. Das ist
nicht weniger paradox als des Lord Chandos Rede über das
Schweigen. Auf einer Seite hört Hofmannsthal ein leeres Sprach-
geräusch, das nur noch auf vorhergegangene Übereinkünfte verweist, absolute Schwundstufe jedes Sinns. Auf der anderen sieht er

das Theater, diese Verkörperung des puren Scheins, der bloßen Simulation. Und während der Schauspieler auf der Bühne den »elementaren« Ursprung der Sprache nachahmt, entsteht er tatsächlich. Kein merkwürdiger Kontrast: Die Tatsachen auch der Sprache sind leer, sie kommen erst in der Fiktion zu ihrer möglichen Fülle.

Der Ort der Fülle liegt zwar jenseits der entleerten Konventionalität, bleibt sonst aber beweglich. Er läßt sich im Schweigen eines in sich selbst verkapselten »inneren Zustands« finden, darüber redet Lord Chandos, und zugleich in seinem radikalen Gegenteil: in der Exhibition des Schauspielers Mitterwurzer. Sind beide aber wirklich so weit voneinander entfernt? »Ich empfand ein unerklärliches Unbehagen, die Worte ›Geist‹, ›Seele‹ oder ›Körper‹ nur auszusprechen«, schreibt wiederum Lord Chandos, für den das eine stets schon im anderen vorhanden sein soll, der Geist in der Seele des Körpers der Worte. Das leibliche Dasein auch der Sprache muß zu sich selber allerdings erst noch erweckt werden, und die Worte des Lord Chandos verhindern das nicht nur deshalb, weil sie eben abstrakt sind. Sie bleiben auch einer überlieferten Wert-Hierarchie verhaftet, die den spirituellen Geist nach oben und das Material der Körper nach unten einwies. Die Hierarchie ist zwar unbrauchbar geworden, doch Lord Chandos, so behauptet er, hat eine Alternative nicht zur Verfügung, also schweigt er. Anders Mitterwurzer. Der »Geist« seiner Sprache ist eine »leibliche Offenbarung«, sagt Hofmannsthal, ungeteilte Präsenz des Daseins, die er ausagiert gegen die Vergangenheit. »Wenn wir den Mund aufmachen, reden immer zehntausend Tote mit. Der Mitterwurzer hat seine Beredsamkeit das Schweigen gelehrt. Er hat die zehntausend Toten totgetreten, und wenn er redet, redet nur er.«

Trotz dieser wunderbaren Vernichtungstat steht auch Mitterwurzer auf der Bühne einer Tradition, nämlich einer traditionellen Funktion der Kunst. Funktion heißt Abhängigkeit. Die Rolle der Kunst, die Mitterwurzer ausgespielt haben soll, ist abhängig gewesen von der pathetischen Vernichtung ihres Gegenteils – der gewöhnlichen Konventionen der Sprache. Arbiträr und pragmatisch, wie sie sind, können sie zwar alles Mögliche benennen, nur eines können sie nicht: aus der Leere ihrer normalisierten »Wirklichkeit« den imaginären Zauber der Fülle heraufbeschwören. Das kann, wenn überhaupt, nur ein Künstler wie Mitterwurzer, der eine Funktion übernimmt und eine Kunst repräsentiert, die im Fin de siècle sehr auf ihre leibliche Anschauung drängte (freilich im Schauspiel von jeher darauf gedrängt hat).

Das »Erlebnis« der Leiblichkeit des Sinns ist insgesamt ein Privileg der Sprache der Kunst gewesen, das Freud wenig später unterminieren wird. Für ihn sind die Verstöße der Leiblichkeit (der Kunst) in der sogenannten Normalität und ihren Konventionen verdeckt stets schon enthalten gewesen, unter der Oberfläche zwar und so sorgsam verborgen wie unter der zeremoniösen Kleiderordnung des späten 19. Jahrhunderts, aber trotzdem verräterisch da. Einem Schauspieler wie Mitterwurzer blieb es vorbehalten, den Verrat der Zeichen des Körpers zur Öffentlichkeit der Kunst zu verwandeln, er erfindet also nichts, er benutzt nur einen vergleichsweise kultischen Raum. Seine Entgrenzungen hätten für Freud den Charakter einer Probehandlung gehabt, einer »Ersatzbildung« auf dem eigens dafür vorgesehenen Terrain der Kunst. Dort führt – wie im Traum, im Mythos und in der »Fallgeschichte« – das Unbewußte Regie, und das ist auch der Grund, weshalb Freud nicht nur die Träume, die Mythen und die Fälle, sondern gerade auch die poetische Literatur unermüdlich nach Belegen für seine Theorie durchsuchte. Doch geht seine Analogiebildung leicht in die Irre. Zwar führt auch in der Literatur das Unbewußte Regie, aber mit einem hohen Aufwand an bewußter Bearbeitung, Stilisierung, Konstruktion. Gerade in dieser Ambivalenz liegt die eigentliche Kulturleistung, von der die bloße »Fallgeschichte« ebensoweit entfernt bleibt wie die Tatsache, daß wir träumen müssen, wenn wir schlafen müssen.

Mitterwurzers Selbstentblößung der »Beredsamkeit«, in der die Waffen und die Verlockungen seines Körpers zusammentreffen, die »Nägel« und die »Blicke«, inszeniert das sprachlose Selbst[2] des Lord Chandos, ähnlich wie Schnitzlers »Fräulein Else« den stummen Innenraum ihrer Wünsche plötzlich nach außen kehrt. In einem hysterischen Anfall, der ihr Bewußtsein abschaltet, stellt sie ihren Körper zur Schau. Wiederum ist die Analogie vorhanden und mit ihr gleich ein mehrfacher Unterschied, denn der Schauspieler Mitterwurzer ist ein bewußter Virtuose der Selbstentblößung, Artist auf einer Bühne, die eigens für seine Aktionen eingerichtet wurde. Auch entblößt er sich nur in den Andeutungen seiner Wort-Gesten, keineswegs also tatsächlich. »Fräulein Else« dagegen handelt in einer Normalität, die scharf davon abgetrennt bleiben soll, weshalb sie ihr Bewußtsein ausblenden muß, um die Grenze zur Rhetorik des Theaters zu beseitigen, deren Andeutungen sie gleich mit vernichtet: Sie zieht sich tatsächlich aus. Hätte Schnitzler sie nicht in eine Erzählung übersetzt, die tatsächliche Selbstentblößung der Else bliebe ein purer »Fall« von Anormalität. Als Erzählung aber wird sie zur Kunst, zur Imagination nicht anders als Mitterwurzers Schauspiel.

Die Sprache der Normalität verdrängt hier andauernd, was in der Kunst permanent angenommen werden will: den affektiven Selbstausdruck, die Exhibition des Selbst in die symbolische Sphäre der Zeichen. Daß sie zur Kulturleistung werden konnte, folgt einem Bewußtsein, dessen Grundregel einfach ist: Sie fordert die ästhetische Distanz von Künstler und Publikum zu sich selbst und zum jeweils anderen als empirischen Subjekten, die den Konventions-Regeln der Normalität unterworfen bleiben. Distanz ist die Voraussetzung von Fiktion und Imagination, diesen sogenannten »Ersatzbildungen«, in denen die Leere der Wirklichkeit und die Fülle ihrer »Offenbarung« zusammentreffen. Es war die Rolle der Sprache der Kunst, imaginäre Selbstverdoppelungen und realen Abstand zugleich inszenierbar zu machen, das Theater und die Ferne des Blicks darauf, die Hysterie als virtuose »Beredsamkeit« des inneren Monologs der Else. Der Ausbruch wurde zum kulturell gewürdigten »Erlebnis« seiner Fiktion, und das ist dann ein Wort für die Überwindung der Sprachlosigkeit.

Metaphorik der Erlösung

»In irgendeinem abgelegenen Winkel des in zahllosen Sonnensystemen flimmernd ausgegossenen Weltalls gab es einmal ein Gestirn, auf dem kluge Tiere das Erkennen erfanden. Es war die hochmütigste und verlogenste Minute der ›Weltgeschichte‹: aber doch nur eine Minute. Nach wenigen Atemzügen der Natur erstarrte das Gestirn, und die klugen Tiere mußten sterben.«

Als hätte er sich beim Märchenerzählen ertappt, bricht Nietzsche hier ab, wechselt die Tonlage und schreitet zur »klugen« Interpretation seiner eigenen Sätze: »So könnte jemand eine Fabel erfinden und würde doch nicht genügend illustriert haben, wie kläglich, wie schattenhaft und flüchtig, wie zwecklos und beliebig sich der menschliche Intellekt innerhalb der Natur ausnimmt [...] Verschweigt die Natur ihm nicht das allermeiste, selbst über seinen

Körper?« fährt Nietzsche fort, bevor er weitere, durchweg rhetorische Fragen zu den »Konventionen der Sprache« anschließt: »Sind sie vielleicht Erzeugnisse der Erkenntnis, des Wahrheitssinnes, decken sich die Bezeichnungen und die Dinge? Ist die Sprache der adäquate Ausdruck aller Realitäten?«

Sie ist es nicht. Das Fragment *Über Wahrheit und Lüge im außermoralischen Sinn* (von 1873) legt eine Spur, die nicht nur Hofmannsthal wieder entdecken wird. Spätestens ab der Jahrhundertwende ist Nietzsche überhaupt zu einem Wiedergänger geworden, der quer durch die Literatur geistert, wenn auch nicht gerade mit diesem Fragment, das unveröffentlicht blieb. Trotzdem sind die Parallelen perfekt. Wo Hofmannsthal den »Leib« zitiert, wendet sich Nietzsche zwar zunächst an eine »Natur«, über die er das Himmelsgewölbe aufbaut, am Ende haust sie aber trotzdem im Organismus der »Körper«, der wiederum mit zweierlei unverträglich scheint: mit den Konventionen der Sprache und ihren abstrakten Begriffen der »Wahrheit«.

Auch aus der Phonetik und der etymologisch verfahrenden Sprachgeschichte des späten 19. Jahrhunderts stammt der Gedanke, die abstrakte Begrifflichkeit der Vernunftsprache wäre ein Phantom. Nicht nur der deutsche Idealismus hatte sich getäuscht. Sprache besteht etwa für Gustav Gerber, dessen *Sprache als Kunst* Nietzsche gelesen hat, aus »Lautbildern« und sinnlichen Analogien, die wesentlich mehr über die Verfassung unserer Nerven und Vorstellungsprozesse aussagen als über die »Wahrheit«. Die Metapher ist dann nicht nur »ein Tropus der Poesie, sondern eine ursprüngliche, notwendige Anschauungsform des menschlichen Denkens«.[3] Man kehrt eine Tradition um, die bei Aristoteles beginnt[4]: Nicht die Metapher substituiert den Begriff, sondern gerade umgekehrt, er substituiert die Metapher, sie ist das Ursprüngliche. Nietzsche greift den Gedanken ebenso auf wie knapp drei Jahrzehnte später Fritz Mauthner[5]: Sprache ist kein logisches, sondern ein durch und durch metaphorisches System, abhängig von der Ontologie der Natur, der Physiologie unserer Nervenreize. »Unbewußt«, sagt Nietzsche, reproduziert die an den Begriff gebundene Wahrheit, wovon sie entschieden getrennt sein will: eben die Metapher.

»Das ›Ding an sich‹ [...] ist auch dem Sprachbildner ganz unfaßlich und ganz und gar nicht erstrebenswert. Er bezeichnet nur die Relationen der Dinge zu den Menschen und nimmt zu deren Ausdruck die kühnsten Metaphern zur Hilfe. Ein Nervenreiz, zuerst übertragen in ein Bild! Erste Metapher. Das Bild wird nachgeformt in einen Laut! Zweite Metapher.«

Das ist die Brücke zu einer Idee, die Hofmannsthals elementarer Sprache des Leibs gleicht, wie er sie in Mitterwurzer verkörpert sah. Nietzsche beschreibt sie zwar rhetorischer und philosophischer, trotzdem befindet auch er sich auf der Suche nach einer Natursprache, die einem »ganz und gar individualisierten Urerlebnis« (so beschwört er das Pathos des Ursprungs, das er will) ent-sprechen soll. »Individuell« ist für Nietzsche der unverwechselbare Ausdruck eines Besonderen abseits von Konvention und Normalität. Zwischen ihm und ihren Regeln herrscht die Dialektik von Zwang und Auflehnung, und wo Hofmannsthal die »abstrakten Worte« mit »modrigen Pilzen« verglich, erfindet Nietzsche ein anderes, nicht minder expressives Bild seines Unmuts. »Begriffe« begraben das »Erlebnis« unter eine »pyramidale Ordnung nach Kasten und Graden«, bleiben aber am Ende darauf angewiesen. So will es die metaphorische Sprachtheorie: Der »Begriffsgott« erscheint ihr am Ende als »Residuum einer Metapher«. Die natürliche Ordnung der Sprache wird von den Konventionen der Götter der Wahrheit auf den Kopf gestellt. Sie und ihre »Gesellschaft« entlassen die fatale Verpflichtung, »nach einer festen Konvention zu lügen, herdenweise in einem für alle verbindlichen Stile zu lügen«, denn Wahrheiten sind »Illusionen, von denen man vergessen hat, daß sie welche sind, Metaphern, die abgenutzt und sinnlich kraftlos geworden sind, Münzen, die ihr Bild verloren haben [...]«.[6]

Nietzsche ging von der Idee der Natursprache aus, die in der gegebenen verdeckt und entstellt immer schon vorhanden sei. Kehrt man die Idee geradewegs um, so entsteht die Suche nach dem Konstrukt einer Idealsprache, die sich in den verdeckten Ursprüngen der natürlichen nicht mehr verfangen soll – Russell, der frühe Wittgenstein, Carnap und die Entwicklung der analytischen Sprach-Philosophie nach der Jahrhundertwende. Für Nietzsches Sprachphilosophie aber bleibt, um Karl Kraus zu zitieren, »der Ursprung das Ziel«. Ihm näher zu kommen setzt auch jetzt die pathetische Vernichtung entleerter Sprachkonventionen voraus, Zerstörung ihrer Normalität, Ausbruch aus der Zwangsordnung vorgeschriebener Diskurse zugunsten von etwas, das Nietzsche das »ästhetische Verhalten« nennt. Es bemächtigt sich der Sprache und gibt ihr die Fülle der Anschauung wieder zurück, es inszeniert wie der Schauspieler Mitterwurzer das Theater der »erlebten« Worte auf der Bühne einer nun allerdings ganz auf die Schrift bezogenen Rhetorik, die Nietzsche um zwei Zentren herum aufbaut: um die Metapher und die Metonymie. Sie gelten ihm als Grundpfeiler der »Natur« der Sprache.

Freud wird ihm genau um die Jahrhundertwende recht geben. Metapher und Metonymie erscheinen bei ihm als Effekte von »Verdichtung« und »Verschiebung«[7], die er als Grundgesetze der Sprache des Traums festschreibt, dieser endlosen Ressource – »via regia« – des Unbewußten. Über den Traum spricht auch Nietzsche gegen Ende seines Fragments, er wird ihm mit und in der »Natur« zu einem weiteren Dokument des »Ursprung«, auf das er fasziniert blickt. Er stellt sich einen Erfahrungsfluß vor, der, dem Traum immer noch ähnlich, in einer »nachstammelnden Übersetzung« zu Sprache und Text hinübergerettet werden soll. Unmittelbar abgebildet werden kann er also nicht. Er kann nicht einfach verlängert, er muß vielmehr umcodiert werden in eine »ganz fremde Sprache«, sagt Nietzsche, die sich den Traum der Natur in Relikten bewahrt hat.

Die Relikte der Zeichen des entfremdeten Ursprungs befinden sich für Nietzsche in Mythos und Kunst. Andauernd verwirrt hier der immer noch vorhandene »Trieb zur Metaphernbildung, jener Fundamentaltrieb des Menschen [...] die Rubriken und Zellen der Begriffe dadurch, daß er neue Übertragungen, Metaphern, Metonymien hinstellt, fortwährend zeigt er die Begierde, die vorhandene Welt des wachen Menschen so bunt unregelmäßig, folgenlos unzusammenhängend, reizvoll und ewig neu zu gestalten, wie es die Welt des Traumes ist«. Derart bei der Metonymie und der Metaphorik des Traums angekommen, erfindet Nietzsche Zusätze, die weniger von der zeitgenössischen Kunst eingelöst wurden als von der zukünftigen. Er will die Normalität der Sprache »zerschlagen«, er wünscht sich einen »freigewordenen Intellekt«, der »durcheinanderwirft, ironisch wieder zusammensetzt, das Fremdeste paarend und das Nächste trennend«. Zwar gibt es solche kombinatorischen Verfahren oder doch zumindest die Theorie dazu bereits in der Tradition – Herders, Friedrich Schlegels, Mallarmés. Nietzsches Traum von der Zertrümmerung der Sprachkonventionen zugunsten einer utopischen Rückkehr wartete trotzdem noch auf den Radikalismus der Avantgarden, auf Futuristen, Dadaisten, Surrealisten. Breton theoretisierte darüber im ersten »Surrealistischen Manifest«, und die »automatische« Schreibweise war darauf hinkalkuliert.

Kreativ ästhetische Rückkehr zum verdeckten, aber stets gegenwärtigen Ursprung der Sprache: Dieses Programm hat Tradition, und es wird weitere bilden, Nietzsche vermittelt das System »Kunst« von der Romantik zur Moderne des 20. Jahrhunderts. Mythos und Kunst erscheinen als Kulturleistungen, die imaginäre Orte brauchen, um eine von den Konventionen verschüttete Welt ausgraben zu können: Archäologie des Traums der »Natur«. Sie erscheinen als Entgrenzung im Material der Zeichen der Sprache, deren Modell auch bei Nietzsche die Simulation des Schauspielers ist, der im Augenblick seiner Rede mit seinem Text identisch sein will. So wird er es – vielleicht – tatsächlich. Er spiegelt sich dann in den Zeichen, »unregelmäßig und unzusammenhängend«, entlastet von den Regeln der Normalität und getrieben von einer »Begierde«, die über den Umweg der traditionellen Psychoanalyse in der Sprachtheorie Lacans wieder eine gewaltige Rolle spielen wird. Welche »Begierde« ist es am Ende? Die Stichworte des ausgehenden 19. Jahrhunderts – Mythos, Traum und Kunst in der Rolle einer utopischen Gegenwelt der Fiktion – sind gefallen. Nietzsche nennt darüber hinaus noch einen psychischen Zustand, der sich einstellen soll. Sein Glaube an die »promesse de bonheur« wiederholt nicht nur Stendhal, und nicht nur Baudelaire schrieb über jene »traumhafte« Harmonie des Körpers (im *Salon von 1846*), die Nietzsche mit vorgeschwebt haben mag, als er folgende Worte notierte: »fortwährend einströmende Erhellung, Aufheiterung, Erlösung«.

Erster Versuch über Entropie

Der wortreich verkapselte Innenraum des Lord Chandos, die Selbstentblößung des Schauspielers Mitterwurzer, die literarische Hysterie der Else und schließlich auch Nietzsches natürliche Traumsprache der Metaphern und Metonymien – sie alle setzen sich einem Feindbild entgegen, selbstbewußt behaupten sie, wahre Entdeckungen gegen den falschen Gebrauch der Sprache zu sein, gegen ihre entleerten Konventionen. Die wahre Sprache nämlich ahmt nach: Sie ist Mimesis einer imaginierten »Natur«, die noch in das Schweigen des Lord Chandos hineinreicht. Das System »Kunst«, das den konventionell versperrten Innenraum der Subjekte öffnen und seine fremde Sprache mimetisch übersetzen soll, wehrt sich gegen die empirische Geltung seines Gegenteils. Es verkehrt sie zum philiströsen Unwert schlechthin. Das Allgemeine ist das Falsche.

Die Antinomien lassen sich abschwächen wie im meist äußerst langweiligen Realismus deutscher Herkunft, dessen »Poesie« dann eine verklärte Harmlosigkeit war. Sie lassen sich aber auch verstärken wie in Huysmans' *A rebours*, dessen symbolistischer Held die Innenarchitektur seines Hauses, aus dem er nicht mehr heraustreten will, komponiert wie eine Bühne. Im widerstandslosen Material der toten Gegenstände seines Bühnenbilds genießt er das Schauspiel seiner selbst. Das tatsächliche Leben ist ihm verhaßt, sein künstlicher Ersatz allein bleibt erträglich, und so stellt er die Fiktion einer kleinen Welt um sich auf, die den fiktionalen Entwurf des Selbst nicht nur verdoppelt, sondern kraft ihrer dauerhaften Anwesenheit auch stets wieder hervorruft. Huysmans spiegelt sich in der Sprache seines Helden, der sich in seinem Bühnenbild spiegelt, das die Welt imitiert – ein extremes Beispiel der Vernichtung der Nicht-Kunst unter dem Zeichen der Décadence, die Huysmans (wie üblich) als positiven Wert begreift, keine Spur von Larmoyanz haftet ihr an.

Trotzdem bleiben er wie auch Hofmansthal oder Nietzsche in den grammatischen Strukturen einer Mitteilungssprache, die Informationen benennt und weitergibt und doch »Guten Tag« sagt, als wäre auch das gemeint. Sie bleiben darin, denn ihre Form scheint ihnen nicht ebenso entleert zu sein wie ihre Semantik. Erst der Radikalismus der Avantgarden geht weiter, er richtet sich nun auch gegen die pure Form, gegen die Diktatur der Grammatik. Der Ausbruch aus dem Gefängnis der Normalität zerbricht (zunächst in den Kleinformen der »Lyrik«) auch die Syntax, woraus paradoxerweise mit der vollendeten Vernichtung der Sprachkonventionen auch die Destruktion einer Kunst entsteht, die sie noch benutzte, und sei's nur als pures Gerüst ihrer Sätze. Es entsteht die programmatische Antikunst der Futuristen, Dadaisten, Surrealisten, und vom frühen Breton ist ja bekannt, daß der Verdacht, jemand wolle »Literatur« schreiben, schon ausreichte, um ihn zu verbannen. Die Versöhnung von Kunst und Leben braucht hier die Zerstörung – auch der Kunst.

Hofmannsthal benutzt noch die Grammatik der Normalsprache, lädt sie aber metaphorisch auf, er verdichtet sie bis zu jenem

Punkt, an dem die Fülle ihrer imaginären Leiblichkeit sich visuell zu offenbaren schien. Nietzsche hat recht – das Verfahren dieser Wahrnehmungssteigerung ist abhängig von der »Natur« unserer Sinne am »Ursprung« auch ihrer Sprache. Der Wert aber, den die Metaphern der Natur in der Kunst des späten 19. Jahrhunderts für sich beanspruchten, entstand nicht aus ihnen selbst, sondern aus einer gigantischen »Metonymie«, das Wort im korrekten Sinne Freuds als »Verschiebung« begriffen – das gesuchte »Erlebnis« wird in die Kunst verschoben. Die Intensität der Wahrnehmung, die »Erlebnis« hieß, emigriert aus dem empirischen Dasein, sie wandert hinüber in das imaginäre Reich der Fiktion. Dort werden die Zeichen und ihre Wahrnehmung metaphorisch verdichtet zur »Erlösung« ihrer selbst, zur »Offenbarung« ihrer sonst verborgenen Magie. Das Verschieben geht diesen Offenbarungen aber stets schon voraus, es ermöglicht sie und mit ihnen den traditionellen Wert der Kunst. Und umgekehrt wirft dieser seinen Schlemihl-Schatten zurück auf die Konventionalität von Zeichen und Wirklichkeit – sie haben ihn verloren, sie werden ihn nie wieder finden, er ist immer schon entrückt, ein Eigentum der Kunst, dieser vergleichsweise innerweltlichen Transzendenz der Sprache. Konkurrenzlos hält sie der Wirklichkeit deren eigenen Mangel vor: Es fehlt ihr der Schatten der Kunst, es fehlt ihr das Licht der Imagination. Der Ort der »Natur«, den noch Nietzsche in die Mitte seiner Geographie der Kunst und der Mythen einzeichnet, ist seit dem 18. Jahrhundert immer schon dort gewesen. Nichts war – bis zu Freud – so unglaublich Natur wie ihre ästhetische Einbildung. Natur kam erst dort zu ihrer wahren Größe, wo sie durch und durch von der Bilder-Arbeit des Bewußtseins verformt war. Das scheint paradox, bleibt aber weniger bemerkenswert als die Psychologie, die das Paradoxe immer wieder aus sich heraustrieb.

Sie will die sublimen Zeichen der Natur, nicht diese selbst. Zwischen ihre Tatsachen, die in der groben Materialität der Körper gegeben sind, und ihre Wahrnehmung schiebt sich die Sprache der Literatur wie eine transparente, aus den Strukturen des Mediums bestehende Wand. Sie verhindert Konfrontationen, sie verwandelt »Natur« zu einem kulturell akzeptablen Zitat ihrer selbst, zu einer in die Ferne entrückte Erscheinung der Nähe (ach, Walter Benjamin). Die Dialektik von Ferne und Nähe, von Abwesenheit und Anwesenheit, hat nichts sensationell Neues an sich, schon der antike »Schiffbruch mit Zuschauer« benutzte den Voyeurismus der ästhetischen Distanz, um die Lust am Schock des Untergangs verständlich zu machen. Die Debatten des späten 19. Jahrhunderts um die »Natursprache« überschreiten die gelegentliche Gebanntheit des Zusehens bei weitem: Hier ist das Faszinosum der Kunst oder nirgends. Wer es begehrte, akzeptierte den Riß und wollte die »Verschiebung«, die ihn in die ästhetische Distanz zu sich selbst trieb (welch eine »Erlösung«, sagte Nietzsche), zu seinem empirischen Dasein, dem »tatsächlichen« Leben. Und wiederum waren es die Avantgarden, die das Spiel nicht mehr mitspielen, den Riß beseitigen und das »Verschobene« zurückholen wollten.

Die Übernormativität der Sprach- und Lebensregeln in der untergegangenen Zivilisation des späten 19. Jahrhunderts, diese betulich strenge Metaphysik der öffentlichen Ordnungen – sie spiegelt sich noch in der exaltierten Offenbarung der Kunst: Das Verdrängte rettet sich in die Weihe des Kults. Am Ende verweist auch die Kritik an der gewöhnlichen Sprache darauf zurück (Hofmannsthal oder Nietzsche sind nur zwei, wenn auch nicht beliebige Beispiele dafür). Die Kritik trifft einerseits den Kern der Sache, sofern man auf die überlieferte Literatur oder auf den gewöhnlichen Sprachgebrauch überhaupt starrt, auf die Ökonomie der Zeichen um die sinnliche Evidenz von Sinn, der in der literarischen Kunst verschwenderisch vorhanden, in der Kommunikation um geltende Wirklichkeit aber verknappt und reglementiert war. Die Kritik trifft den Kern um so mehr, als sie von Autoren geäußert wird, deren Geschäft das Schreiben ist, und hier schrumpft die Welt eben auf das Material einer immer schon konventionell verdorbenen Sprache zusammen. Und doch trifft die Kritik auch – auf Peripherie. Debatten um die Tragfähigkeit der Sprache sind schließlich stets ein Indiz dafür, daß der Zugang zu den Dingen der Erfahrung, wie Hofmannsthal sagt, verstellt ist; daß ihre eingerasteten Konventionen nicht mehr ausreichen, um Selbst- und Fremdwahrnehmungen, die stumm und vage entstanden sind, artikulieren zu können; daß Sprachformen Lebensformen sind, um den späten Wittgenstein der *Philosophischen Untersuchungen* zu zitieren. Und wenn jene nichtsbedeutend werden, dann eben auch diese.

Freud hat für seine Patienten eine eigene Redesituation erfunden – den Monolog (fern der konventionellen Dreinrede eines anderen) und seine »freie Assoziation« (die Nietzsche »unregelmäßig und unzusammenhängend« nannte, »das Fremdeste paarend und das Nächste trennend«). Ungefähr zur gleichen Zeit wird der »innere Monolog« entdeckt – das gleiche Prinzip. Später werden es die Surrealisten in ihrer »Schlafphase« überstrapazieren, doch gehörte sowohl der Monolog wie die »freie Assoziation« von jeher zu den tragenden Säulen literarischen Schreibens. Freud erinnerte sich später an eine Jugendlektüre zurück – an Börnes Rezept für die »Kunst, in drei Tagen ein Originalschriftsteller zu werden«: »Schreibt drei Tage hintereinander alles nieder, was euch durch den Kopf geht. Schreibt, was ihr denkt von euch selbst, von euren Weibern, von dem Türkenkrieg, von Goethe [...]« – aber schreibt ohne die »Zensur, welche die öffentliche Meinung über unsere Geisteswerke ausübt«.[8] Kurzum, Freud hat keine neue Technik erfunden (fast zustimmend nimmt er es zur Kenntnis), er griff nur auf Literatur und ihr vorpsychoanalytisches Wissen zurück, er machte beides praktisch, und das war dann seine tatsächliche Erfindung.[9]

Längst vor den Revolutionen auch der Avantgarden, die auf andere Weise als Freud das gesamte System »Kunst« in Praxis übersetzen wollten, war es selbst ausgereizt und zumal die gegebenen Sprach- und Lebensformen in die Entropie ihrer Geltung hineingeraten – Schrumpfprozeß der Anerkennung. Entropie hat etwas mit Energiemengen zu tun, die nicht mehr genutzt werden können, und Wärme ist eben nicht nur ein Bereich der physikalischen Thermik, sondern auch einer der Psychologie, der in die Glaubwürdigkeit von »Sinn« entschieden hineinreicht. Sie wird zur Metapher für die Energie der affektiven Anerkennung: Ist sie verschwunden, verschwindet auch die Möglichkeit der Identifikation, aus der Identitäten entstehen. Entropie breitet sich aus, schwer meßbar, aber um so unangenehmer bemerkbar. Die Dinge werden fremd, die Wörter leer. Weitere Beispiele? Nehmen wir ein monumentales, das Kriegsgeschrei von 1914. Selbstverständlich – es dröhnte nationalistisch, doch gerade auch darin war es ein Erlösungsgeschrei noch der »Gebildeten« und der Künstler, die aus sinnentleerten Strukturen in die Fülle ihrer erträumten »Erlebnisse« so aufzubrechen glaubten, wie Musil es im *Mann ohne Eigenschaften* ironisch beschrieb oder besser: beschreiben wollte. Die Absicht ist jedenfalls bemerkbar: Ausbruch aus der Entropie. Musil mußte es wissen, ihn hatte die Kriegsbegeisterung ebenso aus sich selbst herausgerissen wie Hugo Ball, den späteren Übergangsdadaisten, den klug versponnenen Musil des Dadaismus.

Die Verbindung von Kunst und Krieg, poetischer und tatsächlicher Zerstörung geltender Wirklichkeit ist Realgeschichte – kein Tag verstrich zu Beginn, an dem nicht Tausende von Kriegsgedichten an die nationale Presse eingeschickt worden wären.[10] Die traditionelle »Offenbarung« der Kunst trieb nicht nur die Kriegslyrik aus sich heraus, sondern schien jetzt auch noch in die Wirklichkeit übergewechselt zu sein. Der Krieg war vorübergehend ein Verwandter der Kunst (und wer von beiden fiktiv?), bis der Irrtum schließlich bemerkt wurde. Am Ende war das System »Kunst« in Granaten doch nicht übersetzbar – freilich nicht für Ernst Jünger, d'Annunzio oder Marinetti, die in der heroischen Ästhetik des Schauspiels der Zerstörung blieben.

II Zur gegenwärtigen Jahrhundertwende

Kein Ort, nirgends

»Es bleibt (mir) fast nichts: weder die Sache noch ihre Existenz, noch die meine, weder das reine Objekt noch das reine Subjekt, keinerlei Interesse irgendeiner Art für irgend etwas. Und dennoch liebe ich: nein, das ist noch zuviel, das hieße, daß mir noch an der Existenz gelegen wäre. Ich liebe nicht, aber ich habe Freude an dem, was mich nicht interessiert, zumindest daran, daß es gleichgültig ist, ob ich liebe oder nicht liebe. Diese Freude, die ich habe, ich habe sie nicht, eher spende ich sie, ich spende, was ich habe, mir wird zuteil, was ich spende, ich habe nicht, was mir zuteil wird. Und dennoch bereite ich mir Freude. Kann ich sagen, daß ich sie mir bereite? Sie ist so allgemein objektiv – meinem Urteil und dem gesunden Menschenverstand nach –, daß sie nur rein von außen kommen kann. Unassimilierbar. Diese Freude, die ich mir bereite oder der ich mich vielmehr hingebe, durch die ich mich hingebe, ich erfahre sie letzten Endes nicht einmal, wenn erfahren empfinden heißt: phänomenal, empirisch, im Raum und in der Zeit meiner interessierten oder interessanten Existenz. Eine Freude, deren Erfahrung unmöglich ist. Ich habe sie nicht, sie wird mir nicht zuteil, ich spende sie nicht, ich bereite sie nicht, ich bereite sie mir nie, denn *ich* (ich, das existierende Subjekt) habe nie Zugang zum Schönen als solchem. Insofern ich existiere, habe ich nie reine Freude.«

Der Text ist ein Ausschnitt aus Derridas Kant-Kapitel in *La vérité en peinture.* Julio Cortázar übersetzte ihn im *Tagebuch für eine Erzählung.*[11] Wittkopf, der Übersetzer Cortázars, übertrug ihn anschließend ins Deutsche, dem Ende seiner Wanderung, bleiben wir vorläufig dort stehen.

Derrida inszeniert das Verschwinden der ästhetischen Sicherheit in Erfahrung und »Empfindung«, Raum und Zeit. Kants »interesseloses Wohlgefallen« erscheint, verstärkt zu »Freude« und »Liebe«, um sich in einem unauflösbaren Netz von Selbstwidersprüchen zu verstricken. Kann es eine interesselose Freude überhaupt geben? Nein, sagt der Text, doch schiebt er das »Nein« im Spiel der Differenz zwischen Idee und Erfahrung lange hinaus. Es dreht sich so lange im Kreis, bis Kants transzendentale Psychologie ins Taumeln gerät, ihre Sicherheit ist dahin. Ohnehin gibt es für Derrida keine »friedliche Koexistenz« zwischen Idee und Erfahrung, sondern eher eine »gewaltsame Hierarchie«. Er stürzt die Hierarchie jetzt um, indem er das erfahrbare Dasein des Subjekts, das Kant im »Schönen« verstummen ließ, in sein Mitsprache-Recht wieder einsetzt. Da steht es nun kopfschüttelnd da, das Subjekt, holt Luft, blickt um sich her und findet sich im »Schönen« nicht wieder und nimmt seinen Selbstverlust an und wehrt sich doch in den immer neuen Anläufen seines »aber« so lange dagegen, bis es dann feststellt: »*Ich* habe nie Zugang zum Schönen als solchem. Insofern ich existiere, habe ich nie reine Freude.«

»Wenn die Geschichte der Metaphysik die Geschichte einer Bestimmung des Seins als Präsenz ist, wenn ihr Geschick mit dem des Logozentrismus identisch ist«[12], dann enthüllt die »Dekonstruktion« einen Irrtum von universalem Ausmaß. Die großen Worte der »Präsenz« beschworen etwas Absentes, nämlich ihren Sinn, und dessen Verschwinden hat nun auch das System »Kunst« erreicht. Keine »Offenbarung«, »Erlösung«, »Erheiterung« von Gnaden des Schönen, entleerter Wortschatz einer verflossenen Metaphysik, die sich in das Sein der Wörter hineingeträumt hat, als wäre es da. Nichts ist da. Der Zauber, in dem sich die imaginäre Identität der »Freude-Liebe« tatsächlich zu öffnen schien, diese innerweltliche Transzendenz der Kunst, er ist verschwunden. Was davon übrigblieb, gerät in den Selbstwiderspruch der entzauberten Teile hinein, also in den universalen Prozeß, der die Geschichte der Moderne treu begleitet. »Dekonstruktion«, das merkwürdig paradoxe Wort vom »Niederaufbau«, das Derrida erfunden hat, betreibt das Geschäft der Ideologiekritik an den Sinnprojektionen der Vergangenheit. Sie betreibt Ideologiekritik ohne feste ideologische Position, es sei denn die der »Differenz«.

Der Text stülpt nun allerdings nicht nur Philosophie an die Oberfläche der Sätze, sondern auch eine nicht minder interessante Psychologie. Er spinnt einen »Ja«-»Nein«-Konflikt fort, er behauptet und widerruft und behauptet eine Variante und widerruft sie in Veränderung, er entscheidet sich lange für eine stark gemachte, simultan vorhandene Unentschiedenheit. Er inszeniert eine ambivalente Situation, eine ausgemachte »Double-bind«-Geschichte: Diese Freude, wenn es sie gibt, möchte ich mir bereiten, wenn ich es könnte. »Gott, wenn es einen gibt, sei meiner Seele gnädig, wenn ich eine habe«, soll Voltaire auf dem Sterbebett gesagt haben.

Nicht zufällig hat Cortázar gerade diese Stelle aus einem längeren Kapitel Derridas über Kant ausgewählt. Eng im Zirkel der entzweiten Subjektivität und sehr schön literarisch geschrieben, steuert sie auf das Paradox zu: Das gesamte Dasein des Subjekts soll hinter einer imaginären Idee des ästhetischen »Scheins« verschwinden, die vom Subjekt selbst erzeugt wird. Die Passage ist sehr gut übersetzt, trotzdem unterlief Cortázar ein entscheidender Fehler[13], wenn es denn einer ist, denn Cortázar hat ja zumindest für sich selbst recht, verschiebt aber doch einen tragenden Gedanken Derridas ins Falsche. Falsch nämlich sind die Wörter »Freude« und »Liebe« – Derrida unterscheidet sie (und ihre Synonyme) textgenau von Kants »Wohlgefallen« (und seiner Verwandtschaft), ja seine Kritik setzt gerade an dieser Differenz an. »Kant distinguishes pleasure (Wohlgefallen, Lust) from enjoyment (Genuß).«[14] Wiedererkennbare Affekte im Genuß an der Freude (oder der Freude am Genuß) sind mit dem »interesselosen Wohlgefallen« gerade nicht gemeint; gebieterisch besteht es auf der rein transzendentalen »Lust« der Reflexion über die Form einer schönen Erscheinung.

Derrida kritisiert an Kant, was an Kant zu kritisieren ist. In welcher Erfahrung wäre die abgehobene Reflexionslust denn so rein und unvermischt anzutreffen, wie die Idee es behauptet? In keiner – »this place is announced as a place deprived of place«. Kein Ort, nirgends. »A somewhat arid pleasure – without concept and without enjoyment – a somewhat strict pleasure«[15] – was für ein trocken-puristisches Wohlgefallen, das sich zugleich vom Begriff und vom Vergnügen abheben will, was für eine ästhetische

Distanz in der Variante einer preußischen Disziplin. Am äußersten Rand des Selbstzwangs angekommen, kreisen die Gedanken in sich selbst, affizieren sich selbst – »autoaffection«, sagt Derrida – zu einem Derivat der Lust der Vernunft und werden doch von etwas ausgelöst und brauchen trotzdem den Schein eines Daseins, das ihnen gleichgültig bleiben soll. Ein Teil der Erfahrung wird ausgeschnitten und zur Idee verklärt, gültig für jedermann, dieser Jedermann aber ist »nobody«, sagt Derrida.

Trotzdem bleibt Kants rigide Reflexionsästhetik transparent auch für all die anderen Fassungen des imaginären Charmes der Kunst. Auch Nietzsches vollkommen entgegengesetzte Idee der ursprünglichen Natur hat schließlich den Ort der Distanz zur geltenden Wirklichkeit, zum positiv gegebenen Dasein. Empirische Ortslosigkeit, wohin man auch blickt, Cortázar hatte richtig verstanden, wenn auch falsch übersetzt. Müßige Frage: Was wäre, wenn Cortázars Freude, schöner Götterfunke, auch bei Kant auftauchen würde statt nur in Beethovens Spätsymphonie nach dem Text des erhabenen Schiller? An der Absenz der Idealwörter in der Erfahrung würde sich nichts ändern, der emphatisch verordnete Götterfunke schwebte ebenso metaphysisch über der Phänomenologie des Daseins wie das mittelmäßige Wohlgefallen – am Denken über den Grund der Form der Erscheinung der Freude. Gerade weil Cortázar falsch übersetzt hat, radikalisiert er Derridas Kritik zu einer richtigen Konsequenz. Überdies bleiben beide an die imaginäre Bewegung eines Selbst gebunden, einer Subjektivität, die zwar keinen sicheren Ort im Hier und Jetzt mehr hat, aber trotzdem vorhanden ist. Die Bühne, auf der Mitterwurzers Erlebnis-Szenen einst aufgeführt wurden, existiert zwar noch immer, aber sie zeigt inzwischen den zeitgemäßen Dekor der leeren Wände. Keine Kulisse der Wirklichkeit sichert sie noch glaubwürdig nach hinten ab.

Metaphorische Leere

»Er zeigt zum Beispiel, daß die Idee der Individuation und der menschlichen Subjektivität als einer privilegierten Instanz eine bloße Metapher ist, durch die sich der Mensch gegen seine eigene Bedeutungslosigkeit schützt, indem er seine Weltdeutung dem gesamten Universum aufzwingt [...] Die metaphorische Substitution ist irrig, doch kein menschliches Wesen könnte ohne diesen Irrtum entstehen. Angesichts der Wahrheit seiner Inexistenz würde das Selbst wie ein Insekt von der Flamme verzehrt, die es anzieht. Doch der Text, der diese Vernichtung des Selbst behauptet, wird selber nicht verzehrt, weil er sich selbst noch als das Zentrum sieht, das die Behauptung aufstellt. Die Attribute von Zentrum und Selbstheit werden im Medium der Sprache ausgetauscht. Indem die Sprache, die das Selbst entwertet, sich zum Zentrum macht, rettet sie das Selbst im selben Augenblick, indem es ihm die Bedeutungslosigkeit und Leere einer bloßen Sprachfigur zuschreibt. Das Selbst kann als Selbst nur bestehen, wenn es sich in den Text verschiebt, der es negiert.«

Dort wird es dann zur »Fiktion, zur Metapher des Selbst« oder auch zu dessen Metonymie. Die Rede ist nochmals von Nietzsches Fragment *Über Wahrheit und Lüge im außermoralischen Sinn*, die Sätze stammen von Paul de Man.[16] Ersichtlich ähnelt ihr Grundgedanke dem Derridas und damit auch der Idee, an der entlang ich diesen Essay hier schrieb: In seinem empirischen Dasein ist das Subjekt keine Kunstfigur; und als Kunstfigur hat es kein empirisches Dasein. De Man radikalisiert den Riß aber derart, daß er unüberbrückbar wird, fundamental. Zugleich entwirft er ein Subjekt, das auf der einen wie auf der anderen Seite am Rande der Nicht-Existenz angekommen ist, eine Hülse um Leeres, knapp am Verschwinden. Kein Ort mehr – nun auch für das Selbst.

In einer ungeheuren Metonymie verschiebt sich Nietzsches Idee des »Selbst«, dessen reale Kränkung er ironisch beschreibt, versuchsweise in seinen Text. Dort angekommen, unterliegt sie einer neuen Übermacht, die sie ironisch negiert, nämlich der Sprache. Das Selbst verfängt sich in ihren selbst-losen Figuren. Sie lassen es in ihrer Rhetorik untertauchen, ja überhaupt ist der Selbstläufer-Mechanismus der Sprachfiguren das eigentlich handelnde Subjekt, das seinen Agenten zwar bedient, aber nicht repräsentiert. Sprache bildet nichts ab, schon gleich gar nicht die »Übereinstimmung zwischen Selbst und Anderem«, zwischen Subjekt und Objekt, aus der sich die »Illusion des Selbst« herleitet, so Paul de Man. Es gibt keine »Übereinstimmung« und keine ihr entsprechende Semantik, sondern nur das endlose Spiel der Differenzen dazwischen, und der Wunsch des »Selbst«, an einem Ort jenseits von sich anzukommen, um sich im Anderen der Sprache wiederzufinden, bleibt vergeblich. Das Selbst ist eine fensterlose Monade, solipsistisches Nichts, sich selbst entfremdete Vorstellung, ineffabile, unsäglich abgekoppelt auch noch von seinem Medium, das es zur Sprachfigur verfremdet.

Seine Versuche, sich zu artikulieren, verfangen sich also in einer rhetorischen Falle, was für de Man aber nicht immer so gewesen ist. Die Falle befindet sich in einer (eher im Altersstil geschriebenen) Version eines Problems, das ihn von jeher, doch eben auf andere Weise beschäftigt hat. Die »Beziehung zwischen Natur und Bewußtsein« (S. 91), so benennt es ein früherer Aufsatz[17] oder auch anders: die Spannung zwischen Subjekt und Objekt, die Dialektik zwischen dem Ich und dem Nicht-Ich (self and non-self). Hier liegt das Problem, das de Man existentiell und poetologisch zugleich in mehreren Etappen ausbaute. Die naivste befindet sich auf der Stufe der »Nostalgie«, dieser »sentimentalischen« Sehnsucht, welche die verlorene »Natur«[18] mimetisch in genau jener Symbolik zurückgewinnen will, von der Goethe einst sprach: organische Einheit des Bilds, unendlicher Schutz vor der Trennung durch die Wand des Bewußtseins. Vergebliche Nostalgie – noch während sie entsteht, ist die Priorität der »Natur« schon zerbrochen, denn das »Verhältnis des Subjekts zu sich selbst« (S. 92) hat sich in den Vordergrund geschoben. »Natur« wird zum reinen Material für die Konstruktion eines Selbst, das sich bewußt auf die Sequenzen der Sätze seiner Texte beschränken will. »Natur« wird zu einer Allegorie für das Selbst, die de Man favorisiert, weil sie die illusorische Anstrengung, mit einem Nicht-Ich identisch werden zu wollen, von vornherein verhindert. Es bleibt doch immer ein »Anderes«, jenseits der eigenen Grenzen.

So bringt der Wille zur Allegorie ein (säkularisiertes) »Opfer« – er opfert den naiv-natürlichen Wunsch, er verzichtet auf den zeitenthobenen Mythos des organischen Lebens, der dem durch und durch künstlichen Bewußtsein ohnehin fremd geworden ist. Philosophen und Künstler sind sprach-»determiniert«, verzeichnet in den Sequenzen der Zeit ihrer Sätze, jede Rückkehr zu irgendeinem »Grund« der Natur ist verbaut (und trotzdem will das Symbol die »Regression« dorthin). In einem dritten Schritt schließlich besorgt die »Ironie« einen noch radikaleren Bruch zwischen dem »Geist« und der »Natur«: Willentlich zerstört das ironische sprechende Selbst sein natürliches Dasein (manchmal nennt de Man es auch das »empirische«), um seine intellektuelle Existenz hervorzuheben. Im starken Gefühl seines »aufrechten Gangs« verschanzt es sich hinter den ironischen Zeichen seines Geistes, ja, in einer gewissen »Selbst-Mystifikation« glaubt es gar noch, den »Sklaven« der »Natur« jetzt gänzlich beherrschen zu können. Aber der

Sklave rächt sich. Irgendwann bringt er die Arroganz seines Herrn wieder zu »Fall«, wie im biblischen Sündenfall fällt der aus seiner eingebildeten Höhe, einem Höllensturz ähnlich erfolgt seine rasante Erniedrigung zum Naturwesen, dem Sklaven gleich, den er niedergehalten hat. »Weisheit« ist das Wissen um den Fall, sagt de Man, es gibt keine Sicherheit davor, und die »absolute Ironie« müßte um ihren vergeblichen Herrschaftsanspruch schon wissen, noch während sie ihn inszeniert. Sie wäre die Ironie der Ironie, Fiktion der Fiktion, und bliebe trotzdem immer noch eine selbstbewußte Geste der Abkehr von der Natur, der Abwehr ihrer Andersartigkeit. Denn das Gesetz der Abwehr ist irreversibel, und es gilt deshalb für jeden Autor: »[E]s [gibt] keinen Weg..., der von seinem fiktiven Ich zu seinem wirklichen Ich zurückführt« (S. 118). Es sei denn, es geschieht das Unglück, das immer wieder geschehen muß, nämlich der »Fall« (worauf der wohl anspielt, außer auf Christliches?). Sonst aber spaltet jeden, der mit Literatur professionell zu tun hat, ein tiefer Riß: Hier sind die Fiktionen der Sprache des Geistes, dort ist das »Draußen« auch seiner eigenen Natur: kein Weg zurück oder auch hinüber. Die Ironie antwortet darauf, »sie zeigt die menschliche Existenz als eine von einem geteilten Ich durchlebte Abfolge isolierter Momente« (S. 126).

De Mans immer wieder zitierte Beispiele stammen aus der – sehr weit gefaßten – Literatur der Romantik, und in der Tat, er setzt die romantische Subjektphilosophie fort, die Philosophie der »Entzweiung«:[19] »Geist« und »Natur« haben sich voneinander getrennt. Irgendeine Art der Synthese, die von den Romantikern selbst immer wieder gesucht worden ist, schließt de Man dann kategorisch aus oder ins Stigma einer »Regression« ein, die sich auf Freud nicht berufen kann. De Mans Bewußtseinsphilosophie ist antimimetisch, antinaturalistisch schon immer gewesen, und am Ende, kommen wir jetzt zu Nietzsche zurück, hat sich nur eines daran geändert: Der Geist, von Haus aus ein solipsistischer Akrobat im Medium der Sprache, wird jetzt auf zeitgemäße Weise von seinem Medium überrundet. Mit der neuen Macht, die de Saussures »langue«, diesem »System« aller Konventionen, abgelauscht worden sein mag, dirigiert ihn nun die Rhetorik ins Andere seiner selbst, in die Verkettung seiner Zeichen, der er sich zu beugen hat. Die Kategorien »mind« und »self«, »Bewußtsein« und »Ich«, »Geist« und »Selbst«, die vorher die Rolle des Geistes gegen die Natur zu spielen hatten, werden – mit ihrer festgeschriebenen Rolle – vom rhetorischen Selbstlauf der Sprache übernommen, durch ihn »substituiert«: linguistische Kehre der alten Subjekt- und Bewußtseinsphilosophie.

Durch seine bloße Anwesenheit verwies der Text in de Mans existentieller Poetologie schon vorher auf die Abwesenheit von »natürlicher« (»empirischer«, »aktueller«) Erfahrung, verständlich blieb er nur insofern, als sich, was immer das »Selbst« erfahren haben mochte, in ihm gerade nicht wiederholt. Jetzt aber wird es vollends abgewiesen, zurückgewiesen in einen stummen Solipsismus, keine Chance, ihm zu entkommen. Das ähnelt dem Brief des Lord Chandos, ist aber an einer entscheidenden Stelle anders konstruiert als dessen wortreich verkapseltes Schweigen. Der neue Lord Chandos de Mans entgeht auch im Verstummen der Entfremdung nicht, die ihn umstellt, denn immer noch steht irgendein Nicht-Ich in Gestalt wahrnehmbarer Objekte rings um ihn her, und er müßte schon noch taub und blind werden, um in einer Welt anzukommen, die mit ihm übereinstimmen könnte: in der ungestörten Innenwelt des sich selbst bespiegelnden Gedankens. Keine Wahrnehmung, endlich keine Wahrnehmung mehr – mit den ausgelöschten Sinnen seines leibhaften Daseins wäre das Selbst seiner Spaltung dann endlich entkommen. »It marks a possibility for consciousness to exist entirely by and for itself, independently of all relationship with the outside world«, schrieb de Man einst über Wordsworth, und er fuhrt fort: »the imagination can only come into full play when ›the light of sense goes out‹ and when thought reaches a point at which it is ›its own perfection and reward‹«.[20] De Mans Negativität, sein Beharren auf der Isolation zunächst des Bewußtseins, dann der Sprache gegenüber der »Natur« der »Welt«, beerbt die romantische Subjektphilosophie zwar mit einer bestimmten Tendenz der Auswahl, das aber in mehrfacher Hinsicht. Seine Negativität hat deshalb ähnlich der Romantik (und dem überlieferten Lord Chandos) auch einen entschiedenen Zug zur kontemplativen Mystik, zur Imagination der Melancholie, die sich in die Orte einer künstlich hergestellten Leere der Sinne zurückzieht, in ein meditatives Nichts, das sich selbst belohnt.

Gegen solche ortlosen Orte ist nichts einzuwenden, und es braucht auch nicht lange darüber debattiert zu werden, ob die Literatur ihnen entgegenstrebt. Denn sicher tut sie das allein schon deshalb, weil sie die Wahrnehmung auf das Lesen oder Schreiben der imaginären Welt der Texte verengt, auf die Künstlichkeit ihrer Zeichen, deren ausschließliche Anwesenheit sie gebieterisch verlangt. Die Psychologie der Wahrnehmung übersetzt sich aber nicht derart unbedingt und dogmatisch in die Botschaft der Form der Texte, wie de Man das will, und zumal Nietzsches Fragment *Über Wahrheit und Lüge* liegt weitab von seinem antinaturalistischen Programm der ausgelöschten Sinne. Schon die »klugen Tiere« Nietzsches setzen zu Beginn einen scharf konstrastierten Gegenakzent. Nietzsche läßt sie das Denken erfinden und die Universalien der Natur vergessen, obwohl oder gerade weil sie doch die Bedingungen ihrer Sterblichkeit sind und obwohl der Wunsch, denkend den Tod zu vergessen, sie gerade nicht von ihm erlösen kann. Merkwürdig, daß de Man ausgerechnet diesen Text auswählte, oder vielleicht auch nicht, handelt er doch auch von den Formen der rhetorischen Substitution.

Die Philosophie des Lebens, der sie folgen sollen, denaturiert de Man nun in einer schweigenden Strategie, nämlich ohne sie zu erwähnen. Die Metaphorik der Erlösung am Ursprung der Sprache, Poetik der Sinne, Rückkehr des Traums ins hellwache Bewußtsein, das die konventionell erstarrten Formeln der Dinge zertrümmern will – all das ist spurlos verschwunden hinter der These von der Substitution der Semantik durch die Rhetorik. Doch nein, so vollkommen auch wieder nicht, eine Spur wenigstens blieb noch zurück. Nietzsche schreibt nicht nur über Metaphorik und Metonymie, sondern auch über die Affekte des »Leidens« und des »Glücks«, bemerkt de Man an einer knappen Stelle, das aber kann »schlechterdings nicht ernst genommen werden, denn beide sind Resultat der Narrheit. Dieselbe Narrheit eignet aber auch dem Text selbst, denn der Künstler-Autor dieses Textes ist, als Künstler, für sie ebenso empfänglich wie die in seinem Text beschriebene Künstlerfigur. Die Weisheit des Textes ist selbstzerstörerisch«[21] – sie wäre es, würde sie nicht durch ihre Rhetorik zu einer ganz »untragischen Drohung« substituiert, die konsequenzlos in der Fiktion des Untergangs lustwandelt.

Der Narr mag weise sein, er bleibt trotzdem verrückt. Im vollendeten Gegensatz zu de Mans Theorie eines Selbst, das sich in der Leere der Natur eingehaust hat, übersetzt Nietzsche es in die Fülle naturalistischer »Erlebnisse« zurück, blind und ohne daran zu zweifeln. Ein närrisches Unterfangen offenbar nicht nur, sondern auch eines der Selbst-Zerstörung. Wieso nun wieder das? De Mans Konstrukt des »Selbst« ist offensichtlich mehr als nur ein von der Körperlichkeit der Natur abgewendetes, unbeschreibbares Subjekt, es hat auch einen Willen. Es will sich also bewahren, es wünscht, um dem drohenden Rück-»Fall« zu entgehen, der es augenblicklich »zerstört«, im Unberührbaren zu bleiben, affizierbar von keinem sinnlichen Dasein, wachsam und mißtrauisch bedacht auf die allgegenwärtige Distanz des »geteilten Ich«. Und es scheint, als wäre ihr Autor für diesen Subjekt-Entwurf nicht minder »empfänglich« gewesen als Nietzsche für sein glattes Gegenteil – immer bezogen auf die Imagination, auf die fiktionale Botschaft der Literatur.

De Mans Strategie, Nietzsche zu lesen, als sei dieser de Man[22], gerät spätestens hier in die Sackgasse des eigenen Subjekt-Entwurfs, weit in der Differenz zu Nietzsches Idee. Keine Sprach- und keine Subjektphilosophie kann den Entwurf noch decken, seine Konturen finden sich anderswo viel genauer, nämlich in jenen Modellen des Ich und seiner Abwehrmechanismen[23], in denen »Ich« sich als reines Organisationszentrum seiner Wahrnehmungen vom unübersichtlichen Rest der Psyche abspaltet. Das Modell ist der bekannte Panzer. »Ich« baut ihn und sich im Zerfall affektiver »Empfänglichkeiten« auf, und es existiert auch nur so lange ungekränkt, als es die Distanz zur »Natur« der Affekte (im dauerhaft »aufrechten Gang«) aufrechterhalten kann; als es nicht »fällt«. De Mans entworfenes Teil-Selbst nimmt Texte wahr und organisiert sie nach dem Gesetz, dem es seine Entstehung verdankt. Die ästhetische Distanz findet ähnlich Kant in der Apparatur einer Reflexion statt, die um so identischer mit sich wird, je weiter sie sich von den Zeichen der Affekte in der Sprache entfernen kann. Nietzsches Text will aber genau diese Zeichen des Affekts, diese Metaphern des Ausbruchs aus der Identität der puren Reflexion. Noch in der Bindung an ihn erhält de Man sie aufrecht, indem er Nietzsches Aufruf zur Grenzüberschreitung annulliert. Der Aufruf setzt das Signal für einen Ausnahmezustand, das ungehört wieder verstummen soll. Keine Narrheiten! Während das »geteilte Ich« sie rhetorisch formalisiert oder zensiert, gewinnt es für die Dauer des Augenblicks seiner Tätigkeit eine Identität zurück, die es sonst mit den gleichen Gründen seines Bewußtseins ablehnen muß. Denn es weiß ja auch um die Bedrohung, um den Schrecken jener Offenbarung der Ich-Auflösung, nach der Nietzsche literarisch »begehrt«. Es begehrt sie aber auch literarisch noch weniger, es will sie in der größtmöglichen Distanz halten, aber doch so, daß ihr Schauspiel gerade noch vorhanden bleibt; es braucht die Verlockungen der anderen Hälfte des Selbst, um sich von ihnen entfernen zu können, was dann auch immer wieder gelingt... »Repetitiv« nennt de Man diese und andere literarische »Figuren«. Auch Nietzsches literarische »Figur« wiederholt sich, bleibt aber von de Man trotzdem gut unterscheidbar.

Zweiter Versuch über Entropie

So bleibt die rhetorische Metapher, und es verschwindet die poetische »Erlösung«, als wäre ihre Narrheit schon dadurch erledigt, daß man sie in die entgegengesetzte verkehrt. Die Götter der Identität, und sei's nur des von den Affekten der »Übereinstimmung« lustvoll besetzten Augenblicks, räumen beleidigt das Feld. An ihre Stelle tritt eine negative Psychologie, die erst im Verschwinden der »Übereinstimmung« zu sich selbst kommen kann, in der Entfernung der Spuren der »Natur« aus den Zeichen der Sprache. Die Offenbarung der Fülle kann aber nicht durch die entgegengesetzte der Leere durchgestrichen werden. Eine Lektüre, die auf der undurchdringlichen Distanz zwischen dem Subjekt und dem Objekt am Ende auch noch der Sprache (schlechthin und im allgemeinen) derart beharrt, daß ihr überhaupt keine Semantik mehr in Sichtweite gerät, will – absichtsvoll – ebenso blind sein wie die entgegengesetzte, die im Vertrauen auf die ursprüngliche Suggestionskraft der Poesie sich über alle Untiefen des Gegenteils hinweghilft.

Sprachformen (das sollte sich gerade nochmals gezeigt haben) sind Zeichen von Lebensformen noch in den imaginären Entwürfen poetischer Texte. Dort bleiben sie nach wie vor eng mit Metaphern und Metonymien verbunden, dieser Grundsprache jeder Erfahrung (Lacan), dieser Figuration von Zeichen, die einer Grundform der Erfahrung entspricht: der Verkettung von Assoziationen. Diskursive Begriffe sollen sich in einer scheinbar rationalen Hierarchie aufeinander beziehen (das ist das Postulat) und möglichst »denotativ« eindeutig sein (meist sind sie es nicht), streng ausgerichtet auf das Signifikat. Metaphern und Metonymien aber entstehen aus Konnotationen, die ziemlich frei in der Offenheit der Vorstellung der Wörter flottieren. Assoziation und Konnotation sind zwei Begriffe für den gleichen Prozeß einer naturwüchsigen Vorstellungskraft, die, man weiß es, noch nie eine Logik der Identität, der Kausalität oder der Teleologie hervorgebracht hat, keine Über- und Unterordnungen, keine Hierarchie. Es genügen ihr das Ähnliche und das Unähnliche im sinnlichen Material der Erfahrung auch der Wörter, und ein auffälliger Teil vertritt dann leicht auch das Ganze: Die Vorstellung der Bilder, die »Imagination«, hat ihre eigene Ökonomie.

»Assoziation« heißt nur »Vergesellschaftung«, imaginäre »Verbindung« sich ergänzender Vorstellungen, was für eine einfach zusammenhängende Welt aus ihnen entsteht. Wahrscheinlich gilt allein schon der Psychologie ihrer Form die nostalgische Suche nach der »Natur« spätestens seit der Romantik, und das um so mehr, je weniger das Assoziieren (außerhalb der Literatur und später dann der Psychoanalyse) in der europäischen Wirklichkeit der letzten drei Jahrhunderte brauchbar geworden ist. Assoziative Verflechtungen und all die Metaphern und Metonymien in der großen Prozession der poetischen Sprache, die sich hinter ihnen formiert, stammen aus einer ursprünglicheren Schicht in der phylo- und ontogenetischen Entwicklung des Menschen als die vergleichsweise sehr späten, sehr sekundären Begriffs-Diskurse; noch die Spracherziehung der Aufklärung kämpfte – im Namen des Fortschritts zu »Klarheit und Deutlichkeit« – gegen die ursprüngliche Wildnis der assoziativ verketteten Welt. Und es gibt nach wie vor die idealtypische Differenz zwischen den genetisch verschiedenen Sprach- und Erfahrungsschichten ebenso wie die Tatsache, daß sie sich in jener ständigen Mutation vermischen, aus der die Erfahrung entsteht, die Erfahrung der Sprache gerade auch der Literatur. Gemessen daran hat Nietzsche recht, hat Hofmannsthal recht, haben Freud und Lacan recht, de Man aber nur am Rande: Er, der Aufklärer, fällt andauernd ihm, dem Romantiker, ins Wort, was die Entstehungsgeschichte der Romantik in ungefähr wiederholt, aber wenig zur Psychologie der Sprache beiträgt. Tatsächlich hat sich die Sprache der Kunst bis heute das ursprüngliche Modell der Präsenz der sinnlichen Ähnlichkeit in andauernder Mutation bewahrt, wozu wäre sie sonst auch da. Wozu denn immer noch? Im Gegensatz zum konventionellen Instrumentarium auch der Begriffe ist sie hochgradig besetzbar von den archaischen Reizen der Imagination und der Affektübertragung. Sie ist im Idealfall deautomatisiert, kann zum »Ereignis« werden und hat die Aura des Ursprungs – gehabt.

Die Entropie des Sinns, die im Fin de siècle die Konventionen der Sprach-Wirklichkeit aushöhlte, machte genau vor dieser Eigenschaft der Kunst nicht nur halt, sondern sie galt als verheißungsvolle Transzendenz, Asyl der Selbst-Verständigung, Ghetto der »Erlebnisse« des Selbst in einem Anderen. Die Gegenseite sprach immerhin noch von »Entartung« oder »Wahnsinn«[24], ein böses Kompliment, noch de Mans »Narrheit« blickt, nun schon wesentlich abgeklärter, darauf zurück. Im übrigen scheint die Entropie des Sinns nicht nur in der »Dekonstruktion« gegen Ende des 20. Jahrhunderts derart fortgeschritten zu sein, daß jetzt auch die Verheißung den Makel ihrer Konventionalität enthüllt. Der Prozeß der Entzauberung, der die Moderne begleitet, hat nun auch das System »Kunst« und ihre vorgeschriebenen Emphasen kalt erwischt: Leere der einstigen Präsenz.

Das mag einerseits am Zustand der akademischen Diskurse liegen, im verständlichen Narzißmus der Institution nahmen sie ihre eigenen Sprachordnungen von jeher sehr viel gewichtiger als die Gegensprache der Kunst. Sie ist das Andere, das erforscht werden muß, schon um seine Bedrohlichkeit zu domestizieren, wenn nicht gar verschwinden zu lassen. Doch hatte schon Wilamowitz, damaliger Papst der Altphilologen, auf Nietzsches *Geburt der Tragödie* mit einem Universalverriß reagiert, der sich freilich nicht nur mit den Abwehrmechanismen des akademischen Gutachters schützte, sondern auch seine Wut abreagierte, heiligen Zorn des Philologen aufs Nicht-Ich. An der Institution »Wissenschaft« liegt es also nicht, daß die Ressource »Sinn« auch in der Literatur inzwischen so knapp geworden ist, denn die Institution dekonstruierte schon von jeher lieber die Literatur als sich selbst.

Zwei Jahrhundertwenden. Am Ende des 20. haben alle Sinnsysteme, die noch aus dem Erlösungshunger des 19. Jahrhunderts stammten, diesem Ort der überkommenen Utopien, abgedankt. Es verabschiedeten sich die großen Offenbarungen von damals und mit ihnen ihre regulativen Ideen, die lichte Orientierungen im Gestrüpp der empirischen Wirklichkeit geben sollten und leicht als die eigentliche, die wahre Wirklichkeit galten. Eine Verwechslung zweifellos, aber zählen wir die Reihe der großen Verwechslungen auf. Verabschiedet haben sich also – die GESCHICHTE als genetische Transparenz des Seins nach rückwärts; der MARXISMUS als seine Einlösung nach vorwärts; die KUNST als seine Erscheinung im Augenblick; die PHILOSOPHIE als seine Erklärung. Ein letztes Phantom ringt gegenwärtig noch an einigen Peripherien zäh um die vergangene Macht der Illumination seines Terrors: der NATIONALISMUS. Ende der Utopien, ihres »Prinzips Hoffnung«, ihrer Imagination und ihrer Verkehrtheit. Übrig bleibt die Ausbeutung des Steinbruchs der Vergangenheit im Zitat, diesem antiquarisch hübschen Versatzstück in der ganz anders funktionierenden Spracharchitektur der Gegenwart. Die Ornamente der Vergangenheiten spielen in eine Gegenwart hinüber, die sie »dekonstruktiv« deplaziert, aber immer noch nicht ganz auf sie verzichten will. Weshalb denn? Sollte die Erinnerung ans Falsche schon deshalb besser sein als gar keine, weil der Ort des Richtigen nach wie vor nicht in Sicht ist, es sei denn in der falschen Form einer nicht-empirischen Möglichkeit, imaginären Ortschaft, vergangenen Utopie?

(Geschrieben im Februar 1991)

Anmerkungen

1 *Eine Monographie* (1895). Der Lakonismus hat Methode, auch die sieben Jahre jüngere Prosa um Lord Chandos heißt *Ein Brief*.
2 »Selbst« oder »Subjektivität« ist hier psychoanalytisch gefaßt. Bitte keine Mißverständnisse: Es ist nichts plan Identisches, schon gleich gar nicht das klassisch autonome Subjekt des Bewußtseins (s. dazu unten im Abschnitt über de Man), sondern ein Ensemble, zusammengesetzt aus: affektiven Vorstellungen (in den und außerhalb der Grenzen des Selbstbewußtseins); einem die Realität bewußt überprüfenden Wahrnehmungs-»Ich« (dem Rest des klassischen Subjekts in Freuds Theorie); und konventionsgefütterten Gewohnheiten.
3 Ich zitiere Georg Runze, *Metaphysik* (1905), dieser zitiert den Satz (zustimmend) nach Alfred Biese, *Philosophie des Metaphorischen* (1893). Über Biese wiederum gibt es eine Rezension Hofmannsthals (*Philosophie des Metaphorischen*, 1894), der sich mehr vom Titel erwartet hat und nun enttäuscht ist: »Denn etwas Dämonisch-Hartnäckiges hat der Fleiß eines deutschen Philologen.« – Runzes Schrift wie auch Gustav Gerber, *Die Sprache und das Erkennen* (1884) sind in Auszügen enthalten in der Anthologie: *Philosophie als Sprachkritik im 19. Jh., Textauswahl II*, hg. von S. J. Schmidt (1971).
4 Und zuletzt sehr einflußreich von Roman Jakobson neu formuliert wurde: *Zwei Seiten der Sprache und zwei Typen aphatischer Störungen*,

in: *Aufsätze zur Linguistik und Poetik*, hg. u. eingel. von Wolfgang Raible (dt. 1974). Übernahme zunächst von Lacan (dt. *Das Drängen des Buchstabens im Unbewußten oder die Vernunft seit Freud*, in: *Schriften II*, 1975), später dann von Derrida und, nun wieder vollkommen aus dem psychoanalytischen Kontext genommen, von de Man. Auch er macht jedoch auf die »Umkehrung« bei Nietzsche aufmerksam, in: *Rhetorik der Tropen (Nietzsche)*, s. u.

5 *Beiträge zu einer Kritik der Sprache*, 3 Bde. (1901/02).

6 Der Vergleich zwischen konventioneller Sprache und konventionellem Geld taucht u. a. auch bei Mallarmé auf, im Gefolge Fritz Mauthners wird er dann offenbar stereotyp (vgl. Paul Hoffmann, *Symbolismus*, München 1987, S. 125; Joachim Kühn, *Gescheiterte Sprachkritik. Fritz Mauthners Leben und Werk*, Berlin/New York 1975, S. 49). Die Analogie enthält eine klare Aussage: Die gewöhnliche Sprache existiert als standardisiertes Tauschmittel im Verschleißprozeß der Zeit.

7 Die Metapher und ihre Substitution entsprechen der Verdichtung, die Metonymie und ihre Verknüpfung der Verschiebung noch bei Lacan (Anm. 4), Hinweis darauf auch bei Helga Gallas, *Das Textbegehren des Michael Kohlhaas*, 1981, S. 52.

8 Dazu Freud: »Hier findet sich übrigens die Zensur erwähnt, die in der Psychoanalyse als Traumzensur wiedergekommen ist.« Freud hat Börne in seiner Jugend gelesen, nun ist er über seine »Kryptomnesie« verwundert. Das Ganze in: *Zur Vorgeschichte der analytischen Technik* (*GW* 12, S. 311 f.).

9 Zusatz: Er verwandelte dabei den Patienten zum Autor seiner selbst, zu jemandem, der seine Lebensgeschichte verfaßt, seinen nach allen Regeln der Konvention mißglückten Entwicklungsroman, und nun auf einen Interpreten wartet, der ihm das verrätselte Unglück »dekonstruiert«.

10 Kleine Auswahl mit qualitativem Anspruch aus dem Riesenhaufen der Gelegenheitsproduktionen: Thomas Anz und Joseph Vogl (Hg.), *Die Dichter und der Krieg. Deutsche Lyrik von 1914–1918* (1982).

11 In: Julio Cortázar, *Unzeiten*, dt. Frankfurt a. M. 1990, S. 133 f.

12 *Grammatologie* (dt. 1974), »Einleitung in die Epoche Rousseaus«. Die vorhergehenden Stichworte zur »Koexistenz«, »Hierarchie« und zum »Umsturz« stammen aus: *Positionen* (dt. 1986).

13 Oder auch seinem Übersetzer Wittkopf, was aber bei dessen Qualität nicht anzunehmen ist. Der Text ist gut übersetzt: Er entspricht sonst genau der englischen Übersetzung.

14 Das französische Original blieb mir unzugänglich, ich muß mich an die englische Übersetzung halten, die Derridas Klammerhinweise auf Kants deutsche Begriffe mit übernahm. Das Ganze in: Jacques Derrida, *The truth in painting*, Chicago 1987, S. 46.

15 Diese und die folgenden Zitate ebd. im Kant-Kapitel (»The Parergon«).

16 *Rhetorik der Tropen (Nietzsche)*, in: Paul de Man, *Allegorien des Lesens*, Frankfurt a. M. 1988.

17 Zitate und Referierendes, falls nicht anders angemerkt, nach Paul de Man, *Die Rhetorik der Zeitlichkeit*, in: ders., *Die Ideologie des Ästhetischen*, Frankfurt a. M. 1993. Es handelt sich wohl um einen der instruktivsten Aufsätze de Mans zu seiner Position.

18 Meist ist es bei de Man die »Landschaft«.

19 Bescheiden zitiere ich mich selbst: *Die Ordnung, das Chaos und die Kunst* (1986/90).

20 *Intentional structure of Romantic Image*, in: *The Rhetoric of Romanticism*, New York 1984, S. 16.

21 Zitiert nach: *Rhetorik der Tropen (Nietzsche)*, a. a. O., S. 159.

22 De Man liest Nietzsche nicht historisch, sondern dogmatisch (nach seiner Theorie), doch ist mir das weniger wichtig als die Psychologie der Veränderung, die sich dabei abspielt. Anders: Thomas Böning, *Literaturwissenschaft im Zeitalter des Nihilismus? Paul de Mans Nietzsche-Lektüre*, in: *DVjS* 64 (1990), S. 427 ff. Ebd. im Anschluß daran: Lutz Ellrich und Klaus Wegmann, *Theorie als Verteidigung der Literatur? Eine Fallgeschichte: Paul de Man.*

23 Die Formulierung spielt auf das bekannte Buch Anna Freuds an. Unter »Abwehrmechanismus« taucht dort und bei »Vater« Freud Verschiedenartiges auf. Ich beziehe mich hier nur auf »Rationalisierung« (ohnehin ein gesamthistorischer Prozeß), »Isolation« und »Verdrängung«.

24 Max Nordau, *Entartung*, 2 Bde. (1892). Zur Diskussion um den »Wahnsinn« des Fin de siècle (vor seiner positiven Neubewertung im Expressionismus und Surrealismus): Eckhard Neumann, *Künstlermythen. Eine psycho-historische Studie über Kreativität* (1986).

Wolfgang Lange
Anläßlich erneut aufgebrochener Sehnsüchte nach einer Metaphysik der Kunst

> »Das bloße Umkehren, für sich vollzogen,
> ergibt nichts.«   *Heidegger*

> »Don't go for secondbest baby.«
>   *Madonna*

George Steiner hat ein Buch vorgelegt, das einigen gerade recht, anderen aber mehr als peinlich sein dürfte: »Von realer Gegenwart«, so sein holzschnittartiger Titel. Als Untertitel die gegen poststrukturalistische Semiologien, insbesondere gegen dekonstruktive Verfahren gerichtete Frage: »Hat unser Sprechen Inhalt?«[1] Bevor Steiners Essay noch auf dem deutschen Buchmarkt erhältlich war, wurde er im Feuilleton bereits diskutiert. Am 22. Juni 1990 publizierte DIE ZEIT Botho Straußens Anmerkungen zu einer Ästhetik der Anwesenheit: »Der Aufstand gegen die sekundäre Welt«.[2] Seitdem wird dieser nicht nur im Feuilleton geprobt.

Beflügelt von den politischen Ereignissen in Deutschland und inspiriert durch die Lektüre spiritualistischer Dichter und Denker wie Florenskij, Jones und Dávila hatte Strauß dort mit Berufung auf Steiner erklärt: »Es geht um nicht mehr und nicht weniger als um die Befreiung des Kunstwerks von der Diktatur der sekundären Diskurse, es geht um die Wiederentdeckung nicht seiner Selbst-, sondern seiner theophanen Herrlichkeit, seiner transzendentalen Nachbarschaft.«[3] Metaphysik ist wieder angesagt – in der Ästhetik und anderswo –, vollstreckt wird sie mit prophetisch-missionarischem Gestus. Das ist beunruhigend, nicht gerade neu, aber syptomatisch für die Situation, in der wir uns seit dem Fall der Mauer befinden, politisch wie theoretisch. Was steckt dahinter, was passiert hier? Lesen wir Steiner – beiläufig, um mit und gegen ihn deconstruction als Skandalon durchzuspielen.

Steiner hat ein Anliegen. Ihm geht es um das, was man große Kunst und Literatur nennt. Deren Aura soll vor dem Zugriff einer interpretatorischen Praxis bewahrt werden, der, wie unserer multimedial gesteuerten Gegenwart überhaupt, nichts mehr heilig ist.

Aus diesem Grund schreibt Steiner dem Ästhetischen mystagogische Qualitäten zu und fundiert es in einer ritualistischen Praxis. Kunst ist für Steiner nicht einfach ein Spiel mit welchen Materialien auch immer. »Anliegen und Privileg des Ästhetischen« ist es vielmehr, »das Kontinuum zwischen Zeitlichkeit und Ewigkeit, zwischen Materie und Geist, zwischen dem Menschen und dem ›anderen‹ zu erleuchteter Gegenwart zu erheben«. Steiner proklamiert »ein Setzen auf Transzendenz«, er betreibt, wie er freimütig bekennt, eine »Investition ins Erhabene«.[4] Seine These ist, daß die rätselhafte Präsenz des »anderen« in ästhetischer Erfahrung Beweis genug für »die Annahme einer Gegenwart Gottes« in und außerhalb der Kunst ist.[5]

Kunst und Literatur, insbesondere aber Musik, sind deshalb für Steiner auch nicht einfach Formen des Diskurses. In ihnen und durch sie hindurch ereignet sich vielmehr etwas, was einer »Heimsuchung« gleichkommt, sie sind Medien der »Offenbarung«, ihre Gebilde mehr als bloß eine Konfiguration arbiträrer Zeichen, sie sind »formgewordene Epiphanie«.[6] In ihnen scheint etwas auf, was nicht von dieser Welt ist, ein jedes raunt uns – wie Rilkes archaischer Torso – zu: »Du mußt dein Leben ändern.« Ästhetik mündet so in Ethik und setzt zugleich die Bereitschaft voraus, sich gastfreundlich gegenüber Kunst und Literatur zu verhalten; sie verlangt, wie Steiner im Rückgriff auf die mittelalterliche Vorstellung von der *cortesia* formuliert, vor allem »Takt« und »Artigkeit«, »Moral, Höflichkeit und Vertrauen in die Wahrnehmung« – eine ritualistische Einstellung also, durch die das Ästhetische als »Mysterium« sichergestellt werden soll.[7]

Steiner ist intelligent genug, um die Reaktionen abschätzen zu können, die sein Essay in einer Öffentlichkeit auslösen muß, die ein bloß mehr profanes Verhältnis zur Kunst unterhält. Rhetorisch versiert, inszeniert er das eigene Unternehmen als eines, das einem Kampf auf verlorenem Posten gleicht. Steiner schreibt gegen deconstruction, aber auch gegen den Journalismus, Steiner schreibt gegen die Medien und die Wucherungen des Sekundären, insbesondere im Bereich der Geisteswissenschaften. Eine mächtige Phalanx baut sich auf, ein übermächtiger Gegner wird sichtbar, allgegenwärtig und nirgends, ein kulturrevolutionäres Komplott. In dessen Schatten operiert Steiner, hier erhebt er seine Stimme, meldet Einspruch an gegen die »Vorherrschaft des Sekundären und Parasitären«. Gegen deren verantwortungslos zynischen Pragmatismus verficht Steiner eine »Politik des Primären«, eine Politik »des Unmittelbaren in Hinblick auf Texte, Kunstwerke und musikalische Kompositionen«.[8]

Heroische Gesten sichern Sympathie, zumal wenn sie wie bei Steiner eingebettet sind in das Szenario einer apokalyptischen Situation. Wir leben in Byzanz, und dessen Hohepriester, die Schriftgelehrten und Kunstkritiker, sind, inspiriert vom »Geist des Journalismus«, im Begriff, der Kunst und mit ihr ästhetischer Erfahrung endgültig den Todesstoß zu versetzen. In einer Kultur, in der Kunst bloß mehr als Ware gehandelt wird, als multimedial aufbereiteter Gegenstand von Zerstreuungen und Spekulationen, in einer Kultur zumal, in der der akademisch gesteuerte Diskurs über Kunst so heillos wuchert, daß das genuine Potential ästhetischer Gebilde durch Interpretation zugedeckt wird, da besteht, so Steiner, ernsthaft die Gefahr, »daß Text oder Musik das verlieren, was die Physik ›Kritische Masse‹ nennt, ihre implosiven Kräfte in den Echokammern des Selbst«.[9] Wo die Hatz nach Novitäten grassiert, wo alles gleich zur Schlagzeile wird und nichts dem Spiel wechselnder Konjunkturen entkommt, dort, wo man sich betont unbeteiligt gibt und alles gleich bedeutsam wie unbedeutend scheint, da hat ästhetische Erfahrung in einem emphatischen Sinne keine Chance mehr. Mit ästhetischer Erfahrung aber steht nicht nur die Kunst auf dem Spiel, mit ihrer Erosion einher geht nach Steiner »der Untergang des Humanen in heutiger Kultur und Gesellschaft«.[10]

Steiner befürchtet das Schlimmste, deshalb fordert er das Unmögliche: Er nörgelt nicht einfach über die Malaisen des Betriebs, er klagt, wenigstens für den Bereich von Kunst und Literatur, theokratische Verhältnisse ein. In der von Steiner projizierten Utopie dürfen nur noch die über Kunst reden, die selbst Kunst machen. Literaturwissenschaft gibt es nicht mehr, ebensowenig Literaturkritik, höchstens noch Philologie, die über die Reinheit ästhetischer Erfahrung zu wachen hat. So soll der postmodernen Verflachung von Kunst und Literatur einerseits sowie deren Zersetzung durch dekonstruktive Interpretation andererseits vorgebeugt werden. Es geht um die Rettung ästhetischer Präsenz. Dazu ist jedes Mittel recht, auch die Errichtung einer »gegen-platonische[n] Republik«, in der die Künstler Könige wären und wir nur das Fußvolk. Das ist, was Jürgen Manthey monierte, kulturpolitisch gesehen verfassungsfeindlich, man kann auch sagen faschistoid.[11] Gott sei Dank, daß Steiners Kunst-Utopie als gezielte Provokation durchschaubar bleibt, andernfalls wäre sie ähnlich unerträglich wie die eingestandenermaßen reaktionäre Ästhetik eines Botho Strauß.

Steiners Klage ist nicht neu. Sie wiederholt die Kritik des jungen Nietzsche an einer alexandrinisch gewordenen Moderne. Was für Nietzsche der Bildungsphilister und der Historizismus im Gefolge Hegels waren, Totengräber ästhetischer Erfahrung, das besorgen für Steiner heute das Feuilleton und deconstruction. Nicht nur sind beide »Ausdrucksformen einer Kultur und einer Gesellschaft, wo man sich cool gibt«; indem insbesondere letztere jeder Metaphysik skeptisch gegenübersteht und an Kunstgebilden nur anerkennt, was sich als Effekt ihrer Materialität »objektiv« beschreiben läßt, ist sie mit ihren hyperkritischen Reflexionsschleifen im Begriff, das zu strangulieren, wodurch die Kunst erst Bedeutsamkeit erlangt: die Bereitschaft, sich deren »Offenbarungen« unvermittelt auszusetzen und anders mit ihnen umzugehen als mit einem x-beliebigen Gegenstand.

Steiners Argwohn ist nicht völlig aus der Luft gegriffen. Wo Theorie heute ihre letzten Konsequenzen zieht, da stellt ästhetische Erfahrung ein Unding dar. Man lese nur Derrida: »Nun weiß ich nicht, was Wahrnehmung ist, und ich glaube nicht, daß es so etwas wie Wahrnehmung gibt. Wahrnehmung ist genaugenommen ein Begriff, der Begriff einer Intuition oder eines Gegebenen, das vom Ding selbst herrührt, selbst gegenwärtig in seiner Bedeutung, unabhängig von der Sprache, vom Referenzsystem. Ich glaube auch, daß die Wahrnehmung in einem wechselseitigen Abhängigkeitsverhältnis mit dem Konzept des Ursprungs und des Zentrums steht, und folglich bedeutet ein Angriff auf die Metaphysik [...], zugleich auch den Begriff der Wahrnehmung selbst zu erschüttern. Ich glaube nicht, daß es Wahrnehmung überhaupt gibt.«[12] Derrida scheint mitunter buchstäblich blind für die Möglichkeit reiner unverfälschter Präsenz, sei es von Dingen oder Ideen oder was auch immer. Dem Ästhetischen gegenüber verhält er sich nicht selten indifferent – *impassible* –, weiß er doch, daß dessen unvermittelte Affirmation in der Moderne mehr als einmal dazu diente, einer theoretisch obsoleten Metaphysik erneut Konjunktur zu verschaffen.[13] Außerdem läßt sich Präsenz ohne Absenz nicht denken, ebensowenig wie das eine ohne das andere vorstellbar ist.

Warum sollte man sich auch für die unvermittelte Gegenwart von Sein in ästhetischen Gebilden interessieren, wo doch die »Mémoires d'aveugle« – wie der Titel einer von Derrida jüngst im Louvre arrangierten Ausstellung lautet – vielleicht weitaus genaueren Aufschluß über die labyrinthischen Windungen künstlerischer Imagination versprechen? Derrida ist mit Rahmen, Daten, Archiven u. a. m. beschäftigt und nicht – vordergründig wenigstens – mit den »ewigen« Themen der Menschheit, mit politisch-moralischen Fragen oder solchen nach der Aktualität von Kunst und Literatur. Für Derrida ist der ästhetische Zustand ein Nullpunkt der Imagination oder ihre unendliche Zerstreuung im Spiel der Diskurse, Kunst wie für Paul de Man im Anschluß an Hegel »eine Sache der Vergangenheit, weil ihr Gedächtnis ohne Gedächtnis ist; man kann sie nicht *wiederfinden*, diese Vergangenheit, und das vom In-Erscheinung-Treten des Werkes an, weil die Erinnerung an diese Vergangenheit verweigert wird«.[14]

Keine Frage: als metaphysikkritisches Unternehmen zielt deconstruction direkt auch auf ästhetische Theorie. In Derridas Perspektive verfällt deren Rekurs auf eine transdiskursive Form der Wahrnehmung dem Verdikt, nichts weiter zu sein als ein Phantasma onto-theologischer Provenienz. De Man stellt Ästhetik unter Ideologieverdacht, für ihn ist Ästhetik Ideologie[15] – Verblendung, mit Marx zu sprechen, ein »notwendig falsches Bewußtsein« von dem, was Kunst und Literatur sind; zugleich ist sie als »politische Kraft [...] eine der mächtigsten ideologischen Bewegungen [...], die auf die historische Realität einwirken«.[16] Ästhetik, keineswegs bloß eine philosophische Disziplin oder ein modischer Diskurs, bildet für de Man vielmehr einen, wenn nicht den Stützpfeiler herrschender Kultur. Nicht zuletzt deshalb ist er ihren Artikulationen gegenüber äußerst reserviert. Zumeist zielen sie aufs Ganze, stets lauert hinter der Ästhetik ein Wille zur Macht, immer ist sie im Begriff, totalitäre Züge auszuprägen. Das sieht man bei Schiller, an dessen Idee des Schönen de Mans Überlegungen vor allem festmachen, das sahen wir bei Steiner. Und wer weiß, ob die Versuchung zum Totalitarismus heute nicht gerade dort am stärksten ist, wo – wie in Erlebnis-Ästhetiken postmodernen Typs – das Ästhetische entschieden unhinterfragt als Subversion einer jeden Ideologie gefeiert wird.

Im Zentrum ästhetischer Ideologie steht für de Man die Substitution von Sprache durch Erfahrung, die Verwechslung semiotischer Gebilde mit der Wirklichkeit. »Was wir Ideologie nennen«, so de Man, »ist genau die Verwechslung von Sprache mit natürlicher Realität, von Bezugnahme auf ein Phänomen mit diesem selbst.«[17] Allemal ist ästhetische Theorie in Gefahr, Lektüre als eine ausgezeichnete Erfahrung zu interpretieren, Schrift blindlings auf Phänomene abzubilden, Literatur als Leben mißzuverstehen. Insofern unterliegt ästhetische Ideologie einem naturalistischen Fehlschluß. Sie unterstellt dem Spiel der Zeichen eine Semantik, die wo nicht sichtbar, so doch versteckt einer phänomenalen Erfahrung entspricht, innerhalb deren sich etwas einstellen soll, was mehr und anderes ist als die schiere Gewalt des Wortes – unerheblich, ob es sich dabei um Ideen, Substanzen oder Wesenheiten handelt oder aber um das Subjekt, die Geschichte oder das Unbewußte.

Wenn aber die Kunst ihrer höchsten Bestimmung nach eine Sache der Vergangenheit ist, mithin ihr Wesen weder unmittelbar erfahren noch aber auch qua Erinnerung eingeholt werden kann, worauf de Man in seiner Hegel-Lektüre hingewiesen hat, dann ist ästhetische Theorie im strengen Sinne illusionär. Ihr Anspruch, das Schöne in seiner reinen Präsenz vergegenwärtigen zu können, beruht auf der suggestiven Macht der Sprache, nicht aber ist er durch die Idee des Schönen selbst gedeckt. Diese muß vielmehr bereits vergessen worden sein, um in Schrift transformiert werden zu können. Als Inschrift – und so interpretiert de Man Hegels Wort vom »sinnlichen Scheinen der Idee« – ist das Schöne immer schon im Medium erloschen, in dem es sich materialisiert hat. Sein Verständnis bleibt an Lektüre gebunden, ist nicht anders zu gewinnen als im Rückgang auf einen Text, dessen Entzifferung mehr dem Intellekt obliegt als der Anschauung, eher Übertragung ist als Reproduktion, ein Akt der Verstellung, keine Wiederkehr von etwas, das dem Ganzen zugrunde liegt.

»Insofern das Paradigma der Kunst eher der Gedanke als die Anschauung ist, eher das Zeichen als das Symbol, eher die Literatur als die Malerei oder die Musik, ist die künstlerische Tätigkeit auch eher die Tätigkeit des Gedächtnisses als die der Erinnerung. Als solche gehört sie in der Tat zu einer Vergangenheit, die niemals zurückzugewinnen ist, die, wie Proust sagt, nicht wiedergefunden (*retrouvé*) werden kann. Die Kunst ist in radikalem Sinne ›ein Vergangenes‹, insofern sie, wie die Tätigkeit des Gedächtnisses, die Verinnerlichung der Erfahrung für immer hinter sich läßt. Sie ist ein Vergangenes, insofern sie ihren idealen Inhalt mechanisch-materiell registriert und damit für immer vergißt.«[18]

De Man bürstet ästhetische Ideologie gegen den Strich. Er verschiebt deren Prämissen, um ihr System zum Einsturz zu bringen, zugleich schlägt er aus deren Konkursmasse theoretisch Kapital. Das geschieht im Falle Hegels auf eine zugegebenermaßen abenteuerliche, aber doch auch bestechende Weise – jedenfalls soweit es Kunst als Schrift betrifft.[19] Indem mit Blick auf Literatur das Gedächtnis gegenüber der Erinnerung akzentuiert wird, spielt de Man nicht bloß die Materialität künstlerischer Gebilde gegen deren Idealität aus, sondern sucht zugleich damit außer Kraft zu setzen, was bis heute zu den Grundvoraussetzungen einer jeden ästhetischen Theorie gehört, nämlich die Annahme einer mehr oder weniger bruchlosen Konvergenz von Sinn und Form und den damit verquickten Glauben an eine kontinuierliche Verbindung zwischen der Poetik eines Textes und seiner Hermeneutik.[20]

Der Mißbrauch von Kunstgebilden zum Zwecke philosophischer Spekulation oder für ein Geplauder über die Frage, wie sie zu bewerten sind, ist denn auch das wenigste, was de Man ästhetischer Ideologie anlastet, schlimmer ist, daß diese ob ihrer Blindheit gegenüber dem Spiel des Buchstabens die »eigentlich ästhetische Dimension« literarischer Texte gar nicht in den Blick bekommt, jene »unbequeme Mischung aus Behauptung und Verneinung, von Anmut und Gewalt, von Mystifikation und Klarheit, von Bauernfängerei und Ernsthaftigkeit«[21], als welche de Man nicht bloß die Sprache von Kleists Marionettentheater empfand. »Die Sprache verspricht (sich); in dem Maße wie sie notwendigerweise irreführend ist, transportiert Sprache geradezu notwendigerweise das Versprechen auf ihre eigene Wahrheit.«[22] Der Text erweist sich bei de Man als eine Falle, seine Wahrheit ist nur um den Preis ihrer Verfehlung zu erlangen, Interpretation ist im Irrtum, Lektüre ebenso unausweichlich wie tödlich.[23]

Ästhetische Ideologie verleugnet das. Sie träumt im Namen des Unaussprechlichen von der Einheit zwischen rhetorischer Konstruktion, sinnlicher Erfahrung und interpretatorischer Praxis. Anstatt »die wuchernde und erschütternde Macht der figürlichen Sprache rückhaltlos« anzuerkennen, behauptet sie, deren obskurer Gewalt durch die Entzifferung von Erfahrung Herr werden zu können. Noch in ihren avanciertesten Formen ist Ästhetik deshalb ein Instrument des Willens zur Macht, eine Form von Herrschaftswissen.[24] Wie für Derrida, so sind auch für de Man ästhetische Fragestellungen und Überlegungen nicht so sehr von systematischem als vielmehr von symptomatologischem Interesse. Ästhetische Urteile, so de Man mit Nietzsche, »sind die denkbar dümmsten *Ausdrucksmittel* von Urteilen: womit natürlich nicht gesagt ist, daß die Urteile, welche hier auf diese Art laut werden, dumm sein müßten«.[25] Als mehr oder weniger spontaner Ausdruck des Begehrens kommen sie philosophisch bloß als »Nebensachen« in Betracht, es sind »keine Ursachen; es sind Werturteile *zweiten Ranges*, die sich erst ableiten von einem regierenden Wert – ein in Form des Gefühls redendes ›nützlich‹, ›schädlich‹ und folglich absolut flüchtig und abhängig«.[26] Ästhetische Urteile sind nie unschuldig, geschweige denn, daß sie so etwas wie einen authentischen Zugang zur Kunst oder anderen Phänomenen verbürgen. Weit davon entfernt, stabil und kontrollierbar zu sein, ist das Ästhetische vielmehr durch seine Bindung an das Lustprinzip eine im hohen Maße chimärische Urteilsform, »keine selbständige Kategorie, sondern ein Prinzip der Verbindung zwischen verschiedenen Vermögen, Tätigkeiten und Formen der Erkenntnis«.[27] Wo Geschmacksurteile zum Einsatz gelangen, da ist immer mehr im Spiel als ein reines interesseloses Wohlgefallen. Einerseits erzeugen ästhetische Urteile die Illusion unmittelbarer Gewißheit, andererseits sind sie kontingent und an Werte rückgebunden, die ihnen selbst undurchsichtig bleiben. Als Urteile zweiten Grades und Provisorien des Wissens implizieren Äußerungen zum Schönen immer auch politische Stellungnahmen, im selben Maße wie sie epistemologische Ansprüche anmelden. Das zeigt sich heute mehr denn je, hat doch Ästhetik im Zeichen der Postmoderne erneut Konjunktur, und das sowohl als ausgezeichnetes Modell von Erkenntnis wie zugleich auch als Werkstatt und Schule einer pluralistischen Gesellschaft.[28]

Allemal tendiert das ästhetische Urteil ob seiner hybriden Natur dazu, epistemologische Grenzen zu überschreiten. Das gilt für Ästhetiken essentialistischen Typs nicht weniger als für solche eher formalistischer Art. Ob man das Kunstwerk als mirakulöse Inkarnation des Logos begreift, durch das ein Ausblick aufs Unendliche verstattet wird[29], oder es postmodern als »Exerzitium unserer heutigen Erfahrung und Verbindlichkeit« interpretiert[30], ob man es rezeptionsästhetisch als ein letztlich unentzifferbares, nur in seiner Differenz zum Erfahrungs- und Erwartungshorizont einer

Epoche zu statuierendes Phänomen vorstellt[31] oder aber als eine hermetisch abgeschlossene Totalität, die sich plötzlich offenbart und unfaßbar ist, weil sie nur auf sich selbst Bezug nimmt[32] – hier wie da behauptet man, aus Erfahrung wissen zu können, was Kunst sei, ohne sich doch die Frage vorzulegen, ob deren Gebilde als Modelle natürlicher oder phänomenaler Erfahrung überhaupt taugen. Unbestritten bleibt so der exemplarische Charakter des Ästhetischen, seine repräsentative Funktion.

Das ist, um einige Namen zu nennen, bei George Steiner ebenso der Fall wie bei Manfred Frank, bei Wolfgang Welsch nicht viel anders als bei Hans Robert Jauß, und das gilt auch noch für Karl Heinz Bohrer. Denn was ist – um bei letzterem zu bleiben – dessen Insistieren auf die Besonderheit des Ästhetischen, wenn nicht eine Verkehrung des universalistischen Arguments – nicht weniger problematisch als dieses, weil die Vielfalt ästhetischer Formen und Erfahrungen erneut reduziert wird, diesmal freilich auf eine irreduzible Größe, auf die des Ästhetischen – was immer das sein mag.[33] Steiner, Frank, Jauß und Welsch räumen dem Ästhetischen offen eine privilegierte Position ein, und zwar dadurch, daß sie ihm eine herausragende Funktion nicht sowohl im Kontext der Kunst als vielmehr auch dem des Wissens sowie unserer Orientierung in der Welt zusprechen. Bei Bohrer geschieht dies eher verdeckt. Er bestreitet zwar, daß das Ästhetische über den engen Rahmen der Kunst hinaus noch andere Funktionen zu besetzen vermöchte, und wird nicht müde, zu diesem Zweck auf die Selbstreferentialität künstlerischer Gebilde sowie deren inkommensurable Signatur zu verweisen. Insofern aber Bohrers Theorie daran festhält, im Augenblick einer phantastisch gesteigerten Wahrnehmung einen Fixpunkt zu besitzen, von dem aus sie in der Lage ist, Kunst nicht sowohl gegen Okkupationen von außen zu verteidigen, als vielmehr diese auch aus ihrer inneren Dynamik heraus zu erläutern, erliegt sie – ob sie will oder nicht – dem Trug metaphysischer Präsenz. Sie ist ästhetische Ideologie, nicht allein weil sie von einem Zustand ästhetischer Erfahrung ausgeht, in dem sich zeigt, was Kunst ist, sondern mehr noch, weil der Universalitätsanspruch ästhetischer Theorie durch die Behauptung ihrer Exklusivität und Esoterik insgeheim wiederholt und zementiert, nicht aber – wie es doch die Absicht war – radikal in Frage gestellt wird.[34] Indem das Besondere des ästhetischen Zustands gegen jedwede diskursive Verrechnung ausgespielt wird, wird das Ästhetische erst recht zum »Absoluten«. Es ist die blanke Erscheinung seiner selbst, »Schein des Scheins«, vollkommen selbstgenügsam, ohne jede Referenz nach außen, uneingeschränkt und willkürlich agiert es wie Gott selbst. Es ist nicht weit davon entfernt, das Wunder seiner plötzlichen Erscheinung zu sein, mit Steiner: Vergegenwärtigung von etwas, was unaussprechlich und undarstellbar ist und ebendeshalb mehr und anderes ist als alles bloß Seiende.

Die Unterschiede innerhalb der ästhetischen Debatte betreffen vielleicht nur theologische Nuancen, auf jeden Fall sind deren Stimmen darüber charakterisierbar. Während Steiner einem Messianismus das Wort redet, der seinen Karfreitag bereits hinter sich hat, Welsch mit Marquard und einigen anderen einem zugleich hedonistisch wie kritisch gestylten Polytheismus frönt, operieren Jauß und Frank im Rahmen einer panhistorisch unterfütterten Negativen Theologie. Bohrer schließlich ließe sich einer durch den Surrealismus erneuerten Gnosis zurechnen. Er träumt davon, die Welt in zwei Teile zu zertrümmern. Wie in gewissen häretischen Kreisen der Gnostik, so glaubt auch er nicht an die Gnade Gottes. Allzu schrecklich ist die Welt, als daß sie Zeugnis für die Vernunft ihres Schöpfers ablegen könnte. Ebendeshalb richtet Bohrer alle Hoffnungen auf den Satan, sprich die Literatur. Das Böse allein scheint stark genug, die Welt, wenn auch nicht zu erlösen oder zu überwinden, so doch – wenigstens für einen Augenblick, plötzlich – aus den Angeln zu heben.[35]

Der Ausgang der Ästhetik aus ihrer selbstverschuldeten Unmündigkeit aber, um Bohrers jüngst ausgegebenes Programm dekonstruktiv zuzuspitzen, wäre erst dann erreicht, wenn ästhetische Theorie sich auch ihrer letzten metaphysischen Restbestände noch entledigt hätte, insbesondere dessen eines ingeniösen Zugangs zur Literatur als Kunst. Mit der Preisgabe ästhetischer Erfahrung aber hätte sich nicht nur jede Metaphysik des Schönen erledigt, ästhetische Theorie selbst wäre damit an einen Punkt angelangt, an dem ihr noch eins zu tun übrigbliebe, sich selbst als ein der Kunst irgendwie angemessenes Projekt durchzustreichen, um fortan Meta-Ästhetik zu betreiben.

Ebendas macht de Man. Er leistet Widerstand gegenüber dem, was unwiderstehlich ist. Er widersetzt sich jener »Magie des Extrems«, die der Ästhetik von Beginn an eingeschrieben ist. Weder erliegt er der Versuchung, einer »postmodern« verunsicherten Zeit ästhetisches Denken als *prima philosophia* anzuempfehlen, noch auch glaubt er, diese ließe sich gegen alles Ideologische immunisieren, um als reine Kunstwissenschaft akademische Ehren einzufahren. Statt an dem Traum einer Vermittlung und Versöhnung von Kunst und Leben festzuhalten, oder aber umgekehrt deren unversöhnliche Differenz zu statuieren, verhält de Man sich beiden Alternativen ästhetischer Ideologie gegenüber ausgesprochen reserviert. Sich unvermittelt in das Projekt Ästhetik einzuschreiben ist nicht seine Sache. Statt dessen sucht er mit Blick auf die Rhetorizität von Texten deren ideologisch-ästhetische Effekte abzuschätzen. Unerheblich dabei, ob es sich um Texte handelt, die eher poetischer Natur sind, oder aber um solche, die man als philosophisch klassifiziert. Unter rhetorischen Gesichtspunkten stellen Texte allemal ein *compositum mixtum* aus konstativen und performativen Momenten dar, sind Behauptung und Ausdruck ebensowenig scharf zu trennen, wie die Grenzlinie von buchstäblicher und figürlicher Referenz ein für allemal zu fixieren ist.[36] Außerdem arbeiten Philosophie und Poesie am gleichen Projekt. »Hauptanliegen und das zentrale Problem aller kritischen Philosophien und ›romantischen‹ Literaturen«, so de Man, ist »der Zusammenhang zwischen Ästhetik und Verstandesurteil«, die Frage, wie Rhetorik und Epistemologie in Einklang zu bringen sind. Witzlos deshalb, Schlegel gegen Hegel auszuspielen oder Nietzsche gegen Schiller. Ob das Schöne als Ausdruck des Wahren behauptet wird oder aber als dessen Suspens, macht keinen Unterschied. Es sind zwei Antworten auf ein und dieselbe Frage, gesteuert von dem gleichen Interesse, dem »der Erreichung eines kontrollierten Diskurses noch unter den Bedingungen einer radikalen Leugnung intuitiver sinnlicher Gewißheit«.[37]

Anders deconstruction. Anstatt eine Korrespondenz zwischen der Lust am Ästhetischen und seiner Erkenntnis zu behaupten, demonstriert sie mit Blick auf die Rhetorik literarischer Texte umgekehrt, wie sehr gerade mit dieser eine »Aushöhlung ästhetischer Kategorien verbunden ist, und nicht so sehr deren Bestätigung«.[38] Deconstruction setzt Ästhetik voraus, zugleich ist sie deren Fortsetzung mit anderen Mitteln. Für de Man ist Ästhetik ein »notwendiges, wenn auch problematisches Bindeglied«.[39] Zur offenen Ideologie wird sie, wo sie ihren heterodoxen, letztlich metaphysischen Status leugnet oder aber diesen blind gegen die Realität der Texte durchzusetzen sucht. Paul de Man begegnet dem, indem er ästhetische Theorie mit Berufung auf Kant zur »kritischen Philosophie der zweiten Stufe« erklärt. Sie ist (oder müßte) die »Kritik der Kritiken« sein: »Sie untersucht kritisch die Möglichkeit und die Modalitäten des politischen Diskurses und des politischen Handelns, und dieser schwierigen Aufgabe kann sich keine Verknüpfung von Diskurs und Handeln entziehen.«[40] So gesehen ist deconstruction eine Kontrollinstanz, man könnte auch sagen, sie übt eine Art Polizeifunktion im Bereich der ästhetischen Wissenschaften aus.

Einige unterstellen deconstruction einen verantwortungslos sophistischen Umgang mit Literatur, andere, daß in ihr die Geschichte ästhetizistisch verleugnet werde. Liest man Paul de Man oder Derrida, dann bekommt man gerade den gegenteiligen Eindruck. Beide operieren genau an der Schnittfläche von Literatur und Geschichte, beide geben Mittel und Wege an die Hand, die hier im Zeichen des Ästhetischen fortdauernden metaphysischen Turbulenzen zu erkennen. Aufklärung, wenn man will, keineswegs ein Angriff apokalyptischer Reiter. Der kritische Gewinn dekonstruktiver Lektüren ist, an die Verantwortung erinnert zu haben, das einem Denken aufgegeben ist, welches wie das ästhetische immer zugleich im Dienste von Kunst und Literatur wie deren Vermittlung an andere steht. Daß darunter das Pathos ästhetischer Erfahrung ein wenig leidet, ist in seiner Konsequenz wahrscheinlich weniger schlimm als dessen Stilisierung zum Dreh- und Angelpunkt rechter Gesinnung.

Paul de Man ist ein vom Faschismus gebranntes Kind. Deshalb ist er ein trauriger Philologe. Seine Kritik ästhetischer Ideologie ist die des enttäuschten Liebhabers. Von der Suggestivität der Sprache zu einer totalitären Politik verführt, ist er dem Ästhetischen gegenüber fortan von unerbittlicher Strenge gewesen, ohne ihm doch je untreu zu werden. Indem er sich der Literatur verschrieb, blieb er dem Ästhetischen nahe, indem er die Rhetorizität literarischer Texte analysierte, legte er deren Verführungsstrategien bloß. Bleibt die Frage, ob ein solcher Umgang mit Literatur ob der ihm eigenen Trauer und Askese dem Kern ästhetischer Erfahrung nicht doch näherkommt als einer, der – wie bei den Don Juans der Geisteswissenschaften unserer Tage – die Enttäuschung nicht kennt, da er der von allemal glücklich und stets erfolgreich Verliebten ist.

Ästhetik als Ideologie identifiziert zu haben, ohne doch der Illusion aufgesessen zu sein, damit selbst vor ästhetischer Ideologie gefeit zu sein, ist ein Verdienst von deconstruction. Nicht ohne Grund wurde und wird ihr Auftritt in den *humanities* als skandalös empfunden. Insofern Meta-Ästhetik die letzten Tabus interpretatorischer Praxis berührt, handelt sie frevelhaft; da deren Lektüren sich zudem nicht damit begnügen, die Verstrickungen konventioneller Hermeneutik und Ästhetik in Metaphysik durch die Pose eines zwar kritischen, aber letztlich loyalen Anwalts der Sache namhaft zu machen, vielmehr in ihren besseren Plädoyers immer zugleich auch die Spielregeln durcheinanderbringen, welche am Gerichtshof der Vernunft herrschen, wird das dekonstruktive Unternehmen obendrein als frivol, wenn nicht gar als obskur und sektiererisch verunglimpft.[41]

Dabei zieht deconstruction – Steiner zufolge – nur die letzten Konsequenzen aus einer Wende, an der die wissenschaftlich sich verstehende Geisteswissenschaft selbst nicht unwesentlich beteiligt war, der der Moderne. Deconstruction ist konsequent zu Ende gedachte Moderne, ihre »negative Semiotik« nichts anderes als der letzte Ausdruck einer bis in die Gegenwart fortdauernden Sprachkrise. Mit einer jeden ihrer Operationen ratifiziert deconstruction den zwischen 1870 und 1940 aufgekündigten Vertrag der Menschheit mit einem Gott, der als Personifikation des Logos bis dato Garant für die Sinnhaftigkeit des Seins war. »Es ist dieser Bruch des Kontraktes zwischen Wort und Welt, der eine der wenigen echten geistigen Revolutionen in der Geschichte des Westens darstellt und durch den sich die Moderne definiert.«[42] Die Moderne ist gottlos, deconstruction mit ihrem Sinn für das Partikuläre, Fragmentarische und Absurde ihr Vollstrecker.

Die Anfänge dieser Revolution sind für Steiner durch Namen wie Mallarmé und Rimbaud markiert. Mit Mallarmés Bemerkung, daß die Verwendung des Wortes Rose im poetischen Kontext »l'absence de toute rose« impliziere, wird die referentielle Funktion von Sprache erstmals radikal negiert. Das Wort wird für autonom erklärt, Sprache zu einem System ohne transzendentales Signifikat. »Die Folge ist in rigoros philosophisch-semantischem Sinne [...] ein ontologischer Nihilismus [...]. Zwischen den vier willkürlichen Zeichen, die den verbalen oder graphischen Gegenstand *Rose* bilden, zwischen den syntaktischen Regeln des spezifischen Sprachspiels, in welchem dieser Gegenstand relationale

Legitimität hat, [. . .] und der putativen Blume tut sich jetzt eine Kluft auf, die strenggenommen unendlich groß ist. Die Wahrheit des Wortes ist die Abwesenheit der Welt.«[43] Beinahe gleichzeitig mit Mallarmés Unabhängigkeitserklärung poetischer Sprache schafft Rimbaud das mit sich selbst identische Ich als »Schöpfer« ästhetischer Gebilde ab. Sein berühmt-berüchtigtes Postulat »JE est un autre« unterwandert dabei nicht nur die Subjektphilosophie cartesianischer Provenienz, zugleich stellt es für Steiner eine der radikalsten Leugnungen »der Möglichkeit von Theologie und des *logos*-Begriffs« dar, »der für diese Möglichkeit Angelpunkt ist. ›*Je est un autre*‹ ist eine kompromißlose Negierung der höchsten Tautologie, des grammatikalischen Aktes grammatikalischer Selbstdefinition in Gottes Wort: ›Ich bin der Ich bin.‹ Rimbauds Zersetzung führt in das zerbrochene Gefäß des Ich nicht nur das ›andere‹ ein, die Gegen-Persona eines gnostischen oder manichäischen Dualismus, sondern eine schrankenlose Pluralität. Wo Mallarmé die Epistemologie (theologisch verwurzelter) ›realer Gegenwart‹ in eine ›reale Abwesenheit‹ umändert, stellt Rimbaud in das nun freigewordene Zentrum des Bewußtseins die zersplitterten Bilder anderer und nur zeitweiliger Manifestationen des ›Selbst‹.«[44]

Was Steiner mit Mallarmés Unabhängigkeitserklärung der Poesie von jeder Art Referenz und der von Rimbaud inszenierten Liquidation personaler Identität als geistige Revolution dramatisiert, ist in die Annalen der Wissenschaftsgeschichte um einiges nüchterner als »linguistic turn« eingegangen. Gemeint ist die mit Nietzsche, Mauthner, Saussure und Wittgenstein angebahnte epistemologische Wende, in deren Verlauf die Sprache nicht nur ins Zentrum philosophischer Aufmerksamkeit rückte, sondern zugleich auch sich als Hebel erwies, mittels dessen die metaphysische Unterstellung einer Identität von Wissen und Sein aus den Angeln gehoben werden konnte. Ebendas betreibt deconstruction auf eine zugleich subtile wie verwirrende Manier.

Die Impulse hierzu sind indes nicht einfach abstrakt-theoretischer Natur, sie ergeben sich zugleich aus dem fortdauernden Mißbrauch der Sprache in Politik und Marketing, ihrer rhetorischen Instrumentalisierung zu Zwecken von Macht- und Konsumsteigerung einerseits wie auch andererseits durch den von den Wissenschaften selbst angetretenen Rückzug aus der natürlichen Sprache und der damit einhergehenden, durch den Einsatz von

Computern noch forcierten Digitalisierung unseres Bewußtseins. In dem Maße, wie Sprache nur mehr als ein trügerisches, vornehmlich der Manipulation dienendes Instrument angesehen wird, muß ein theoretisches Unternehmen attraktiv erscheinen, das von einer extremen Skepsis den Verführungen der Sprache gegenüber getragen wird und zugleich wenigstens äußerlich im asketischen Gewand härtester Wissenschaft auftritt.

Dabei ist deconstruction alles andere, nur keine Wissenschaft im strengen Sinne. Sie ist, mit Paul de Man gesprochen, »zur gleichen Zeit Theorie und nicht Theorie, die universale Theorie der Unmöglichkeit der Theorie«.[45] Steiner übersetzt dies so, daß er deconstruction als eine subtile Travestie jener nihilistischen Subversion des Logos charakterisiert, die von Mallarmé und Rimbaud angezettelt und von Sprachphilosophie, Linguistik und Psychoanalyse zu Ende geführt wurde. Ihre gegen den Abschluß von Sinnbildungsprozessen und deren Verankerung in einem mit sich selbst identischen Subjekt gerichteten Sabotageakte »verhalten sich«, so Steiner, »zu der großen Revolution der Beziehung zwischen Wort und Welt wie das Satyrspiel zu dem tragischen, prophetischen Drama, auf das es unmittelbar folgt«.[46] Was für Nietzsche und andere noch eine »heroische« Anstrengung war, die Präsenz Gottes in seinen verschiedenartigsten Erscheinungsformen außer Kraft zu setzen, das hat sich im »Zeitalter des Epilogs«, so Steiner, längst verselbständigt; die großen Schlachten sind geschlagen, was bleibt, ist eine Farce, ein komödiantisches Spiel, bei dem eigentlich nichts mehr auf dem Spiel steht, es sei denn das Spiel selbst.

Deconstruction ist kein eigentlich originäres Unterfangen, will es auch gar nicht sein. Vielmehr wiederholt es mit epigonaler Geste und auf eklektizistische Weise jene Angriffe auf Metaphysik und Theologie, in deren Gefolge diese längst jede Autorität eingebüßt haben. Ihr Trick: diesen Kampf als einen zu inszenieren, der sich ewig fortsetzen läßt – wobei der Witz des Ganzen weniger aus der Auseinandersetzung selbst resultiert als vielmehr aus der Kunst, dieses künstlich prolongierte Spektakel selbst noch einmal als metaphysische Farce ridikülisieren zu können. Deconstruction betreibt Interpretation im Leerlauf, sie setzt auf die Unabschließbarkeit der Diskurse, wohl wissend, daß auch dies noch eine Setzung metaphysischer Natur ist und ebendeshalb, wie andere auch, es mehr als verdient, qua Ironie jenem Gelächter preisgegeben zu werden, das Nietzsche nach dem Tod Gottes angestimmt haben soll.

Steiner hält sich denn auch erst gar nicht mit jenen auf, die als dienstbeflissene Akademiker meinen, aus den Schriften Derridas oder Paul de Mans müsse sich doch so etwas wie eine stringentere Methode schneidern lassen, ein neues Konzept von Philologie etwa oder eine andere Philosophie, auf jeden Fall etwas, mit dem der angeschlagenen Geisteswissenschaft aufgeholfen werden könnte. Nein: »Die dekonstruktiven Saturnalien, der Karneval der Verwirrspiele, die Masken der Nicht-Bedeutung müssen am ernstesten genommen werden, wo sie als Variation von Lustbarkeit angesehen werden können.«[47] Das ist insbesondere bei Roland Barthes und Jaques Derrida der Fall, sowie auf eine etwas andere, melancholisch gebrochene Weise bei Paul de Man.

Für alle drei gilt, daß jeder »Wahrheitsanspruch« von Kunst und Literatur durch die Textualität, in die er eingebunden ist, wieder aufgelöst wird. »Texte dekonstruieren sich selbst, sind selbstdekonstruktiv.«[48] Das, was an ästhetischen Gebilden bedeutsam scheint, ihnen einen höheren Wert und einen tieferen Sinn verleiht, erweist sich durch Lektüre, beim *close reading*, als ein trügerischer, in sich gebrochener, analytisch letztlich nicht greifbarer Effekt, der das, was er an Bedeutsamkeit produziert, gleich wieder zersetzt. Das betrifft sowohl die Moral von der Geschicht' wie deren Plötzlichkeiten. Ob man in der Kunst ein »Symbol von Sittlichkeit« erblickt und deren Werke auf ihre gesellschaftspolitischgeschichtsphilosophische Funktion hin befragt, oder aber ob man über eine Analyse ihrer Formen dem Einbruch des Nicht-Identischen nachspürt, hier wie da erliegt Ästhetik der Suggestion von Bedeutsamkeit. Im einen Fall der eines historisch einholbaren und ethisch umsetzbaren Sinnangebots, im anderen dem eines mysteriösen, letztlich nur tautologisch explizierbaren Erhabenen. Was aber, wenn die Kunst prinzipienlos wäre?

Das Dilemma ästhetischer Theorie und Hermeneutik, sei es in konventioneller oder aber avancierter Form, bleibt, daß es für das in Anspruch genommene Kriterium ästhetischer Präsenz keinen Punkt außerhalb des Diskurses gibt. Im Rahmen einer vollständig über sich selbst aufgeklärten Kunsttheorie gibt es, wie wir seit Nietzsche wissen, nur noch Interpretationen, aber keinen Text mehr.[49] Hier ist alles ein Text oder nichts Text: »es gibt nichts jenseits des Textes, es gibt nichts jenseits des Kontextes«.[50] Texte sind Interpretationen, die sich nie vollständig interpretieren lassen, bestenfalls übersetzt werden können, ohne daß es doch eine Garantie dafür gäbe, daß sich bei diesem Akt der Übertragung etwas durchhält, was sich selbst gleichbliebe und von daher als ein Schlüssel betrachtet werden könnte, mittels dessen ein definitiver Sinn dechiffrierbar wäre. Da helfen auch keine Ausflüchte in historische, biographische oder kulturelle Kontexte. Kontexte sind selbst Texte, mithin wie diese einem Prozeß beständiger Verschiebung unterworfen. Auch sie gehorchen dem Spiel der *différance*, dem Oszillieren der Semantik zwischen Zeichen und Leere, Bedeutungshaftigkeit und Nullität, Sprache und Schweigen. In ihm zerstiebt jeder Sinn. Dieser ist in der *différance* aufgespalten, verschoben und zerstreut, muß es sein, weil sonst die unendliche Beweglichkeit endlicher Kommentare längst an ihr Ende gekommen wäre, sich erschöpft hätte. Denken der *différance*, das ist Denken gegen sich selbst gekehrt. Das Subjekt der Spekulation fällt dabei einfach aus. Der Spiegel der Reflexion ist zerbrochen, mit ihm jede fixierbare Präsenz des Sinns von Sein im Hin und Her der Interpretationen.[51]

Alle eingeschliffenen Markierungen beginnen plötzlich zu tanzen: Es gibt keine strikte Differenz mehr zwischen Geschmacksurteilen und interpretatorischen Verfahren, die Grenzsteine zwischen Poesie und Philosophie scheinen verrückt, man behandelt Schriftsteller als Philosophen und Philosophen wie Künstler. Rhetorik und Logik attackieren sich wechselseitig, ohne daß es je zu einer definitiven Entscheidung zwischen beiden kommen könnte. Die Autorität des Kanons schwindet, seine Hierarchien werden unterlaufen, selbst der Abstand zwischen Primär- und Sekundärtexten verschwindet.[52] Ein intertextuelles Netzwerk wird sichtbar, ohne Zentrum und ohne Peripherie, ein kompliziertes Gewebe, das keinen Anfang kennt und kein Ende – nur Texte, die zum Anlaß weiterer Texte werden. »Texte, Kunstwerke transformieren lediglich andere Texte und andere Kunstwerke in ein netzartiges und spiralförmiges Kontinuum über die Zeiten hinweg«, wie Steiner treffend bemerkt.[53]

So grenzenlos und befreiend die dekonstruktive Aufsprengung fixer Sinngebilde ist, der sich öffnende Horizont ist trostlos: ein ewig sich gleichbleibendes Spiel leerer Zeichen, ein Wirbel von Interpretationen, die sich wechselseitig kommentieren, ohne daß sie es noch nötig hätten, sich auf einen gemeinsamen Basistext zu beziehen; ein unendlich chaotisches Gewirr anonymer Stimmen im grenzenlosen Strom der Diskurse. Es ist das Rauschen der von Derrida entdeckten *mythologie blanche* – »eine reine differentielle Schwingung, ohne Träger, unerträglich«[54] –, das nicht nur Steiner schaudern macht.

Steiner ist freimütig genug einzubekennen, daß »die Herausforderung der Dekonstruktion« mit begrifflichen Mitteln und auf der Ebene wissenschaftlicher Erörterung »nicht abzuweisen« ist. Ein rein »weltliches, seinem Wesen nach positivistisches Modell des Verstehens und der Erfahrung bedeutungserfüllter Form (der Ästhetik)« stellt sich »im Licht, oder wenn man so will, in der Dunkelheit der nihilistischen Alternative« als unhaltbar dar.[55] Die von Steiner gegen deconstruction ins Feld geführten Argumente sind denn auch nicht logisch zwingend. Sie eignen sich nicht zu einer theoretischen Widerlegung ihres ruchlosen Projekts. Es sind vornehmlich Argumente *ad hominem*, eine geballte Ladung von Vorwürfen, die auf die moralische Desavouierung des Gegners abzielen, gerade weil dessen theoretische Vorstöße sich als wissenschaftlich uneinholbar erweisen.

»An ihren Früchten sollt ihr sie erkennen.« So Steiner, wenn er »den häufig abstoßenden Jargon« dekonstruktiver Arbeiten bemäkelt, ihn einen »Selbstbedienungsjargon« schimpft und in diesem Zusammenhang auf »den ausgemachten Obskurantismus und die trügerischen Prätentionen auf Technizität« verweist, welche gerade auch die besseren Arbeiten dieser Schule charakterisieren würden.[56] Steiner ist nicht zimperlich im Austeilen seiner Schläge. Ersparen wir uns deshalb eine jede nähere Einlassung auf einzelne Aspekte seiner in vielerlei Hinsicht ungedeckten und in sich widersprüchlichen Polemik. Es würde nur dazu führen, ihn der Garde aufgebrachter, gleichermaßen blind gegen Postmoderne wie neuere Semiologie wetternder Professoren zuzurechnen, welche weder das eine vom anderen zu unterscheiden noch anders auf beides zu reagieren wissen denn durch plakative Nihilismus-Schelte.[57]

Steiners einziges Argument, wenn es denn eines ist, ist das altbekannte vom performativen Widerspruch: »Der dekonstruktive Diskurs«, so sein abschließender Befund, »ist *selbst* rhetorisch, referentiell und durchaus erzeugt und beherrscht von normalen Funktionen der Kausalität, der Logik und der Abfolge. Die dekonstruktive Absage an den ›Logozentrismus‹ geschieht in gänzlich logozentrischen Begriffen. ›Metakritik‹ ist immer noch Kritik, und oftmals von höchst evident diskursiver und überzeugender Art. [...] Sie haben keine neue Sprache erfunden, keine unbefleckten Begriffe gezeugt. Das zentrale Dogma, dem zufolge alle Deutungen Fehldeutungen sind und das Zeichen keine verbindliche Nachvollziehbarkeit besitzt, hat genau denselben paradoxen und sich selbst aufhebenden Status wie die berühmte *Aporie*, der zufolge ein Kreter erklärt, daß alle Kreter Lügner seien. Verhaftet in natürlicher Sprache, falsifizieren sich die dekonstruktiven Propositionen selbst.«[58]

Genau hier ist der Einsatzpunkt von Steiners »Metaphysik der Kunst«. Wenn es denn stimmt, daß auch der dekonstruktive Diskurs den Banden und Versuchungen des Logos nicht zu entkommen vermag, vielmehr bei Licht betrachtet ähnlich widersprüchlich und doktrinär agiert wie die kritisierte Hermeneutik onto-theologischer Herkunft, dann fragt sich: Wozu überhaupt deconstruction? Warum nicht Metaphysik? Wenn die Existenz Gottes weder bewiesen noch auch widerlegt werden kann, mithin der Rekurs auf eine *différance* von Sein und Sprache wissenschaftlich gesehen ebenso absurd ist wie der messianische Glaube an eine punktuelle Präsenz von Sein in Sprache, warum dann nicht auf Gott setzen und »Grundlagen ins Auge [...] fassen, die jenseits des Empirischen liegen«?[59] Genau das macht Steiner. Indem er ästhetische Erfahrung als eine mystische beschwörend in Erinnerung ruft und von hier aus seinen Finger auf die wunden Punkte von Poststrukturalismus wie herkömmlicher Hermeneutik legt, spitzt er den Konflikt zwischen deconstruction und ästhetischer Theorie so weit zu, daß er als Glaubenskonflikt dasteht, der eine existentielle Entscheidung erheischt. Entweder ästhetische Theorie offen als Methaphysik der Kunst oder »Metaphysik« in Gänsefüßchen, dekonstruktive Theologie am Nullpunkt des Seins oder eine neue Onto-Theologie des Ästhetischen, das ist Steiners Frage. Entweder – Oder also?[60]

Wer Ultimaten stellt, der muß mit Schlachten rechnen. Überflüssig, an den Golfkrieg zu erinnern, mit dessen offiziös-rhetorischer Frontbildung der durch Steiner vom Zaun gebrochene Streit zwischen Hermeneutik und deconstruction übrigens einiges gemein hat. Hier wie dort die gleiche Konstellation: Sture Rechtgläubigkeit stößt auf High-Tech und Computer, eine fundamentalistisch sich legitimierende Macht sieht sich vom *american way of life* überzogen, ressentimentgeladenes Verschwörungspathos kollidiert mit dem Rambozambo überdrehter Freigeister. Fragt sich, auf welcher Seite der Front man steht.

Ich weiß nicht, ob man sich Steiners Krieg aufzwingen lassen soll. Ich bin mir auch nicht sicher, ob der logische Teufelskreis, in dem Steiner deconstruction befangen sieht, nicht vielmehr statt eines Mankos das große Plus gerade dieses Theorie-Unternehmens ist. Wie immer dem sei, richtig ist, daß jede Rede über Kunst durch die einzigartige Magie von deren Erscheinungen sich auf ein Terrain verwiesen sieht, für das streng wissenschaftliche, gleichsam »objektive« Kriterien beizubringen bis heute nicht gelungen ist, wohl auch nicht gelingen kann. Ästhetik als Wissenschaft ist, wie bereits Kant wußte, unmöglich. Wer über Kunst spricht, spricht immer auch von sich und von Dingen, die jenseits dessen liegen, was bewiesen oder aber widerlegt werden kann. Alles andere ist pseudoszientifisches Gerede. Ästhetik setzt eine Ethik voraus und artikuliert sich – sie mag sich drehen und winden, wie sie will – metaphysisch. »Alle eigentlichen aesthetischen Urtheile«, so Friedrich Schlegel, »sind ihrer Natur nach *Machtsprüche* und können nichts andres sein. Beweisen kann man sie nicht, legitimiren aber muß man sich dazu.«[61] Wenn dem so ist, dann verschiebt sich das Problem. Ist der ästhetische Diskurs ein Schlachtfeld, auf dem unterschiedlich disponierte Sensibilitäten aufeinanderstoßen, um hier mit allen erdenklichen Tricks und Finten ihre Machtansprüche durchzusetzen, dann wird man deren Positionen nicht nach dem Grad ihrer Nähe (oder Ferne) zum Wahrheitsgehalt von Kunst und Literatur zu beurteilen haben – wie auch? Nein: Zur Debatte steht allererst die Art und Weise, wie Individuen mit ästhetischer Erfahrung umgehen, und die Verfahren, deren sie sich bedienen, um ihre Überzeugungen von dem, was Kunst ist, rhetorisch gekonnt und differenziert zum Einsatz zu bringen. Ästhetische Theorie ist letztlich eine Frage des Stils.

Kunst- und Literaturwissenschaft, so Steiner, liefern bestenfalls »Erzählungen über die Erfahrung von Form«.[62] Erzählungen aber gibt es viele. Steiners Rede von der onto-theologischen Dimension des Ästhetischen ist eine, die der deconstruction eine andere. Steiner erzählt von der Verheißung des Messias durch die Kunst, deconstruction von der Unmöglichkeit, diese anders denn als ein Phantom der Schrift in Augenschein zu nehmen. Für Steiner ist die

Präsenz des Unendlichen in ästhetischer Erfahrung zwar nicht restlos ausleuchtbar, dennoch behauptet er die Präzision hermeneutischer Annäherung. Deconstruction hingegen – weit davon entfernt, Freibriefe für Beliebiges auszustellen – zeigt die Grenzen auf, die einer solchen Interpretation gesetzt sind; das bereitet Kopfschmerzen, zweifelsohne, zumal da deconstruction die Zirkel, in die Philosophie sich verstrickt, wo sie, konfrontiert mit der Einzigartigkeit des Ästhetischen, dieses zu denken sucht, so legt, daß sich hermeneutische Methoden selbst als Fallstricke vernünftigen Sinns erweisen. Mit ihren Mitteln unterstreicht deconstruction so, was Adorno den »Rätselcharakter der Kunst« nannte[63], ihre Unverständlichkeit, ihr Nicht-Identisches. Dagegen bemüht Steiner sich, ebendieses dem *common sense* im Rückgriff auf jüdisch-christliche Traditionen wieder schmackhaft zu machen. Indem aber Gott als letzter Grund und höchster Zweck künstlerischer Aktivität ins Spiel gebracht wird, und das auf eine mitunter penetrante Manier, benimmt Steiner der Kunst, was es doch zu retten galt: ihre Inkommensurabilität. Das »ganz Andere« erweist sich am Ende doch wieder als das nämliche Eine.

Ist ästhetische Erfahrung inkommensurabel, so ist ein monotheistischer Zugriff auf deren Sinn ebensowenig zwingend wie eine generalisierbare Ethik ihres Vollzugs. Steiners Metaphysik der Kunst bietet denn auch *en détail* nicht viel mehr als eine Wiederaufbereitung herkömmlicher Schulästhetik. In deren Zentrum spreizt sich einmal mehr jenes mythologische Ungetüm, das schon Benjamin zur Weißglut brachte: die Hydra bürgerlicher Kunstreligiosität mit ihren sieben Köpfen: Schöpfertum, Einfühlung, Zeitentbundenheit, Nachschöpfung, Miterleben, Illusion und Kunstgenuß.[64] Daß die Restauration bürgerlicher Kunstreligiosität indes nicht recht gelingen will, unterstreicht Steiner selbst, ist doch seine Theologie der Kunst – eingestandenermaßen – rein hypothetischen Charakters, eine Theologie des Als-Ob, eine »metaphysische« Fiktion – innerlich mehr durch persönlich beglaubigte Absichtserklärungen, flankiert von allerlei intellektuellen Vorsichtsmaßnahmen, zusammengehalten denn durch überzeugende Argumente.

Steiner und Freunden ist ein Wort Novalis' in Erinnerung zu rufen: »Es giebt kein *allgemeingeltendes Lesen*, im gewöhnlichen Sinn. Lesen ist eine freye Operation. Wie ich und was ich lesen soll, kann mir keiner vorschreiben.«[65] Gleiches gilt für die Kunst.

Wie und was sie produzieren soll, kann ihr keiner vorschreiben. *Die Kunst ist die Ausnahme*. Durch ihre Gebilde werden in guten Augenblicken nicht nur alle Regeln vernunftgesteuerter Wahrnehmung außer Kraft gesetzt, zugleich scheint sie selber ohne jede Regel. Vielleicht war sie immer schon mehr ein Experiment als ein Gottesdienst, eher häretisch als fromm, Verstellung eben, nicht viel mehr, Täuschung und Lüge, aber mit gutem Gewissen, ein frivoles Spiel der Ironie gerade auch mit dem, was einer Gesellschaft sakrosankt ist. Technisch und stilistisch ungemein versiert, zugleich aber von einer anarchischen Vitalität umgetrieben, durch die sie unberechenbar wird, stellt sich die Kunst historisch als etwas dar, das sowohl in seinem Verlauf wie in seinen Erscheinungsformen und Folgen unabsehbar ist. Nicht ohne Grund wurde und wird sie gerade von strikt monotheistischen Theologien verdächtigt, Unzucht mit dem Absoluten zu treiben.

Die Kunst scheint mal dies, mal etwas anderes. Liebt sie nicht, wie die Liebe in Schuberts »Winterreise«, das Wandern von einem Ort zum anderen? »Gott hat sie so gemacht.« Weder hat sich ihr »Wesen« bis jetzt zureichend durch ihre Gattungen bestimmen lassen noch durch ihre Themen und Motive, geschweige denn durch die Funktionsbezüge, in die sie sich historisch je eingebunden fand. Gott war einer davon und das Erhabene vielleicht die Form seiner Erscheinung. Daneben aber gibt es, wie Steiner freimütig einräumt, andere Artikulationsweisen von Kunst, stilistische Konstruktionen, die als erhaben zu bezeichnen albern wäre, ohne daß ihnen deshalb doch ihre ästhetische Valenz abgesprochen werden könnte. Edith Piaf etwa, deren Chansons selbst noch in Steiners Kanon Platz gefunden haben. Was ist mit Video-Clips und Vergnügungsparks? Wo bleiben Graffitis und Comic-Strips, Warenhäuser, Schaufensterpuppen und Werbespots? Ist denn die Kopulation von Kunst und Prostitution, wie Jeff Koons sie in Gestalt seiner selbst und der süßen Cicciolina von Oberammergauer Holzschnitzern für die *Biennale* plastisch in Szene setzen ließ, vielleicht keine große Kunst, nur neopopistischer Schund?

Sicher, es gibt sie, die »Heimsuchungen«, von denen Steiner spricht, Augenblicke der Lektüre, in denen sich einstellt, was Proust »das fruchtbare Wunder einer Kommunikation im Herzen der Einsamkeit« nannte.[66] Aber es gibt auch das schreckenerregende Gelächter des Irrsinns, das Antlitz eines Wahnsinns, der sich nicht einmal mehr über Umwegen auf Gott beziehen läßt. Die

»Alchimie des Wortes«, wie Rimbaud und andere sie erfanden, ist mehr und anderes als bloß ein Angriff auf den Logos-Gott, es sind »magische Sophismen«, eine »Halluzination der Wörter«, deren »Unentzifferbarkeit« man nicht einfach dadurch auswischt, daß man sie für ephemer und marginal erklärt. Schließlich und endlich gibt es, was gerade heute nicht vergessen werden sollte, Vakuen ästhetischer Erfahrung, es gibt Pop und Andy Warhol, Madonna und die Mode, Implosionen der Moderne, Surrogate des Ästhetischen, wenn man will, weil man hier schlichtweg überhaupt keine Erfahrungen mehr macht, nur auf reizende Weise bestätigt bekommt, was man eh schon weiß.[67] Und außerdem gibt es noch vieles andere mehr.

»Il faut être absolument moderne.« Es gibt kein Zurück, nur ein Vorwärts, wenn es hochkommt, mit dem Blick zurück in Trauer und Zorn. Die Moderne bleibt unser Schicksal. Das wird auch durch die Agonie des Sowjetkommunismus nicht widerlegt, geschweige denn durch das Wiedererstarken nationalistisch-fundamentalistischer Kräfte und Bewegungen an den Rändern der westlichen Welt. Wenn Ereignisse wie diese überhaupt etwas beweisen, dann, daß man nicht ungestraft den Versuch unternimmt, aus der Dynamik der Moderne auszusteigen. Wo solche Versuche stattfanden, endeten sie entweder als Farce oder aber katastrophisch, mitunter beides zugleich. Ähnliches gilt für den Bereich der Ästhetik. Natürlich sei es jedem unbenommen, eine »Investition ins Erhabene« zu tätigen, man kann auf »große« Kunst und Literatur setzen und dabei auf Gottes Gnade bauen. Allein angesichts der nur allzu profanen Ergebnisse Steiners und der mystagogischen Velleitäten eines Syberberg, Handke und Strauß fragt sich, ob nicht eine jede Investition ins Erhabene unter den Bedingungen einer gottlosen Gegenwart sich am Ende als peinliche Fehlinvestition entpuppt.

Komar und Melamid, ein inzwischen in New York lebendes russisches Künstlergespann, haben das, was im Moment mit der Kunst geschieht, überspitzt so auf den Punkt gebracht. »Was am Ende bleibt, ist ›Kitsch‹ und Parodien auf ›Kitsch‹. Alles, was keine Parodie ist, ist Kitsch.«[68] Man denke an Wagner, der sich ja mit seinem Gesamtkunstwerk bereits dem Spott und Hohn eines Nietzsche ausgesetzt sah – ungeachtet der Anerkennung, die dieser der kompositorischen Meisterschaft Wagners im kleinen bis zum Schluß zollte. Nietzsches Skepsis gegenüber großen Gesten und ihrer Entlarvung als irgendwie peinliche Entgleisungen moderner Phantasie ist heute aktueller denn je. Denn wo keine Götter sind, da kann uns auch die Kunst nicht retten. Darum wären deren metaphysische Agenten besser beraten, wenn sie, statt nach Gott Ausschau zu halten, den Götzen der Jetzt-Zeit nachspürten. Sind diese denn nicht noch gänzlich unentdeckt, verborgen vor unseren gelehrten Augen? Solange sie nicht durch Kunst und Literatur beschworen sind, bleibt die Neue Mythologie ungeschrieben. Und deconstruction...

Anmerkungen

1 George Steiner, *Von realer Gegenwart. Hat unser Sprechen Inhalt?*, München/Wien 1990.
2 Inzwischen als Nachwort dem Essay Steiners beigegeben (ebd., S. 305-319).
3 Ebd., S. 307.
4 Vgl. ebd., S. 292 ff. und 279.
5 Ebd., S. 13.
6 Ebd., S. 294.
7 Ebd., S. 190 ff.
8 Ebd., S. 17 f.
9 Ebd., S. 23.
10 Ebd., S. 72.
11 Jürgen Manthey, *Über die Vorherrschaft des Sekundären und Parasitären*. Den angeblichen Triumph des Journalistischen über das Kunstmysterium beklagt George Steiner in *Von realer Gegenwart*, in: *Frankfurter Rundschau* Nr. 231 (4. Oktober 1990), S. 13.
12 So Derrida bei seinem ersten Auftritt in den Vereinigten Staaten, 1966 an der Johns Hopkins University, anläßlich einer Diskussion im Anschluß an den Vortrag seines mittlerweile »klassischen« Textes *Die Struktur, das Zeichen und das Spiel im Diskurs der Wissenschaften vom Menschen* (Richard Macksay und Eugenio Donato [Hg.], *The Languages of Criticism and the Sciences of Man: The Structuralist Controversy*, Baltimore 1970, S. 272). Auf deutsch findet der Vortrag sich in: Jacques Derrida, *Die Schrift und die Differenz*, Frankfurt/M. 1976, S. 422-442.
13 Von daher bin ich nicht überzeugt, daß sich Derrida, sei es in kritischer oder aber eher wohlwollender Manier, hinreichend als Ästhetiker iden-

tifizieren läßt. Weder ist er durch eine einseitig ästhetisch gesteuerte Aufmerksamkeit blind für die Ansprüche der Vernunft, wie Jürgen Habermas meint (*Der philosophische Diskurs der Moderne*, Frankfurt/M. 1985, S. 191 ff.), noch auch glaube ich, daß sich zentrale Konzepte Derridas wie das der *différance* oder der *dissémination* so einfach hin als »in ihrer Geltung verallgemeinerte Strukturen ästhetischer Erfahrung« verstehen lassen (Christoph Menke-Eggerts, *Die Souveränität der Kunst*, Frankfurt/M. 1988, S. 179). Wenn man liest, wie Derrida Kants Bestimmung ästhetischer Erfahrung ad absurdum führt, wie er sie extrapoliert, so daß sie als strategische *confessio* eines Denkens dasteht, das gar nicht weiß, was ästhetische Erfahrung, oder – mit Kant gesprochen – »interesseloses Wohlgefallen«, noch sein könnte, dann wird man sich fragen müssen, ob die gerade in Deutschland vorherrschende Rezeption Derridas unter ästhetischen Gesichtspunkten wirklich mehr ist als ein fortdauerndes Mißverständnis. Was natürlich nicht heißt, daß Derrida nicht brillant zu schreiben wüßte: »beinahe nichts bleibt (mir): weder die Sache noch ihr Dasein, noch meins, weder das reine Objekt noch das reine Subjekt, keinerlei Interesse irgendeiner Art für irgend etwas. Und dennoch mag ich: nein, das geht immer noch zu weit, das hieße immer noch Interesse am Dasein zu nehmen, kein Zweifel. Ich mag nicht, aber ich habe ein Wohlgefallen an dem, was mich nicht interessiert, an etwas, von dem es letztlich gleichgültig ist, ob ich es mag oder nicht. Ich nehme Wohlgefallen an etwas, das ich nicht nehme, es scheint eher, daß ich es zurückgebe, ich gebe zurück, was ich nehme, ich empfange, was ich zurückgebe, ich nehme nicht, was ich empfange. Und dennoch gebe ich es mir selbst. Kann ich sagen, daß ich es mir selbst gebe? Es ist so universell objektiv – meinem Urteil und dem des *common sense* nach –, daß es einzig rein von außen kommen kann. Unassimilierbar. Zum Unglück fühle ich dieses Wohlgefallen nicht einmal, das ich mir gebe, oder eher, dem ich mich hingebe, durch das ich mich gebe, wenn fühlen erfahren meint: phänomenal, empirisch, im Raum und in der Zeit meines interessierten oder interessanten Daseins. Ein Wohlgefallen, das unmöglich zu erfahren ist. Ich nehme es nie, ich empfange es nie, ich gebe es nie zurück, ich gebe es nie, gebe es nie mir selbst, denn *ich* (ich, das existierende Subjekt) habe nie Zugang zum Schönen als solchem. Insofern ich existiere, habe ich nie Zugang zum reinen Wohlgefallen.« (Jacques Derrida, *The Truth in Painting*, University of Chicago 1987, S. 48. Die Übersetzung stammt hier und anderswo – soweit nicht anders vermerkt – von mir.)

14 Jacques Derrida, *Mémoires. Für Paul de Man*, Wien 1988, S. 94.

15 So mein Eindruck bei der Sichtung jener Vorträge, die Paul de Man wenige Monate vor seinem Tod unter dem Titel »Aesthetic Ideology« an der Cornell University/Ithaca gehalten hat. Obgleich seit geraumer Zeit angekündigt, scheint die Transkription der Tonbandaufzeichnun-

gen und Arbeitspapiere so verwickelt, daß erst einer der sechs Vorträge vollständig (einschließlich Diskussion) publiziert werden könnte, und zwar der letzte: die »Schlußfolgerungen«, »Conclusions«, die nicht wirklich einhalten, was sie versprechen, dafür aber eine Interpretation von Walter Benjamins *Die Aufgabe des Übersetzers* geben (Paul de Man, *The Resistance to Theory*, University of Minnesota 1986, S. 73-105). Auf deutsch liegen vor: *Anthropomorphismus und Trope in der Lyrik* sowie *Ästhetische Formalisierung: Kleists »Über das Marionettentheater«*, beide in: Paul de Man, *Allegorien des Lesens*, Frankfurt/M. 1988. Des weiteren: *Hegel über das Erhabene* und *Phänomenalität und Materialität bei Kant*, in: Paul de Man, *Die Ideologie des Ästhetischen*, Frankfurt/M. 1993.

16 Paul de Man, *Ästhetische Formalisierung:* ..., a. a. O., S. 206.

17 Paul de Man, *Der Widerstand gegen die Theorie*, in: Volker Bohn (Hg.), *Romantik. Literatur und Philosophie*, Frankfurt/M. 1987, S. 80-106, hier: S. 92.

18 Paul de Man, *Zeichen und Symbol in Hegels »Ästhetik«*, in: ders., *Die Ideologie des Ästhetischen*, a. a. O., S. 55.

19 Kritik an de Mans Hegel-Lektüre übt Raymond Geuss, *A Response to Paul de Man*, in: *Critical Inquiry* 10 (1983), S. 375-382. Mich interessiert an dieser Stelle einzig das systematische Argument, nicht die Frage, wieweit de Mans allemal gewagte Interpretationen zu rechtfertigen sind oder nicht. Vgl. auch de Mans *Reply to Raymond Geuss*, ebd., S. 383-390.

20 Vgl. Paul de Man, *The Return to Philology*, in: ders., *The Resistance* ..., a. a. O., S. 21-26, bes. S. 25 f.

21 Paul de Man, *Ästhetische Formalisierung:* ..., a. a. O., S. 214.

22 Paul de Man, *Allegories of Reading. Figural Language in Rousseau, Nietzsche, Rilke, and Proust*, New Haven/London 1979, S. 277.

23 Für de Man ist »die Falle [...] das letzte und äußerste Textmodell [...] jeden Textes« (*Ästhetische Formalisierung:* ..., a. a. O., S. 232). Mißtrauen gegenüber der verführerischen Macht von Literatur ist ein Grundzug seiner Lektüren. Paul Valéry verglich das Lesen bereits mit einer »opération militaire« (*Cahiers*, Paris 1973, Bd. I, S. 30). Bei Paul de Man wird es zu einer Art Kamikaze-Unternehmen: »Vor jeder verallgemeinernden Aussage über die Literatur müssen literarische Texte zuerst einmal gelesen werden, und die Möglichkeit des Lesens kann nie als gegeben angenommen werden. Lesen ist ein Akt des Verstehens, der niemals beobachtet werden kann, für den es keine wie immer gearteten Vorschriften gibt und der auch nicht verifizierbar ist. Ein literarischer Text ist kein phänomenales Ereignis, das irgendeine Form von positiver Existenz besäße, weder als natürliches Faktum noch als Tätigkeit des Geistes. Er führt zu keiner ihn transzendierenden Wahrnehmung, Anschauung oder Erkenntnis, sondern bietet sich lediglich einem Verste-

hen an, das immanent bleiben muß, da der Text das Problem seiner Verständlichkeit allein im Rahmen der vom Text selbst gesteckten Bedingungen aufwirft.« (Paul de Man, *Die Rhetorik der Blindheit. Jacques Derridas Rousseauinterpretation*, in: ders., *Die Ideologie des Ästhetischen*, a. a. O., S. 194.) Vgl. zum Thema: Werner Hamacher, *Unlesbarkeit*, in: Paul de Man, *Allegorien des Lesens*, a. a. O., S. 7-26.

24 Vgl. Jacques Derridas Entgegnungen auf Gadamers Einladung zum Gespräch: *Guter Wille zur Macht*, in: Philippe Forget (Hg.), *Text und Interpretation*, München 1984, S. 56-58 u. S. 62-77.

25 Vgl. Paul de Man, *Reading and History*, in: ders., *The Resistance ...*, a. a. O., S. 54-72, hier S. 64. Das Nietzsche-Zitat findet sich in: Friedrich Nietzsche, *Werke in drei Bänden* (hg. v. Karl Schlechta), München 1956, Bd. III, S. 683.

26 Friedrich Nietzsche, a. a. O., S. 685.

27 Paul de Man, *Ästhetische Formalisierung: ...*, a. a. O., S. 206.

28 Vgl. Wolfgang Welsch, *Zur Aktualität ästhetischen Denkens*, in: *Kunstforum International*, Bd. 100 (1989), S. 135-149, bes. S. 148.

29 Neben Steiner ist es vor allem Manfred Frank, der im Rekurs auf Schelling eine entschieden essentialistische Kunstphilosophie vertritt: »Die Ästhetik wird wirklich Organon und Dokument einer aufs Absolute zielenden Philosophie; und im Schönen *zeigt* sich das Absolute und es zeigt sich *nur* im Schönen.« (*Einführung in die frühromantische Ästhetik. Vorlesungen*, Frankfurt/M. 1989, S. 141.)

30 So Wolfgang Welsch, a. a. O., S. 145.

31 Hans Robert Jauß, *Kleine Apologie der ästhetischen Erfahrung*, Konstanz 1972, bes. S. 50f.

32 So z. B. Karl Heinz Bohrer, *Die Ästhetik am Ausgang ihrer Unmündigkeit*, in: *Merkur* 44 (1990), S. 851-865, bes. S. 860ff.

33 In was für Widersprüche Bohrer durch seinen phänomenologischen Ansatz verstrickt ist, wird am Ende des oben angeführten Aufsatzes manifest. Dort postuliert er, daß im Zentrum der Ästhetik der »Zustand der ästhetischen Erfahrung« zu stehen habe, ein Zustand, der nicht als ein psychischer, sondern als ästhetischer zu verstehen sei. Schaut man sich an, wie dieser Zustand umschrieben wird, dann fragt sich indes, was das Ästhetische bei Bohrer ist, wenn nicht ein psychisches Ereignis. Sowohl die Rede von der »Erregung des Hörenden bzw. Lesers« durch das Erhabene wie der Rekurs auf »die ›blitzartige‹ [...], überraschend innovatorische Unterbrechung eines Erwartungszusammenhangs« (a. a. O., S. 864) sind Bestimmungen psychologisch-anthropologischer Natur und haben nur am Rande etwas mit Rhetorik zu tun.

34 Unumwunden kommt das ideologische Moment dort zum Tragen, wo Bohrer – gegen herkömmliche Philosophien der Kunst gewandt – deren

metaphysische Tendenz und die dem entsprechende teleologische Figur ganz und gar unironisch wiederholt: »Die wirkliche Veränderung, die stattfindet, betrifft die Aisthesis als ästhetische Wahrnehmung. Insofern ist ›Ästhetische Theorie‹ oder Ästhetik die eigentliche Theorie des Zeitalters« (a. a. O., S. 865).

35 Vgl. Karl Heinz Bohrer, *Ich würde die Welt zweiteilen. Gespäch am 20. 8. 1989 in Paris*, in: *zeitmitschrift* Nr. 6, 1989/90, S. 63-81 sowie ders., *Das Böse – eine ästhetische Kategorie?*, in: *Merkur* 39 (1985), S. 459-473. Der Zusammenhang von Surrealismus und Gnosis ist in anderen Zusammenhängen bereits von Jacob Taubes betont worden: *Noten zum Surrealismus*, in: W. Iser (Hg.), *Immanente Ästhetik – Ästhetische Reflexion. Lyrik als Paradigma der Moderne*, München 1966 (= *Poetik und Hermeneutik* II), S. 139-143.

36 Ausgemacht ist für de Man, »daß die Beziehung und der Unterschied zwischen Literatur und Philosophie nicht in Begriffen der Distinktion zwischen ästhetischen und epistemologischen Kategorien erfaßt werden kann. Alle Philosophie ist in dem Maße, wie sie von ›uneigentlicher‹ Sprache abhängt, verurteilt, literarisch zu sein, alle Literatur, als Depositorium genau dieses Problems, in gewissem Umfang philosophisch. Die offenkundige Symmetrie dieser Feststellungen ist nicht ganz so beruhigend, wie es scheint, denn, was Literatur und Philosophie miteinander in Verbindung setzt, ist [...] ihr gemeinsamer Mangel an Identität oder Bestimmtheit. / Der geläufigen Annahme entgegen, ist Literatur nicht der Ort, an dem die unsichere Epistemologie der Metapher durch ästhetische Lust suspendiert wird – auch wenn dieser Versuch ein konstitutives Moment ihres Systems ist. Sie ist eher derjenige Ort, an dem gezeigt wird, daß die Möglichkeit einer Konvergenz von Strenge und Lust Täuschung ist.« (*Epistemologie der Metapher*, in: Anselm Haverkamp [Hg.], *Theorie der Metapher*, Darmstadt 1983, S. 437.)

37 Vgl. Paul de Man, *Anthropomorphismus und Trope in der Lyrik*, a. a. O., S. 179.

38 Paul de Man, *The Resistance ...*, a. a. O., S. 10.

39 Paul de Man, *Hegel über das Erhabene*, in: ders., *Die Ideologie des Ästhetischen*, a. a. O., S. 60.

40 Ebd.

41 Zum Konflikt von Hermeneutik und Dekonstruktion: Ernst Behler, *Derrida-Nietzsche, Nietzsche-Derrida*, München/Paderborn/Wien/Zürich 1988, S. 147 ff.

42 George Steiner, a. a. O., S. 127.

43 Ebd., S. 132.

44 Ebd., S. 135.

45 Paul de Man, *Der Widerstand gegen die Theorie*, a. a. O., S. 105.

46 George Steiner, a. a. O., S. 155.

47 Ebd., S. 156.

48 So de Man im Interview mit Stefano Rosso: Paul de Man, *The Resist-ance ...*, a. a. O., S. 118.

49 Vgl. Friedrich Nietzsche, a. a. O., S. 903.

50 So Jacques Derrida, *Vers une éthique de la discussion*, in: E. Weber (Hg.), *Limited Inc.*, Paris 1990, S. 252. Vgl. Jacques Derrida, *Grammatologie*, Frankfurt/M. 1983, S. 274 f.

51 Hierzu Jacques Derrida, *Die différance*, in: ders., *Randgänge der Philosophie*, Frankfurt/M./Berlin/Wien 1976, S. 6-37. Vgl. Rodolphe Gasché, *The Tain of the Mirror: Derrida and the Philosophy of Reflection*, Cambridge/Mass. 1986. Verwiesen sei an dieser Stelle auch auf die überzeugende Kritik, die Richard Rorty an Gaschés Versuch geübt hat, Derridas »Philosophie« als entschieden nicht-metaphysische zu reformulieren: Richard Rorty, *Contingency, Irony, and Solidarity*, Cambridge University Press 1989, S. 123 ff.

52 Um keine Mißverständnisse aufkommen zu lassen: Es geht deconstruction schlechterdings nicht um eine »Einebnung der Gattungsunterschiede«, wie Jürgen Habermas unterstellt (a. a. O., S. 219). Von einer simplen Nivellierung aller Distinktionen kann schon deshalb nicht die Rede sein, weil die kritische Funktion von deconstruction nach de Man umgekehrt gerade darin besteht, »die Macht aufzuzeigen, die der sprachlichen Figuration eigen ist, wenn sie Differenzen in Gegensätze verwandelt, in Analogien, Kontiguitäten, Umkehrungen, Überschneidungen sowie alle anderen Verhältnisse, durch die sich das textuelle Feld der Tropen und des Diskurses artikuliert« (Paul de Man, *A Letter*, in: *Critical Inquiry* 8 [1981/82], S. 509-513, hier S. 510). Zur Dekonstruktion des Kanons u. a. m., nicht zuletzt auch als Dank für die vielen instruktiven Hinweise, verweise ich auf: David Martyn, *Die Autorität des Unlesbaren. Zum Stellenwert des Kanons in der Philologie Paul de Mans* (in diesem Band).

53 George Steiner, a. a. O., S. 158.

54 Jacques Derrida, *Apokalypse*, Graz/Wien 1985, S. 65.

55 Vgl. George Steiner, a. a. O., S. 176 ff. u. 262.

56 Ebd., S. 156.

57 Es ist wirklich erstaunlich, zu welch hanebüchenen, nur durch die Lektüre von Sekundärliteratur entschuldbaren Ausfällen sich Steiner verleiten läßt. Um ein Beispiel zu geben: Steiner behauptet, daß deconstruction bislang noch keine »tatsächlichen Gegendeutungen« hervorgebracht habe, ihre »klassischen Texte« seien nicht eigentlich »Fehldeutungen [...] von Literatur, sondern von Philosophie; sie richten sich an philosophische Linguistik und die Theorie der Sprache. Die Köpfe, denen sie die Maske vom Gesicht zu reißen suchen, sind die Platos, Hegels, Rousseaus, Nietzsches oder de Saussures. Die Dekonstruktion hat uns nichts über Aischylos oder Dante, über Shakespeare oder Tol-

stoi zu sagen« (ebd., S. 172). Abgesehen davon, daß deconstruction in Amerika unter Verdacht steht, sich immer nur mit Klassikern zu beschäftigen, möchte ich wissen, was de Mans Interpretationen von Wordsworth, Hölderlin, Baudelaire, Yeats etc. oder Derridas Arbeiten zu Paul Celan, Mallarmé, Artaud und Bataille sind, wenn nicht Versuche, kanonische Literatur anders zu lesen? – Allein eines bleibt bedenklich: die strikte Ausblendung von Intentionalität. Wo ein Subjekt sich einschleichen könnte, da nagelt deconstruction das Schlupfloch gleich mit einem Sophismus zu, als ob es sich mit einer Beschwörungsformel versiegeln ließe. Es fehlt hier, so Steiner, schlicht an einer »Grammatik des Motivs« (vgl. ebd., S. 175 f). Statt den Impulsen nachzufragen, die zur Herstellung ästhetischer Gebilde führen, oder dem, was die Lektüre antreibt, klammert deconstruction subjektive Faktoren einfach aus, wie sie sich jeden identifikatorischen Zugriff auf Kunst und Literatur verbietet. Warum aber schreiben, wozu noch lesen, wenn jeder Text vom Stigma der Unlesbarkeit getroffen ist? Wie kann es einen *plaisir du text* geben, wenn alle Lektüren, gelinde gesagt, auf eine Form von Selbsttäuschung hinauslaufen? Wozu überhaupt Kunst und Literatur, wenn deren Versuche, mehr und anderes zu sein als nur Kunst und Literatur, notwendig zum Scheitern verurteilt sind? Wer deconstruction per se als subversiv begreift, der wird sich fragen müssen, was der von ihr an Subjektivität vollzogene Exorzismus ist, wenn nicht eine autoritäre Geste, mit der sich Subjektivität einmal mehr als herrischer Gebieter aufspreizt.

58 Ebd., S. 173. Systematisch zu Tode geritten hat den Vorwurf vom performativen Widerspruch bekanntlich Jürgen Habermas. Dort heißt es mit Blick nicht nur auf Derrida und Adorno: »Die totalisierende Selbstkritik der Vernunft verstrickt sich in den performativen Widerspruch, die subjektzentrierte Vernunft nur unter Rückgriff auf deren eigene Mittel ihrer autoritären Natur überführen zu können« (a. a. O., S. 219). Als ob diese das nicht längst wüßte: »Wenn anders wir Philosophen sind, wir Hyperboreer, es scheint jedenfalls, daß wir es anders sind als man ehemals Philosoph war. Wir sind durchaus keine Moralisten . . . Wir trauen unseren Ohren nicht, wenn wir sie reden hören, alle diese Ehemaligen. ›Hier ist der Weg zum Glück‹ – damit springt ein Jeder von ihnen auf uns los, mit einem Rezept in der Hand und mit Salbung im hieratischen Maule. ›Aber was kümmert *uns* das Glück?‹ – fragen wir ganz erstaunt. ›Hier ist der Weg zum Glück – fahren sie fort, diese heiligen Schreiteufel: und dies da ist die *Tugend*, der neue Weg zum Glück!‹ . . . Aber wir bitten Sie, meine Herrn! Was kümmert uns gar ihre Tugend! Wozu geht Unsereins denn abseits, wird Philosoph, wird Rhinozeros, wird Höhlenbär, wird Gespenst? Ist es nicht, um die Tugend und das Glück *los zu sein*? – Wir sind von Natur viel zu glücklich, viel zu tugendhaft, um nicht eine kleine Versuchung darin zu

finden, Philosophen zu werden: das heißt Immoralisten und Abenteurer... Wir haben für das Labyrinth eine eigne Neugierde, wir bemühn uns darum, die Bekanntschaft des Herrn Minotaurus zu machen, von dem man Gefährliches erzählt: was liegt uns an ihrem Weg *hinauf*, an ihrem Strick, der *hinaus* führt? zu Glück und Tugend führt? zu *Ihnen* führt, ich fürchte es... Sie wollen *uns* mit ihrem Stricke retten? – Und wir, wir bitten Sie inständigst, [...]! ...« (Friedrich Nietzsche, *Sämtliche Werke. Kritische Studienausgabe in 15 Bänden* [hg. v. G. Colli u. M. Montinari], München 1980, Bd. 13, S. 601 f.)

59 George Steiner, a. a. O., S. 178.

60 Gerade diesem existentiellen Anspruch verdankt Steiners Essay seinen Erfolg. Nicht nur ist er von allen größeren Zeitungen in Deutschland ausführlich besprochen worden, was bei einem literaturtheoretisch orientierten Text verwunderlich ist, darüber hinaus hat die *Frankfurter Rundschau* augenblicklich in ihrem »Forum Humanwissenschaft« unter der Frage »Theologisierung der Kunst oder Ästhetisierung Gottes?« eine Debatte gestartet, innerhalb deren namhafte Vertreter der Geisteswissenschaften, wie Gerhard Kaiser, Gottfried Boehm, Anselm Haverkamp etc., aufgefordert sind, sich zu Steiners Thesen zu äußern. Das Ergebnis bleibt abzuwarten. Bislang haben sich Gerhard Kaiser und Sebastian Kleinschmidt zu Wort gemeldet. Vgl. *Frankfurter Rundschau*, Nr. 105 (7. Mai 1991), S. 14.

61 Friedrich Schlegel, *Literarische Notizen 1797-1801 = Literary Notebooks* (hg. v. H. Eichner), Frankfurt/M./Berlin/Wien 1980, S. 30, Nr. 71.

62 George Steiner, a. a. O., S. 118 f.

63 Vgl. Th. W. Adorno, *Ästhetische Theorie*, Frankfurt/M. 1974, S. 179 ff.

64 Vgl. Walter Benjamin, *Literaturgeschichte und Literaturwissenschaft*, in: ders., *Der Stratege im Literaturkampf. Zur Literaturwissenschaft*, Frankfurt/M. 1974, S. 10.

65 Novalis, *Werke, Tagebücher und Briefe Friedrich von Hardenbergs* (hg. v. H. J. Mähl u. R. Samuel), München/Wien 1978, Bd. 2, S. 399. In gewisser Weise praktiziert deconstruction, was Novalis und Fr. Schlegel erfanden, das »Philologisieren«, eine Kunst, die dem Experimentieren korrespondiert und von Novalis als »*wahrhaft gelehrte* Beschäftigung« abgehoben wird von dem, was man gewöhnlich unter Lesen versteht: »Der Leser sezt den Accent willkührlich – er macht eigentlich aus einem Buche, was er will. (Schleg[els] Behandl[ung] Meisters.)« (Ebd., vgl. S. 399 u. 648.) Daß die »Hermeneutik« eines Fr. Schlegel bloß äußerlich etwas mit der eines Schleiermacher à la Manfred Frank gemein hat, ist von Ernst Behler nachdrücklich unterstrichen worden: *Fr. Schlegels Theorie des Verstehens: Hermeneutik oder Dekonstruktion?*, in: *Die Aktualität der Frühromantik* (hg. v. E. Behler u. J. Hörisch), Paderborn 1987, S. 141-160.

66 Marcel Proust, *Tage des Lesens. Drei Essays*, Frankfurt/M. 1974, S. 32.

67 Vgl. Wolfgang Lange, *Andy Warhol oder die Wiederaufbereitung der Kunst aus dem Geiste der Kulturindustrie*, in: *Kunstforum international*, Bd. 92 (1987/88), S. 148-161.

68 Komar & Melamid, *Gedichte über den Tod. Das Gespenst des Eklektizismus*, Berlin 1988, S. 12.

Zu den Autoren

Moon-gyoo Choi, geb. 1958, studierte Germanistik und Literaturwissenschaft in Bielefeld; Dozent an der Yonsei Universität in Seoul, Korea. Veröffentlichung: *Sinnidentität und Sinndifferenz zwischen Poesie und Geschichtsphilosophie* (1991).

Lutz Ellrich studierte Philosophie, Soziologie u. a., promovierte über Adorno und war danach wiss. Assistent an der Universität Konstanz; lebt z. Z. als freier Autor in Tübingen und Freiburg. Veröffentlichungen zur Rechtstheorie, Sozialphilosophie, Ethnographie und Ästhetik.

Jürgen Fohrmann, geb. 1953, Professor an der Universität Bonn. Arbeitsgebiete: Literaturtheorie, Wissenschaftsgeschichte, Literaturhistorie des 18. bis 20. Jahrhunderts.

Rolf Grimminger, geb. 1941, Professor für Neuere deutsche Literaturwissenschaft und Ästhetik an der Universität Bielefeld. Zuletzt erschien *Die Ordnung, das Chaos und die Kunst* (1990). Zur Zeit Leiter des Funkkollegs »Literarische Moderne. Europäische Literatur im 19. und 20. Jahrhundert«, das 1993/94 gesendet wird.

Wolfgang Lange, Hochschulassistent an der Universität Bielefeld. Herausgeber des Bandes *Der kalkulierte Wahnsinn. Innenansichten ästhetischer Moderne* und *Petersburger Träume. Ein literarisches Lesebuch*.

Jeffrey S. Librett, Assistenzprofessor für Germanistik an der Loyola University Chicago. Veröffentlichungen zu Kant, Schiller, Schlegel, Nietzsche, Heidegger und de Man, sowie diverse Übersetzungen. Zur Zeit Arbeit an einem Buch über den deutsch-jüdischen Dialog im 18. Jahrhundert.

David Martyn, geb. 1959, Assistenzprofessor an der University of Utah, Salt Lake City.

Bettine Menke, lehrt Literaturwissenschaft an der Universität Konstanz. Veröffentlichungen: *Sprachfiguren. Name – Allegorie – Bild nach Walter Benjamin* (1991); Aufsätze über Derrida, Mnemotechnik der Texte, dekonstruktiven Feminismus, Benjamin, de Man und das Lesen, Kafka, Text-Bauten und Sirenen.

Harro Müller, geb. 1943, lehrt Allgemeine und Neuere Deutsche Literaturwissenschaft. Zur Zeit Gastprofessor an der Columbia University, New York, Veröffentlichungen zur Literaturgeschichte des 19. und 20. Jahrhunderts und zu literaturtheoretischen Fragen.

Kulturgeschichte
in der edition suhrkamp

Ästhetik
in der edition suhrkamp

Ästhetik
in der edition suhrkamp

Frankfurter Poetik-Vorlesungen
in der edition suhrkamp